Christina Holtz-Bach

Medienpolitik für Eur

Christina Holtz-Bacha

Medienpolitik für Europa

VS VERLAG FÜR SOZIALWISSENSCHAFTEN

Bibliografische Information Der Deutschen Bibliothek
Die Deutsche Bibliothek verzeichnet diese Publikation in der Deutschen Nationalbibliografie; detaillierte bibliografische Daten sind im Internet über <http://dnb.ddb.de> abrufbar.

1. Auflage Januar 2006

Lektorat: Barbara Emig-Roller

Der VS Verlag für Sozialwissenschaften ist ein Unternehmen von Springer Science+Business Media.
www.vs-verlag.de

Umschlaggestaltung: KünkelLopka Medienentwicklung, Heidelberg
Druck und buchbinderische Verarbeitung: MercedesDruck, Berlin
Gedruckt auf säurefreiem und chlorfrei gebleichtem Papier
Printed in Germany

ISBN 3-531-14127-9

Inhalt

Verzeichnis der Abkürzungen

AKW	Arbeitskreis Werbefernsehen der deutschen Wirtschaft
ARD	Arbeitsgemeinschaft der öffentlich-rechtlichen Rundfunkanstalten der Bundesrepublik Deutschland
BBC	British Broadcasting Corporation
BDZV	Bundesverband Deutscher Zeitungsverleger
CBS	Columbia Broadcasting System
Coreper	Comité des représentants permanents
CTQC	Consortium de télévision Québec
DG	Directorate General, Generaldirektion
DLM	Direktorenkonferenz der Landesmedienanstalten
EAG	Europäische Atomgemeinschaft, auch Euratom
EBU	European Broadcasting Union, auch UER
ECS	European Communication Satellite
ECU	European Currency Unit
EEA	Einheitliche Europäische Akte
EFTA	European Free Trade Association
EG	Europäische Gemeinschaft(en)
EGKS	Europäische Gemeinschaft für Kohle und Stahl

EGMR	Europäischer Gerichtshof für Menschenrechte
EMRK	Europäische Menschenrechtskonvention; Europäische Konvention zum Schutze der Menschenrechte und Grundfreiheiten
EP	Europäisches Parlament
EPZ	Europäische Politische Zusammenarbeit
ESA	European Space Agency
EU	Europäische Union
EuG	Europäisches Gericht erster Instanz
EuGH	Europäischer Gerichtshof
Euratom	Europäische Atomgemeinschaft, auch EAG
Europol	Europäisches Polizeiamt
EVG	Europäische Verteidigungsgemeinschaft
EVN	European Video News
EWG	Europäische Wirtschaftsgemeinschaft
EWS	Europäisches Währungssystem
EZB	Europäische Zentralbank
GASP	Gemeinsame Außen- und Sicherheitspolitik
GEZ	Gebühreneinzugszentrale der öffentlich-rechtlichen Rundfunkanstalten in der Bundesrepublik Deutschland
IBA	Independent Broadcasting Authority
IBU	International Broadcasting Union
ITU	Internationale Telegraphen-Union/International Telecommunication Union

KEF	Kommission zur Ermittlung des Finanzbedarfs der Rundfunkanstalten
KGRE	Kongress der Gemeinden und Regionen Europas
NDR	Norddeutscher Rundfunk
NOS	Nederlandse Omroep Stichting
OIR	Organisation Internationale de Radiodiffusion
OIRT	Organisation Internationale de Radiodiffusion et Télévision
ORF	Österreichische Rundfunk Gesellschaft
OTS	Orbital Test Satellite
PJZ	Polizeiliche und justitielle Zusammenarbeit
RAI	Radiotelevisione Italiana, früher: Radio Audizione Italiana
RTE	Radio-Telefis Eireann
RTP	Radiotelevisã Portuguesa
RTVE	RadioTelevisión Española
SIC	Sociedade Independente de Communicação
SRG	Schweizerische Radio- und Fernsehgesellschaft
SSR	Schweizer Rundfunk- und Fernsehanstalt
STER	Stichting Etherreklame
TF1	Télévision française 1
UER	Union Européenne de Radiodiffusion Union Européenne de Radio-Télévision
UIR	Union Internationale de Radiophonie, ab 1929: Union Internationale de Radiodiffusion

VPRT	Verband Privater Rundfunk und Telekommunikation
WDR	Westdeutscher Rundfunk
WEU	Westeuropäische Union
WSA	Wirtschafts- und Sozialausschuss
WWU	Wirtschafts- und Währungsunion
ZDF	Zweites Deutsches Fernsehen

Verzeichnis der Abbildungen und Tabellen

Vorwort

Ein Buch über europäische Politik, und sei es auch nur über ein spezifisches Feld wie Medienpolitik, zu schreiben, ist wie der Lauf des Hamsters im Laufrad: Es lässt sich kein Ende finden. Das hat mindestens zwei Gründe: Zum einen gibt es fortwährend und in kurzer Abfolge neue Entwicklungen. Aktivitäten auf der europäischen Ebene rufen Reaktionen in den Mitgliedstaaten hervor, die dann wiederum die EU-Organe beschäftigen und zu geänderten Plänen und Entwürfen führen und so fort. Zum anderen liegt gerade in der Medienpolitik eine besondere Dynamik, die durch die technischen Entwicklungen bedingt ist. Das galt zunächst für den Rundfunkbereich und nun auch für die neuen Informations- und Kommunikationstechnologien. Schließlich scheint in diesem Politikfeld alles mit allem zusammenzuhängen, so dass ein schwieriges Puzzle zu bewältigen ist.

Vor diesem Hintergrund ist an dieser Stelle zunächst Barbara Emig-Roller vom Verlag für Sozialwissenschaften (Wiesbaden) für ihre freundliche Geduld zu danken, mit der sie den Fortschritt des Manuskriptes begleitet hat. Sandra Lieske (Mainz) hat über viele Monate hinweg mit Gelassenheit und bemerkenswerter Findigkeit Literatur und Dokumente für mich beschafft. Sie wurde zeitweilig abgelöst von Katja Krug (Mainz), die ihr dabei in nichts nachstand. Anita Heil (Mainz) hat mit Sorgfalt große Teile des Manuskriptes geschrieben. Jörg Richter (Frankfurt) hat daraus eine ansehnliche Druckvorlage erstellt. Ihnen allen gilt mein Dank ebenso wie meinem Mann, Salah Bacha; er weiß warum.

Christina Holtz-Bacha
Nürnberg, im August 2005

1 Europa und die Medien – die Medien und Europa

Europa, die Europäische Union, ist Alltag, und ist es auch wieder nicht. Symbole für das vereinte Europa wie der weinrote Pass, der Euro, die Europaflagge oder die Europawahl signalisieren europäische Gemeinsamkeiten. Aber Europa scheint dennoch fern. Die Haltung der europäischen Bürgerinnen und Bürger gegenüber der Gemeinschaft bleibt ambivalent und indifferent.

Der Kenntnisstand über dieses Europa lässt zu wünschen übrig. Das gilt sogar für die Bevölkerung in den Ländern, die schon bei der Gründung der Europäischen Gemeinschaften dabei waren. So konnten bei einer Eurobarometer-Befragung im Frühjahr 2004 (dazu und im folgenden: European Commission, 2004; 2005) zwar die meisten EU-Bürger die EU-Flagge identifizieren; eine deutliche Mehrheit glaubt aber – fälschlicherweise – auch, dass der Sternenkranz so viele Sterne enthält, wie die Union Mitgliedstaaten hat. Die meisten Befragten wussten nicht, dass die Europäische Union eine eigene Hymne hat. Zur gleichen Zeit, immerhin mitten in der Erweiterungsdiskussion und nur wenige Wochen vor dem Beitritt von zehn neuen Mitgliedstaaten, gaben sich 47 Prozent der Europäer überzeugt, die EU habe zwölf Mitglieder; nur ein Drittel erkannte diese Aussage als falsch. Eine stattliche Zahl von EU-Bürgern ist der Auffassung, die EU-Kommission habe ihren Sitz in Straßburg, und gut die Hälfte meinte, der Kommissionspräsident werde direkt vom Volk gewählt.

Wie die Machtverteilung unter den Organen der Union aussieht, können viele nicht richtig einschätzen. Das Parlament, obwohl das relativ schwächste Organ, wird von vielen als das mächtigste Organ gesehen. Bei der Befragung im Frühjahr 2004 meinten 81 Prozent der Bürgerinnen und Bürger aus den 15 alten Mitgliedstaaten, das Parlament spiele eine wichtige Rolle in der EU. Von der Kommission sagten das gleiche damals nur 73 Prozent und vom Europäischen Gerichtshof 69 Prozent. Dem de facto mächtigsten Organ, dem EU-Ministerrat, wiesen am wenigsten Befragte eine wichtige Rolle in der EU zu, nämlich nur 63 Prozent. Tatsächlich stimmten dann auch nur 41 Prozent der Befragten der Aussage zu: "Ich verstehe, wie die EU arbeitet/funktioniert"; 44 Prozent lehnten die Aussage für sich ab.

Auch das Engagement für Europa geht zurück. Bei der Europawahl im Juni 2004 wurde die schlechteste Beteiligung seit der ersten Direktwahl im Jahr 1979 verzeichnet. Obwohl 67 Prozent der Bürgerinnen und Bürger die Europawahl als wichtig bezeichneten, lag die durchschnittliche Beteiligung für alle 25 Mitgliedstaaten schließlich nur bei 45.7 Prozent. Die Gleichgültigkeit, die sich bei der Wählerschaft in den alten Mitgliedstaaten breit gemacht hat, konnte auch nicht etwa durch eine höhere Wahlbeteiligung in den zehn Beitrittsländern kompensiert werden. Denn auch hier blieb die Beteiligungsquote mäßig. Erstaunlicherweise wusste etwa drei Monate vor dem Wahltermin nur jeder zweite Bürger der alten Mitgliedstaaten, dass das Europäische Parlament direkt vom Volk gewählt wird, obwohl die Europawahl in den meisten Ländern nun schon zum fünften oder sechsten Mal stattfand.

Gefragt, was die EU den Menschen persönlich bedeutet, wofür sie steht, dachten die meisten Bürger der alten Mitgliedstaaten, nämlich 51 Prozent, sehr pragmatisch an ihre persönliche Mobilität: "Die Freiheit, überall in der EU zu reisen, zu studieren, zu arbeiten". 50 Prozent nannten den Euro. Demokratie verbinden dagegen nur 22 Prozent der Befragten mit der EU. Immerhin 26 Prozent assoziieren "Geldverschwendung" und noch einmal 22 Prozent "Bürokratie".

Auch wenn die Europäische Gemeinschaft für den Einzelnen täglich sichtbar und erfahrbar ist – nicht zuletzt durch die gemeinsame Währung, gilt Europa doch als entferntes, wenig greifbares Gebilde. "Zu weit weg" gehört zu den Standardargumenten, wenn es darum geht, zum Beispiel die niedrige Beteiligung an Europawahlen zu erklären. Bei der Eurobarometer-Befragung im Frühjahr 2005 gaben sich 53 Prozent der Europäer überzeugt, dass ihre Stimme nicht zählt in der Europäischen Union. Knapp die Hälfte der Befragten (49%) äußerte sich zufrieden darüber, wie die Demokratie in der EU funktioniert – allerdings liegt das Urteil über das Funktionieren der Demokratie im eigenen Land mit 53 Prozent im gesamteuropäischen Schnitt auch nicht sehr viel höher.

Tatsächlich spielen dann auch die Massenmedien die Hauptrolle in der Vermittlung von Informationen über die Europäische Union, der persönliche Austausch in Diskussionen mit Verwandten, Freunden und Kollegen spielt da eine geringere Rolle. Das Fernsehen steht mit deutlichem Abstand an erster Stelle. 70 Prozent der Bürgerinnen und Bürger in den Mitgliedstaaten beziehen ihre Informationen über die EU aus dem Fernsehen. An zweiter Stelle rangiert die Tageszeitung (43%), danach das Radio (32%). Andere Quellen bleiben dahinter weit zurück.

Als die oben genannten Daten zum Kenntnisstand bezüglich der EU erhoben wurden, im Frühjahr 2004, zeigten sich die Befragten aus den Beitrittstaaten besser informiert als diejenigen aus den 15 alten Mitgliedstaaten. Das lässt sich wohl darauf zurückführen, dass die Präsenz des Themas Europa in den Medien, wie es in der Beitrittsphase für die neuen Mitgliedstaaten erwartet werden kann, Auswirkungen auf die EU-Kenntnisse der Bürger in diesen Ländern gehabt hat. Wenn sich dann im Weiteren generell auch ein Zusammenhang zwischen dem (selbst wahrgenommenen) Kenntnisstand der Befragten und ihrer Beurteilung der EU zeigt, wird klar, dass es der Union nicht gleichgültig sein kann, wie gut die Bürgerinnen und Bürger über sie Bescheid wissen. Je besser nämlich die Befragten ihren eigenen Kenntnisstand über die EU einschätzen, desto besser ist auch ihr Image von der EU, desto eher beurteilen sie die Mitgliedschaft ihres Landes in der EU als eine gute Sache und desto stärker fällt ihre Unterstützung für die EU-Verfassung aus.

Wie die Europäer ihren Kenntnisstand über die Europäische Union im Frühjahr 2005 einschätzten, zeigt Schaubild 1.1. Die Befragten wurden gebeten, auf einer Skala von 1 (gar nichts) bis 10 (sehr viel) anzugeben, wie viel sie meinen, über die EU zu wissen. Wirklich gut informiert (Skalenwerte 9 und 10) fühlen sich nur zwei Prozent der Europäer; ein Wert, der auch über die Jahre hinweg sehr stabil ist. Dagegen sagten im Frühjahr 2005 51 Prozent, sie wüssten ein bisschen Bescheid (Skalenwerte 3-5), und 27 Prozent schätzten ihr Wissen über die EU als recht gut ein (Skalenwerte 6-8). Immerhin 19 Prozent gaben zu, gar nichts oder fast gar nichts zu wissen (Skalenwerte 1 und 2). Der Zeitvergleich über die letzten fünf Jahre zeigt auch, dass die Europawahl offenbar keinen (längerfristigen) Einfluss auf die Kenntnisse der Bürgerinnen und Bürger in den Mitgliedstaaten hat, denn das hätte sich in den Werten für den Herbst 2004 auswirken müssen.

Wenn Europa von den Bürgern als eher fern und unverständlich erlebt wird und sie ihre Informationen über die EU auch überwiegend aus den Massenmedien erhalten, dann kommt diesen eine wichtige Funktion zu, wenn es darum geht, den Bürgern der Mitgliedstaaten Struktur, Arbeitsweise und Entscheidungen der Union nahezubringen. Das Urteil der Bevölkerung

Abbildung 1.1: Kenntnisse über die Europäische Union (subjektive Einschätzung)

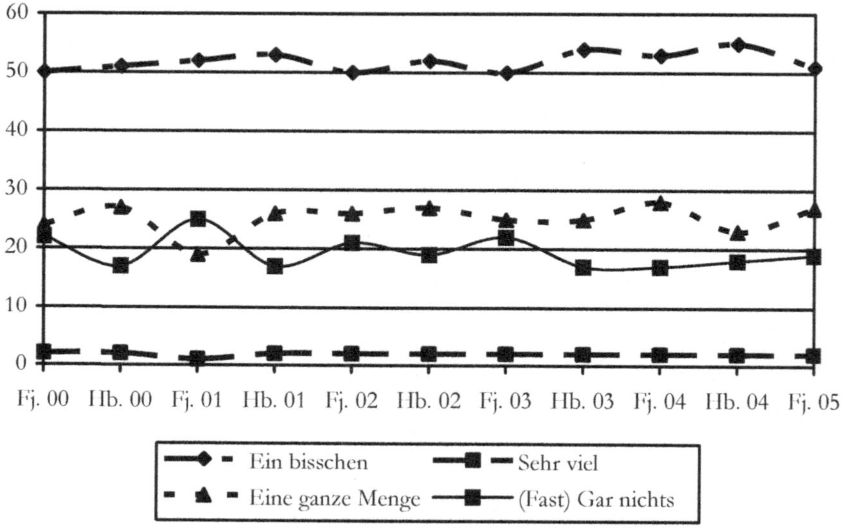

Frage: "Using this scale, how much do you feel you know about the European Union, its policies, its institutions? "
Fj = Frühjahr Hb = Herbst

(European Commission, 2005, S. 17)

darüber, wie die Medien dieser Aufgabe nachkommen, ist gespalten. Im Durchschnitt der 15 alten Mitgliedstaaten waren Anfang 2004 42 Prozent der Meinung, dass die Medien ihres Landes zu wenig über die EU berichten. Genauso viele sagten, die Medien berichten im Umfang gerade richtig. Dabei beurteilte eine Mehrheit von 41 Prozent die Berichterstattung als "objektiv", immerhin 23 Prozent empfanden die Berichterstattung als "zu positiv". (Vgl. European Commission, 2004)

Insbesondere der niedrige Kenntnisstand, aber auch Fehleinschätzungen bezüglich der Arbeitsweise und des Einflusses der EU als Ganzer und ihrer einzelnen Organe, ihr Image und die mangelhafte Identifikation der Bürgerinnen und Bürger mit der Gemeinschaft, wie sie sich in solchen Befunden spiegeln, führen vor Augen, dass die EU von den Massenmedien abhängig ist. Auch wenn die EU nach politikwissenschaftlichen Kriterien nicht mit einem Staat gleichzusetzen ist, gilt im Verhältnis zu den Medien dennoch gleiches wie für nationalstaatliche politische Systeme: Die EU ist auf die Vermittlungsleistung der Massenmedien angewiesen, sie braucht die Medien zu ihrer Legitimation. Diese Vermittlungsleistung bezieht sich auf der einen Seite auf die Selbstdarstellung der Union, die Information über ihren Output in Form von Entscheidungen, auf der anderen Seite aber auch auf den Input aus den Mitgliedstaaten bzw. von den Bürgerinnen und Bürgern. Ebenso wie im Nationalstaat kommt den Massenmedien dabei auch eine Kritik- und Kontrollfunktion zu; ihre "öffentliche Aufgabe" erweitert sich mit der Kompetenzverlagerung von der nationalen auf die supranationale Ebene. Die Abhängigkeit des Systems EU von den Medien ist dabei womöglich noch größer als die der nationalstaatlichen politischen Systeme, denn – darauf verweisen solche Befunde wie die hier angeführten – die EU scheint für den einzelnen Bürger noch abstrakter zu sein als die Politik der Nationalstaaten. Und: Die legitimierende Funktion von Wahlen entfällt hier gerade gegenüber den Organen, die die Macht in der Union haben.

Die Vermittlungsleistungen der Massenmedien für Europa sind immer wieder kritisiert worden. Systematische Analysen der medialen Berichterstattung über Europa bezogen sich zunächst eher auf die Europawahlkämpfe. Erst neuerdings ist auch die Routineberichterstattung zum Gegenstand entsprechender Untersuchungen geworden. Während sich für die Berichterstattung über die Europawahlen deren Charakter als *second-order elections* (Reif & Schmitt, 1980) auswirkt, so fällt das Fazit über den alltäglichen Umgang der Medien mit der Europäischen Union indessen meist nicht viel besser aus (vgl. zu Wahlen z. B. Blumler, 1983; Holtz-Bacha, im Druck; Lauf & Peter, 2004; Reiser, 1994; allgemein z. B. Eilders & Voltmer, 2003; Kevin, 2003; Meckel, 1994; Peter, 2003; 2004; Semetko & Valkenburg, 2000). Nicht zuletzt in Anbetracht der beklagten Defizite wird klar, warum die EU ein Interesse an den Medien haben muss, und tatsächlich werden Öffentlichkeits- und Legitimitätsdefizit der Union meist in einem Atemzug genannt.

Die Problematik für Europa erwächst daraus, dass der EU kein eigenes Mediensystem gegenübersteht, wie das in den Nationalstaaten der Fall ist. Es gibt kein europäisches Mediensystem, das in einem Systemzusammenhang mit der EU steht. Die "Gesamtmechanik" (Saxer, 1998, S. 38) im wechselseitigen Austausch von Politik und Medien – Information gegen Legitimität – kann daher in der gewohnten Form nicht greifen. Vielmehr bleibt das System Europa bis heute angewiesen auf die Vermittlungsleistung der Massenmedien in den Mitgliedstaaten. Dass Europa dort schlechte Karten hat, weil es aus verschiedenen Gründen den professionellen Selektionskriterien der Medien nicht entspricht, haben entsprechende Untersuchungen immer wieder gezeigt.

Insofern erscheint naheliegend, für Europa ein eigenes, ein europäisches Mediensystem aufzubauen, das der EU die Öffentlichkeit verschafft, die sie braucht, um ihre Entscheidungen darzustellen, zu begründen und sich so zu legitimieren. Mit dieser Idee – der Suche nach Unterstützung für das vereinte Europa – wurde das Fernsehen zu Beginn der 80er Jahre zum Gegenstand erster medienbezogener Aktivitäten der Europäischen Gemeinschaft. Aus einem europäischen Fernsehprogramm, das am Anfang dieser Überlegungen stand, ist bis heute nichts geworden. Durch die technischen Entwicklungen beschleunigt, wurde diese Idee ohnehin bald überlagert und verdrängt durch die Notwendigkeit, auf dem europäischen Fernsehmarkt regulierend tätig zu werden. Die Medien, die von den europäischen Organen zunächst in ihrer Rolle als intermediäre Instanz ins Auge genommen worden waren, wurden nun zum Gegenstand und Regulierungsobjekt europäischer Medienpolitik, die damit heute auf eine bald 25jährige Geschichte verweisen kann. Der Doppelcharakter der Medien, die neben der wirtschaftlichen eine publizistische, kulturelle Seite aufweisen, hat dafür gesorgt, dass sich die Kompetenzproblematik wie ein roter Faden durch die europäische Medienpolitik zieht: Europäische Medienpolitik kann nur über die wirtschaftliche Seite ansetzen, die Kompetenz für die Kultur beanspruchen die Mitgliedstaaten für sich.

Es liegt an der Eigenart des Systems EU und an der Kompetenzverteilung zwischen den europäischen Institutionen und den Mitgliedstaaten, dass europäische Medienpolitik ebenfalls eigene Züge annimmt. Muss sich schon nationale Medienpolitik oft das Urteil gefallen lassen, wenig systematisch zu sein, so gilt das für Europa allemal. Nicht nur ordnungspolitisch muss die EU mit dem leben, was in den Mitgliedstaaten bereits vorgegeben ist; auch auf den anderen Ebenen, die die Organisation der Medien betreffen, fehlen der Gemeinschaft die Möglichkeiten eines ordnenden Zugriffs. Vielmehr kann die EU immer nur punktuell tätig werden, was dann auch fast notwendigerweise zu Reibereien mit den Mitgliedstaaten führen muss.

Auch wenn also um die Kompetenzen bis heute gerungen wird und die Regulierungstätigkeit der EU dem Konzept einer gesamthaften Medienpolitik nicht gerecht wird und auch gar nicht gerecht werden kann, sind die nationalen Medienordnungen dennoch mittlerweile stark durch das Gemeinschaftsrecht beeinflusst. In Deutschland ist der Rundfunkstaatsvertrag, für den Novellierungen in immer kürzeren Abständen notwendig werden, gerade auch um europäische Vorgaben in nationales Recht umzusetzen, ein instruktives Beispiel dafür; die Auseinandersetzung um Aufgaben und Finanzierung des öffentlich-rechtlichen Rundfunks, die sich zu einer Debatte über die Zukunft dieses Rundfunksektors entwickelt, ein anderes. Gerade durch das Wettbewerbsrecht ist die Kommission mittlerweile sogar schon zu einem von den Mitgliedstaaten unabhängigen Akteur in der Medienpolitik geworden. Entscheidungen im Rat, bei denen keine Einstimmigkeit erforderlich ist, können ebenfalls dazu führen, dass sich einzelne Mitgliedstaaten der Mehrheit beugen müssen, obwohl sie andere Vorstellungen haben. Die Kommission hat mehrmals gezeigt, dass sie auch in der Medienpolitik gegenüber den Mitgliedstaaten zu Sanktionen bereit ist, um Gemeinschaftsrecht zur Durchsetzung zu verhelfen. Mit dem europäischen Verfassungsvertrag, zu dem die EU-Grundrechtecharta gehört, würde die Tätigkeit der Gemeinschaft im Bereich der Medien einen neuen Rahmen erhalten, der zwar keine neuen Kompetenzen schaffen soll, medienpolitischen Aktivitäten aber durch den Grundrechtebezug dennoch den Rücken stärken könnte.

Wenn die Gemeinschaft im Laufe der Jahre ihre medienpolitischen Aktivitäten intensiviert hat und mittlerweile spürbar in die Regulierung der nationalen Medien eingreift, so ist das nicht etwa die Folge einer zunehmenden Kompetenzverlagerung in diesem Politikfeld von den Mitgliedstaaten hin zur supranationalen Ebene. Es ist vielmehr die Folge der Internationalisierung der Medientätigkeit, zum einen durch die technische Ermöglichung des grenzüberschreitenden Rundfunks, zum anderen durch die transnationale Ausdehnung unternehmerischer Tätigkeit. Solche Entwicklungen entziehen sich dem Zugriff nationaler Medienpolitik, was nicht nur Maßnahmen auf einer höheren Ebene notwendig macht, sondern ihnen auch Legitimation verleiht. Das heißt, es stellen sich Probleme, die grenzüberschreitenden Charakter haben und daher auch eine Lösung auf einer übernationalen Ebene herausfordern. Die EU bietet einen institutionellen Zusammenhang, aus dem heraus Lösungen für solche Probleme zu entwickeln sind. Zugleich kann die Gemeinschaft darauf verweisen, dass der EG-Vertrag unter ihren Zielen die Schaffung des europäischen Binnenmarktes sowie die Sicherstellung des Wettbewerbs aufführt. Das ebenfalls im Vertrag festgeschriebene

Ziel der EG, die europäische Industrie für den internationalen Wettbewerb zu stärken, gibt ihr ein weiteres Argument an die Hand, erst recht seitdem der Informationssektor als Zukunftsindustrie ausgemacht wurde. In der weltweiten Konkurrenz kann Europa bestenfalls dann mithalten, wenn es gemeinsam handelt.

Wenn hier – nach der Identifikation der Akteure (Kapitel 2) und einer Darstellung der rechtlichen Grundlagen (Kapitel 3) – die europäische Medienpolitik in ihrer Entwicklung dargestellt wird, so bezieht sich diese zunächst im Wesentlichen auf das Fernsehen. Zeitlich werden die auf das Fernsehen bezogenen Aktivitäten unterteilt in eine sehr kurze Phase, die den Integrationsgedanken in den Vordergrund stellte und vom Europäischen Parlament geprägt wurde (Kapitel 3), und eine zweite Phase, die das Fernsehen zum Regulierungsobjekt machte (Kapitel 4). Hauptakteur ist seitdem die Europäische Kommission. Während das Vorgehen hier vorrangig vom Binnenmarkt-Konzept geleitet ist, haben sich indessen Aktivitäten auf der Basis der Wettbewerbsartikel des EG-Vertrages sowie – etwas später – der Fusionskontrollverordnung verstärkt. In diesem Bereich, dem daher auch ein eigenständiges Kapitel gewidmet ist (Kapitel 6), lässt sich am deutlichsten erkennen, wie weit nationale Medienpolitik mittlerweile von europäischen Regelungen beeinflusst wird. Als "Sonderfall" wird eines der derzeit drängendsten Probleme europäischer Medienpolitik, die Streitigkeiten um den öffentlich-rechtlichen Rundfunk in den Mitgliedstaaten, wiederum ausgekoppelt und separat behandelt (Kapitel 7).

Die Presse ist bislang nur wenig von der Regulierung durch die EU betroffen. Das ist vor allem dadurch bedingt, dass Zeitungen stärker an Sprach- und Lebensräume gebunden sind, als das bei den Rundfunkmedien der Fall ist, und daher kaum transnational Verbreitung finden. Allerdings ist auch der Hörfunk von der gemeinschaftlichen Regelung bislang weitgehend ausgeschlossen. Die Printmedien geraten nur da ins Visier der EU-Organe, wo das Wettbewerbsrecht berührt ist, und werden an entsprechender Stelle mit berücksichtigt.

Weniger mit dem Ziel der Regulierung als zur Förderung wurde die audiovisuelle Industrie im Weiteren Sinne zum Gegenstand gemeinschaftlicher Aktivitäten, um der internationalen Konkurrenz in der Inhalteproduktion zu begegnen. Im Zuge der technischen Entwicklung gewannen die neuen elektronischen Medien an Bedeutung, für die wegen ihres grenzüberschreitenden Charakters eine übernationale Regulierung angeraten ist. Wie Kapitel 8 zeigen wird, hat sich damit und durch die Konvergenz von Individual- und Massenkommunikation, die gleiche Übertragungswege nutzen, die Reichweite der medienbezogenen Aktivitäten der EU im Laufe der letzten Jahre deutlich ausgedehnt und tritt in eine neue Phase ein, die auch die Politik gegenüber dem Fernsehen verändern wird. Aufgrund der Entwicklungen der letzten Jahre ist zu erwarten, dass die EU medienpolitisch auf Expansionskurs bleibt, wobei die Zeichen der Zeit zum einen auf Ökonomisierung, zum anderen auf Liberalisierung hindeuten.

2 Die Akteure

Akteure der EU-Medienpolitik sind vorrangig die Organe der Europäischen Gemeinschaft, die hier kurz in ihrer Entwicklung, ihrem Aufbau und ihren Kompetenzen sowie in ihren Beziehungen zueinander dargestellt werden sollen. Da aber auch der Europarat Medienpolitik betreibt, die in einer gewissen Konkurrenz zur EU steht, aber wenigstens während der letzten 15 bis 20 Jahre in Abstimmung mit der Europäischen Gemeinschaft erfolgte, wird diese zweite europäische Organisation hier ebenfalls als Akteur berücksichtigt. Nicht zuletzt ergeben sich die Bezüge zwischen EU und Europarat auch dadurch, dass EG und EU bislang nicht über einen verbindlichen Grundrechtekatalog verfügten und der Europäische Gerichtshof sich daher auf die Europäische Menschenrechtskonvention und vor allem deren Artikel 10, der die Meinungsäußerungsfreiheit betrifft, stützte.

Wenn auch völlig anders geartet als Europäische Union und Europarat, in denen Staaten Mitglied sind, ist hier als dritter Akteur die Europäische Rundfunkunion (EBU) aufgeführt. Es handelt sich bei der EBU um eine internationale Organisation, in der sich Rundfunkveranstalter zusammengeschlossen haben. Insofern stellt sie einen Interessenverband dar. Allerdings trat die EBU in der Frühzeit der EG-Medienpolitik, als deren Interessen sich primär auf die Integrationsfunktion des Fernsehens richteten, als ein Kooperationspartner auf, unter dessen Ägide die Versuche für europäisches Fernsehen liefen. Damit wurde die EBU zu einem Akteur im Dienste der ersten Bemühungen vor allem des Europäischen Parlaments um das Fernsehen und dessen Einsatz zu Gunsten des vereinten Europa. Mittlerweile hat sich die Situation geändert, die EBU ist vom Kooperationspartner zum Objekt der EU-Medienpolitik geworden, ihre Akteursrolle in diesem Sinne hat sie in dieser Hinsicht also verloren. Die EBU bleibt indessen jedoch in einer engen Beziehung zum Europarat.

2.1 Von den Europäischen Gemeinschaften zur Europäischen Union

Mit der Unterzeichnung des Vertrages über die Gründung der Europäischen Gemeinschaft für Kohle und Stahl (EGKS, auch Montanunion) im April 1951 in Paris entstand die erste supranationale Institution in Europa; der Vertrag trat im Juli 1952 in Kraft. Sechs Staaten waren an dem Pariser Vertrag beteiligt: Belgien, die Bundesrepublik Deutschland, Frankreich, Italien, Luxemburg und die Niederlande. Sie legten damit den Grundstein für das weitere Zusammenwachsen der westeuropäischen Staaten. Ziel war die Schaffung eines gemeinsamen Marktes für Kohle und Stahl. Die Kooperation gerade in dem für die Rüstung wichtigen Industriesektor sollte aber auch der Einbindung Deutschlands nach Westeuropa dienen und stellte insofern eine Strategie der Machtkontrolle durch Integration dar. Mit dem Ausbruch des Korea-Krieges 1950 war es in den Vereinigten Staaten zu einem Umdenken hinsichtlich der bis dahin für die Bundesrepublik verfolgten Abrüstungspolitik gekommen. Zumal Frankreich hatte sich einer deutschen Wiederbewaffnung widersetzt. Vor diesem Hintergrund stellte das Zusammengehen der sechs westeuropäischen Staaten in der EGKS einen wichtigen Schritt dar, weil dadurch eine gewisse Kontrolle eines wiederbewaffneten Deutschlands möglich schien. Die zu dieser Zeit ebenfalls laufenden Verhandlungen über die Aufstellung einer Europa-Armee und die Gründung einer Europäischen Verteidigungsgemeinschaft (EVG) scheiterten jedoch.

Der EGKS-Vertrag sah die Einrichtung einer Hohen Behörde als Exekutivorgan der Gemeinschaft vor. Diese nahm ihren Sitz in Luxemburg. Ihre Entscheidungen waren verbindlich für die Mitgliedstaaten. Die Hohe Behörde ging 1967 in die Europäische Kommission ein. Als weitere Organe der EGKS fungierten der Beratende Ausschuss, der später in den Wirtschafts- und Sozialausschuss der EG überführt wurde; die Versammlung, auf die das Europäische Parlament zurückgeht, sowie der Besondere Ministerrat als Vorläufer des EG-Ministerrates. Mit der Einrichtung eines supranationalen Organs in der EGKS, an das die Mitgliedstaaten Kompetenzen abgaben, etablierte sich bereits die Strategie, die auch die weiteren Schritte der Zusammenarbeit in Europa leiten sollte, nämlich Integration durch Institutionalisierung. Der EGKS-Vertrag war auf 50 Jahre abgeschlossen und lief daher im Juli 2002 aus. Der gemeinsame Markt für Kohle und Stahl wurde damit in die Europäische Gemeinschaft integriert.

Den politischen Erwägungen entsprechend, die hinter diesem auf einen spezifischen Wirtschaftsbereich begrenzten Vertrag standen, hob die Präambel des EGKS-Vertrages auf die Sicherung des Weltfriedens durch schöpferische Anstrengungen ab und betonte die Entschlossenheit der beteiligten Staaten, an die Stelle jahrhundertealter Rivalitäten einen Zusammenschluss ihrer Interessen zu setzen. Indem zugleich darauf verwiesen wurde, dass "Europa nur durch konkrete Leistungen, die zunächst eine tatsächliche Verbundenheit schaffen, und durch die Einrichtung gemeinsamer Grundlagen für die wirtschaftliche Entwicklung aufgebaut werden kann", wies die Präambel aber auch schon über die Schaffung des gemeinsamen Marktes für Kohle und Stahl hinaus.

Anfang Juni 1955 beschlossen die Außenminister der sechs EGKS-Gründungsstaaten im sizilianischen Messina, die Integration auf alle Wirtschaftsbereiche auszuweiten. Im März 1957 kam es in Rom zur Unterzeichnung der daher so genannten Römischen Verträge, die im Januar 1958 in Kraft traten. Die Römischen Verträge umfassten den Vertrag über die Gründung der Europäischen Wirtschaftsgemeinschaft (EWG) und den Vertrag über die Gründung der Europäischen Atomgemeinschaft (EURATOM/EAG). Zusammen mit der EGKS bildeten EWG und EURATOM nun die Europäischen Gemeinschaften. Ziel der EURATOM war die friedliche Nutzung und die Kontrolle der Kernenergie. Weitaus größere Bedeutung für die europäische Integration erlangte die EWG. Ihr Ziel war die Errichtung eines gemeinsamen Marktes. Die mit dem EWG-Vertrag geschaffene Zollunion sah den schrittweisen Abbau der Zölle zwischen den Mitgliedstaaten vor und machte damit den freien Warenverkehr zu einem Kernelement der Wirtschaftsgemeinschaft. Spätestens bis zum Ende einer Übergangszeit von zwölf Jahren sollte auch der freie Personen-, Dienstleistungs- und Kapitalverkehr im gemeinsamen Markt ermöglicht werden. Die im EWG-Vertrag vorgesehene Einrichtung eines europäischen Sozialfonds zielte auf die Verbesserung und die Angleichung der Lebens- und Arbeitsbedingungen der Arbeitnehmer in den Mitgliedstaaten.

Als Organe der Europäischen Wirtschaftsgemeinschaft begründete der Vertrag von Rom die Versammlung, den Rat, die Kommission und den Gerichtshof. In die Versammlung entsandten die Parlamente der Mitgliedstaaten eine im Vertrag festgesetzte Zahl von Abgeordneten. Ihr wurden jedoch nur geringe Beratungs- und Kontrollbefugnisse zugestanden. Zentrales Organ der EWG war der Ministerrat, bei dem die Entscheidungsbefugnis liegen sollte. Als seine Aufgabe definierte der Vertrag die Abstimmung der gemeinsamen Wirtschaftspolitik. Die Kommission hatte "das ordnungsgemäße Funktionieren und die Entwicklung des Gemeinsamen Marktes zu gewährleisten". Ihr wurde übertragen, für die Anwendung des EWG-Vertrages zu sorgen. Zugleich erhielt die Kommission das Recht, Empfehlungen und Stellungnahmen zu den gemeinsamen Politiken abzugeben und so selber initiativ tätig zu werden. Der Gerichtshof hatte die Wahrung des Rechts bei Auslegung und Anwendung des Vertrages zu sichern. Als beratendes Organ wurde außerdem der Wirtschafts- und Sozialausschuss ins Leben gerufen. Der Europäische Rechnungshof sollte die Rechnungsprüfung der Einnahmen und Ausgaben der Gemeinschaft übernehmen.

Auch die Gründung von EURATOM und EWG folgte zugleich einem machtpolitischen Kalkül, das wiederum auf die Westeinbindung des auch wirtschaftlich erstarkten Deutschlands zielte. Anders als bei dem Projekt einer Europäischen Verteidigungsgemeinschaft gab es nun auch in Frankreich nicht mehr viel Widerstand, zumal sich Deutschland zu deutlichen Konzessionen gegenüber den französischen Agrarinteressen bereit gefunden hatte.

Über die klar wirtschafts- und sozialpolitische Zielsetzung hinaus betonte die Präambel des EWG-Vertrages den Willen der Mitgliedstaaten, "die Grundlagen für einen immer engeren Zusammenschluß der europäischen Völker zu schaffen". Damit verbunden war dann auch die Aufforderung an andere europäische Staaten, sich diesen Bestrebungen anzuschließen. Wie dieser Integrationsprozess im Weiteren aussehen sollte, die Beziehungen der Mitgliedstaaten innerhalb der Gemeinschaft und das Verhältnis zwischen der supranationalen Organisation und ihren Mitgliedern, das war zunächst eher vage. Geprägt wurde die Diskussion darüber in den folgenden Jahren vor allem durch die Rolle Frankreichs, das unter Charles de Gaulle eine Beteiligung Großbritanniens an der EWG und die Stärkung der Gemeinschaftsorgane zu Lasten nationalstaatlicher Politik ablehnte (vgl. z. B. Pfetsch, 2001, S. 40-44).

Der EWG-Vertrag hatte supranationale Organe geschaffen, denen allerdings zunächst wenig Kompetenzen zukamen. Die Versammlung blieb bedeutungslos. Durch das Initiativrecht wurde zumindest der Kommission die Möglichkeit eingeräumt, auch selber aktiv zu werden. Das zentrale Organ mit Entscheidungsbefugnis war jedoch der Rat, abhängig vom jeweils anstehenden Sachproblem zusammengesetzt aus den fachlich zuständigen

Mitgliedern der nationalen Regierungen. Der Rat wurde also als intergouvernementales Organ etabliert, das supranational handelt. Die Mitgliedstaaten behielten so die Entscheidungen über die Wirtschaftspolitik in der Hand, im Rat getroffene Entscheidungen hatten jedoch supranationalen, die Mitgliedstaaten bindenden Charakter. Insofern ist verständlich, dass das Entscheidungsverfahren des Rates – Einstimmigkeit oder Mehrheitsprinzip – für Zündstoff sorgen konnte.

Zu Veränderungen der Gründungsverträge der Gemeinschaften kam es jeweils mit dem Beitritt weiterer Länder und bei Reformen, die die europäischen Institutionen betrafen. Eine deutliche Änderung der frühen Struktur erfolgte im April 1965 mit dem so genannten Fusionsvertrag, der im Juli 1967 in Kraft trat. Während die Versammlung, die sich 1962 in Europäisches Parlament umbenannte, und der Gerichtshof von Anfang an für alle drei Gemeinschaften zuständig waren, schuf der Fusionsvertrag nun auch einen gemeinsamen Rat und eine gemeinsame Kommission. Die drei Gemeinschaften – EGKS, EURATOM und EWG – bildeten seitdem die Europäischen Gemeinschaften (EG).

Mit der ersten Beitrittswelle erhöhte sich die Zahl der EG-Mitgliedstaaten von sechs auf neun: 1973 wurden Dänemark, Irland und das Vereinigte Königreich Mitglieder der EG. Drei Jahre später beschloss der Rat die Einführung von Direktwahlen der Abgeordneten des Europäischen Parlaments. Die Wahlen sollten zu einem einheitlichen Zeitpunkt in allen Mitgliedstaaten stattfinden. Die erste Europawahl war für einen Termin zwischen Mai und Juni 1978 vorgesehen. Da der Akt schließlich erst zum 1. Juli 1978 in Kraft trat, wurden die Abgeordneten des Europäischen Parlaments erstmals im Juni 1979 direkt von der Bevölkerung in den Mitgliedstaaten gewählt. Die Europawahlen finden seitdem alle fünf Jahre statt. Wegen der unterschiedlichen Traditionen in den Mitgliedstaaten, die ihre nationalen Wahlen an bestimmten Wochentagen – wie in Deutschland zum Beispiel immer sonntags – abhalten, erstreckt sich der "einheitliche Zeitpunkt" jeweils über vier Tage, an denen die einzelnen Wahlen stattfinden. Das Wahlverfahren für die Europawahl folgt dem im jeweiligen Land üblichen Verfahren und wird innerstaatlich geregelt, das heißt, ein einheitliches europäisches Wahlsystem gibt es bislang nicht.

Eine wesentliche Erweiterung der Kompetenzen der EG und ihrer Organe brachte die Einheitliche Europäische Akte (EEA), die im Februar 1986 verabschiedet und zum 1. Juli 1987 in Kraft gesetzt wurde. Das Integrationsziel, wie es die Präambel der EEA darstellte, wies nun weit über die gemeinsame Wirtschaftspolitik hinaus. Die Präambel bekräftigte das in der Deklaration von Stuttgart im Juni 1983 formulierte Ziel, die EG in eine Europäische Union (EU) umzuwandeln. In dieser Union sollte nun auch die politische Zusammenarbeit verstärkt werden. Europa, so hieß es dazu, solle sich "bemühen, immer mehr mit einer Stimme zu sprechen und geschlossen und solidarisch zu handeln". So wurden in der EEA unter der Bezeichnung Europäische Politische Zusammenarbeit (EPZ) erstmals Ansätze für eine gemeinsame Außenpolitik festgeschrieben. Solche Versuche der Koordination in Fragen der Außen- und Sicherheitspolitik hatte es seit den Diskussionen um die Europäische Verteidigungsgemeinschaft bereits mehrfach gegeben (vgl. z. B. Pfetsch, 2001, S. 45-46). Was die EEA diesbezüglich nun fixierte, wurde jedoch nicht in die Entscheidungskompetenz eines supranationalen Organs gelegt, sondern blieb der intergouvernementalen Abstimmung vorbehalten.

Eigentlicher Anlass für die EEA war jedoch die Verwirklichung des europäischen Binnenmarktes. Die Europäischen Gemeinschaften umfassten mittlerweile zwölf Staaten, nachdem 1981 Griechenland und 1986 Spanien und Portugal beigetreten waren. Die zwölf Mitgliedstaaten zielten auf die Schaffung des Binnenmarktes bis Ende 1992, der vier Freiheiten verwirklichen sollte: den freien Verkehr von Waren, Personen, Dienstleistungen und Kapital. Angestrebt wurde der Binnenmarkt für die Bereiche der Wirtschafts- und Währungspolitik, der Forschung, der Umwelt, der Sozial- sowie der Regionalpolitik. Ohne völlig vollendet zu sein, trat der Binnenmarkt mit dem 1. Januar 1993 in Kraft.

Vor diesem Hintergrund brachte die EEA für die EG-Organe eine Erweiterung der Kompetenzen und insofern einen weiteren Integrationsschritt. Maßnahmen zur Angleichung von Rechts- und Verwaltungsvorschriften, über die der Ministerrat entscheidet, konnte dieser seitdem schon mit qualifizierter Mehrheit (statt einstimmig) beschließen. Die EEA institutionalisierte nun auch den Europäischen Rat als Gipfeltreffen der Staats- und Regierungschefs. Der Europäische Rat hatte sich auf einer Konferenz im Dezember 1974 gebildet; die EEA schrieb seine Zusammensetzung aus Staats- und Regierungschefs sowie dem Kommissionspräsidenten fest. Treffen des Europäischen Rates wurden für mindestens zweimal pro Jahr vorgesehen.

Für das Europäische Parlament brachte die EEA nur eine geringfügige Aufwertung. Durch die Einführung des Verfahrens zur Zusammenarbeit mit der Kommission wurden die Befugnisse des Parlaments in der Gesetzgebung gestärkt. Das bedeutete allerdings kaum mehr als ein Mitspracherecht; bindende Entscheidungen blieben dem Rat vorbehalten. Bei der Aufnahme neuer Mitglieder in die EG war indessen in Zukunft die Zustimmung des Parlaments notwendig. Außerdem ergänzte die EEA den Europäischen Gerichtshof durch ein Gericht erster Instanz. Dieses diente der Unterstützung des Gerichtshofes bei der Bewältigung einer wachsenden Zahl von Fällen.

Der Vertrag über die Europäische Union, auf den die heutige Drei-Säulen-Struktur der Union im Wesentlichen zurückgeht, wurde im Februar 1992 im niederländischen Maastricht unterzeichnet und trat am 1. November 1993 in Kraft. Der Vertrag brachte zahlreiche Veränderungen der bestehenden Gemeinschaftsverträge, verstärkte die Zusammenarbeit der Mitgliedstaaten in weiteren Politikbereichen und wies damit schließlich die Richtung für eine engere politische Union.

Mit dem Vertrag von Maastricht nahm auch das Ziel einer Währungsunion konkrete Züge an. Seit Anfang der siebziger Jahre hatte es – zunächst mit der so genannten Währungsschlange, später mit dem Europäischen Währungssystem (EWS) und der Einführung der europäischen Währungseinheit ECU – Schritte hin zu einer verstärkten Abstimmung in der Währungspolitik gegeben; das verhinderte jedoch nicht, dass immer wieder einzelne Länder ausscherten. Die Präambel des EU-Vertrages schrieb schließlich die Realisierung der Wirtschafts- und Währungsunion (WWU) als ein Ziel der Gemeinschaft fest. Es kam zunächst zur Errichtung des Europäischen Währungsinstituts, das die Vorarbeiten für die neuen Beziehungen und Strukturen leistete, bis im Juni 1998 die Europäische Zentralbank (EZB) etabliert wurde. Der im Sommer 1997 vom Europäischen Rat verabschiedete Stabilitäts- und Wachstumspakt bildete die Grundlage für die einheitliche Geldpolitik. Elf EU-Mitgliedstaaten führten am 1. Januar 1999 den Euro als gemeinsame Währung ein; Griechenland trat der WWU 2001 bei. In 12 der 15 alten EU-Mitgliedstaaten – das Vereinigte Königreich, Dänemark und Schweden beteiligten sich nicht – ist seit dem 1. Januar 2002 der Euro auch als Bargeld im Umlauf und löste die nationalen Währungen ab.

Die Struktur der Europäischen Union, wie sie der Vertrag von Maastricht einführte, wird häufig als Tempelbau mit drei Säulen dargestellt (vgl. z.

B. Wessels, 2002). Die EU umfasst – als erste Säule – die EG, die Bezeichnung wurde in diesem Zusammenhang von Gemeinschaften in Gemeinschaft geändert. Kompetenzen und Entscheidungsprozesse in der EG beruhen auf dem EG-Vertrag. Die zweite Säule bildet die Gemeinsame Außen- und Sicherheitspolitik (GASP), die dritte steht für die polizeiliche und justitielle Zusammenarbeit (PJZ). Der Integrationsgrad dieser drei Säulen ist jedoch unterschiedlich. Während die EG tatsächlich eine supranationale Organisation darstellt und damit den höchsten Integrations- oder Europäisierungsgrad aufweist, verläuft die Zusammenarbeit auf den Politikfeldern von Säule 2 und 3 intergouvernemental oder – wie Wallace es nennt, um dennoch eine besondere Intensität dieser Zusammenarbeit zum Ausdruck zu bringen – transgouvernemental (2000, S. 33). Während die Mitgliedstaaten also Rechtsetzungskompetenzen an die EG abgegeben haben und sich hier supranationalen, europäischen Entscheidungen unterwerfen, bleiben die Politikbereiche von Säule 2 und 3 vorerst der zwischenstaatlichen Abstimmung vorbehalten.

Mit dem Beitritt von Finnland, Österreich und Schweden im Jahr 1995 hatte sich die Zahl der EU-Mitgliedstaaten auf 15 erhöht. Der Vertrag von Amsterdam, der im Oktober 1997 unterzeichnet und zum 1. Mai 1999 in Kraft gesetzt wurde, brachte noch einmal Ergänzungen und Präzisierungen des EU-Vertrages. Damit hatte die Union ihre heutige Struktur und Kompetenzverteilung erreicht. Der Vertrag von Nizza, unterzeichnet im Februar 2001 und in Kraft seit dem 1. Februar 2003, sorgte für die notwendigen Anpassungen im Hinblick auf die beträchtliche Erweiterung der Union in den folgenden Jahren. Zum 1. Mai 2004 traten der EU zehn neue Mitglieder bei: die drei baltischen Staaten Estland, Lettland und Litauen, außerdem Malta, Polen, die tschechische und die slowakische Republik, Ungarn, Slowenien sowie Zypern. Die Union umfasst also derzeit 25 Mitglieder, die Verhandlungen über den Beitritt weiterer Staaten laufen bereits. In der Folge dieser Erweiterung gehört es zu den wichtigen Herausforderungen innerhalb der Union, Strukturen und Prozesse zu etablieren, die unter Berücksichtigung der unterschiedlichen Größe der Mitgliedstaaten deren gleichberechtigte Mitwirkung gewährleisten, die Gemeinschaft dabei aber arbeitsfähig halten.

Das Institutionengefüge, wie es schon in den Europäischen Gemeinschaften bestand, ist über die Vertragsveränderungen hinweg unverändert geblieben (vgl. dazu und im Folgenden auch www.eu.int sowie z. B. Herdegen, 2002; Pfetsch, 2001). Indessen sind die Kompetenzen der supranationalen Ebene ausgebaut worden, so dass die Gemeinschaft im Laufe der Zeit gegenüber den Mitgliedstaaten an Gewicht gewonnen hat. Das mächtigste Organ in der EU ist der Rat der Europäischen Union oder auch EU-Ministerrat. Dieser entstand 1967 mit dem Fusionsvertrag und trat an die Stelle der Räte der drei Gemeinschaften. Dem Rat gehören die für die zu beratende Angelegenheit zuständigen Fachminister der Mitgliedstaaten an. Das heißt, der Rat tagt abhängig vom Thema jeweils in wechselnden Zusammensetzungen. Beim Rat liegt die Entscheidungs- und Gesetzgebungskompetenz; seit Inkrafttreten der EEA wurde allerdings schrittweise die Zusammenarbeit mit dem Europäischen Parlament in Gesetzgebungsverfahren ausgeweitet. Der Vorsitz im Rat wechselt im Turnus von einem halben Jahr nach einer jeweils festgelegten Reihenfolge.

Beschlüsse im Rat werden je nach Sachfrage mit einfacher oder qualifizierter Mehrheit oder einstimmig gefasst. Entscheidungen mit einfacher Mehrheit, das heißt hier mit absoluter Mehrheit der Ratsmitglieder, sind selten. Für die Feststellung qualifizierter Mehrheiten werden die Stimmen der Mitgliedstaaten gewichtet, wobei den Stimmen der großen (bevölkerungsreichen) Staaten stärkeres Gewicht zukommt. Mit dem Beitritt der neuen Mitglieder am 1. Mai 2004, der Europawahl im Juni 2004 und der darauf folgenden Neukonstituierung von Kommission und Parlament kam es auch zu einer veränderten Stimmgewichtung im Rat. Die großen Staaten Deutschland, Frankreich, Italien und das Vereinigte Königreich verfügen nun über je 29, die nächst größeren Staaten Spanien und Polen über je 27 Stimmen von insgesamt 321. Malta als kleinstes Mitgliedsland hat im Rat drei Stimmen. Mit der Erweiterung der Union und dem Vertrag von Nizza wurde die Zahl der Politikfelder, für die im Rat Einstimmigkeit erforderlich ist, weiter reduziert. Die meisten Sachfragen sind mittlerweile mit qualifizierter Mehrheit zu entscheiden. Seit der Neuregelung bedeutet Annahme eines Beschlusses durch qualifizierte Mehrheit in der Regel, dass die Mehrheit der Mitgliedstaaten zustimmen muss und dass mindestens 232 Stimmen zu Gunsten des Beschlusses abgegeben wurden. Der einzelne Mitgliedstaat hat außerdem die Möglichkeit, prüfen zu lassen, ob die befürwortenden Stimmen mindestens 62 Prozent der EU-Bevölkerung repräsentieren; ist das nicht der Fall, gilt ein Beschluss als abgelehnt.

Die kontinuierliche Arbeit des Rates, der als intergouvernementales Organ nur zeitweilig und dann in wechselnden Zusammensetzungen tagt, wird durch die ständigen Vertreter der Mitgliedstaaten in Brüssel gewährleistet. Sie treten wöchentlich im Coreper genannten Ausschuss zusammen, die Abkürzung steht für Comité des représentants permanents. Unterstützt von mehreren Arbeitsgruppen, bereitet der Coreper für alle Sachfragen die Sitzungen des Rates vor; ausgenommen davon ist nur der Bereich der Landwirtschaft, für den eine gesonderter Ausschuss besteht.

Den Ministerrat gibt es derzeit in neun verschiedenen Zusammensetzungen. Darüber hinaus besteht der Europäische Rat, in dem die Staats- und Regierungschefs der Mitgliedstaaten zusammenkommen. Dieser ist aus den Gipfelkonferenzen der Staats- und Regierungschefs hervorgegangen ist und wurde erst mit der EEA zu einem auch vertraglich festgelegten Gemeinschaftsorgan. Dem Europäischen Rat gehört außerdem der Präsident der Kommission an. Die EU-Gipfeltreffen, die mindestens halbjährlich stattfinden, ziehen meist die größte öffentliche Aufmerksamkeit auf sich, weil hier – wie es in Artikel 4 des EU-Vertrages heißt – die für die Union "erforderlichen Impulse" gegeben und die großen Linien der gemeinsamen Politik entschieden werden. Oftmals bedeutet das die Lösung von grundlegenden Problemen für die weitere Entwicklung der Union, wobei die – entsprechend der Vorsitzfolge im Ministerrat – jeweiligen Vorsitzenden des Europäischen Rates häufig eine entscheidende Vermittlerrolle einnehmen.

Der Vorsitz des Rates erhält Unterstützung vom Generalsekretär, der zugleich Hoher Vertreter für die Gemeinsame Außen- und Sicherheitspolitik (GASP) ist. Dieses Amt hat seit 1999 der Spanier Javier Solana Madariaga inne, der zuvor verschiedene Ministerämter in der spanischen Regierung innehatte und NATO-Generalsekretär war. Solana ist der erste Inhaber dieses Amtes.

Die Initiative für Beschlüsse des Rates (und des Parlaments) geht in der Regel von der Kommission aus. Während der Rat ein intergouvernementales Organ darstellt, in dem die Mitglieder ihre nationalen Interessen vertreten, handelt es sich bei der Kommission um ein unabhängiges supranationales Organ, das europäische und nicht einzelstaatliche Interessen vertritt. Die Kommission entstand ebenfalls mit dem Fusionsvertrag durch die Zusammenlegung der Hohen Behörde der EGKS mit den Kommissionen von EURATOM und EG. Seit dem Maastricht-Vertrag gilt die Bezeichnung Europäische Kommission.

Bis zum Beitritt der zehn neuen Mitgliedstaaten am 1. Mai 2004 setzte sich die Kommission unter dem italienischen Kommissionspräsidenten

Romano Prodi aus 20 Mitgliedern zusammen, wobei die fünf großen Mitgliedstaaten je zwei und die übrigen Mitgliedstaaten je einen Kommissar stellten. Mit der Erweiterung stieg die Zahl der Kommissionsmitglieder für ein halbes Jahr auf 30. In der neuen, seit dem 22. November 2004 im Amt befindlichen Kommission unter Präsident José Manuel Barroso, der seit April 2002 und bis zur Übernahme dieses Amtes portugiesischer Ministerpräsident war, ist jedes Land nur noch durch einen Kommissar vertreten. Derzeit besteht die Europäische Kommission also aus 24 Kommissaren und dem Präsidenten, der die Führung der Kommission innehat. Für die Besetzung einer Kommission, deren Amtszeit fünf Jahre beträgt, benennen die Regierungen der Mitgliedstaaten nach Konsultation des Europäischen Parlaments zunächst ihren Kandidaten für das Amt des Kommissionspräsidenten. Dieser wählt dann in Absprache mit den Regierungen der Mitgliedstaaten die übrigen Kandidaten für die Kommission aus. Mit dem Unionsvertrag (Maastricht) wurde für die Einsetzung der Kommission die Mitwirkung des Europäischen Parlaments eingeführt. Dieses befragt jeweils die Kandidatinnen und Kandidaten, bevor sich die Kommission insgesamt der Abstimmung im Parlament stellt, das nur die gesamte Kommission ablehnen oder akzeptieren kann. Liegt die Zustimmung des Parlaments vor, erfolgen die Ernennungen des Präsidenten und der übrigen Kommissionsmitglieder durch die Regierungen. Dass das Parlament damit an Macht gewonnen hat und durchaus Einfluss auf die Besetzung der Kommission nehmen kann, hat es zuletzt im Jahr 2004 demonstriert, als es Präsident Barroso im Konstituierungsprozess zum Austausch von einzelnen Kandidaten zwang. Mit der Verweigerung der Entlastung für den Haushalt 1996 und einem Mißtrauensantrag gegenüber der Kommission, der allerdings nicht die nötige Mehrheit fand, spielte das Parlament ebenfalls eine wichtige Rolle im Zusammenhang mit einer Korruptionsaffäre der Kommission unter Präsident Jacques Santer. Diese führte schließlich 1999 zum Rücktritt der gesamten Kommission.

Um die Kommission arbeitsfähig zu halten, soll die Zahl der Mitglieder mit dem Beitritt weiterer Länder zur EU nicht automatisch erhöht werden. Vielmehr sieht der Vertrag von Nizza die Begrenzung der Kommissionsmitglieder vor. Schon seit der EU-Erweiterung des Jahres 2004 kann jedes Land nur noch je einen Kommissar stellen. Erreicht die Zahl der EU-Mitgliedstaaten 27, wird die Zahl der Kommissare reduziert. Es liegt beim Rat, die zukünftige Zahl der Kommissionsmitglieder festzulegen, sie muss aber unter 27 liegen. Wenn dann nicht mehr jeder Mitgliedstaat in jede

Kommission ein Mitglied entsenden kann, wird ein Rotationssystem nach Nationalität eingeführt. Der Vertrag von Nizza hat außerdem die Befugnisse des Kommissionspräsidenten erweitert. Dieser entscheidet über die Ressortverteilung und kann diese während seiner Amtszeit auch verändern. Ebenso wie die Begrenzung der Zahl der Kommissionsmitglieder dient die Stärkung der Position des Präsidenten der Arbeitsfähigkeit der Kommission bei einer wachsenden Zahl von Mitgliedstaaten in der EU.

Intern ist die Kommission nach Generaldirektionen (DG) und Diensten organisiert, die für die verschiedenen, aber sich durchaus überlappenden Politikfelder zuständig sind. Sie sind unterschiedlich "mächtig" bzw. prominent je nachdem, wie weit die Kompetenzen der Kommission in dem betreffenden Politikfeld gehen. Für den Bereich der "Medienpolitik" sind verschiedene Generaldirektionen relevant. Einfluss nehmen hier seit je her insbesondere die für den Binnenmarkt und für Wettbewerb zuständigen Generaldirektionen. Das Politikfeld Binnenmarkt und Dienstleistungen untersteht in der derzeit im Amt befindlichen Kommission dem aus Irland stammenden Kommissar Charlie McCreevy, der Wettbewerb fällt in die Zuständigkeit der niederländischen Kommissarin Neelie Kroes. Darüber hinaus spielten in der Vergangenheit die für die Bereiche Bildung, Kultur, Jugend, Medien und Sport zuständigen Generaldirektionen eine Rolle für die Medien betreffende Aktivitäten. Mit dem neuen Zuschnitt der Zuständigkeitsbereiche durch Kommissionspräsident Barroso wurde die Luxemburgerin Viviane Reding Kommissarin für den Bereich der Informationsgesellschaft und der Medien. Reding, eine frühere Journalistin und langjähriges Mitglied des Europäischen Parlaments, gehörte bereits der Prodi-Kommission an, wo sie für den Bereich Bildung und Kultur zuständig und damit auch in medienpolitische Fragen involviert war.

Die Kommission hat das fast alleinige Initiativrecht für europäische Rechtsvorschriften. Entscheidungen über entsprechende Maßnahmen fallen anschließend im Rat oder im Zusammenwirken von Rat und Europäischem Parlament. Die Kommission sorgt außerdem für die Umsetzung der gemeinsamen Politik in der EG und sie verwaltet den Haushalt. Schließlich gilt die Kommission als "Hüterin der Verträge", das heißt, sie überwacht die Einhaltung des Gemeinschaftsrechts sowie der Urteile des Europäischen Gerichtshofes.

Eine schwächere Stellung unter den Organen der EU kommt dem Europäischen Parlament zu, wiewohl seine Kompetenzen seit den siebziger

Jahren schrittweise gewachsen sind. Das Europäische Parlament, das diese Bezeichnung seit 1962 trägt und seinen Sitz in Straßburg hat (aber gelegentlich auch in Brüssel tagt), repräsentiert die Bürgerinnen und Bürger der Mitgliedstaaten. Seit 1979 werden die Abgeordneten des Parlaments direkt gewählt. Damit verfügt das Europäische Parlament als einziges Organ der EU über eine direkte demokratische Legitimation, hat aber darunter zu leiden, dass es in der Öffentlichkeit allgemeinhin noch schwächer eingeschätzt wird, als es tatsächlich ist. Die Rolle des Parlaments – mit Abgeordneten, die kaum bekannt sind, und ohne das Spannungsverhältnis von Regierung und Opposition – wird auch dafür verantwortlich gemacht, dass die Wahlbeteiligung bei Europawahlen niedrig ist und noch zurückgeht.

Die Zahl der Parlamentsabgeordneten pro Mitgliedstaat bestimmt sich nach dessen Größe (Bevölkerungszahl). In der Amtsperiode von 1999 bis 2004 gehörten dem Europäischen Parlament 626 Abgeordneten an, die aus mehr als 100 nationalen Parteien stammten. Mit dem Vertrag von Nizza wurde die Zahl der EP-Abgeordneten für die Wahlperiode 2004 bis 2009 auf maximal 732 festgesetzt. Daher kam es mit der EU-Erweiterung auch zu Veränderungen in der bisherigen Sitzverteilung. Als bevölkerungsreichstes Land in der Union verfügt Deutschland mit 99 Abgeordneten über die höchste Zahl an Sitzen. Die nächst größeren Mitgliedstaaten Frankreich, Italien und das Vereinigte Königreich können je 78 Abgeordnete in das Europäische Parlament entsenden; der kleinste Mitgliedstaat, Malta, hält dagegen lediglich fünf Sitze. Zwar treten die EP-Kandidaten bei den Europawahlen als Kandidaten der nationalen Parteien an und können auch nur in ihren Herkunftsländern gewählt werden, im Europäischen Parlament schließen sich dann aber zu übernationalen europäischen Fraktionen zusammen.

Mit den verschiedenen Vertragsreformen ist die Bedeutung des Parlaments als Mitgesetzgeber Zug um Zug gewachsen, wobei die Beteiligung von der Stellungnahme über die Zusammenarbeit bis zur Mitentscheidung oder sogar Erteilung der Zustimmung reicht. Mit der Einführung des Mitentscheidungsverfahrens, das für eine Reihe von Rechtsbereichen (u. a. Binnenmarkt) gilt, erlangte das Parlament Anteil am EU-Gesetzgebungsverfahren, das es nun mit dem Rat teilt. Können sich Parlament und Rat nach ja zwei Lesungen nicht einigen, kann ein Vermittlungsausschuss einberufen werden, in den beide Organe Vertreter entsenden. In den Politikbereichen, für die lediglich ein Anhörungsverfahren vorgesehen ist (u. a. Wettbewerb), gibt das Parlament eine Stellungnahme ab und kann einen Vorschlag akzeptieren, ablehnen oder auch Änderungen vorschlagen. Beim Zustimmungsverfahren (u. a. für Aufgaben der Europäischen Zentralbank, Beitrittsfragen) kann das Parlament Vorschläge nur annehmen oder ablehnen, aber keine Änderungen vorschlagen.

Das Parlament ist zudem Haushaltsbehörde. Es stellt den Haushaltsplan der EU fest und entlastet die Kommission für die Ausführung des Planes; der Haushalt wird dann gemeinsam von Parlament und Rat verabschiedet. Auch die Stellung des EP gegenüber der Kommission wurde in den neunziger Jahren gestärkt. Diese ist gegenüber dem Parlament zur Rechenschaft verpflichtet. Das EP ist außerdem an der Benennung des Kommissionspräsidenten beteiligt, und die gesamte Kommission als Kollegium bedarf der Zustimmung des Parlaments. Dieses hat auch das Recht, die Kommission durch ein Misstrauensvotum zum Rücktritt zu zwingen.

Mit dem EU-Vertrag wurden ein Petitionsrecht gegenüber dem Parlament und die Funktion eines europäischen Bürgerbeauftragten eingeführt. Der Bürgerbeauftragte wird vom Parlament ernannt. An ihn können Beschwerden über Missstände bei der Tätigkeit der Gemeinschaftsorgane und -institutionen vorgebracht werden.

Der Europäische Gerichtshof (EuGH) besteht seit der Erweiterung des Jahres 2004 aus 25 Richtern, einem pro Mitgliedstaat. Sie werden von den Regierungen der Mitgliedstaaten einvernehmlich für eine Amtsdauer von sechs Jahren benannt. Die Richter werden in ihrer Arbeit durch acht Generalanwälte unterstützt. Der Gerichtshof, dem ein Präsident vorsitzt, überwacht die Einhaltung des Gemeinschaftsrechts. Zu entscheiden sind Streitfälle zwischen der Union und den Mitgliedstaaten, zwischen den Mitgliedstaaten sowie zwischen den EU-Organen. Außerdem können Einzelpersonen direkte Klagen an den Gerichtshof herantragen. Die Einrichtung eines Gerichts erster Instanz (EuG) neben dem EuGH im Jahr 1989 sollte den Gerichtshof entlasten. Ihm gehören ebenfalls 25 Richter an. Beim EuG liegen vor allem Wettbewerbssachen, Untätigkeitsklagen gegenüber den Organen der Gemeinschaft sowie Klagen von EG-Bediensteten. Mit der Etablierung des EuG ist insofern ein zweistufiges System entstanden, als beim EuGH Berufung gegen Entscheidungen des EuG eingelegt werden kann. Der Vertrag von Nizza machte das EuG schließlich zur ersten Instanz für alle Klagen; ausgenommen davon sind lediglich solche Verfahren, die sich auf Vertragsverletzungen beziehen. Im November 2004 beschloss der Rat die Einrichtung eines Gerichts für den öffentlichen Dienst der EU, das dem EuG beigeordnet ist und zu dessen Entlastung dienen soll. Dem neuen Fachgericht gehören sieben Richter an.

Eine beratende Funktion nehmen der Europäische Wirtschafts- und Sozialausschuss sowie der Ausschuss der Regionen ein. Ihre Zusammensetzung und ihre Rechte sind im EG-Vertrag festgelegt. Im Wirtschafts- und Sozialausschuss (WSA), der bereits mit dem Vertrag von Rom begründet wurde, sind die "verschiedenen wirtschaftlichen und sozialen Bereiche der organisierten Zivilgesellschaft" vertreten (Artikel 257-262 EG-Vertrag). Das meint in erster Linie Unternehmer, Landwirte, Arbeitnehmer, Handwerker, Vertreter der freien Berufe sowie der Verbraucher. Die Zahl der Ausschussmitglieder ist im Vertrag auf maximal 350 festgelegt, die Zahl der Vertreter pro Mitgliedstaat differiert wiederum je nach deren Größe. Derzeit hat der Ausschuss 317 Mitglieder. Der Wirtschafts- und Sozialausschuss muss vom Rat oder der Kommission bei Vorhaben in bestimmten Bereichen gehört werden; dazu zählen auch Fragen der Binnenmarkt- und der Industriepolitik. Der Ausschuss der Regionen (AdR) wurde mit dem Maastrichter Vertrag eingerichtet und setzt sich "aus Vertretern der regionalen und lokalen Gebietskörperschaften", also Ländern, Regionen und Gemeinden, zusammen (Artikel 263-265 EG-Vertrag). Ebenso wie für den Wirtschafts- und Sozialausschuss ist die maximale Zahl der Mitglieder im Ausschuss der Regionen auf 350 festgelegt, wobei die Mitgliedstaaten je nach Größe eine unterschiedlich hohe Zahl von Sitzen innehaben. Seit der EU-Erweiterung 2004 hat der Ausschuss 317 Mitglieder. Der Ausschuss der Regionen ist ebenfalls bei Vorhaben in bestimmten Politikbereichen anzuhören, darunter die Förderung von Bildung und Kultur.

Während also in der ersten Säule der EU, der Europäischen Gemeinschaft, eine supranationale Struktur besteht, sind die Säulen 2 und 3 intergouvernemental geprägt. Säule 2, die Gemeinsame Außen- und Sicherheitspolitik (GASP), ging hervor aus der Europäischen Politischen Zusammenarbeit (EPZ), die seit Anfang der siebziger Jahre bestand und 1987 mit der EEA auch vertraglich geregelt wurde. Der EU-Vertrag führte 1993 den Begriff der Gemeinsamen Außen- und Sicherheitspolitik ein, der Vertrag von Amsterdam brachte dazu weitergehende Regelungen (Artikel 11-28 EU-Vertrag). Zu den Zielen der GASP gehören die Stärkung der Sicherheit in der EU bis hin zur Entwicklung einer gemeinsamen Verteidigungspolitik, die Wahrung der gemeinsamen Werte der Union, die Entwicklung und Stärkung von Demokratie und Rechtsstaatlichkeit sowie die Förderung der internationalen Zusammenarbeit. Der Vertrag sieht dafür verschiedene Instrumente vor: Beschlüsse über gemeinsame Strategien, die Annahme gemeinsamer Aktionen und die Annahme gemeinsamer Standpunkte. Die Beschlussfassung liegt beim Rat, seit dem Vertrag von Amsterdam können einige Entscheidungen mit qualifizierter Mehrheit getroffen werden. Der Vertrag von Amsterdam führte auch die Funktion des Hohen Vertreters für die GASP ein, der den Rat unterstützt. Seit 1999 ist dieses Amt mit dem Spanier Javier Solana Madariaga besetzt. Die Kommission hat ebenso wie die Mitgliedstaaten das Initiativrecht im Bereich der GASP, für das Parlament besteht ein Anhörungs- und Informationsrecht; die supranationale Ebene bleibt in der GASP daher vorerst vergleichsweise schwach.

Mit dem EU-Vertrag wurde auch die Westeuropäische Union (WEU) zum integralen Bestandteil der Entwicklung der Europäischen Union erklärt. Die WEU ist eine Verteidigungsallianz, die ursprünglich von Frankreich und Großbritannien gegründet wurde, in ihrer heutigen Form aber auf den Brüsseler Vertrag des Jahres 1954 zurückgeht. Indessen sind nicht alle EU-Mitgliedstaaten auch Mitglieder der WEU und umgekehrt gehören nicht alle WEU-Mitglieder der EU an. Dennoch wurde die WEU durch die Integration in die GASP von der EU weitgehend aufgesogen. Entscheidend dafür war auch die Übernahme der so genannten Petersberg-Aufgaben in die GASP. Es handelt sich dabei um humanitäre Aufgaben sowie friedenserhaltende und friedensschaffende Maßnahmen, die zu einer Funktionserweiterung der WEU führten. Sie gehen zurück auf die Petersberg-Erklärung der Außen- und Verteidigungsminister im Jahr 1992; mit dem Vertrag von Amsterdam wurden die Petersberg-Aufgaben in die GASP eingefügt.

Der Vertrag von Maastricht begründete die dritte Säule der EU als Zusammenarbeit in den Bereichen der Justiz und des Inneren. Bereits der Vertrag von Amsterdam verlagerte aber Teile davon in den Zuständigkeitsbereich der ersten Säule, die dritte Säule betrifft daher nur noch die polizeiliche und justitielle Zusammenarbeit in Strafsachen (PJZ; Artikel 29-42 EU-Vertrag). Als deren Ziel nennt der Vertrag das gemeinsame Vorgehen, um "den Bürgern in einem Raum der Freiheit, der Sicherheit und des Rechts ein hohes Maß an Sicherheit zu bieten", sowie die Verhütung und Bekämpfung von Fremdenfeindlichkeit und Rassismus.

Die Vereinbarungen der dritten EU-Säule heben vorrangig auf die Koordination der Arbeit von Polizei-, Zoll- und Justizbehörden ab. Das Europäische Polizeiamt Europol, das seinen Sitz in Den Haag hat, sollte innerhalb von fünf Jahren nach Inkrafttreten des Vertrages von Amsterdam gestärkt werden. Ähnlich wie in der zweiten Säule liegen die Kompetenzen im Bereich der PJZ in erster Linie beim Rat. Die Kommission wird beteiligt, dem Parlament steht das Recht auf Anhörung und Information zu. Zwar bleibt auch die dritte Säule wegen ihrer intergouvernementalen Prägung im Vergleich zur EG relativ schwach, hat aber in den vergangenen Jahren durch die Notwendigkeit zur Koordination der Terrorismusbekämpfung in Europa an Bedeutung gewonnen.

Der EU-Vertrag führte auch eine Unionsbürgerschaft in den EG-Vertrag (Artikel 17) ein: "Unionsbürger ist, wer die Staatsbürgerschaft eines Mitgliedstaats besitzt". Die Unionsbürgerschaft begründet das Recht auf Freizügigkeit innerhalb der Union und gibt Unionsbürgern das Recht auf Beteiligung an Kommunalwahlen. Nach dem Wohnsitzprinzip können Unionsbürger außerdem bei Europawahlen ihr aktives und passives Wahlrecht auch in dem Mitgliedstaat ausüben, wo sie sich zum Zeitpunkt der Wahl aufhalten. Die Unionsbürgerschaft bleibt jedoch an die Staatsbürgerschaft eines EU-Landes gebunden, sie begründet heute noch längst nicht die Rechte und Pflichten, die durch eine Staatsbürgerschaft gegeben sind. Ebenso wie etwa der dunkelrote europäische Pass stellt daher die Unionsbürgerschaft eher ein Symbol dar, das die Integration und die Identifikation mit der Gemeinschaft stärken soll.

2.2 Der Europarat

Der Europarat (Council of Europe) – nicht zu verwechseln mit dem EU-Organ Europäischer Rat (European Council) – wurde 1949 in London gegründet (vgl. z. B. Holtz, 2000). Noch vor dem Aufbau der Europäischen Gemeinschaften verwirklichte sich damit zum ersten Mal in der Nachkriegszeit die Idee einer engeren Kooperation in Europa. Während auf der einen Seite der beginnende Kalte Krieg und die Spaltung Europas diesen Zusammenschluss sehr wohl förderte, bedeutete die Gründung des Europarates auf der anderen Seite zunächst aber auch die Begrenzung auf Westeuropa und damit die vorläufige Festschreibung der Teilung Europas. Am 5. Mai 1949 unterzeichneten Vertreter von zehn Staaten das Statut, an dem seit Ende Januar gearbeitet worden war. Gründungsmitglieder waren neben den drei Benelux-Staaten Dänemark, Frankreich, Irland, Italien, Norwegen,

Schweden und das Vereinigte Königreich. Am 3. August 1949 trat das Statut in Kraft. Die Bundesrepublik Deutschland trat dem Europarat 1951 bei.

Anders als die einige Jahre später entstandenen Europäischen Gemeinschaften hatte der Europarat von Anfang eine an den demokratischen Werten orientierte und kulturelle Zielsetzung. So heißt es in Artikel 1 der Satzung: "Der Europarat hat zur Aufgabe, eine engere Verbindung zwischen seinen Mitgliedern zum Schutze und zur Förderung der Ideale und Grundsätze, die ihr gemeinsames Erbe bilden, herzustellen und ihren wirtschaftlichen und sozialen Fortschritt zu fördern." Die Kurzformel "Werte statt Grenzen" (Keller, 1999) greift daher in geeigneter Weise die Orientierung des Europarates.

Demokratie, Rechtsstaatlichkeit sowie der Schutz der Menschenrechte und Grundfreiheiten sind die zentralen Werte, für die der Europarat steht. Grundlegend dafür ist die Europäische Konvention zum Schutze der Menschenrechte und Grundfreiheiten, kurz Europäische Menschenrechtskonvention (EMRK) genannt. Sie wurde am 4. November 1950 in Rom durch die damaligen Mitglieder des Europarates unterzeichnet. Nachdem zehn Staaten die Konvention ratifiziert hatten, trat sie 1953 in Kraft. Über die Einhaltung der EMRK wacht der Europäische Gerichtshof für Menschenrechte (EGMR). Seit 1999 gibt es beim Europarat außerdem das Amt eines Menschenrechtskommissars.

Das Statut des Europarates sieht zwei Organe vor: das Ministerkomitee und die Parlamentarische Versammlung. Ihnen steht am Sitz des Europarates in Straßburg ein Generalsekretariat zur Seite. Das eigentliche Entscheidungsgremium ist das Ministerkomitee, das zweimal pro Jahr tagt. In ihm sind die Außenminister der Mitgliedstaaten repräsentiert. Da alle Staaten gleiches Stimmrecht haben, hat das Komitee ebenso viele Mitglieder, wie dem Europarat Staaten angehören. Der Vorsitz im Ministerkomitee wechselt halbjährlich in alphabetischer Reihenfolge der Staaten. Das Ministerkomitee prüft laut Satzung "die Maßnahmen, die zur Erfüllung der Aufgaben des Europarates geeignet sind, einschließlich des Abschlusses von Abkommen und Vereinbarungen und der Annahme einer gemeinsamen Politik durch die Regierungen in bestimmten Fragen" (Artikel 15). Beschlüsse des Ministerkomitees können auch in Empfehlungen an die Regierungen der Mitgliedstaaten münden. Die Entwürfe für Europaratskonventionen gehen ebenfalls aus dem Komitee hervor. Schließlich liegt es beim Ministerkomitee, den Haushalt zu genehmigen und über die Aufnahme neuer Mitglieder und gegebenenfalls über die Aussetzung einer Mitgliedschaft bzw. den Ausschluss von Mitgliedern zu entscheiden.

Die laufende Arbeit übernehmen – stellvertretend für die Minister – die Ständigen Vertreter der Mitgliedstaaten, die als Botschafter beim Europarat akkreditiert sind. Die Ständigen Vertreter haben die gleiche Entscheidungsbefugnis wie die Minister. Dem Ministerkomitee sind außerdem Lenkungsausschüsse zugeordnet. In ihnen sind Mitglieder der nationalen Verwaltungen vertreten. Die Lenkungsausschüsse haben spezifische Arbeitsgebiete und kümmern sich um Detailfragen und arbeiten damit dem Ministerkomitee zu.

Neben dem Ministerkomitee, das sich aus den Außenministern der Mitgliedstaaten zusammensetzt, gibt es regelmäßige Treffen der Fachminister, um Fragen ihrer jeweiligen Sachgebiete zu beraten. Diese Fachministerkonferenzen sind als Organe des Europarates nicht vorgesehen, mit einer Resolution vom Jahr 1971 haben sie aber mittlerweile offizielle Anerkennung durch das Ministerkomitee gefunden.

Die Parlamentarische Versammlung hat lediglich beratende Funktion, dennoch kommt ihrer Arbeit durchaus Bedeutung zu, die sich deutlich zuletzt in ihrem Engagement hinsichtlich der Demokratisierung der mittel- und osteuropäischen Staaten und deren Integration in den Europarat gezeigt hat. Ihre auch moralische Funktion wird angesprochen, wenn die Parlamentarische Versammlung als "demokratisches Gewissen Europas" (Keller, 1999, S. 99) bezeichnet wird. In der Parlamentarischen Versammlung sitzen bei derzeit 46 Mitgliedstaaten 315 Abgeordnete. Dazu kommt eine gleich große Zahl von Stellvertretern, die gleichberechtigt sind. Insofern sind der Parlamentarischen Versammlung 630 Mitglieder zuzurechnen. Die Zahl der Abgeordneten pro Staat liegt je nach Größe und Bevölkerungszahl zwischen 2 und 18. Sie haben in der Regel ein Doppelmandat, das heißt, sie gehören auch den nationalen Parlamenten an, oder sie werden von diesen gewählt. Die Abgeordneten eines Landes spiegeln jeweils die Stärke der Parteien und politischen Gruppierungen im nationalen Parlament. Ebenso wie im Europäischen Parlament schließen sich die Mitglieder der Parlamentarischen Versammlung zu Fraktionen zusammen. Der Parlamentarischen Versammlung, die dreimal im Jahr zusammentritt, steht ein Präsident vor. Dieses Amt hat derzeit der Niederländer René van der Linden inne. Die Bearbeitung von Sachfragen geschieht in Fachausschüssen. Die Medien fallen überwiegend in die Zuständigkeit des Ausschusses für Recht und Menschenrechte und erst in zweiter Linie in die des Ausschusses für Kultur, Wissenschaft und Bildung. Allein diese Kompetenzzuordnung macht bereits deutlich, dass die Beschäftigung mit Medienfragen beim Europarat unter einer deutlich anderen Perspektive erfolgt, als das bei der Europäischen Union der Fall ist.

Die Funktion des Sekretariats liegt in der Unterstützung des Ministerkomitees und der Versammlung. Das Sekretariat, das von einem Generalsekretär geleitet wird, ist ständig besetzt und hat rund 1.500 Mitarbeiter. Der Generalsekretär wird jeweils für eine Amtszeit von fünf Jahren von der Parlamentarischen Versammlung gewählt. Er vertritt den Europarat in der Öffentlichkeit. Formal in einer eher schwachen Position kann der Generalsekretär dennoch Einfluss ausüben, da er an den Sitzungen des Ministerkomitees teilnimmt und sich dort mit Vorschlägen einbringen kann. Seit 1995 ist der Franzose Bruno Haller als Generalsekretär tätig.

Ein weiteres beratendes Gremium beim Europarat bildet der Kongress der Gemeinden und Regionen Europas (KGRE). Dieser ist 1994 entstanden und hat einen Vorläufer in der Konferenz der Gemeinden Europas hat, die erstmals 1957 zusammentrat. Im KGRE sind die mehr als 200.000 lokalen und regionalen Gebietskörperschaften Europas vertreten. Der Kongress besteht aus zwei Kammern, in der einen sind die Gemeinden, in der anderen die Regionen vertreten. Er hat so viele Mitglieder und Stellvertreter wie die Parlamentarische Versammlung, zur Zeit also insgesamt 630. (Vgl. Keller, 1999; Bauer, 2001)

Als Gerichtsbarkeit zur Verwirklichung und Durchsetzung der Menschenrechte in Europa dient der Europäische Gerichtshof für Menschenrechte (EGMR), der seinen Sitz ebenfalls in Straßburg hat. Zusammensetzung und Arbeitsweise des Gerichtshofs sind in der Europäischen Menschenrechtskonvention geregelt. Der EGMR entstand in seiner heutigen Form als einheitliche gerichtliche Instanz 1998 aus der Zusammenlegung des EGMR, der bereits 1959 gegründet wurde, und der Europäischen Kommission für Menschenrechte. Diese bestand seit 1955 und wirkte als Vorinstanz. Dem ständigen Gerichtshof gehören so viele hauptberufliche Richter an, wie der Europarat Mitglieder hat. Die Richter werden von der Parlamentarischen Versammlung gewählt. Es besteht jedoch keine nationale Bindung für die Wahl der Richter, so dass nicht jedes Mitgliedsland zwingend auch mit einem Richter beim Gerichtshof vertreten ist.

Beschwerdeberechtigt beim EGMR sind die Mitgliedstaaten des Europarates, aber auch Einzelpersonen, Personengruppen oder Organisationen, die sich durch eine staatliche Behörde in einem von der Europäischen Menschenrechtskonvention garantierten Recht verletzt sehen. Bevor der supranationale Gerichtshof eine Beschwerde akzeptiert, müssen jedoch zuvor die nationalen gerichtlichen Instanzen ausgeschöpft sein. Urteile des EGMR haben völkerrechtliche Wirkung. Bei der Feststellung einer Verletzung von Menschenrechten hat der betreffende Staat Abhilfe zu schaffen. Die Überwachung der in den Urteilen enthaltenen Auflagen liegt beim Ministerkomitee des Europarates. (Vgl. Baratta, 2001, Sp. 979)

Der Menschenrechtskommissar ist hingegen keine Beschwerdeinstanz. Seine Aufgabe liegt vielmehr in der Information über die allgemeine Situation der Menschenrechte in den Mitgliedstaaten. Er kann außerdem gegenüber dem Ministerkomitee Empfehlungen zum Schutz der Menschenrechte abgeben. Darüber hinaus wirkt der Menschenrechtskommissar als Schnittstelle zwischen den nationalen Menschenrechtsinstitutionen bzw. anderen internationalen Organisationen und dem Europarat. Seit 1999 – und damit als erster Amtsinhaber – ist der Spanier Alvaro Gil-Robles als Menschenrechtskommissar tätig.

2.3 Die EBU – European Broadcasting Union/Union Européenne de Radio-Télévision

Während Europäische Union und Europarat – wenn auch unterschiedliche – Organisationen darstellen, deren Mitglieder Staaten sind, ist die *European Broadcasting Union* (EBU) eine internationale Organisation, in der nur Rundfunkveranstalter Mitglied werden können. Als solche hat die EBU jedoch schon früh die Rolle eines wichtigen Akteurs im Bereich des Rundfunks erlangt und ist zudem bei den frühen rundfunkpolitischen Vorhaben der EG auch einbezogen worden. Allerdings wird die internationale Kooperation der Rundfunkanstalten in der EBU bzw. die EBU als Marktteilnehmer auch vom EU-Recht erfasst und ist mittlerweile eher zum Objekt europäischer Medienpolitik geworden.

Die EBU wurde 1950 gegründet. Als Organisation der internationalen Kooperation im Bereich des Rundfunks hatte sie ihren Vorläufer in der 1925 gegründeten UIR. Das Kürzel stand bis 1925 für *Union Internationale de*

Radiophonie, ab diesem Jahr dann für *Union Internationale de Radiodiffusion.* Im Deutschen sprach man von Weltrundfunkverein, der englische Name war *International Broadcasting Union* (IBU). Zu den Zielen der UIR gehörte die Zusammenarbeit von Rundfunkveranstaltern, die Weiterentwicklung des Rundfunks und insbesondere die Lösung der sich durch den Radioboom dieser Jahre abzeichnenden Frequenzprobleme. Die UIR nahm ihren Sitz in Genf, nicht zuletzt wegen der Nähe zu den ebenfalls in der Schweiz ansässigen internationalen Organisationen *Internationale Telegraphen-Union* (ITU) und Völkerbund, zu denen enge Verbindungen angestrebt wurden. Das technische Zentrum der UIR wurde indessen in Brüssel aufgebaut.

Während die Programmaktivitäten der UIR und die Entwicklung der für den Austausch notwendigen Technik positiv verlief, geriet die Frequenzverteilung in die politische Auseinandersetzung. Nach Beginn des Zweiten Weltkriegs traten einige Mitglieder aus der UIR aus oder ließen ihre Mitgliedschaft ruhen; was von der Organisation übrig blieb, wurde von den Deutschen beherrscht. Zwar bestand die UIR bei Kriegsende noch, die Wiederbelebung scheiterte aber, und es kam schließlich zum Aufbau von zwei europäischen Organisationen und der Auflösung der UIR.

Im Sommer 1946 wurde vor allem auf Betreiben der Sowjetunion in Brüssel die *Organisation Internationale de Radiodiffusion* (OIR) ins Leben gerufen. Bereits in der Gründungsversammlung kam es jedoch zu Auseinandersetzungen. Insbesondere die BBC blieb skeptisch angesichts der sowjetischen Bestrebungen, die OIR zu dominieren. Es setzte ein Konkurrenzkampf zwischen OIR und UIR um die Vorherrschaft in Europa ein, der die Position des europäischen Rundfunks bei internationalen Funkkonferenzen schwächte. Da die Auseinandersetzungen innerhalb der OIR anhielten und schließlich mehrere westeuropäische Mitglieder austraten, bereitete die BBC eine Konferenz zur Gründung einer neuen Rundfunkunion vor. Anfang Februar 1950 erfolgte die Gründung der EBU bei dieser Konferenz im britischen Seebad Torquay. Drei Monate später wurde daher die UIR aufgelöst. Die OIR, die nun nur noch wenige Mitglieder hatte, verlegte ihren Sitz von Brüssel nach Prag. Damit spiegelten schließlich auch die beiden Rundfunkorganisationen die Teilung Europas. Die EBU legte ihren Sitz nach Genf und übernahm dort auch ehemalige UIR-Mitarbeiter. Das technische Zentrum blieb in Brüssel, dafür wurden die zurückgelassenen Einrichtungen der OIR genutzt und ebenfalls Mitarbeiter übernommen. (Vgl. dazu und im folgenden Eugster, 1983; Zeller, 1999, S. 21-36)

Im Jahr 2005 hat die EBU 74 Aktive Mitglieder aus 54 Ländern. Dazu kommen 47 Assoziierte Mitglieder aus weiteren 26 Ländern. Diese Unterscheidung folgt aus den Bedingungen für die Mitgliedschaft in der EBU. Aktive Mitglieder können nur Rundfunkveranstalter oder Gruppen von Rundfunkveranstaltern werden, die ihren Sitz in einem Land haben, das Mitglied in der *International Telecommunication Union* (ITU) ist und in der Europäischen Rundfunkzone liegt, und die ein Programm mit nationalem Charakter und nationaler Bedeutung anbieten. Die Europäische Rundfunkzone ist im Anhang der International Telecommunication Convention definiert. Dazu gehören die Staaten Europas, Nord-Afrikas und des Nahen Ostens. Assoziierte Mitglieder sind Rundfunkanstalten aus Ländern außerhalb dieser Zone, diese müssen aber die anderen Voraussetzungen ebenfalls erfüllen. Die Bedingung, ein Rundfunkveranstalter habe ein Programm von nationalem Charakter und nationaler Bedeutung zu erbringen, was im EBU-Statut weiter ausgeführt wird, beschränkt die Mitgliedschaft auf den öffentlichen Rundfunk und schließt kommerzielle Veranstalter aus. Demzufolge muss das Angebot eines Rundfunkveranstalters von allen Haushalten des Landes empfangen werden können. Der Veranstalter muss weiterhin verpflichtet sein, ein vielfältiges und ausgewogenes Programm anzubieten, und das auch faktisch gewährleisten.

Diese Kriterien, die eindeutig auf die Public-Service-Veranstalter zielen, wurden erst 1988 in die EBU-Statuten aufgenommen. In diesen Jahren, in denen sich die westeuropäischen Rundfunkmärkte durch das Hinzutreten des privat-kommerziellen Rundfunks neu strukturierten, sah sich die EBU vor die Entscheidung gestellt, die neue Konkurrenz zu integrieren und so auch die alleinige europäische Rundfunkorganisation zu bleiben oder die kommerziellen Veranstalter auszuschließen. Ab den fünfziger Jahren waren schon vereinzelt auch private Veranstalter aufgenommen worden, die EBU wollte keine Konkurrenzorganisation riskieren. Mit der Formulierung der neuen Aufnahmekriterien Ende der achtziger Jahre setzte die EBU nun aber ein klares Zeichen zu Gunsten des öffentlichen Rundfunks. Da die am Public Service orientierten Kriterien jedoch nur bei der Aufnahme neuer Mitglieder zur Anwendung kommen, bestehende Mitgliedschaften indessen nicht gekündigt werden konnten, gibt es heute in der EBU einige Mitglieder, die den neuen Aufnahmekriterien nicht genügen. Ausgeschlossen blieben jedoch die meisten der heute bestehenden privat-kommerziellen Veranstalter, weil sie erst im Zuge der Veränderungen auf den Rundfunkmärkten ab den achtziger Jahren entstanden. Insofern gilt die EBU heute als eine vom öffentlichen Rundfunk dominierte Organisation, und dabei geben wiederum die Veranstalter aus den großen westeuropäischen Staaten den Ton an.

Allgemeines Ziel der EBU ist die Vertretung der Interessen ihrer Mitglieder in den Bereichen Programm, Recht und Technik. Naturgemäß bezog sich die Tätigkeit der EBU in der Anfangszeit vor allem auf das Radio. Mit der zunehmenden Verbreitung des Fernsehens ab den fünfziger Jahren änderte sich das allerdings schnell. Heute liegt der Schwerpunkt der EBU-Aktivitäten beim Fernsehen. Mit der Änderung ihrer Statuten im Jahr 1995 hat die EBU ihre Aktivitäten drei Bereichen zugeteilt. Sie versteht sich demnach erstens als Berufsverband, zweitens als Dienstleister und betätigt sich drittens in Forschung und Entwicklung. Der wichtigste Bereich, über den die EBU vermutlich auch vorrangig identifiziert wird, liegt in der Dienstleistung. Dazu gehört insbesondere der Programmaustausch über die *Eurovision* für das Fernsehen und über *Euroradio* für den Hörfunk. Zu diesem Zweck unterhält die EBU ein entsprechendes Übertragungsnetz. Darüber hinaus fördert sie Koproduktionen ihrer Mitglieder und andere Formen der Zusammenarbeit.

Die *Eurovision* dient dem Austausch von Fernsehprogrammen unter den EBU-Mitgliedern. Die erste Live-Übertragung eines Ereignisses in mehrere Länder gleichzeitig wurde im Juni 1953 aus Anlass der Krönung von Queen Elisabeth II. geprobt. Ein Jahr später, im Juni 1954, kam es mit einer Übertragung vom Narzissen-Festival in Montreux zur ersten Eurovisionssendung. Wiederum ein Jahr danach wurde in Brüssel ein Koordinationszentrum für die *Eurovision* eröffnet. Im Mai 1958 schließlich fand zum ersten Mal der *Eurovision Song Contest* statt, der sich geradezu zum öffentlichen Symbol der *Eurovision* entwickelte.

Die Definition der *Eurovision*, wie sie in den EBU-Statuten enthalten ist, hebt explizit auf den Austausch von Nachrichtenbeiträgen zu wichtigen Tagesereignissen, die Berichterstattung über das Zeitgeschehen sowie sportliche und kulturelle Ereignisse ab. Im Bereich der aktuellen Berichterstattung und beim Sport liegt dann heute auch der wesentliche Schwerpunkt des Austausches im Rahmen der *Eurovision*. Die Übertragung der Fußballweltmeisterschaft 1954 in der Schweiz begründete den Stellenwert, den internationale Sportereignisse für die *Eurovision* bekommen sollten. Die Olympischen Winterspiele 1956 in Italien waren die ersten, die von der *Eurovision* ausgestrahlt wurden. Zu einer vollständigen Übertragung Olympischer Spiele durch die *Eurovision* kam es erstmals 1960, als die Sommerspiele in Rom stattfanden.

Ab Ende der fünfziger Jahre wurde mit dem Austausch von Nachrichtenbeiträgen experimentiert. Im Mai 1961 startete die *Eurovision* den täglichen Programmaustausch EVN (*European Video News*). In den ersten Jahren wurden einmal pro Tag Nachrichten ausgetauscht, Ende der sechziger Jahre zweimal. Heute findet der Austausch neunmal pro Tag statt. Dieser Nachrichtenaustausch, die Übernahme von Beiträgen aus dem Pool und die Eingabe in den Pool, ist unentgeltlich. Das heißt, die Mitglieder stellen Nachrichtenbeiträge meist in Form von Rohmaterial kostenlos zur Verfügung, können sich dafür aber auch kostenlos aus dem Pool bedienen. Was die Anstalten in den Nachrichtenpool geben bzw. wie sie übernommenes Material verwenden, unterliegt ihrer eigenen Entscheidung und somit nicht dem Einfluss der EBU. Von Anfang an öffnete die EBU EVN auch für Beiträge der internationalen Fernsehagenturen, die sich wiederum selbst auch aus dem Pool bedienen dürfen. Die Übernahme von Agenturbeiträgen durch die EBU-Anstalten ebenso wie die Übernahme von Beiträgen der EBU-Anstalten durch die Agenturen ist jedoch kostenpflichtig. Darüber hinaus arbeitet die EBU in ihrem Nachrichtengeschäft auch mit anderen regionalen Rundfunkunionen zusammen, so dass ihr tägliches Nachrichtenangebot weit über den Austausch unter den europäischen EBU-Anstalten hinaus geht. (Vgl. Zeller, 1999, S. 120-122)

Der Programmaustausch im Rahmen der *Eurovision* ist auf die Aktiven Mitglieder der EBU beschränkt. Zwar kann die EBU auch Assoziierten und Nicht-Mitgliedern Zugang gewähren, das unterliegt jedoch jeweils gesonderten vertraglichen Vereinbarungen. Zudem besteht für andere als Aktive Mitglieder Kostenpflicht. Was den Austausch von aktuellen Beiträgen angeht, hat die EBU insofern für ihre Mitglieder eine Ressource geschaffen, die einen erheblichen Wettbewerbsvorteil darstellt. Damit wird zugleich noch einmal verständlich, warum mit den achtziger Jahren die Beschränkung auf die Public Service-Veranstalter beschlossen wurde bzw. welch schwer wiegenden Schritt die Ausgrenzung der privat-kommerziellen Konkurrenz bedeutete.

Erheblich größere Bedeutung als der Nachrichtenaustausch in der *Eurovision* haben die Aktivitäten im Bereich des Sports. Auf den Sport entfällt ein Anteil von deutlich mehr als 80 Prozent des *Eurovisions*-Austausches. Die EBU übernimmt hier zum einen Dienstleistungen in der Übertragung von

Sportereignissen an ihre Mitgliedanstalten. Zum anderen betreibt die EBU Verhandlungen über den Kauf von Sportrechten bei internationalen Veranstaltungen. Bei der Übertragung von Sportveranstaltungen liefert die EBU die Bilder sowie das internationale Tonsignal, darunter ist die sprachunabhängige Atmosphäre zu verstehen (z. B. Stadiongeräusche). Darüber hinaus wird der Kommentatorenton individuell verteilt. Zuweilen übernimmt die EBU auch die Rolle des "host broadcaster", wenn bei Sportveranstaltungen die Fernsehübertragung nur an einen Sender vergeben wurde, der die gesamte Organisation und Übertragung in der Hand hat. (Vgl. Zeller, 1999, S. 123-125)

Zur besseren Ausnutzung von Nachrichtenmaterial und Sportrechten hat die EBU die Gründung von zwei Spartenkanälen vorangetrieben, die als transnationale Gemeinschaftsunternehmen von einigen EBU-Mitgliedern betrieben werden: 1989 ging *Eurosport* auf Sendung, *EuroNews* startete 1993. Nachdem die vor allem durch das Europäische Parlament unterstützten Versuche mit europäischem Fernsehen gescheitert waren (vgl. hier Kapitel 4), blieben diese beiden Programme die einzigen pan-europäischen Fernsehangebote.

3 Europarechtliche Grundlagen

Die beiden europäischen Staatenbünde unterscheiden sich nicht nur in ihrer Organisationsstruktur, sondern vor allem auch in den rechtlichen Grundlagen und den daraus erwachsenden Kompetenzen. Die Europäische Gemeinschaft hat eigene Regelungskompetenzen und insofern eine eigenständige Rechtsordnung entwickelt, die die Mitgliedstaaten bindet. Der Europarat hingegen erlässt keine unmittelbar wirkenden Rechtsakte; die Mitgliedstaaten können jeweils entscheiden, ob sie einem Abkommen des Europarates beitreten. Besondere Bedeutung im Kontext medienpolitischer Fragen haben die Kommunikationsgrundrechte, also vor allem Meinungsäußerungs-, Informations- und Medienfreiheit. Da die EG bislang nicht über einen eigenen Grundrechtekatalog verfügte und sich stattdessen auf die vom Europarat verabschiedete Europäische Menschenrechtskonvention bezog, fließen an dieser Stelle die Rechtsgrundlagen von EG bzw. EU und Europarat ineinander.

3.1 EG und EU: die rechtlichen Grundlagen

Ausgangspunkt und Grundlage für die europäische Integration und die Arbeit der europäischen Institutionen ist das Gemeinschaftsrecht (für umfassende Darstellungen vgl. z. B. Herdegen, 2004; für den Wortlaut z. B. Europa-Recht, 2005). Diese Rechtsgrundlagen werden nach Primär- und Sekundärrecht unterschieden. Als Primärrecht gelten die Verträge, die zwischen den Mitgliedstaaten abgeschlossen wurden. Diese Vertragswerke werden jeweils von Regierungsvertretern ausgehandelt und dann von den nationalen Parlamenten ratifiziert. In einzelnen Ländern haben zu diesen Verträgen auch Volksabstimmungen stattgefunden, so zum Beispiel die Referenden zum EU-Vertrag in Dänemark oder Frankreich.

Zum Primärrecht gehören also die Gründungsverträge der drei Europäischen Gemeinschaften EGKS, EWG und EURATOM, die auch Verträge von Rom oder Römische Verträge genannt werden, sowie der Vertrag über die Europäische Union, der 1993 die politische Union begründete. Nach dem Ort seiner Unterzeichnung wird der EU-Vertrag häufig auch als Vertrag von Maastricht bezeichnet. Änderungen dieser Vertragswerke erfolgten mit dem Fusionsvertrag 1967, der die Organe der drei Gemeinschaften zusammenlegte, und 1987 mit der Einheitlichen Europäischen Akte (EEA), die die notwendigen Maßnahmen für die Verwirklichung des europäischen Binnenmarktes ermöglichte. Der Maastricht-Vertrag wurde 1999 durch den Vertrag von Amsterdam geändert. Dieser brachte auch eine neue Nummerierung der Vertragsartikel (im Folgenden werden daher – wo notwendig – die alten und die neuen Artikel-Nummern angegeben). Die Aufnahme neuer Mitglieder machte ebenfalls immer wieder Anpassungen der Verträge notwendig. Die beträchtliche Erweiterung der Union zum 1. Mai 2004 wurde vorbereitet durch den Vertrag von Nizza, der seit 2003 in Kraft ist. Er soll abgelöst werden durch den europäischen Verfassungsvertrag, der auch eine Reform der Organisationsstruktur bringen soll. Diese Verträge und andere Vereinbarungen, denen gleicher Rang zukommt, richten sich sowohl an die Mitgliedstaaten wie auch an die Organe der Gemeinschaft, können aber auch Unternehmen oder Einzelpersonen betreffen.

Als Sekundärrecht wird dasjenige Recht bezeichnet, das die Organe der Gemeinschaft auf der Basis der Verträge des Primärrechts setzen. Es richtet sich an die Mitgliedstaaten oder Einzelne. Zum Sekundärrecht gehören vier verschiedene Rechtsakte: Verordnungen, Richtlinien, Entscheidungen und Beschlüsse sowie Empfehlungen und Stellungnahmen. Sie unterscheiden sich in ihrer Verbindlichkeit für diejenigen, an die sie sich richten, und in ihrer Gültigkeit. Verordnungen sind jeweils für alle EU-Mitglieder verbindlich und sie sind unmittelbar gültig. Nationale Umsetzungsmaßnahmen sind bei Verordnungen nicht notwendig. Richtlinien sind für die Mitgliedstaaten verbindlich hinsichtlich der darin vorgegebenen Ziele. Sie sind in nationales Recht umzusetzen. Richtlinien setzen eine Frist, innerhalb derer diese Ziele zu erreichen sind bzw. die nationalen Umsetzungsmaßnahmen durchgeführt sein müssen. Die Wahl der Mittel, mit denen diese Ziele erreicht werden, bleibt dem einzelnen Mitgliedstaat überlassen. Entscheidungen und Beschlüsse betreffen den Einzelfall; auch sie sind verbindlich für Mitgliedstaaten oder Einzelne, daher sind ebenfalls keine nationalen Umsetzungsmaßnahmen nötig. Empfehlungen und Stellungnahmen schließlich haben keine rechtliche Verbindlichkeit, können aber zum Beispiel von nationalen Gerichten bei der Auslegung von Gemeinschaftsrecht als Leitlinien herangezogen werden.

Der Entwicklung spezifischer Politikbereiche und der Vorbereitung rechtlicher Maßnahmen dienen Grünbücher und Weißbücher. Als Grünbücher werden Mitteilungen bezeichnet, mit denen die Kommission die öffentliche Diskussion über Politikbereiche anstoßen will. Mit solchen Grünbüchern lädt die Kommission interessierte Dritte bzw. Betroffene zu Stellungnahmen ein, die bei der weiteren Behandlung der Angelegenheit berücksichtigt werden können. Auf Grünbücher folgen gelegentlich Weißbücher. In ihnen befinden sich Vorschläge für ein Tätigwerden der Gemeinschaft, die aus dem Diskussionsprozess hervorgehen.

Die Rechtsgrundlagen der Union im Primär- und Sekundärrecht werden ergänzt durch die Rechtsprechung des Europäischen Gerichtshofes und des Gerichts erster Instanz. Diese nehmen die Auslegung der Verträge und anderer Rechtsakte der Gemeinschaft vor, wenn ihnen Streitsachen vorgelegt werden.

Der gesamte Rechtsbestand der Gemeinschaft zusammen mit den politischen Zielen, wie sie in den Verträgen ausformuliert sind, wird auch als "acquis communautaire", als gemeinschaftlicher Besitzstand, bezeichnet. Staaten, die der Union neu beitreten wollen, müssen diesen übernehmen und ihre nationale Gesetzgebung unter Umständen entsprechend anpassen (vgl. z. B. Herdegen, 2002, S. 130).

Als politische Grundordnung der Gemeinschaft haben die europäischen Verträge in gewisser Weise Verfassungscharakter. Ihnen fehlte indessen bislang ein Grundrechtekatalog. Erst der Vertrag von Maastricht brachte das explizite Bekenntnis der Union zur Achtung der Grundrechte, "wie sie in der am 4. November 1950 in Rom unterzeichneten Europäischen Konvention zum Schutze der Menschenrechte und Grundfreiheiten gewährleistet sind und wie sie sich aus den gemeinsamen Verfassungsüberlieferungen der Mitgliedstaaten als allgemeine Grundsätze des Gemeinschaftsrechts ergeben" (heute Artikel 6, Vertrag über die Europäische Union). Bis dahin waren die Grundrechtestandards vor allem durch die Rechtsprechung des Europäischen Gerichtshofes entwickelt worden, der sich jedoch auch zuvor schon an dem Grundrechtekatalog der Europäischen Menschenrechtskonvention (EMRK) orientierte (vgl. z. B. Nicolaysen, 2002, S. 350-351).

Bei seinen Treffen im Juni 1999 in Köln und im Oktober 1999 im finnischen Tampere beschloss der Europäische Rat, ein Gremium einzusetzen, das einen Entwurf für eine Charta der Grundrechte der EU erarbeiten sollte. Das Gremium konstituierte sich im Dezember 1999 als Konvent, der den früheren deutschen Bundespräsidenten Roman Herzog zu seinem Vorsitzenden wählte. Dem Konvent war aufgegeben, sich bei seiner Arbeit an den Verfassungsüberlieferungen der Mitgliedstaaten sowie an der EMRK zu orientieren. Der Entwurf für die Charta wurde dem Europäischen Rat bereits Anfang Oktober 2000 zugeleitet und nach dessen Sitzung Mitte Oktober in Biarritz dem Europäischen Parlament vorgelegt. Mitte November 2000 stimmte das Parlament der Charta zu. Die feierliche Proklamation der Grundrechtecharta erfolgte bei der Tagung des Europäischen Rates im Dezember 2000 in Nizza, allerdings zunächst ohne dass entschieden war, wie mit der Charta weiter verfahren und ob sie Teil eines Verfassungsvertrages werden sollte.

Die Präambel der Charta verweist auf das geistig-religiöse und sittliche Erbe Europas und bekräftigt als Basis der Union "die unteilbaren und universellen Werte der Würde der Menschen, der Freiheit, der Gleichheit und der Solidarität. Sie beruht auf den Grundsätzen der Demokratie und der Rechtsstaatlichkeit. Sie stellt die Person in den Mittelpunkt ihres Handelns, indem sie die Unionsbürgerschaft und einen Raum der Freiheit, der Sicherheit und des Rechts begründet". An diesen Grundlagen orientiert sich auch die Kapiteleinteilung der Charta: Würde des Menschen, Freiheiten, Gleichheit, Solidarität, Bürgerrechte sowie Justizielle Rechte. Allgemeine Bestimmungen legen den Anwendungsbereich und die Tragweite der garantierten Recht fest. Die Charta gilt nur für die Organe und Einrichtungen der Union bzw. die Mitgliedstaaten bei Anwendung des Rechts der Union. Indessen ist die Charta nicht unmittelbar rechtsverbindlich, da ihr eine vertragliche Grundlage fehlt. Über ihren symbolischen Charakter für die europäische Integration hinaus ist jedoch bereits jetzt von einer Wirkung auszugehen, indem nämlich die europäischen Gerichte bei ihren Entscheidungen auf die Charta der Grundrechte zurückgreifen (vgl. Herdegen, 2002, S. 142; Nicolaysen, 2002, S. 351).

Bei aller Unsicherheit über die weitere Entwicklung der Union, zumal in Anbetracht der seinerzeit bevorstehenden Osterweiterung, hatten sich die Staats- und Regierungschefs in Nizza dennoch in einer "Erklärung zur Zukunft der Union" vorgenommen, die Debatte in Gang zu halten und über Reformschritte nachzudenken. Daraus resultierten die Bemühungen um eine verfassungsmäßige Grundordnung der EU. So beschloss der Europäische

Rat im Dezember 2001 bei seiner Konferenz im belgischen Laeken, wiederum einen Konvent einzusetzen, der den Entwurf für eine europäische Verfassung ausarbeiten sollte. Den Vorsitz in diesem Gremium, das bald Verfassungskonvent genannt wurde, übernahm der ehemalige französische Staatspräsident Valéry Giscard d'Estaing. Der Konvent trat zum 1. März 2002 zusammen, ein Vorentwurf für die Verfassung wurde im Oktober 2002 vorgelegt. Am 18. Juli 2003 präsentierte der Konvent den endgültigen Verfassungsentwurf. Der Europäische Rat einigte sich nicht, wie zunächst vorgesehen, bereits im Dezember 2003, sondern erst im Juni 2004 auf die mit dem Verfassungsvertrag vorgesehene EU-Reform. Der Vertrag wurde schließlich am 29. Oktober 2004 unterzeichnet und damit den Mitgliedstaaten zur Ratifizierung zugeleitet. Diese Ratifizierung erfolgt durch die nationalen Parlamente bzw. ist in einigen EU-Staaten Gegenstand von Volksabstimmungen. Die Grundrechtecharta bildet nun einen Teil des Verfassungsvertrages und würde bei Inkrafttreten der Verfassung ebenfalls rechtliche Verbindlichkeit erlangen.

3.1.1 Verhältnis der Gemeinschaft zu den Mitgliedstaaten

Im Zuge der Entwicklung der Europäischen Gemeinschaften sind Hoheitsrechte aus den Mitgliedstaaten an die Gemeinschaft verlagert worden. Zugleich haben sich die Kompetenzen der ursprünglich eng auf die Wirtschaft gerichteten Gemeinschaft erweitert. Das betrifft heute vorrangig die erste Säule der Union. Die nach wie vor starke Stellung des Rates sowie die schwierigen Abstimmungsverfahren, die oftmals Einstimmigkeit oder qualifizierte Mehrheiten voraussetzen, zeigen jedoch, dass die Mitgliedstaaten darauf bedacht sind, ihren Einfluss zu wahren, um auch national unterschiedliche Interessen durchsetzen zu können.

Einer der Gründe, warum der Vergleich der EU mit einem Staat versagt, liegt darin, dass die Union eben nicht über allumfassende Kompetenz verfügt. Vielmehr erfolgt politisches Handeln auf der europäischen Ebene in einem komplizierten Geflecht der Zuständigkeiten und Entscheidungsverfahren, das je nach Politikfeld anders ausfällt. Zu unterscheiden ist zwischen ausschließlicher und nicht-ausschließlicher Zuständigkeit der Gemeinschaft, wobei die nicht-ausschließliche Zuständigkeit – also die nicht alleinige oder konkurrierende Entscheidungsbefugnis – den häufigeren Fall darstellt. Die

Bereiche, in denen die Gemeinschaft alleinige Kompetenz besitzt, sind im EG-Vertrag nicht präzise definiert, vielmehr lassen sie sich aus den Zielen ablesen, die für die Tätigkeit der Gemeinschaft definiert sind (Artikel 3 EG-Vertrag). Zur ausschließlichen Kompetenz der Gemeinschaft gehören jedoch die Schaffung des Binnenmarktes durch Beseitigung von Hindernissen für den freien Verkehr von Waren, Personen, Dienstleistungen und Kapital sowie die Rechtsangleichung im Binnenmarkt, soweit sie im Dienste des Ziels der Verwirklichung des Binnenmarktes steht. Ebenfalls weit reicht die alleinige Befugnis der Gemeinschaft bei der Sicherung des Wettbewerbs im Binnenmarkt. Dazu zählen der Schutz des Marktes vor Wettbewerbsverfälschungen sowie die Stärkung der Wettbewerbsfähigkeit der Industrie. (Vgl. auch Müller-Graff, 2002, S. 379).

Aktivitäten der EU unterliegen dem Erforderlichkeitsprinzip und dem Prinzip der Subsidiarität. Erforderlichkeit bedeutet, die Maßnahmen der Gemeinschaft sind an die Ziele der EU gebunden und dürfen nicht über sie hinausgehen. In diesem Sinne ist die Erforderlichkeit einer Maßnahme zu prüfen und deren Eignung, das erforderliche Ziel zu erreichen. Das Subsidiaritätsprinzip ist sowohl im EU-Vertrag (Artikel 2) wie auch im EG-Vertrag (Artikel 5) festgeschrieben; außerdem ist dem Vertrag von Amsterdam ein Protokoll zu seiner Anwendung beigegeben. Das Subsidiaritätsprinzip verlangt die Rechtfertigung einer Maßnahme der Gemeinschaft, wo diese keine ausschließliche Kompetenz besitzt. Demnach soll die Gemeinschaft jeweils nur dort tätig werden, wo die Ziele durch Maßnahmen der Mitgliedstaaten nicht ausreichend zu verwirklichen sind und eine gemeinschaftliche Maßnahme daher effektiver ist. Die Ansichten darüber, ob das Subsidiaritätsprinzip mehr bewirkt als nur eine besondere Rechtfertigungs- und Begründungspflicht für gemeinschaftliche Aktivitäten und inwieweit es die Kompetenzen der Mitgliedstaaten stärkt, gehen allerdings auseinander. (Vgl. z. B. Herdegen, 2002, S. 81-82; Müller-Graff, 2002, S. 379; Schwartz, 1993)

Ein Bereich, in dem die damit angerissene Kompetenzproblematik zum Tragen kommt und der für den hier behandelten Gegenstand der Medienpolitik besondere Relevanz hat, ist die Kultur. Nach den kompetenzbegründenden Zielen der Gemeinschaft in Artikel 3 des EG-Vertrages umfasst die Tätigkeit der Gemeinschaft hinsichtlich der Kultur lediglich den "Beitrag ... zur Entfaltung des Kulturlebens in den Mitgliedstaaten" (Artikel 3q). Was das bedeutet, führt der mit dem Vertrag von Maastricht neu aufgenommene Artikel 128 aus. Dieser Artikel (heute Artikel 151), der in Absatz 2 den audiovisuellen Sektor ausdrücklich in die Kultur einbezieht, beschränkt die rechtliche Kompetenz der Gemeinschaft im Bereich der Kultur auf fördernde Maßnahmen. In Absatz 4 gibt der Kultur-Artikel der EG außerdem auf, bei ihren Aktivitäten kulturelle Aspekte im Auge zu behalten: "Die Gemeinschaft trägt bei ihrer Tätigkeit aufgrund anderer Bestimmungen dieses Vertrags den kulturellen Aspekten Rechnung, insbesondere zur Wahrung und Förderung der Vielfalt ihrer Kulturen". Das heißt, der Bereich der Kultur fällt überwiegend in die Zuständigkeit der Mitgliedstaaten. Indessen divergieren wiederum die Ansichten darüber, inwieweit Artikel 151 Absatz 4 der Gemeinschaft ein Tor zur Tätigkeit auch im kulturellen Bereich – und damit im Mediensektor – eröffnet. (Vgl. z. B. Dörr, 2004, S. 50-51; Schwartz, 1993)

Auch wenn also der Kompetenz der Gemeinschaft Grenzen gesetzt sind und die Mitgliedstaaten ihre Möglichkeiten der Einflussnahme nutzen, ist nationales politisches Handeln deutlich durch den europäischen Rahmen geprägt. Das findet seinen Ausdruck in Kalkulationen über denjenigen Anteil an der nationalen Gesetzgebung, der durch die EU beeinflusst ist. So wird etwa der ehemalige Kommissionspräsident Jacques Delors zitiert, der bereits 1988 behauptete, dass 80 Prozent der sozialen und ökonomischen Gesetzgebung in den Mitgliedstaaten in irgendeiner Weise auf europäische Vorgaben zurückgehen oder durch diese geprägt sind (vgl. Wallace, 2000, S. 4). Solche Feststellungen dienen – je nach Perspektive – als Indikatoren für den Integrationsgrad der Gemeinschaft oder als Gradmesser der Europäisierung der Politik in den Mitgliedstaaten.

"Regieren" in der Europäischen Union, in der – wörtlich – eigenartigen Beziehung der europäischen, also gemeinschaftlichen zur mitgliedstaatlichen Ebene wird heute meist vor dem Hintergrund eines "dynamischen Mehrebenensystems" mit wechselnder Relevanz der europäischen und der nationalen Akteure beschrieben (vgl. z. B. Jachtenfuchs & Kohler-Koch, 1996). Da sich die gängigen Integrationstheorien in Bezug auf die EU als wenig hilfreich erwiesen haben (vgl. z. B. Bergmann, 2002), werden zur Bewertung, vor allem aber für die Prognose zur weiteren Entwicklung der EU und des Verhältnisses von EU und nationaler Politik, verschiedene Ansätze und Modelle diskutiert (vgl. Sturm & Pehle, 2001, S. 14-26). Der EU-Vertrag spricht zwar von "einer immer engeren Union der Völker Europas", lässt aber ebenfalls offen, wie sich diese letztlich gestalten soll.

Für das föderale System der Bundesrepublik Deutschland haben Verhandlungen innerhalb der Union und die Abgabe von Kompetenzen eine gewisse verfassungsrechtliche Brisanz. Die "Übertragung von Hoheitsrechten auf zwischenstaatliche Einrichtungen" (Artikel 24 GG) ist an sich unproblematisch. Die föderale Struktur wirft jedoch die Frage der Beteiligung der Bundesländer auf, wo im europäischen Entscheidungsprozess Politikfelder berührt sind, bei denen in Deutschland die Länder die alleinige Gesetzgebungskompetenz haben, wie zum Beispiel im Bereich der Kultur und damit auch der Medien, oder bei denen die Länder die Gesetzgebungskompetenz mit dem Bund teilen, wie etwa im Straf-, Arbeits- und Wirtschaftsrecht.

Die Bemühungen der Länder bzw. des Bundesrates, ihren Einfluss im politischen Prozess auch im Zuge der zunehmenden Europäisierung zu wahren, reichen zurück bis in die fünfziger Jahre, als die Gründungsverträge der Europäischen Gemeinschaften ausgehandelt wurden. Zu substantiellen Zugeständnissen an die Länder kam es jedoch erst 1986 im Zusammenhang mit der Ratifizierung der EEA. Bis dahin hatte seit 1979 ein Länderbeteiligungsverfahren gegolten, das eine Abstimmung des Bundes mit den Ländern in solchen Fällen vorsah, bei denen ihre Gesetzgebungskompetenz berührt war. Das Beteiligungsverfahren wurde 1986 erweitert und als Bundesratsverfahren nun auch gesetzlich fixiert. Damit wurde die frühestmögliche Information des Bundesrates bei EG-Vorhaben sowie die Konsultation bei Angelegenheiten, die in die Länderkompetenz fallen, festgeschrieben. Entsprechende Stellungnahmen der Länderkammer waren von der Bundesregierung bei Verhandlungen auf der europäischen Ebene zu berücksichtigen (vgl. Sturm & Pehle, 2001, S. 78-79).

Dass trotzdem den Ländern im europäischen Entscheidungsprozess kein besonderes Gewicht zukam, zeigte sich spätestens 1989 bei der Verabschiedung der EG-Fernsehrichtlinie. Der daraus entstandene Bund-Länder-Streit (vgl. hier Kapitel 5.3.2) landete vor dem Bundesverfassungsgericht, weil die Länder ihre Kompetenz in Sachen Rundfunk gegenüber dem Bund einklagten. Noch bevor das Bundesverfassungsgericht 1995 sein Urteil präsentierte, kam es 1992 im Zusammenhang mit der Ratifizierung des Maastricht-Vertrages zur Neufassung von Artikel 23 GG, der das Beteiligungsverfahren für den Bundesrat regelt. Demnach haben die Länder durch den Bundesrat ein Recht auf umfassende und frühestmögliche Information in Angelegenheiten der EU. Der Bundesrat wird an der Willensbildung des

Bundes beteiligt, soweit er an einer entsprechenden innerstaatlichen Maßnahme mitzuwirken hätte oder die Länder zuständig wären. Bei Angelegenheiten, die in die Kompetenz des Bundes fallen, berücksichtigt die Bundesregierung Stellungnahmen des Bundesrates. Die Auffassung des Bundesrates ist "maßgeblich zu berücksichtigen", wenn Sachfragen schwerpunktmäßig die Länderkompetenz treffen, jedoch immer unter Wahrung der gesamtstaatlichen Verantwortung des Bundes. In Fällen, in denen die ausschließliche Gesetzgebungskompetenz der Länder betroffen ist, soll der Bund die Wahrnehmung der Rechte auf EU-Ebene einem Vertreter der Länder übertragen (Artikel 23 GG). Zwar haben sich damit die Mitwirkungsmöglichkeiten der Länder in EU-Angelegenheiten deutlich verbessert, ihr tatsächlicher Einfluss bleibt trotzdem begrenzt. Sturm und Pehle stellen daher fest, "daß der Bundesrat zu einem der Verlierer der Europäisierung des deutschen Regierungssystems zählt" (2001, S. 85).

3.2 Europarat: die rechtlichen Grundlagen

1950 verabschiedete der Europarat die Europäische Menschenrechtskonvention (EMRK). Europaratskonventionen erlangen Gültigkeit, wenn sie von einer bestimmten Zahl von Mitgliedstaaten ratifiziert werden. In wie vielen Staaten eine Konvention jeweils ratifiziert werden muss, bevor sie in Kraft treten kann, ist in den einzelnen Konventionen festgelegt; die Mindestzahl beträgt jedoch drei. Damit eine Konvention in einem einzelnen Land in Kraft treten und damit Gesetzeskraft erlangen kann, muss sie vom nationalen Gesetzgeber ratifiziert sein. Die EMRK trat am 3. September 1953 in Kraft. Sie ist die bedeutendste der mittlerweile rund 190 Konventionen des Europarates und prägt auch das öffentliche Bild der Organisation. Während die Gültigkeit anderer Konventionen von der Ratifizierung des einzelnen Staates abhängig ist und auch nicht jedes Mitglied allen Konventionen beitritt, ist die Unterzeichnung der EMRK Voraussetzung für die Mitgliedschaft eines Staates im Europarat. Im Gegensatz zur Allgemeinen Erklärung der Menschenrechte der Vereinten Nationen sind die Rechte der EMRK einklagbar, und zwar auch von jedem einzelnen Bürger. Da die EMRK schon im Jahr nach der Gründung des Europarates verabschiedet wurde und durch ihre Verbindlichkeit für die Mitgliedstaaten, ist die Wahrung der Menschenrechte zum obersten Ziel des Europarates geworden.

Die wichtigsten in der EMRK enthaltenen Menschenrechte und Freiheiten sind das Recht auf Leben, Verbot von Folter, Sklaverei und Zwangsarbeit, Recht auf Freiheit und Sicherheit, Recht auf ein faires Gerichtsverfahren, Achtung des Privat- und Familienlebens, Gedanken-, Gewissens- und Religionsfreiheit und Recht auf Eheschließung. Die EMRK wurde im Laufe der Jahre durch zwölf Zusatzprotokolle erweitert, unter anderem 1983 durch das 6. Protokoll, das die Todesstrafe verbietet. Allerdings sind nicht alle Mitgliedstaaten diesen Protokollen jeweils beigetreten.

Um nach der politischen Wende in Europa eine schnelle Integration der mittel- und osteuropäischen Staaten in die europäische Wertegemeinschaft zu ermöglichen, führte die Parlamentarische Versammlung des Europarates bereits im Mai 1989 einen besonderen Gästestatus für diese Staaten ein. Sie wurden so in die Arbeit des Europarates eingebunden und erhielten Unterstützung in ihren Reformprozessen, ohne bereits die Voraussetzungen für die volle Mitgliedschaft – die Verwirklichung der Menschenrechte und Grundfreiheiten nach EMRK – erbringen zu müssen (vgl. Bauer, 2000, S. 59-64). Mittlerweile sind fast alle mittel- und osteuropäischen Staaten Vollmitglieder des Europarates. Dieser hat sich allerdings wegen seines Entgegenkommens, das auf die spätere Verwirklichung der EMRK in diesen Staaten vertraute, einige kritische Fragen gefallen lassen müssen.

Die EMRK ist in Deutschland am 3. September 1953 in Kraft getreten. Sie steht hier im Rang eines einfachen Bundesgesetzes. Demnach ist die Konvention bei der Interpretation nationalen Rechts zu beachten und dient als Auslegungshilfe bei der Bestimmung des Inhalts von Grundrechten. In einer Entscheidung im Oktober 2004 betonte das Bundesverfassungsgericht, dass Urteile des EGMR in Deutschland zwar gebührend zu berücksichtigen, aber auch nicht schematisch zu vollstrecken wären. Es gelte der Grundsatz der Völkerrechtsfreundlichkeit, aber die Entscheidungen des EGMR seien "schonend" in nationales Recht einzupassen (vgl. Bundesverfassungsgericht – Pressestelle, 2004). Im übrigen sieht der im Ratifizierungsprozess befindliche EU-Verfassungsvertrag einen Beitritt der Union zur EMRK vor. Das Verhältnis der EU zur EMRK würde damit insofern eine neue Qualität annehmen, als sich die Union mit diesem Schritt dann auch der diesbezüglichen Rechtsprechung des Europäischen Gerichtshofes für Menschenrechte unterwerfen würde.

3.3 Medienfreiheit in Europa

Teil der EMRK von 1950 und daher verbindlich für alle Mitgliedstaaten sind auch die Kommunikationsfreiheiten. Für den medienpolitischen Zusammenhang relevant ist Artikel 10 der EMRK. Im Wortlaut heißt es da:

> "(1) Jede Person hat das Recht auf freie Meinungsäußerung. Dieses Recht schließt die Meinungsfreiheit und die Freiheit ein, Informationen und Ideen ohne behördliche Eingriffe und ohne Rücksicht auf Staatsgrenzen zu empfangen und weiterzugeben. Dieser Artikel hindert die Staaten nicht, Hörfunk-, Fernseh- oder Kinounternehmen eine Genehmigung vorzuschreiben.
>
> (2) Die Ausübung dieser Freiheiten ist mit Pflichten und Verantwortung verbunden; sie kann daher Formvorschriften, Bedingungen, Einschränkungen oder Strafdrohungen unterworfen werden, die gesetzlich vorgesehen und in einer demokratischen Gesellschaft notwendig sind für die nationale Sicherheit, die territoriale Unversehrtheit oder die öffentliche Sicherheit, zur Aufrechterhaltung der Ordnung oder zur Verhütung von Straftaten, zum Schutz der Gesundheit oder der Moral, zum Schutz des guten Rufes oder der Rechte anderer, zur Verhinderung der Verbreitung vertraulicher Informationen oder zur Wahrung der Autorität und der Unparteilichkeit der Rechtssprechung."

Zusammen mit der auf Artikel 10 EMRK aufbauenden Rechtsprechung des Europäischen Gerichtshofes für Menschenrechte (EGMR) und den darin explizierten Grundsätzen hat sich daraus mittlerweile ein differenziertes Programm für die Kommunikationsfreiheit in Europa entwickelt. Ebenso wie die entsprechenden Artikel einiger nationaler Verfassungen geht Artikel 10 vom Individualgrundrecht der Meinungsäußerungsfreiheit aus, die die Medienfreiheit umfasst. Der Meinungsäußerungsfreiheit werden gewisse Grenzen gesetzt, die allerdings eng ausgelegt werden. Beschränkungen für die Meinungsäußerungsfreiheit müssen in ihrer Notwendigkeit überzeugend begründet sein.

Der Europarat weist der Meinungsäußerungsfreiheit und den Medien besondere Bedeutung für die demokratische Gesellschaft zu. Die Rechtsprechung hat gezeigt, dass der EGMR – ähnlich wie das Bundesverfassungsgericht in Interpretation von Artikel 5 GG – der Presse sowohl eine Medium- wie auch eine Faktor-Funktion zuweist und diese schützt. Das heißt, Meinungsäußerungs- und Medienfreiheit schützen nicht nur die Informationsaufgabe der Medien im Dienste der politischen Meinungs- und Willensbildung, sondern zugleich auch deren Kommentierungs- und damit Kontrollfunktion gegenüber Staat und Wirtschaft.

Im Verlaufe seiner Rechtsprechung hat der Gerichtshof wiederholt den Grundsatz des Pluralität angesprochen, der die Informationsfunktion der Medien unterstützt. Entsprechend hat sich der Europarat immer wieder mit dem Problem der Medienkonzentration beschäftigt und setzt sich auch aus diesem Grund für den Erhalt und die Absicherung des öffentlich-rechtlichen Rundfunks in Europa ein (vgl. hier auch Kapitel 6). Artikel 10 EMRK fehlt indessen die aus der objektivrechtlichen Seite von Artikel 5 Grundgesetz abgeleitete Verpflichtung des Gesetzgebers, für die Medien Bedingungen zu schaffen, die es ihnen erlauben, ihrer öffentlichen Aufgabe bestmöglich nachzukommen. Das Bundesverfassungsgericht hat in diesem Zusammenhang mehrmals die Pflicht des Staates betont, Vielfalt zu sichern und Meinungsmonopolen entgegenzuwirken. Eine solche Verpflichtung ist Artikel 10 EMRK nicht ohne weiteres zu entnehmen. Allerdings hat auch der EGMR den Staat schon als den Garanten von Pluralität bezeichnet und ihm so auch eine gewisse Funktionsverantwortung für die Rundfunkordnung zugewiesen; die objektivrechtliche Interpretation von Artikel 10 ist jedoch erst in Ansätzen entwickelt (vgl. Holoubek, 2003; Kühling, 1999, S. 137).

Während also Artikel 10 EMRK für die Europaratsstaaten rechtsverbindlich und einklagbar ist und der EGMR auch zahlreiche Fälle zu bearbeiten hatte, die sich auf Artikel 10 bezogen, erlangt die EU-Grundrechtecharta derzeit Gültigkeit durch Anwendung; die Rechtsverbindlichkeit auf dem Papier steht indessen noch aus. Artikel 11 der Grundrechtecharta stellt das Pendant zu Artikel 10 EMRK dar:

> "(1) Jede Person hat das Recht auf freie Meinungsäußerung. Dieses Recht schließt die Meinungsfreiheit und die Freiheit ein, Informationen und Ideen ohne behördliche Eingriffe und ohne Rücksicht auf Staatsgrenzen zu empfangen und weiterzugeben.
> (2) Die Freiheit der Medien und ihre Pluralität werden geachtet."

Absatz 1 entspricht im Wortlaut dem ersten Satz von Artikel 10 EMRK, enthält aber nicht deren einschränkenden Zusatz in Satz 2. Ein Zensurverbot ist nicht ausdrücklich erwähnt. Anders als die Europäische Menschenrechtskonvention nennt Artikel 11 der EU-Grundrechtecharta aber explizit die Freiheit der Medien sowie den Grundsatz der Pluralität. Zunächst war vom Konvent vorgesehen worden, es bei Absatz 1 zu belassen und die Medienfreiheit ebenso wie in der EMRK zu einem Unterfall der Meinungsäußerungsfreiheit zu machen. Eine Differenzierung von Meinungsäußerungs- und Informationsfreiheit wie im Grundgesetz fehlte ebenfalls. Im Wesentlichen auf deutsche Initiative hin wurde dann aber doch die Medienfreiheit in Artikel 11 aufgenommen, wenn auch nicht in einer differenzierten Form mit der Erwähnung von Presse, Rundfunk und Film oder sogar neuerer Mediendienste, wie es von verschiedener Seite vorgeschlagen worden war. Vertreter mehrerer Staaten setzten sich außerdem für eine Vielfaltsgarantie ein. Auch hier kam es mit "Pluralität" zur Aufnahme eines pauschalen Begriffs, der auslegungsbedürftig bleibt. Bis kurz vor Verabschiedung der Grundrechtecharta durch den Europäischen Rat Mitte Oktober 2000 in Biarritz lautete der Vorschlag für Absatz 2 dann schließlich: "Die Freiheit der Medien und ihre Pluralität werden gewährleistet". Auf Drängen insbesondere der deutschen Bundesländer kam es noch einmal zu einer Änderung, und als die Grundrechtecharta bei der Tagung des Europäischen Rates Anfang Dezember 2000 in Nizza proklamiert wurde, war das Wort "gewährleistet" durch "geachtet" ersetzt. Die Länder fürchteten, dass der EU mit der "Gewährleistung" der Medienfreiheit, die als eine Schutzpflicht verstanden würde, neue Kompetenz im Bereich der Medien zugewachsen wäre und damit die Mitgliedstaaten in ihren Rechten beschnitten hätte. (Vgl. Schwarze, 2003; Stock, 2001; außerdem Sporn, 2000)

Die Einschätzung von Artikel 11 der Grundrechtecharta ist unterschiedlich. Offen bleibt, ob der Ersatz von "gewährleistet" durch "geachtet" eine Abschwächung darstellt und damit der Gemeinschaft die Handlungsmöglichkeiten beschränkt und diese auf eine wirtschaftliche Regulierung reduziert. Während genau dies von den Bundesländern durch ihre Intervention bezweckt werden sollte und einige Autoren sich diese restriktive Auslegung zu Eigen gemacht haben, wollen andere "achten" mit "garantieren" gleichsetzen – nicht zuletzt unter Hinweis auf die Auslegung von Artikel 10 EMRK durch den EGMR, der eine Gewährleistungsaufgabe begründet hat. "Also bleibt die Lage unübersichtlich" (Stock, 2004, S. 94), und es bleibt insbesondere abzuwarten, wie der Europäische Gerichtshof in Zukunft Absatz 2 von Artikel 11 der Grundrechtecharta auslegt. Bedeutet Achtung eben nicht Gewährleistung, stellt sich die Frage nach dem – womöglich niedrigeren – Stellenwert dieses Grundrechts in der Konkurrenz zu anderen Grundrechten. Konkret wird auch bezweifelt, dass die "Achtung" der Pluralität überhaupt noch Aktivitäten der EU bezüglich der Medienkonzentration und zu Gunsten von Vielfaltssicherung erlaubt, weil die Gemeinschaft mit dieser Formulierung jeglicher Gestaltungsmöglichkeiten beraubt ist und ihr nichts anderes bleibt, als die nationalen medialen Gegebenheiten zu akzeptieren. (Vgl. Schwarze, 2003)

Darüber hinaus gibt es Enttäuschung darüber, was in dem Artikel bzw. was alles nicht in dem Artikel steht. Die Positionen schwanken zwischen der Bewertung der so festgeschriebenen Medienfreiheit als "Kommunikationsgrundrecht oder Unternehmerfreiheit" (Stock, 2001). Monita beziehen sich vor allem auf das Fehlen eines Funktionsgrundrechts der Medien, wie es in (der objektiv-rechtlichen Seite von) Artikel 5 des Grundgesetzes enthalten ist, bzw. die Beschränkung der EU auf eine allein wirtschaftliche Regulierung der Medien. Mit den Beratungen über Artikel 11 hatten manche in Deutschland gehofft, dass die Charta eine explizite oder doch wenigstens eine indirekte Garantie für den öffentlich-rechtlichen Rundfunk aufnehmen würde. Andere sehen indessen gerade in der Erwähnung der Pluralität der Medien eine Stärkung der Rolle der öffentlich-rechtlichen Anstalten. (Vgl. Schwarze, 2003; Stock, 2001; 2004)

In Anbetracht solcher Unzufriedenheit über die Ausgestaltung der Medienfreiheit in der EU-Grundrechtecharta könnte die Diskussion darüber neu belebt werden, ob der Grundrechtsstandard, wie er in der Charta festgeschrieben ist, dem der nationalen Verfassungen adäquat ist. In Deutschland war das Verhältnis von europäischem und nationalem Grundrechtsschutz Gegenstand der so genannten Solange-Rechtsprechung des Bundesverfassungsgerichts. Mit seiner Solange I-Entscheidung vom Jahr 1974 hatte sich das Bundesverfassungsgericht zunächst die Kontrolle von Gemeinschaftsrecht auf Konformität mit dem Grundgesetz vorbehalten, und zwar "solange der Integrationsprozeß der Gemeinschaft nicht so weit fortgeschritten ist, daß das Gemeinschaftsrecht auch einen Grundrechtskatalog enthält". Diese Haltung revidierte das Bundesverfassungsgericht in seiner Solange II-Entscheidung im Jahr 1986 und entschied: "Solange die EG [...] einen wirksamen Grundrechtsschutz gewährleistet, wird sich das Bundesverfassungsgericht aus dem Bereich des abgeleiteten Gemeinschaftsrechts zurückziehen und dieses Recht nicht mehr am Maßstab des Grundgesetzes überprüfen". Diese Ausführungen zum Verhältnis von Europäischem Gerichtshof und Bundesverfassungsgericht bezüglich des Grundrechtsschutzes hat letzteres auch in seiner Rechtsprechung zum Maastricht-Urteil bestätigt. Damit überlässt das Bundesverfassungsgericht den Schutz der Grundrechte dem EuGH, solange der Grundrechtsstandard in der Form gegeben ist, wie er anlässlich des Solange II-Urteils festgestellt wurde (vgl. auch Limbach, 2000). Mit der Bezugnahme auf die EMRK machte der Vertrag über die Europäische Union 1992 den Grundrechtsschutz zum Inhalt der Verträge, der mit der Integration der Grundrechtecharta in die europäische Verfassung ausgebaut wird. Erst der zukünftige Umgang des EuGH mit den Grundrechten kann zeigen, in wie weit deren Auslegung einen dem Grundgesetz im Wesentlichen vergleichbaren Grundrechtsstandard – auch bezüglich der Medienfreiheit – begründet. Die Bestimmung des Artikel 51 Absatz 2 der Charta, nach dem diese keine neuen Zuständigkeiten und Aufgaben für die Union begründet sowie das ebenfalls in der Charta betonte Subsidiaritätsprinzip setzen der Gemeinschaft allerdings gerade im Bereich der Medienpolitik Grenzen.

4 Fernsehen als Motor der europäischen Integration

Es war vor allem die Entwicklung der Satellitentechnik, die neue Möglichkeiten für die Verbreitung der Medien aufzeigte. Ihr grenzüberschreitender Charakter brachte aber zugleich Probleme mit sich, deren Lösung entsprechend die transnationale Verständigung erforderte. Ebenso wie die Presse waren die Rundfunkmedien bis dahin – von schmalen Gebieten entlang der Grenzen einmal abgesehen – auf die Länder begrenzt, wo sie ihren Sitz hatten, und auch nur deren Regulierung unterworfen. Die neue Techniken verändern die Situation, und es ist dann auch zunächst die sich abzeichnende Möglichkeit der grenzüberschreitenden Verbreitung von Fernsehen, die die Medienpolitik im Rahmen der Europäischen Gemeinschaft oder besser: die Beschäftigung mit den Medien anstößt. Und es ist das Europäische Parlament, aus dem heraus erste Überlegungen, wie sich die Gemeinschaft die neuen Techniken zu Nutze machen sollte, vorgelegt werden.

Es kommt auch nicht von ungefähr, dass solche Vorstöße gerade aus dem Parlament kommen. Das Parlament ist das schwächste unter den EG-Organen. Daran änderte sich auch nicht viel, nachdem 1979 die erste Direktwahl der EP-Abgeordneten stattgefunden hatte. Vielmehr war gerade auch mit der Europawahl deutlich geworden, wie sehr "Europa" auf Symbolen der Einheit beruhte bzw. diese benötigte. Die Diskussionen über das demokratische Defizit der Gemeinschaft und insbesondere das Parlament wurden auch durch die Direktwahl nicht beendet. Eher wurden sie durch die Europawahlen noch gefördert.

Wahlkämpfe, die eher national als europäisch geprägt waren, eine Wahlbeteiligung, die vielfach zu wünschen übrig ließ, sowie die Folgenlosigkeit der Stimmabgabe ließen die schwache Position des Parlaments, aber zugleich auch ein europäisches Imageproblem hervortreten. Als erste Direktwahl konnte die Europawahl des Jahres 1979 noch ein gewisses Maß an Spannung und Euro-Euphorie erzeugen, und zwar auf Seiten von Parteien und Politikern, bei den Medien und bei der Wählerschaft. Dennoch wurde deutlich, dass der symbolische Charakter der Wahl im Vordergrund stand.

Es ist wohl zu verstehen, dass sich daher zuerst das Europäische Parlament das Imageproblem der Gemeinschaft zu Eigen macht und beginnt, über die Möglichkeit des Einsatzes der neuen grenzüberschreitenden Kommunikationstechniken zur Verbesserung des Verständnisses von und für die Gemeinschaft nachzudenken. Auch bei weiteren Aktivitäten, die das Parlament hinsichtlich der Medien im Laufe der Zeit entfaltete, wird sich zeigen, dass ihm der Integrationsgedanke und die – auch – kulturelle Perspektive auf die Medien wichtig war.

So lässt sich denn der Beginn der europäischen Medienpolitik, wenn man diesen Begriff fürs Erste so akzeptiert, am Anfang der achtziger Jahre festmachen. Am 16. Januar 1981 verabschiedete das Europäische Parlament eine Entschließung zur Informationspolitik der EG, der Kommission und des Parlaments (Europäisches Parlament, 1981). Damit nahm das Parlament den Schall-Bericht an, der die bisherige Informationspolitik der Gemeinschaft kritisierte. Auch 23 Jahre nach der Unterzeichnung des Gründungsvertrages sei der Informationsstand der Bevölkerung über die Gemeinschaft noch immer niedrig. Weder Kommission noch Parlament hätten es bislang geschafft, ihrer Pflicht nachzukommen, Informationen bereit zu stellen, die der Relevanz der EG adäquat Rechnung tragen. Für eine Informationspolitik, die dieses leisten könnte, wurde den Medien eine entscheidende Rolle zugesprochen. Allerdings beschränkte sich die Entschließung von 1981 noch ganz auf die Verbesserung der Informationstätigkeit von Kommission und Parlament und die Unterrichtung der Medien sowie auch direkt der Bürgerinnen und Bürger. Dafür machte das Parlament konkrete Vorschläge für die Organisationsstruktur, spezifische Materialien und technische Einrichtungen und forderte zugleich eine Erhöhung der finanziellen Zuweisungen für den Informationsbereich.

In ähnlicher Weise argumentierte die "Entschließung über Rundfunk und Fernsehen in der Europäischen Gemeinschaft", die das Europäische Parlament am 12. März 1982 verabschiedete (Europäisches Parlament, 1982). Diese ging zurück auf eine Initiative des EP-Ausschusses für Jugend, Kultur, Bildung, Information und Sport unter der Leitung des Abgeordneten Wilhelm Hahn, der der CDU angehörte und früher Kultusminister von Baden-Württemberg gewesen war. Dieser Bericht, der deshalb auch Hahn-Bericht genannt wurde, umfasste außerdem einen Entwurf des EP-Abgeordneten Dieter Schinzel (SPD), der vor den Folgen der Kommerzialisierung für die Meinungsvielfalt warnte.

Die Entschließung des Parlaments stellte explizit fest, dass die Berichterstattung über Angelegenheiten der Gemeinschaft unzulänglich und oftmals unausgewogen war. Sie verwies zugleich auf Meinungsumfragen, die in der Bevölkerung eine "erschreckende Enttäuschung" über die Entwicklung der EG und darüber hinaus mangelnde Informiertheit über die tatsächlichen Abläufe aufgedeckt hätten. Wie schon die Entschließung des Parlaments vom Januar 1981, auf die die Hahn-Entschließung ebenfalls Bezug nahm, zeigte sich diese überzeugt von der Rolle, die Hörfunk und Fernsehen für die Verbesserung von Kenntnissen und Einstellungen der Bevölkerung zur EG spielen könnten. Die Entschließung plädierte daher für ein frühzeitiges Engagement der Gemeinschaft in der Diskussion um die zukünftige Entwicklung der Medien und betonte vor allem die Relevanz der öffentlich-rechtlichen Rundfunkanstalten bei der Erarbeitung geeigneter Politiken und Initiativen.

Die Entschließung vom Frühjahr 1982 forderte die Kommission auf, innerhalb von sechs Monaten einen Medienbericht vorzulegen. Auf der Grundlage dieses Berichts sollte die Kommission dann die politischen und rechtlichen Voraussetzungen für die Verwirklichung eines europäischen Fernsehprogramms schaffen. Dieses Gemeinschaftsprogramm wurde als Vollprogramm entworfen, das Information, Politik, Bildung, Kultur, Unterhaltung und Sport umfassen und bei Herkunft der Programme, Themen und Zielgruppen europäisch akzentuiert sein sollte. Für die Realisierung eines solchen europäischen Gemeinschaftsprogramms wurde die Zusammenarbeit mit der EBU für unerlässlich gehalten, denn diese verfügte bereits über Erfahrungen in der Kooperation auf der europäischen Ebene.

Das Fernsehprogramm, das in der Entschließung skizziert wurde, sollte zur Schaffung einer europäischen Identität beitragen und das Zusammengehörigkeitsgefühl unter den Bürgerinnen und Bürgern der EG-Mitgliedstaaten stärken. Der "Grundcharakter der europäischen Kultur", den es mit dem Programm zu transportieren galt, wurde mit "Einheit in der Vielfalt" beschrieben – eine Formel, die mittlerweile zum Repertoire der Diskussionen um europäische Identität gehört und auch zur Beschwichtigung der Pessimisten dient, die eine Einebnung kultureller Eigenheiten von Mitgliedstaaten und Regionen durch die EG befürchten. Die Entschließung des Europäischen Parlaments von 1982 konkretisierte dieses Konzept, indem sie die Berücksichtigung aller Regionen der EG forderte. Die Rede war hier aber auch bereits von der Notwendigkeit, eine "europäische Rundfunk-

und Fernsehrahmenordnung" zu erarbeiten. Darin wären unter anderem der Jugendschutz und der Einsatz von Werbung auf Gemeinschaftsebene zu regeln. (Vgl. Europäisches Parlament, 1982)

Schon Anfang 1981 hatte das ZDF Überlegungen für die Verteilung der zu erwartenden fünf Kanäle auf einem deutschen Rundfunksatelliten präsentiert, dessen Bereitstellung für Mitte der achtziger Jahre erwartet wurde. Das Konzept stellte zugleich den Vorstoß des Senders auf Zuweisung eines Kanals zur Veranstaltung eines Europa-Programms dar. Das ZDF nahm dabei auch direkt Bezug auf den Entschließungsantrag der Europaparlamentarier um Wilhelm Hahn (vgl. Überlegungen zu einem Europa-Programm..., 1981a, b).

Das Konzept enthielt bereits relativ konkrete Vorschläge für die Organisation und die Angebote dieses Europa-Programms. Organisatorisch empfahl sich das ZDF "als Sitz einer europäischen Senderegie" (Überlegungen zu einem Europa-Programm..., 1981a, S. VI). Es ging also nicht um die Gründung einer neuen Anstalt, sondern das ZDF wollte das europäische Programm selber veranstalten, allerdings auch auf der Basis von Zulieferungen aus anderen Ländern. Mit diesem Organisationsmodell, das das Europa-Programm bei einer zentralen Anstalt ansiedeln wollte, argumentierte das ZDF zugleich gegen Vorschläge, ein solches Programm in der Zusammenarbeit mehrerer europäischer Rundfunkanstalten nach dem Arbeitsgemeinschaftsmodell der ARD auf die Beine zu stellen. Diese Idee hatte zum Beispiel der Präsident des Goethe-Instituts und frühere WDR-Intendant Klaus von Bismarck vertreten (1980). Unter Hinweis auf die zum Teil gravierenden Unterschiede in den Rundfunkstrukturen der europäischen Länder, vor allem in ihrer Rechtsform, aber auch mit Blick auf unterschiedliche "programmliche Traditionen" wie Programmschemata, Synchronisationspraxis, verschieden stark ausgeprägte nationale Identität, Jugendschutz und journalistische Ethik betonte das ZDF-Papier die Schwierigkeiten, mit denen ein solcher Zusammenschluss nach ARD-Modell zu kämpfen haben würde.

Das europäische Profil sollte sich nach ZDF-Vorstellungen durch den Ursprung, die Themen und in der Zielgruppenansprache ergeben. Dafür war der Aufbau einer Redaktion mit Mitarbeitern auch aus anderen europäischen Ländern vorgesehen. Bei den Themen hieß es: "Europa steht inhaltlich im Mittelpunkt", was jedoch nicht den Verzicht auf deutsche und nichteuropäische Informationen bedeutete. Als Hauptzielgruppen stellte sich das ZDF "die jugendlichen Zuschauer und die jüngere Erwachsenengeneration" vor, weil bei ihnen eine besondere Offenheit für den Blick über nationale Grenzen hinweg erwartet wurde. Außerdem sah das ZDF bei diesen Publikumsgruppen einen Nachholbedarf, weil sie sich in den damaligen Programmen am wenigsten wiederfänden. Schließlich setzte der Entwurf auf eine wachsende Zahl von Zuschauern aus den Nachbarländern, die durch die Abstrahlung über Satellit erreicht würden.

Der Entwurf nannte bereits eine ganze Reihe möglicher Programmelemente, die ein europäisch akzentuiertes Vollprogramm versprachen. Ein "Europa-Magazin", für das als Vorbild die CBS-Sendung "60 Minutes" diente, sollte "die menschliche Dimension in Europa" ansprechen. Features, Reportagen und historische Dokumentationen zielten auf die Herausbildung eines besseren Verständnisses für die Entwicklung in den europäischen Ländern nach dem "Prinzip: Leichtfaßlichkeit, Bildhaftigkeit". Dazu Live-Reportagen aus dem Europäischen Parlament und dem Europarat, Sprachunterricht und Sendungen für Gastarbeiter-Kinder; Kulturfeatures, eine Reihe Reisen und Länder, Unterhaltungssendungen, Musik und Theaterübertragungen und Sport. Allerdings sollte das Programm "überwiegend nicht fremdsprachig" ausgestrahlt werden. Die Übertragung in mehreren Sprachen durch Mehrkanalton war vorrangig für Spielfilme, Theater- und Musikereignisse sowie die Parlamentsberichterstattung vorgesehen.

Insgesamt versprach das ZDF ein "neues Programmtemperament", das auch wegen der anvisierten Zielgruppen nötig wäre: "Von der Programmpräsentation im engeren Sinne bis hin zu den Programminhalten wird das Europa-Programm eine direkter an der Sache und an den Betroffenen orientierte Sprache sprechen und eine weniger förmliche, distanzierte und akkurate Handschrift pflegen" (Vgl. Überlegungen zu einem Europa-Programm..., 1981a, b).

Im gleichen Jahr, in dem das Europäische Parlament mit seiner durch den Hahn-Bericht angestoßenen Entschließung die Schaffung eines europäischen Fernsehprogramms anregte, kam es unter der Ägide der EBU zu einem Satelliten-Versuchsprogramm mit dem Namen *Eurikon*. Fünf Mitgliedsanstalten der EBU schlossen sich zusammen, um die praktische Durchführung eines Europaprogramms via Satellit zu testen. Von Mai bis November 1982 gestalteten die britische Fernsehdachgesellschaft IBA, die italienische RAI, der österreichische ORF, die niederländische NOS und für die Bundesrepublik Deutschland die ARD jeweils eine Woche lang Fernsehprogramm. Zehn weitere Mitgliedstaaten steuerten zu diesem Angebot bei und konnten das Satellitenprogramm auch empfangen. Das Programm wurde über den Nachrichtensatellit OTS der europäischen Raumfahrtorganisation ESA ausgestrahlt, aus rechtlichen Gründen allerdings nur für ein sehr begrenztes Expertenpublikum bei 15 EBU-Mitgliedsorganisationen (vgl. auch Kammann, 1982; Wright, 1983).

Eurikon diente als Test für alle technischen, organisatorischen, inhaltlichen und finanziellen Fragen, die sich mit der Verwirklichung eines europäischen Gemeinschaftsprogramms stellen würden. Als eines der wesentlichen Probleme jedes europäischen Fernsehvorhabens erwies sich auch hier schon die Vielsprachigkeit in Europa. *Eurikon* sendete in sechs Sprachen. Experimentiert wurde mit Videotext-Untertiteln, Dolmetschern und muttersprachlichen Moderatoren. Dazu gab es dann auch einige Kritik. Ein Testpublikum aus verschiedenen Ländern, dem ein komprimiertes, aber "typisches" *Eurikon*-Programm vorgeführt wurde, beurteilte das Angebot insgesamt zwar recht positiv, war aber weniger angetan von den verschiedenen Lösungen im Umgang mit der Vielsprachigkeit. Insbesondere simultane Übersetzungen kamen nicht so gut an, und die Einblendungen von Untertiteln wurden als zu kurz kritisiert (Wright, 1983, S. 37). Abgesehen von den generell hohen Kosten, stellte die Notwendigkeit der sprachlichen Bearbeitung gerade für Nachrichtensendungen ein Problem dar, weil damit potenziell eine Einbuße an Aktualität verbunden ist. Die Unsicherheit im Umgang mit der Vielsprachigkeit des Publikums setzte sich bis zu den Graphiken fort, die zur Illustration von Nachrichten eingesetzt wurden, weil zum Beispiel zu entscheiden war, in welcher Sprache Ortsnamen auf Landkarten eingetragen werden sollten.

Die Zusammenstellung der Nachrichtensendungen wurde überhaupt als "zentrale Herausforderung" begriffen, weil es bis dahin keine Vorbilder dafür gab, was als "pan-europäische Perspektive" zu verstehen und attraktiv für Zuschauer "von Helsinki bis Lissabon" sein könnte. Dabei wurde deutlich, dass ein europäisches Programm eine eigene Infrastruktur mit eigenem Personal braucht, um regelmäßig entsprechendes Nachrichtenmaterial zu beschaffen. Die zugelieferten Angebote der nationalen Rundfunkanstalten erwiesen sich als zu national, das Material des *Eurovision News Exchange* dagegen als zu wenig europäisch. (Vgl. Wright, 1983, S. 34-35)

Als Reaktion auf die Entschließung des Europäischen Parlaments vom März 1982 legte die Kommission im Mai 1983 den Zwischenbericht "Realität und Tendenzen des Fernsehens in Europa: Perspektiven und Optionen" vor (Kommission der EG, 1983). Sie stellte darin einleitend fest, dass die neuen Telekommunikationstechnologien das Fernsehen in Europa internationalisieren würden. Damit böten die technischen Veränderungen den Bürgerinnen und Bürgern Europas die Chance, an der gemeinsamen Kultur des Kontinents teilzuhaben. Zugleich wurde auf Wettbewerbsvorteile hingewiesen, die sich mit den neuen Technologien für Industrie und Kultur ergeben konnten, sofern unverzüglich eine gemeinschaftliche Politik eingeleitet würde.

Für die gemeinschaftliche Politik empfahl die Kommission Initiativen in vier Bereichen. Im institutionellen Bereich sollte ein allgemeiner Rahmen für das Fernsehen geschaffen werden. In der Industriepolitik galt es, einheitliche technische Standards festzusetzen und die europäische Technologie zu fördern. Außerdem sollten Anstrengungen zu Gunsten einer Integration des europäischen Programmmarktes unternommen werden. Schließlich wurde wiederum die Vielfalt in der Einheit betont, die die Kulturpolitik zu verteidigen hätte.

Unter Hinweis darauf, dass sich in einer Befragung 57 Prozent der EG-Bürger für ein europäisches Fernsehprogramm ausgesprochen hätten, bezeichnete der Zwischenbericht der Kommission die Bemühungen um ein solches Gemeinschaftsprogramm als wünschenswert. Hier verwies der Bericht speziell auf das Versuchsprogramm *Eurikon*. Zur Förderung eines solchen Vorhabens sicherte die Kommission daher ihre politische und finanzielle Unterstützung zu.

Mit dem Zwischenbericht brachte die Kommission aber auch ein Thema auf, das sich in der Folgezeit wie ein roter Faden durch die verschiedenen medienpolitischen Aktivitäten auf EG-Ebene ziehen sollte, nämlich die Furcht vor einer Amerikanisierung des europäischen Fernsehmarktes. Es war klar, dass es mit den neuen Distributionstechniken zu einer sprunghaften Vermehrung der Fernsehkanäle und damit einer entsprechenden Steigerung der Nachfrage nach Programmen kommen würde. Zugleich war man sich aber dessen bewusst, dass die europäische Produktion diesen Bedarf nicht würde decken können, und befürchtete daher einen erhöhten Zufluss nicht-europäischer, eben vor allem US-amerikanischer Programme. Von einer drohenden Invasion durch eine fremde Kultur war da die Rede (Kommission der EG, 1983, S. 11).

Der Integrationsgedanke, der am Anfang der europäischen Medienpolitik gestanden hatte, erhielt damit schnell noch einen anderen Akzent. Die neuen Techniken boten die Chance auf ein Gemeinschaftsprogramm, das zu einem Motor der europäischen Einheit werden sollte. Mit Satellit und Kabel zeichneten sich aber auch drastische Veränderungen der bestehenden Strukturen auf den Fernsehmärkten ab, die weitere medienpolitische Überlegungen anregten und notwendig machten. Grenzüberschreitendes Fernsehen, egal ob als europäisches Gemeinschaftsprogramm oder durch Spillover nationaler per Satellit verbreiteter Programme, brachte rechtlichen Regelungsbedarf mit sich, zu dem die europäischen Staaten eine gemeinsame Position finden mussten. Die Aussicht auf derartige Aktivitäten, gar der EG-Organe, löste in den Mitgliedstaaten schnell lebhafte Diskussionen über die Grenzen europäischer Maßnahmen im Bereich des Rundfunks und über nationale Regelungsvorbehalte aus. Der Beurteilung der Entwicklung in der Distributionstechnik und der daraus erwachsenden medienpolitischen Konsequenzen schwankte zwischen der positiven Haltung zu den neuen Möglichkeiten und den Warnungen vor den Folgen für die nationalen Rundfunkmärkte. So wurde anerkannt, dass "die Erweiterung des Programmangebots – einschließlich des grenzüberschreitenden – eine wesentliche Verbesserung der realen Grundlagen für den Genuß des Rechts auf freie Information" und der über Satellit verbreitete Rundfunk ein "Instrument der europäischen Integration" darstellten; zugleich wurde aber befürchtet, dass der grenzüberschreitende Rundfunk "die nationalen Rundfunkordnungen und die von ihnen geschützten Werte unterlaufen" und es zu einer "kulturellen Überfremdung von Staaten und Regionen" kommen könnte (Delbrück, 1981, S. 669-670).

Diese Debatte, die sich auf die europäische Ebene bezog, muss auch verstanden werden vor dem Hintergrund der sich zu dieser Zeit drastisch verändernden nationalen Rundfunkmärkte. Bis in die achtziger Jahre war der Rundfunk in den meisten westeuropäischen Ländern ausschließlich in öffentlicher Hand und beim Fernsehen auf wenige Sender beschränkt. Mit den neuen technischen Möglichkeiten ließen sich diese Monopole nicht mehr rechtfertigen; private Anbieter drängten die Politik zur Öffnung der Märkte. Nach und nach wurden daher nun auch privat-kommerzielle Rundfunkveranstalter zugelassen, was zumal in Deutschland durchaus heftige Kontroversen zwischen den Parteien, aber auch anderen gesellschaftlichen Gruppen auslöste. Damit stellte sich nicht nur die Frage, wie der sprunghaft wachsende Programmbedarf gedeckt und welche gesellschaftlichen Folgen der zu erwartende massenhafte Import aus den USA haben würde, sondern es ging auch um die Rolle des öffentlichen Rundfunks innerhalb der neuen Struktur. Wenn zu dieser Zeit also auf der europäischen Ebene Schritte zur Schaffung eines gemeinsamen Rahmens für das Fernsehen angekündigt wurden, eröffnete das gewissermaßen eine zusätzliche Front in der Diskussion um die zukünftige Gestaltung der nationalen Rundfunkordnungen. Dabei machte die neue Transnationalität des Rundfunks aber auch die Grenzen nationaler Steuerungsmöglichkeiten deutlich.

Das Europäische Parlament reagierte auf den Zwischenbericht der Kommission am 30. März 1984 mit der so genannten Arfé-Entschließung (Europäisches Parlament, 1984a). Dieser war ein Bericht vorausgegangen, der ebenfalls nach dem Berichterstatter Gaetano Arfé benannt war. Diese Entschließung bezog sich ausdrücklich auch auf den früheren Vorstoß von Hahn für ein Europafernsehen sowie einen weiteren von Hahn initiierten Entschließungsantrag zur Schaffung eines europäischen Fonds zur Unterstützung der Fernsehprogrammproduktion. Zwar wurde in der Entschließung des Parlaments vom März 1984 nach wie vor ein über Satellit auszustrahlendes europäisches Fernsehprogramm propagiert, hauptsächlich ging es aber nun bereits um ein Tätigwerden der Gemeinschaft in Hinblick auf einen europaweiten Rahmens für den Rundfunk und die Harmonisierung der nationalen Rundfunkgesetzgebungen. Das Parlament forderte Kommission und Rat auf, einen Rechtsrahmen zu schaffen, der die Grundsätze des Vertrages von Rom für den Bereich des Rundfunks umsetzen sollte. Gemeint waren hier insbesondere das Recht auf Freizügigkeit innerhalb der Gemeinschaft sowie der freie Verkehr von Dienstleistungen und Kapital.

Zentral waren im Weiteren die Forderungen, die sich auf die Unterstützung der europäischen Programmproduktion bezogen. Richard Collins bezeichnet die Entschließung daher als die offizielle Genese der Ideen für das (heutige) *European Audiovisual Observatory* und das spätere MEDIA-Förderungsprogramm für den europäischen Film (Collins, 1994, S. 51). Das Parlament schlug die Einrichtung eines Gemeinschaftsfonds zur Unterstützung der Fernsehprogrammproduktion vor. Es bezog sich dabei auf ein kanadisches Modell öffentlicher Beiträge zu Gunsten des nationalen Fernsehens. Ein solcher Unterstützungsfonds sollte ergänzt werden durch die Möglichkeit verbilligter Kredite sowie Steuererleichterungen für die Produktion von Programmen innerhalb der EG. Die Entschließung empfahl außerdem die Schaffung einer zentralen Datenbank über das vorhandene Fernseh- und

Filmmaterial sowie die Förderung des Programmvertriebs innerhalb und außerhalb von Europa.

Ebenfalls vor dem Hintergrund der angestrebten Förderung von "Fernsehinformationen europäischen Ursprungs" schlug das Parlament die Einführung eines reinen Nachrichtenprogramms vor. Dieses sollte vorrangig ein junges und gut ausgebildetes Publikum erreichen, weil man in dieser Gruppe Interesse für internationale Fragen erwartete (vgl. Europäisches Parlament, 1984a). Beinahe gleichzeitig verabschiedete das Europäische Parlament eine Entschließung, die vor den Gefahren für die Medienvielfalt durch Kommerzialisierung warnte. Nach dem britischen EP-Abgeordneten Alastair Hutton, der den Antrag eingebracht hatte, ist auch von Hutton-Entschließung die Rede. Diese griff den Vorschlag für ein europäisches Nachrichtenprogramm auf und schlug dazu die Gründung einer europäischen Nachrichtenorganisation (1984b) vor, in der sich die Gemeinschaft gegebenenfalls auch finanziell engagieren sollte.

Längst war zu diesem Zeitpunkt klar, dass es angesichts der Möglichkeit zum staatliche Grenzen überschreitenden Rundfunk eines übernationalen rechtlichen Rahmens bedurfte. In Anbetracht der abzusehenden Programmvermehrung, die ebenfalls durch die neuen Verteiltechniken ausgelöst werden würde, und des damit einsetzenden Programmbedarfs verband sich der Ruf nach einer Rahmenordnung von Anfang an auch mit Überlegungen zur Förderung der europäischen Programmproduktion. Ihr Ziel, die europäischen Programme auf dem internationalen, aber gerade auch auf dem heimischen Markt konkurrenzfähig zu machen, ging einher mit dem Bestreben nach Abwehr vor allem US-amerikanischer Importe und führte dabei zugleich zu der Frage nach der Existenz und den Merkmalen einer europäischen Identität, die es hier offenbar zu verteidigen galt.

Den ersten Schritt hin zu der geforderten Rahmenordnung für den Rundfunk in Europa machte die Europäische Kommission mit der Vorlage des Grünbuchs *Fernsehen ohne Grenzen*, das im Juni 1984 vorgelegt wurde. Die Idee eines europäischen Fernsehprogramms indessen konkretisierte sich im Herbst 1985 mit *Europa TV*. Aufbauend auf den Erfahrungen aus dem *Eurikon*-Experiment schlossen sich vier europäische Rundfunkanstalten zur Veranstaltung eines neuerlichen Versuchsprogramms zusammen und gründeten das *Pan European Broadcasting Consortium*. Mitglieder waren die ARD, die niederländische NOS, die italienische RAI und die irische RTE, später trat auch das portugiesische Fernsehen RTP bei. Das Satellitenprogramm firmierte zunächst unter dem Namen *Olympus*, benannt nach dem Rundfunksatelliten, über den das Programm nach Abschluss der Testphase abgestrahlt werden sollte. Wegen der Namensgleichheit mit dem japanischen Kamerahersteller wurde das europäische Projekt bald umgetauft in *Europa TV*.

Die Startbedingungen für das Programm waren außerordentlich günstig. Die niederländische Regierung förderte *Europa TV* in der ersten Phase finanziell mit einem Betrag von rund 38 Millionen DM und stellte außerdem einen Kanal auf dem Verteilsatelliten ECS 1 zur Verfügung. Dieser wurde für eine Übergangszeit genutzt. Danach war der Wechsel auf einen Kanal des *Olympus*-Satelliten vorgesehen, der dem Programm aufgrund eines Vertrages zwischen EBU und Europäischer Raumfahrtbehörde für die ersten drei Jahre kostenlos überlassen werden sollte. Das starke Engagement der Niederlande war dann auch der Grund dafür, die Zentrale von *Europa TV* in Hilversum einzurichten, wo bereits eine entsprechende Infrastruktur zur Verfügung stand. Die EG unterstützte das Projekt im Jahr 1986 mit 1.7 Millionen DM. Außerdem fütterten die beteiligten Rundfunkanstalten die Kasse von *Europa TV*, die ARD hatte pro Jahr neun Millionen zugesagt. Dazu kamen beträchtliche Sachleistungen der fünf Anstalten, die Personal, Programm und Technik zur Verfügung stellten. (Vgl. Stoop, 1986a; Wankell, 1986)

Auf Sicht sollte sich *Europa TV* jedoch im Wesentlichen aus Werbung finanzieren. Zugleich wurde allerdings betont, bei *Europa TV* handele es sich dennoch nicht um einen kommerziellen Rundfunkveranstalter, denn Einkünfte aus der Werbung dienten ausschließlich der Programminvestition, und ein Gewinn sollte nicht erzielt werden. Es war festgelegt, dass Werbung maximal einen Anteil von zehn Prozent der Sendezeit einnehmen durfte; Unterbrecherwerbung war nicht vorgesehen (vgl. Schwarzkopf, 1986, S. 79). Unabhängig von der Schwierigkeit, Werbung für ein pan-europäisches Fernsehprogramm zu akquirieren, stellte die Werbefinanzierung von *Europa TV* ein gewisses rechtliches Problem dar. Denn schließlich waren an dem Programm öffentliche Rundfunksender beteiligt, für die in der Regel Werbebeschränkungen bestehen. Obendrein gab es zu diesem Zeitpunkt auch für die EG-Länder noch keine einheitlichen Werberegelungen. Hier startete also ein Projekt, das nationalen Regelungen für den Rundfunk nicht entsprach und damit die Notwendigkeit eines übernationalen Rahmens noch einmal deutlich machte. Dass es mit der Werbefinanzierung von *Europa TV* in den

Heimatländern der beteiligten Anstalten Probleme geben könnte, war diesen offensichtlich klar. Die ARD jedenfalls betonte, dass sie an der Werbung nicht beteiligt wäre, und ließ sich auch zusichern, dass die von ihr zugelieferten Programme klar von Werbung getrennt würden (vgl. Dill, 1989; Rundfunkpolitik..., 1986; 1987).

Ein europäisches Fernsehprogramm muss sich an seinem Anspruch messen lassen, eben europäisch und damit anders zu sein als die nationalen Angebote. "Aus Europa – für Europa" lautete das Motto von *Europa TV*, es setzte sich indessen zu großen Teilen aus Zulieferungen der beteiligten Anstalten zusammen – "Konserven der Gesellschafter", so lautete der Kommentar (Wankell, 1986, S. P3). Der Anteil an Eigenproduktionen blieb gering und beschränkte sich im Wesentlichen auf die Nachrichten und andere aktuelle Sendungen. Das zunächst fünf- bis sechsstündige Programm startete wochentags um 17.30 Uhr mit einer Kindersendung, gefolgt von der Popmusiksendung *Countdown*, die von einer niederländischen Produktionsfirma übernommen wurde. Kritiker fühlten sich – vor allem, aber nicht nur – bei *Countdown* an den britischen *Sky Channel* und die in der Frühzeit des Privatfernsehens in Deutschland ausgestrahlte *Music Box* erinnert und sahen darin auch bereits eine Konzession an die Werbekunden (Stoop, 1986a; vgl. auch Wankell, 1986). Anschließend an die Musiksendung stand eine halbstündige Dokumentation im Programm, danach für gut eine Stunde leichte Unterhaltung von Zirkus und Show über Klassik, Film und Theater. Um 20.30 Uhr folgte die Hauptnachrichtensendung und noch einmal Information oder Musik bis zur täglichen 90 Minuten umfassenden Sportleiste um 21 Uhr (vgl. Schwarzkopf, 1986; Stoop, 1986b; Wankell, 1986). Angestrebt war, ein Verhältnis von 80 zu 20 für Zulieferungen und Eigenproduktionen zu erreichen. Die Eigenproduktionen von *Europa TV*, und damit dann doch nur ein relativ geringer Anteil des Programms, boten die Chance für europäischen Journalismus. Die Zulieferungen der an *Europa TV* beteiligten Anstalten hingegen, ohnehin meist Wiederholungen, boten zwar dem internationalen Publikum einen Blick über die Grenzen, aber eben nicht in einer europäischen Perspektive. Insofern wundert nicht, wenn Beobachter zu dem Urteil kamen, *Europa TV* wäre "derzeit entbehrlich" (Wankell, 1986, S. P3) und könnte den hochgesteckten Ansprüchen noch nicht genügen (Stoop, 1986b, S. 5).

Nach kaum mehr als einem Jahr musste *Europa TV* wieder eingestellt werden. Für das Scheitern gab es mehrere Gründe. Es waren vor allem finanzielle Schwierigkeiten, die den Verwaltungsrat (Board of Members), bei dem die Leitung des Konsortiums lag, dazu veranlassten, im November 1986 das Aus zu beschließen. Das Startkapital war verbraucht; zu einer Erhöhung ihrer Beiträge konnten sich die Mitgliedstaaten nicht bereit finden. Die finanzielle Unterstützung durch die EG war hinter den Erwartungen zurückgeblieben. Weitere Mitglieder hatten sich ebenfalls nicht gewinnen lassen. Schließlich entwickelten sich auch die Einnahmen aus der Werbung nicht so, wie man sich das – wohl etwas unrealistisch – erhofft hatte. Ein entscheidender Faktor dafür, dass das Werbeaufkommen schwach blieb, war die technische Verbreitung von *Europa TV*. In dieser frühen Phase wurde das Programm über den Fernmeldesatelliten *ECS-1* ausgestrahlt, war also auf die Verteilung via Kabel angewiesen. Erst die Ausstrahlung über den Rundfunksatelliten *Olympus* hätte den Empfang über kleine Satellitenschüsseln und damit eine flächendeckende Verbreitung ermöglicht. Die Einspeisung in die Kabelanlagen verlief jedoch zögerlich. Sogar in den stark verkabelten Niederlanden wurden längst nicht alle Kabelhaushalte erreicht, weil sich in einigen Netzen keine freien Kanäle hatten finden lassen. In Deutschland sperrten sich mehrere Bundesländer, die Genehmigungen für die Weiterverbreitung von *Europa TV* zu erteilen, was auch mit der Werbung zu tun hatte, die das Programm mitlieferte. Offenbar wurde in dem europäischen Programm aber zugleich eine unliebsame Konkurrenz für den sich gerade entwickelnden privat-kommerziellen Rundfunk gesehen, denn gerade die Bundesländer, die den Privatfunk vorantrieben – Bayern, Baden-Württemberg, Rheinland-Pfalz, Schleswig-Holstein – erteilten keine Genehmigung für *Europa TV*. Aber sogar da, wo Genehmigungen für die Weiterverbreitung vorlagen, war das Programm kaum zu sehen, weil die Post bei den Empfangsstationen für den *ECS-1* keine ausreichenden Kapazitäten bereitgestellt hatte. Ein Jahr nach dem Start von *Europa TV* war das Programm daher in Deutschland nur in den Hamburger und Dortmunder Kabelnetzen sowie in Teilen Hessens zu empfangen. Im nur wenig verkabelten Italien war *Europa TV* so gut wie gar nicht zu sehen, und für Irland hatte es überhaupt keine Genehmigung zur Verbreitung gegeben. Nur in Portugal sollte es zu einer nennenswerten Verbreitung kommen. Ab Mai 1986 wurde *Europa TV* dort terrestrisch ausgestrahlt, wodurch 2.5 Millionen portugiesische Haushalte erreicht werden konnten. (Vgl. Engels-Weber, 1986; Wankell, 1986)

Wie schon bei *Eurikon* stellte sich auch für *Europa TV* das Problem des Umgangs mit der europäischen Vielsprachigkeit, was wiederum zu den finanziellen Schwierigkeiten beitrug. *Europa TV* hatte sich für die Untertitelung und Voice over (Übersprechen des Originaltons) entschieden. Langfristig sollte das Programm mit Untertiteln in vier Sprachen produziert werden. Bei direkter Abstrahlung hätten die Zuschauer dann die Sprache jeweils selber wählen können, bei Verbreitung über Kabel hätte diese Entscheidung beim Netzbetreiber gelegen (vgl. Schwarzkopf, 1986; Stoop, 1986a). Mit der Verwendung von Untertiteln ging *Europa TV* zumal gegenüber den großen (potentiellen) Empfängerländern ein Risiko ein, ihre Zuschauerinnen und Zuschauer sind es gewohnt, Importe aus dem Ausland in synchronisierten Fassungen geliefert zu bekommen.

Ein zusätzliches Problem in dieser Hinsicht bescherte ein Verbot der Untertitelung gerade in den Niederlanden, wo das Projekt sonst so viel Unterstützung erfahren hatte. *Europa TV* wurde dort als ausländisches Programm eingestuft, und für ausländische Programme galt zum Schutz des niederländischen Fernsehens vor der Konkurrenz von außen ein Verbot für niederländische Untertitelung. Für das Publikum in den Niederlanden gab es die Sendungen von *Europa TV* also in Originalsprache oder in – wenigen – synchronisierten Versionen. (Stoop, 1986a)

Fast alle Probleme, die hier zusammengewirkt und das Scheitern von *Europa TV* herbeigeführt haben, stellen sich auch ähnlichen Projekten. Das hatte der Versuch mit *Eurikon* schon gezeigt. Die technischen Schwierigkeiten, mit denen *Europa TV* zu kämpfen hatte, bedingt vor allem durch die Ausstrahlung über einen Fernmeldesatelliten, sind überwunden. Wohl aber bleibt das Sprachproblem, das sich noch vergrößert, je mehr Länder bzw. Rundfunkanstalten an einem solchen Projekt beteiligt sind. Viele Beteiligte werden indessen gebraucht, um die finanzielle Basis für das Programm zu sichern.

Was europäischen Journalismus oder eben ein europäisches Gemeinschaftsprogramm ausmacht und dieses dann auch von nationalen Angeboten unterscheidet und damit eine attraktive Alternative bieten könnte, war auch nach einem Jahr *Europa TV* nicht beantwortet. Beweisen konnte er sich bei diesem Projekt nur in den Nischen der wenigen Eigenproduktionen. Diese Ansätze wurden auch lobend herausgestellt. Die Chance, europäischen Journalismus in größerem Umfang auszuprobieren und beim Publikum zu testen, gab es nicht mehr, es fehlte eine entsprechende Infrastruktur und erst recht die finanzielle Grundlage. Die Erfahrungen, die mit einem Jahr *Europa TV* gemacht wurden, müssen diejenigen desillusioniert haben, die sich auf der europäischen Ebene für ein solches Instrument eingesetzt und darin ein Instrument für die engere Integration und die Schaffung einer europäischen Identität gesehen hatten.

Die Publikumsresonanz konnte im Zuge des Projekts nicht wirklich festgestellt werden. Dem standen die technischen Bedingungen im Wege, und die Laufzeit von einem Jahr lässt – zumal bei der geringen Reichweite – keinen Aufschluss darüber zu, wie ein europäisches Programm angenommen wird und ob es eine Chance hat, in der Konkurrenz zu den sich in dieser Zeit auch rasch vermehrenden nationalen Angebote zu überleben. Ohnehin war man sich bei *Europa TV* darüber im Klaren, dass nur bestimmte Zielgruppen mit einem Europaprogramm anzusprechen wären. Ebenso wie es der ZDF-Entwurf vorgesehen hatte, hofften auch die Macher von *Europa TV*, ihr Publikum vor allem unter jüngeren und besser gebildeten Menschen zu finden, weil bei ihnen eher internationale Erfahrungen und daher größeres Interesse für die europäische Perspektive vermutet wurden.

Zur gleichen Zeit, als die ARD mit den anderen europäischen Rundfunkanstalten *Europa TV* veranstaltete, startete sie am 29. März 1986 mit *Eins Plus* ein eigenes Satellitenprogramm, das vom *Südwestfunk* (SWF) betreut wurde. Das deutschsprachige Fernsehen der SRG lieferte Programmelemente zu. *Eins Plus* verstand sich als Kulturkanal, lebte jedoch fast ausschließlich von Wiederholungen. Es lag wohl im Zug der Zeit, dass der Programmdirektor Deutsches Fernsehen, Dietrich Schwarzkopf, dem Programm dennoch eine "europäische Orientierung" zusprechen wollte, die es dadurch gewinne, "daß es den deutschsprachigen Beitrag zur Kultur Europas dokumentiert und daß es Deutschland und die Schweiz in ihrer vielfältigen aktuellen und historischen europäischen Verflechtung zeigt". (Schwarzkopf, 1986, S. 76)

Der Start des Satellitenprogramms *Eins Plus* war die Antwort auf das Satellitenprogramm 3SAT. Dieses lief unter Beteiligung des ZDF bereits seit dem 1. Dezember 1984. Als Vorläufer für 3SAT galten zwei Programme, die das ZDF zuvor im Kabelprojekt Ludwigshafen ausgestrahlt hatte, nämlich der ZDF-Musikkanal und ZDF2. Im Sommer 1984 schloss das ZDF einen Vertrag mit ORF und SRG, der das Sprachraumprogramm 3SAT begründete. Auch 3SAT setzte seinen Schwerpunkt bei Kultur. Für die aktuelle Information wurden die Nachrichtensendungen der drei beteiligten Fernsehsender übernommen. Zunächst war mit Blick auf das Programm die Rede von einem "Second-Hand-Laden" (Konrad, 1985), weil es zu großen Teilen aus Wiederholungen bestand. Aber bereits 1986 verstärkte 3SAT seine Bemühungen um Eigenproduktionen.

Da die Zuschaueranteile von *Eins Plus* äußerst gering blieben, stellte die ARD das Programm nach sechs Jahren Ende November 1993 ein. Überlegungen zur Umwandlung des Satellitenprogramms in einen Kinder- und Jugendkanal oder ein Informationsprogramm wurden aus finanziellen Gründen fallen gelassen. Schließlich stieg die ARD ebenfalls bei 3SAT ein und liefert heute zusammen mit dem ZDF etwa zwei Drittel des Programms. 3SAT konnte sich als deutschsprachiges Sprachraumprogramm etablieren. Das Konzept des Sprachraumprogramms geht den Schwierigkeiten aus dem Weg, die *Eurikon* und *Europa TV* aufgrund der Vielsprachigkeit des angezielten europäischen Publikums hatten. Dass die Lösung eher Erfolg verspricht als ein – recht und schlecht – mehrsprachiges Angebot beweist auch der französischsprachige Sender TV5, der 1984 von den drei französischen Sendern TF1, *Antenne 2* und FR3, der belgischen RTBF und der schweizerischen SSR gegründet wurde.

Die Hoffnungen auf ein europäisches Fernsehprogramm, das die Integration fördern und zur Herausbildung einer europäischen Identität beitragen könnte, waren also schnell enttäuscht worden. Auch die von der EBU gegründeten Spartenkanäle *Eurosport* (1989) und *Euronews* (1993), die der zusätzlichen Verwertung von Sportrechten und Nachrichten dienen sollten, sowie das von politischer Seite initiierte deutsch-französische Spartenprogramm *arte* (1992) entsprechen nicht den Vorstellungen von einem europäischen Fernsehprogramm, wie sie Anfang der achtziger Jahre im Kreis des Europäischen Parlaments entwickelt wurden. Bis heute gilt wohl, was sich schon Ende der achtziger Jahre zeigte: Die meisten Zuschauerinnen und Zuschauer zeigen eine Präferenz für nationale Fernsehkanäle vor ausländischen Fernsehkanälen gleicher Sprache. Den typischen europäischen Zuschauer gibt es nicht, muttersprachliche ausländische Programme werden den fremdsprachlichen vorgezogen (Große Peclum, 1990).

Ebenso wie der Aufbau eines europäischen Fernsehens scheiterte der Versuch, eine europäische Tageszeitung auf dem Markt zu etablieren. Der britische Medienunternehmer Robert Maxwell brachte 1990 *The European* heraus. Er setzte darauf, dass er mit einem Blatt in englischer Sprache ein genügend großes Publikum finden würde. Der Erfolg blieb allerdings mäßig.

1992 lag die Auflage bei etwa 360.000 Exemplaren. Auch die Umstellung auf eine wöchentliche Erscheinungsweise konnte das Überleben nicht sichern, bei einer Auflage von nur noch rund 73.000 Exemplaren wurde *The European* schließlich 1998 ganz eingestellt.

Die erste Phase europäischer Medienpolitik, die sich dem Integrationsgedanken verschrieben hatte und vom Europäischen Parlament vorangetrieben wurde, war also schnell vorbei und blieb relativ erfolglos. Ohnehin aber ließen sich bald andere Akzente in den medienpolitischen Aktivitäten der EG erkennen, die dann auch dadurch gekennzeichnet waren, dass die Initiative nun vom Parlament zur Kommission überging.

5 Regulierung des Fernsehens: Vom Integrationsfaktor zur Dienstleistung

In ihrem Zwischenbericht "Realität und Tendenzen des Fernsehens in Europa: Perspektiven und Optionen" vom Mai 1983 hatte die Kommission die Vorlage eines Grünbuches angekündigt, das die Etablierung eines gemeinsamen Marktes für das Fernsehen vorbereiten sollte (Kommission der EG, 1983). Der Kommission ging es dabei insbesondere um die Freiheit des Angebots und des Empfangs von Fernsehen über die Grenzen der EG-Mitgliedstaaten hinweg. Zwar lag ein Schwerpunkt des Zwischenberichts noch bei Überlegungen zu einem Europaprogramm, breiten Raum nahm aber auch die Diskussion der technischen Entwicklung im Bereich des Rundfunks ein. Der Kommission war klar, dass sich die Rundfunklandschaft in Europa schnell und tiefgreifend wandeln würde und dass sie für die Gemeinschaft ihre Rolle in diesem Feld definieren musste, sollte ihr die Entwicklung nicht davonlaufen. Die Notwendigkeit einer Rahmenordnung war auch in den Berichten und Entschließungen des Europäischen Parlaments schon angesprochen worden. Sollte ein europäisches Fernsehprogramm verwirklicht werden, so bedurfte es dafür schließlich ebenfalls einer gemeinsamen gesetzlichen Grundlage. Das hatte schon der Versuch mit *Eurikon* gezeigt, das nur von einem Expertenpublikum gesehen werden durfte. Rechtliche Unsicherheiten begleiteten dann bald auch *Europa TV*.

Die Entschließung des Europäischen Parlaments "zu einer Politik im Sinne der neuen Trends im europäischen Fernsehen", mit der es Ende März 1984 auf den Zwischenbericht der Kommission reagierte, zielte dann auch genau in diese Richtung. Das Parlament forderte Kommission und Rat auf, das angekündigte Grünbuch vorzulegen, einen festen Rechtsrahmen zu schaffen, der die im Vertrag von Rom festgeschriebenen Verkehrsfreiheiten sichern sollte, sowie die Möglichkeiten für eine Koordinierung der einzelstaatlichen Rechtsvorschriften für den Rundfunk auszuloten (Europäisches Parlament, 1984a).

5.1 Fernsehen ohne Grenzen: das Grünbuch der Kommission

Am 14. Juni 1984 legte die Kommission ihren Bericht "Fernsehen ohne Grenzen – Grünbuch über die Errichtung des Gemeinsamen Marktes für den Rundfunk, insbesondere über Satellit und Kabel" vor (Kommission der EG, 1984a, b). Die nachfolgende Diskussion bezog sich meist einfach auf "das Grünbuch" oder nannte nur den Obertitel "Fernsehen ohne Grenzen". Die mit dem Grünbuch nun dokumentierte Entschlossenheit der Kommission zu Aktivitäten im Bereich des Rundfunks und die dort enthaltene Ankündigung, gesetzgeberisch tätig zu werden, löste eine breite Auseinandersetzung über die Kompetenz der Gemeinschaft bezüglich des Rundfunks aus. Die EG war als Wirtschaftsgemeinschaft entstanden, damit wurde sie – zumal in der Öffentlichkeit – assoziiert. Zu dieser Zeit setzten zwar EG-intern die ersten Überlegungen für eine engere politische Union ein, der Vertrag von Maastricht war jedoch noch in weiter Ferne. Was sollte also die EG mit dem Rundfunk zu tun haben, der bis dahin in den Mitgliedstaaten noch überwiegend in öffentlicher Hand lag und gerade auch deshalb eher dem Bereich der Kultur zugeordnet wurde? Konnte man Rundfunk so behandeln wie Butter und Bananen? Die juristischen Stellungnahmen fielen unterschiedlich aus. Letztlich konnte jedoch die Zuständigkeit der Gemeinschaft nicht in Abrede gestellt werden, so dass weniger das 'Ob' Gegenstand der Diskussion sein konnte als vielmehr das 'Wie' und das 'Wie weit'.

Jegliche regulierende Aktivität der Gemeinschaft basiert auf dem Primärrecht, also den Verträgen unter den Mitgliedstaaten, und den dort formulierten Zielen der EG. Maßnahmen, die den Rundfunk betreffen, müssen sich entsprechend aus den Verträgen ableiten lassen. Relevant in diesem Fall waren außerdem Entscheidungen des Europäischen Gerichtshofes in Auslegung der Verträge, die ein Tätigwerden im Bereich des Rundfunks legitimierten und daher dann auch im Grünbuch ausführlich dargestellt wurden. Dazu gehörten der Fall Sacchi, der bereits 1974 vor dem EuGH verhandelt worden war, sowie die Fälle Debauve und Coditel/Ciné Vog aus dem Jahr 1980. Diese drei Fälle machten klar, dass Rundfunk nach EG-Recht als eine Dienstleistung zu verstehen und damit den Regelungen über den freien Verkehr von Waren und Dienstleistungen im Binnenmarkt zu unterwerfen sei. Dieses Verständnis von Rundfunk als einer Dienstleistung war die unabdingbare Voraussetzung dafür, dass Kommission und Rat auch den Rundfunk zu ihrer Angelegenheit machen konnten.

Der Vertrag von Rom begründete keine Zuständigkeit der Gemeinschaft für den Rundfunk. Indem der EuGH jedoch im Fall Sacchi 1974 den Rundfunk zu einer Dienstleistung erklärte, machte er den Rundfunk eben doch zu einer Sache der Gemeinschaft. Das Verfahren, in dem der Gerichtshof zu entscheiden hatte, bezog sich auf den Inhaber des Unternehmens Telebiella, Giuseppe Sacchi. Dieser hatte im norditalienischen Biella in allgemein zugänglichen Räumen (Restaurants) Fernsehgeräte aufgestellt, mit denen über Kabel Fernsehsendungen und Werbung zu empfangen waren. Gebühren wurden nicht entrichtet. Zu dieser Zeit verfügte die RAI jedoch noch über das Rundfunkmonopol in Italien. Im übrigen bestand Gebührenpflicht bei Besitz eines Fernsehgeräts (vgl. z. B. Schwarze, 1985b, S. 25). Der Fall Sacchi war dem EuGH von einem italienischen Gericht als Vorabentscheidungsverfahren vorgelegt worden. Vorabentscheidungsverfahren haben ähnlichen Charakter wie Normenkontrollverfahren nach Artikel 100 GG. In einem solchen Verfahren prüft der EuGH – ohne den Ausgangsfall an sich, hier also den Fall Sacchi, zu entscheiden – die ihm von einem nationalen Gericht vorgelegten Fragen am Maßstab der vorrangigen Normen des EG-Rechts. Der Gerichtshof trifft damit für das nationale Gericht verbindliche Entscheidungen. (Vgl. z. B. DA/WE, 2003)

In seiner Entscheidung (Giuseppe Sacchi..., 1974) stellte der EuGH fest, dass Fernsehsendungen als Dienstleistungen anzusehen sind, zumal der Vertrag von Rom keine anderen Bestimmungen enthalte. Fernsehsendungen, Werbung eingeschlossen, unterfielen daher den Regelungen der Dienstleistungsfreiheit. Demgegenüber wäre der Handel mit Materialien, die für die Produktion und die Ausstrahlung von Fernsehsendungen benutzt werden (Filme, Tonträger etc.), den Regelungen über den freien Warenverkehr zu unterwerfen (vgl. Schwarze, 1985b, S. 26; 1986a, S. 122). Mit seiner Feststellung des Dienstleistungscharakters von Fernsehsendungen hatte also der EuGH das Tor für gemeinschaftliche Aktivitäten auf dem Gebiet des Rundfunks geöffnet. Für Dienstleistungen – als solche sind Leistungen definiert, die gegen Entgelt erbracht werden – ist nach der Einheitlichen Europäischen Akte, die zum 1. Juli 1987 in Kraft trat, der freie Verkehr auf dem Binnenmarkt zu gewährleisten. Das bindet die Mitgliedstaaten dann auch in ihrer nationalen Rundfunkpolitik.

Ebenfalls weichenstellend waren in der Rechtssache Sacchi die Ausführungen des EuGH zur Qualifikation von Rundfunkanstalten als Unternehmen im Sinne des EG-Rechts (Artikel 86 EWG-Vertrag, heute Artikel 82).

Die kulturelle Dimension des Rundfunks, die das vorlegende italienische Gericht hervorgehoben hatte, wurde vom EuGH zwar anerkannt, dennoch sah es darin keinen Grund, Rundfunkanstalten nicht als Unternehmen zu behandeln (vgl. Schwarze, 1986a, S. 122). Diese Einstufung hatte zur Folge, dass Rundfunkanstalten wie andere Unternehmen auch den Wettbewerbsregeln der Gemeinschaft unterliegen. Allerdings erlaubt das europäische Recht (in Artikel 90 EWG-Vertrag, heute Artikel 86), Unternehmen ausschließliche Rechte zu gewähren und sie so dem Wettbewerb zu entziehen. Diese Möglichkeit betonte der EuGH auch bezüglich der Rundfunkanstalten, wenn nämlich ein öffentliches Interesse bestünde, diese aus dem Wettbewerb herauszuhalten. Ein solches öffentliches Interesse kann in der kulturellen und gesellschaftspolitischen Wirkung des Rundfunks liegen. In ihrer wirtschaftlichen Tätigkeit, insbesondere bei der Werbung, fielen sie aber dennoch unter die Bestimmungen des Wettbewerbsrechts. (Vgl. Schwarze, 1986a, S. 122-123)

Weitere Ausführungen zum Verständnis der Dienstleistungsfreiheit im Zusammenhang mit dem Rundfunk gab es im Fall Debauve, der dem EuGH von einem belgischen Gericht vorgelegt worden war. Debauve und andere hatten in Belgien per Antenne deutsche Fernsehprogramme einschließlich Werbung aufgenommen und diese per Kabel in Belgien weiterverbreitet. Ihnen wurde damit der Verstoß gegen eine belgische Verordnung vorgeworfen, die die Verbreitung von Werbesendungen untersagte, die Verbreitung von Programmen anderer Fernsehanstalten, sofern diese in ihrem Sitzland über eine Genehmigung verfügten, aber erlaubte. Zu prüfen war hier einerseits, ob die terrestrische Verbreitung von Fernsehen und die Verbreitung über Kabel in gleicher Weise zu behandeln wären. Andererseits ging es um die Frage, ob die Verteilung von ausländischen Programmen einschließlich der Werbung untersagt werden konnte. In seiner Entscheidung im März 1980 erklärte der EuGH, dass zwischen der terrestrischen und der kabelgebundenen Verbreitung kein Unterschied zu machen wäre. Im übrigen betonte er das Diskriminierungsverbot, das die gleiche Behandlung von Inländern und Ausländern in den Mitgliedstaaten der EG fordert. In diesem Fall räumte der Gerichtshof jedoch die Möglichkeit ein, das belgische Werbefernsehverbot auf die aus Deutschland übernommenen Sendungen auszudehnen. Da zu dieser Zeit in den EG-Mitgliedstaaten bezüglich der Fernsehwerbung noch unterschiedliche Regelungen bestanden, waren die Werberegelungen der einzelnen Mitgliedstaaten ausschlaggebend. Entscheidend war hier der Erlass solcher Vorschriften "aus Gründen des Allgemeininteresses". Belgien war also berechtigt, im allgemeinen Interesse die Werbung im Fernsehen zu beschränken oder auch ganz zu untersagen, und sofern solche Beschränkungen für die belgischen Fernsehanbieter galten, konnten sie auch ausländischen Anbietern auferlegt werden. (Vgl. Schwartz, 1985, S. 86; Schwarze, 1986a, S. 127)

Im Fall Coditel/Ciné Vog standen urheberrechtliche Fragen im Mittelpunkt. Die belgische Kabelgesellschaft Coditel war von der Firma Ciné Vog verklagt worden. Diese reklamierte das Verleihrecht für Belgien an einem Film, den Coditel in deutscher Fassung aus dem deutschen Fernsehen übernommen und in Belgien weiterverbreitet hatte. Der Europäische Gerichtshof betonte in seiner Entscheidung am 18. März 1980, dass die Regeln über den freien Verkehr von Dienstleistungen nicht die Geltendmachung des Urheberrechts bei der ungenehmigten Verbreitung einer Sendung ausschließen. (Vgl. Schwarze, 1986a, S. 128)

Als die Kommission im Juni 1984 das Grünbuch vorlegte und einen gemeinschaftsweiten Harmonisierungsbedarf im Bereich des Rundfunks begründete, hatte der Europäische Gerichtshof das Feld also längst bereitet. Durch die eindeutige Definition von Rundfunk als einer Dienstleistung, wie sie das Gericht im Fall Sacchi vorgenommen hatte, konnte dieser den Bestimmungen zum freien Verkehr von Dienstleistungen im europäischen Binnenmarkt unterworfen werden. Zwar erkannte der Gerichtshof durchaus die kulturelle Dimension des Rundfunks an, aber nicht in der Weise, dass Rundfunk insgesamt und ausschließlich dem Bereich der Kultur zuzuordnen und damit außerhalb der EG-Kompetenz anzusiedeln wäre. Insofern markiert zunächst der Zwischenbericht von 1983, mehr noch aber das Grünbuch, zwar den Beginn rundfunkpolitischer Aktivitäten von Seiten der Kommission, die Auswirkungen auf die Rundfunkpolitik der Mitgliedstaaten haben, dies aber nicht etwa, weil erst jetzt die Möglichkeit für solche Maßnahmen geschaffen oder erkannt worden wäre. Dahinter standen vielmehr die technischen Entwicklungen, die die Probleme des Grenzen überschreitenden Fernsehens und dadurch einen Harmonisierungsbedarf bezüglich nationaler Regelungen hatten hervortreten lassen.

Allerdings verband sich damit nun insofern auch ein Perspektivenwechsel, als die frühen Bemühungen um den Rundfunk auf der europäischen Ebene – ausgehend vom Europäischen Parlament – mit der Hoffnung auf eine integrierende Funktion gerade die kulturelle und gesellschaftspolitische Wirkungskraft des Mediums im Blick gehabt hatten. Die Kommission musste aber die kulturelle Dimension zwangsläufig in den Hintergrund stellen. Denn nur indem der Rundfunk primär als wirtschaftliche Aktivität bezeichnet wurde, sicherte sie sich die Eingriffsmöglichkeit. Ein Europaprogramm war noch nicht geschaffen; auch *Europa TV* sollte erst ein Jahr später starten, aber schon hatte sich das Gewicht von der Kultur zum Kommerz verschoben.

Vor diesem Hintergrund ist es verständlich, dass das Grünbuch zunächst ausführlich die Kompetenz der Gemeinschaft für den Rundfunk darlegte. Die Kompetenz begründete die Kommission über den EWG-Vertrag, der nicht nur wirtschaftliche Tätigkeiten erfasse, sondern Tätigkeiten egal welcher Natur, solange sie gegen Entgelt erbracht werden. Dass man darüber streiten könnte, ob es sich bei Gebühren oder anderen Zuwendungen, durch die sich die öffentlichen Rundfunkanstalten der damaligen Zeit finanzierten, um Entgelte handelt, hatte die Kommission vorhergesehen. So listete das Grünbuch dann später auch die Anstalten der einzelnen Mitgliedsländer sowie die Art ihrer Finanzierung auf, ließ dabei aber keinen Zweifel, dass jegliche Einnahmen als Entgelte zu verstehen wären.

Das Grünbuch erkannte im übrigen mehrere Aspekte des Rundfunks, die es erlaubten, aus dem Vertrag von Rom eine Kompetenz der Gemeinschaft abzuleiten. Nur die sieben "wichtigsten" wurden benannt:

- Rundfunksendungen sind Dienstleistungen. Also ist der freie Verkehr von Rundfunk sicher zu stellen.
- Die Veranstalter von Rundfunk (egal ob natürliche oder juristische Personen) üben eine selbständige Tätigkeit gegen Entgelt aus. Also ist die Niederlassungsfreiheit zu gewährleisten.
- Der EWG-Vertrag erfasst das innerstaatliche Rundfunk- und Fernmelderecht als die Summe der Vorschriften der Mitgliedstaaten über die Aufnahme und Ausübung einer selbständigen Tätigkeit. Um diese zu erleichtern, ist eine Koordinierung der Vorschriften des Rundfunk- und Fernmelderechts notwendig.
- Der EWG-Vertrag erfasst die für die Rundfunkveranstalter Tätigen. Ihnen ist Freizügigkeit, den freiberuflich Tätigen Niederlassungsfreiheit zu gewährleisten.
- Der EWG-Vertrag erfasst die technischen Vorschriften der Mitgliedstaaten über den Rundfunk, die sich auf die Errichtung und das Funkti-

onieren des Gemeinsamen Marktes auswirken. Daher ist deren Angleichung vorzusehen.
- Rundfunkveranstalter sind Unternehmen, die mit Waren (Tonträger, Filme etc.) handeln. Für sie ist der freie Warenverkehr zu sichern.
- Rundfunkveranstalter stehen im Wettbewerb. Wettbewerbsbeschränkungen und dem Missbrauch marktbeherrschender Stellungen ist daher entgegenzuwirken.

(Kommission der EG, 1984a, S. 8-9)

Vor dem Hintergrund dieser so aufgefächerten Zugriffsmöglichkeiten empfahl die Kommission zum einen sicher zu stellen, dass die "direkt anwendbaren Bestimmungen des EWG-Vertrages eingehalten werden", und zum anderen, gesetzgeberische Maßnahmen zu ergreifen "als ein erster Schritt zur Schaffung eines Rechtsrahmens für eine einzige, gemeinschaftsweite Rundfunkzone" (Kommission der EG, 1984b). Direkt anwendbar auch für den Rundfunk, nachdem dieser als Dienstleistung identifiziert worden war, waren diejenigen Bestimmungen des Vertrages, die sich auf die Sicherung der Verkehrsfreiheiten beziehen. Unter den darüber hinausgehenden Maßnahmen nannte die Kommission explizit die Koordinierung der nationalen Gesetze über die Hörfunk- und Fernsehwerbung, die Koordinierung des Jugendschutzes im Rundfunk sowie die Koordinierung des Urheberrechts.

Die unterschiedlichen Regelungen der Mitgliedstaaten für die Werbung im Radio und im Fernsehen machte die Kommission als ein wesentliches Hindernis für den grenzüberschreitenden Rundfunk aus. Das betraf zunächst grundsätzlich die Zulässigkeit von Werbung und Sponsoring; in Belgien und Dänemark gab es zu dieser Zeit keine Werbung im Rundfunk. Außerdem bezog sich das auf Unterschiede im zulässigen Umfang, die Möglichkeit von Unterbrecherwerbung, die Beschränkung auf Werbeblöcke und bestimmte Tageszeiten sowie Regelungen bezüglich bestimmter Produkte, also etwa das Verbot von Tabakwerbung, oder bezüglich bestimmter Zielgruppen wie Kinder oder Jugendliche. Da sich die Kommission im Grünbuch für eine Liberalisierung der Werberegelungen und die Zulassung von Rundfunkwerbung in allen EG-Mitgliedstaaten aussprach, gab sie sich viel Mühe, positive Aspekte der Werbung hervorzuheben.

Die Kommission verband ihre Ausführungen zur Werbung auch schon mit konkreten Vorschlägen für einheitliche Regelungen. Als maximal zulässiger Umfang für die Werbung wurden 20 Prozent der täglichen Sendezeit empfohlen, wobei es den einzelnen Rundfunkorganisationen freigestellt werden sollte, weniger Werbung auszustrahlen. Darüber hinaus sollte die eindeutige Trennung von Werbung und Programm vorgeschrieben werden. Sponsoring müsste so geregelt werden, dass die Unabhängigkeit des Programms vom Einfluss des Sponsors gewahrt bliebe. Weiter wurde das Verbot von Werbung für Tabakwaren als wünschenswert angesehen. In Hinblick auf Alkoholwerbung wurde die Erarbeitung eines Verhaltenskodexes als ausreichend bezeichnet, um unannehmbare Formen der Werbung für Alkoholika zu verhindern. Schließlich schlug die Kommission vor, in jedem Mitgliedsland eine Stelle einzurichten, die die Werbung vor ihrer Ausstrahlung auf Einhaltung aller einschlägigen Regelungen überprüfen sollte. In einer solchen Maßnahme sah die Kommission auch einen Ausgleich angesichts der angestrebten Liberalisierung der Rundfunkwerbung.

Beim Jugendschutz plädierte das Grünbuch für die Festlegung eines Mindeststandards und das Verbot solcher Sendungen, die "geeignet sind, die physische, geistige und moralische Entwicklung von Kindern und Jugendlichen ernsthaft zu beeinträchtigen, vor allem durch Darstellung von harter Pornographie, Gewalt oder Rassenhaß" (Kommission der EG, 1984b). Für Kinder und Jugendliche ungeeignete Sendungen sollten von den Rundfunkanstalten in ihren Programmankündigungen entsprechend gekennzeichnet werden. Auch dazu wäre ein Verfahren zu finden, etwa in einer Form der Selbstkontrolle, das die Einhaltung der Standards garantiert.

Das Recht auf Gegendarstellung hatte die Kommission ebenfalls als einen Bereich ausgemacht, in dem die Regelungen der einzelnen Mitgliedstaaten differierten. Allerdings zeigte sie sich im Grünbuch eher ambivalent in ihren Überlegungen, ob hier eine Harmonisierung anzustreben wäre, und stellte die Frage der Erforderlichkeit einer Angleichung des Gegendarstellungsrechts daher zur Diskussion. Die Probleme des Urheberrechts waren bereits in der Rechtssache Coditel deutlich geworden. Das Ziel musste es also sein, durch gesetzgeberische Maßnahmen einheitliche Regelungen herbeizuführen, um den grenzüberschreitenden Rundfunk zu erleichtern, aber zugleich den Interessen der Inhaber von Urheberrechten Rechnung zu tragen. Das Grünbuch diskutierte zwar die Schwierigkeiten dieses Rechtsbereichs, gab jedoch noch keine konkrete Lösung vor, was wiederum zeigte, wie diffizil eine für beide Seiten zufrieden stellende Regelung war.

Ausgangspunkt und Legitimation für das Grünbuch war – und konnte es auch nicht anders sein – die wirtschaftliche Dimension des Rundfunks.

Insofern zielte es auf die Durchsetzung der Dienstleistungsfreiheit und die Harmonisierung nationaler Regelungen für den Rundfunk, die in ihrer Unterschiedlichkeit ein Hindernis für den grenzüberschreitenden Rundfunk darstellten. Obwohl sich die Kommission auch im Grünbuch immer wieder bemühte, die kulturellen Leistungen des Rundfunks zu betonen, musste dieser Aspekt zurücktreten, denn sie hätte sonst ihre Handlungsgrundlage gefährdet. Die Idee des europäischen Fernsehprogramms, für die sich das Parlament stark gemacht hatte, war daher nicht Sache des Grünbuches. Vielmehr wendete die Kommission hier die Argumente der Parlamentarier, dass nämlich ein Europa-Programm der Integration dienen könnte, zu ihren Gunsten. Nicht ein gemeinschaftliches europäisches Programm wurde propagiert, sondern die positiven Effekte des ungehinderten Verkehrs von Rundfunkdienstleistungen wurden hervorgehoben. Den Bürgern Europas würde so die Möglichkeit gegeben, sich aus einer Vielzahl von Quellen zu informieren und sich auf dieser Basis ihre Meinungen zu bilden: Dafür wären "grenzüberschreitende Rundfunksendungen, insbesondere das Fernsehen, das potentiell wirksamste Mittel, um zu gewährleisten, daß der traditionelle Pluralismus unserer politischen Systeme eine gesunde Gemeinschaftsdimension erhält" (Kommission der EG, 1984b). Die gesamte Argumentation des Grünbuches wie auch die spezifischen Ausführungen zu den Rundfunkunternehmen als Wirtschaftskraft ließen zugleich erkennen, dass die Kommission den Rundfunkmarkt als einen zukunftsträchtigen Wirtschaftsfaktor sah, den es auch zu stärken galt, um in der internationalen Konkurrenz bestehen zu können.

Grünbücher dienen in der EG dazu, die öffentliche Diskussion in einem Politikbereich, für den gesetzgeberische Maßnahmen geplant sind, anzustoßen. Die Kommission lädt damit interessierte Dritte zu Stellungnahmen ein. Ivo Schwartz, damals Direktor für Rechtsangleichung, Niederlassungsfreiheit und freien Dienstleistungsverkehr in der für den Binnenmarkt zuständigen DG III der EG-Kommission und einer der Autoren des Grünbuches, stellte 1985 in einer Rede vor dem britischen Parlament fest, dass er kein Kommissionspapier kenne, das auf derart großes Interesse von verschiedenster Seite gestoßen sei wie das Grünbuch "Fernsehen ohne Grenzen" (zitiert in Collins, 1994, S. 53). Während Schwartz darin eine Bestätigung für das Tätigwerden der Gemeinschaft in diesem Bereich sah, ließ sich die Diskussion, die das Grünbuch auslöste, auch als ein Indikator für die hohe Sensibilität dieses Politikfeldes und die Umstrittenheit von Aktivitäten bezüglich des Rundfunks verstehen.

Die Reaktionen reichten von grundsätzlichen Bedenken hin zu Überlegungen in Bezug auf die spezifischen Vorschläge des Grünbuches. Die grundsätzlichen Bedenken bezogen sich auf die Definition des Rundfunks als Dienstleistung, weil diese die wirtschaftliche Tätigkeit der Rundfunkanstalten in den Mittelpunkt stellte und ihre Rolle als Kulturträger zurückdrängte. Das berührte zugleich die Frage nach der Kompetenz der Gemeinschaft in Sachen Rundfunk. Mit der Definition von Rundfunk als Dienstleistung ging die Definition der nationalen Rundfunkgebühren als Entgelt sowie die Behandlung der öffentlich-rechtlichen Rundfunkanstalten als Unternehmen einher. Dabei ist immer auch zu berücksichtigen, dass die Vorlage des Grünbuches und die darauf unmittelbar folgenden rundfunkpolitischen Aktivitäten in eine Zeit fielen, in der sich die nationalen Rundfunkmärkte durch den Zutritt privater Anbieter umstrukturierten und die öffentlich-rechtlichen Anstalten sich einer für sie völlig neuen Situation ausgesetzt sahen.

Was das Verständnis von Rundfunk als Dienstleistung angeht, so lehnte in Deutschland zum Beispiel der Jurist Bodo Börner (1985) diese Definition für terrestrisch oder per Satellit verbreitete Sendungen, und zwar auch der Werbung, rundheraus ab: Bei Dienstleistungen bestünden zweiseitige privatrechtliche Verträge, das sei für die Sender und Empfänger beim Rundfunk jedoch nicht der Fall, gelte aber bei per Kabel verbreiteten Rundfunksendungen, weil entsprechende Verträge zwischen Kabelgesellschaften und Rezipienten bestehen. Aus dem gleichen Grund könne auch die Rundfunkgebühr nicht als Entgelt bezeichnet werden, auch hier fehle der Vertrag auf Leistung und Gegenleistung (Börner, 1985). Wiewohl zum Teil gefragt wurde, ob der Fall Sacchi womöglich als ein nicht unbedingt zu verallgemeinernder Einzelfall zu werten wäre, setzte die Mehrheit der Stellungnahmen – wohl auch mit Blick auf die EuGH-Entscheidungen – dagegen nicht unmittelbar bei der Definitionsfrage an, sondern monierte die ungenügende Berücksichtigung der kulturellen Dimension des Rundfunks durch die Kommission. Diese Argumentationsrichtung verband sich auch mit Zweifeln darüber, ob Rundfunkanstalten, zumal sie zu dieser Zeit überwiegend öffentlich-rechtlich organisiert waren, als Wirtschaftsunternehmen einzustufen seien.

Die Bundesregierung hatte schon in einer Stellungnahme im Fall Sacchi die Auffassung vertreten, die öffentlich-rechtlichen Anstalten könnten nicht als Unternehmen im Sinne des EG-Vertrages verstanden werden, weil diese eine Aufgabe der öffentlichen Verwaltung ausübten (vgl. Herrmann, 1985, S. 183). Auch die italienische Regierung hatte – bezogen auf das Wettbewerbsrecht – betont, die Rundfunkanstalten gingen keiner wirtschaftlichen Tätigkeit nach, sie seien vielmehr öffentliche Betriebe mit kultureller, unterhaltender und informativer Zielsetzung (vgl. Schwarze, 1986a, S. 122). In dieser Richtung argumentierte auch der Bundesrat 1984 in seinem Beschluss zum Grünbuch: Funktion und Bedeutung des Rundfunks lägen nicht schwerpunktmäßig im wirtschaftlichen Bereich. Eine rein wirtschaftliche Betrachtungsweise verbiete sich, denn der Rundfunk sei ein eminenter Faktor der öffentlichen Meinungsbildung und zugleich Kulturträger (Beschluß des Bundesrates..., 1985). Nicht überraschend zielte auch die Kritik der deutschen öffentlich-rechtlichen Rundfunkanstalten am Grünbuch auf die Vernachlässigung der kulturellen Funktion des Rundfunks. So betonte Klaus Berg, damals Justitiar des NDR, "daß der Rundfunk kein Annex wirtschaftlicher Tätigkeit ist, sondern umgekehrt ein kulturelles Phänomen mit einer erheblichen Auswirkung auf den Kernbestand der Regelungsbefugnisse des einzelstaatlichen ordre public" (1985, S. 200).

Eine gewisse Hoffnung setzten solche Kritiker auf eine Ausnahmeregelung, die in denjenigen Artikeln des EG-Vertrages enthalten ist, die der Sicherung des Wettbewerbs dienen. Nach Artikel 90 Absatz 2 (heute Artikel 86) kann es "eine gewisse 'Freistellung' von EG-rechtlichen Vorschriften" (Herrmann, 1985, S. 185) für solche Unternehmen geben, die eine öffentlich-rechtliche Aufgabe erfüllen. Darauf bezog sich wohl auch Berg, wenn er feststellte: "Das Recht des freien Dienstleistungsverkehrs nach EG-Recht kann nach meiner Auffassung nicht dazu benutzt werden, die einzelstaatlichen ordre public-Regelungsbefugnisse auszuhebeln" (1985, S. 201). Wenn dann Günter Herrmann, zu dieser Zeit Justitiar des WDR, weiter ausführte, "Rundfunkverbreitung durch Private kann rechtlich etwas anderes als die Rundfunkausstrahlungen durch öffentlich-rechtliche Rundfunkanstalten sein" (1985, S. 186), wird zugleich deutlich, dass hier der Kampf an einer anderen Front gleich mit bedient wurde und im übrigen die Auseinandersetzung um den Status der öffentlich-rechtlichen Anstalten und ihre besondere Aufgabe zwischen den Mitgliedstaaten und den öffentlich-rechtlichen Rundfunkanstalten einerseits und der EG-Kommission andererseits seit den frühen Anfängen der europäischen Rundfunkpolitik geführt wird (vgl. hier auch Kapitel 7).

Die Kommission indessen unterstrich noch einmal ihren Kompetenzanspruch auch in Sachen Rundfunk in dem im Sommer 1985 präsentierten Weißbuch zur Vollendung des Binnenmarktes. Dieses Weißbuch gab Programm und Zeitplan zur Verwirklichung des Gemeinsamen Marktes vor. Mit einem Kapitel über "Neue Technologien und Dienstleistungen" integrierte die Kommission hier auch den Rundfunk. In der Erwartung, dass sich die Kommunikationsindustrie in einen Schlüsselsektor der Wirtschaft entwickeln und Auswirkungen für die künftige Wettbewerbsfähigkeit der Gemeinschaft haben würde, sprach sich das Weißbuch für die Errichtung einer einzigen gemeinschaftsweiten Rundfunkzone aus. (Vgl. Kommission der EG, 1985, S. 30)

Das Europäische Parlament verabschiedete am 10. Oktober 1985 zwei Entschließungen, die auf das Grünbuch Bezug nahmen. Die "Entschließung zu einer Rahmenordnung für eine europäische Medienpolitik" (Europäisches Parlament, 1985d) ging zurück auf einen Bericht des Ausschusses für Jugend, Kultur, Bildung, Information und Sport vom Juli 1985 (Europäisches Parlament, 1985a). Berichterstatter des Ausschusses war wiederum der deutsche EP-Abgeordnete Wilhelm Hahn. Der Bericht – wie später auch die Entschließung – begrüßte das Grünbuch und argumentierte im übrigen in voller Unterstützung des damit eingeschlagenen Weges. Das wird auch sehr deutlich in der Darstellung und Kommentierung der bis dahin erfolgten Diskussion des Grünbuches. Die Einwände, die gegen das Grünbuch vorgebracht worden seien, verdienten zwar Beachtung und sollten bei der Formulierung der Richtlinie berücksichtigt werden; es zeige sich jedoch, dass das Grünbuch der Kritik standhalten könne. Bericht und Entschließung betonten sowohl die kulturelle wie auch die wirtschaftliche Seite des Rundfunks und nannten dessen Einbeziehung in den Bereich des EG-Rechts daher gerechtfertigt.

Die Entschließung forderte dann auch Kommission und Rat auf, die Gemeinschaftsverträge konsequent auszuführen und eine umfassende europäische Medienpolitik zu entwickeln. Die Rede ist von einem europäischen Fernsehraum als dem wesentlichen Merkmal einer zusammenwachsenden Gemeinschaft. Unter den Elementen, die diesen Fernsehraum ausmachen, tauchten neben der Möglichkeit zum Empfang nationaler Fernsehprogramme aus allen Mitgliedstaaten, wie sie die Kommission mit den im Grünbuch avisierten Maßnahmen sicher stellen wollte, andere auf, für die sich das Parlament schon früher stark gemacht hatte, die aber im Grünbuch längst nicht entsprechende Beachtung fanden. Die Entschließung nannte hier wieder die Schaffung eines mehrsprachigen europäischen Fernsehprogramms, die Förderung der europäischen Programmindustrie, aber auch die Sicherung der Leistungsfähigkeit des öffentlich-rechtlichen Rundfunks sowie die Sicherung der kulturellen Vielfalt und der Informationsfreiheit durch Verhinderung von Medien- und Meinungsmonopolen. Vor diesem Hintergrund stand die Aufforderung an die Kommission, in der geplanten Richtlinie Maßnahmen vorzusehen, die die Herstellung von Fernsehprogrammen in der Gemeinschaft sichern und fördern. Dafür wurde die Fixierung einer Quote von über 50 Prozent für aus der EG stammende Filme sowie einer weiteren Quote für gemeinsame Produktionen aus mindestens zwei Mitgliedsländern vorgeschlagen.

Zusammenfassend nannte das Parlament die folgenden Punkte, die in einer "Rahmenordnung für europäische und nationale Hörfunk- und Fernsehprogramme" geregelt werden sollten: Harmonisierung technischer Normen, insbesondere für die Systeme der Fernsehübertragung; Angleichung rechtlicher Bestimmungen in den vier im Grünbuch genannten Bereichen Werbung, Jugendschutz, Recht auf Gegendarstellung und Urheberrecht; Regelung des Zugangs zu Satelliten; Schaffung einer unabhängigen Redaktion für ein europäisches Fernsehprogramm im Rahmen einer Europäischen Rundfunkorganisation; Quoten für europäische Eigenproduktionen; Harmonisierung allgemeiner Programmgrundsätze durch eine Mindestanforderung; Sicherung und Vereinheitlichung des Rechts auf Gegendarstellung. In den konkreten Ausführungen zur Regelung von Werbung unterstützte die Entschließung weitgehend die Vorschläge des Grünbuches, darunter auch die Möglichkeit von Rundfunkwerbung in jedem Mitgliedsland. Was den maximalen Umfang von Werbung angeht, schlug das Parlament jedoch eine Höchstgrenze von zehn Prozent pro Stunde vor. (Vgl. Europäisches Parlament, 1985d)

Die zweite Entschließung des Europäischen Parlaments vom 10. Oktober 1985 war ebenfalls eine Reaktion auf das Grünbuch, setzte mit dem Bezug auf wirtschaftliche Aspekte indessen einen etwas anderen Schwerpunkt (Europäisches Parlament, 1985c). Diese Entschließung basierte auf einem Bericht des EP-Ausschusses für Wirtschaft, Währung und Industriepolitik (Europäisches Parlament, 1985b). Berichterstatter war hier der niederländische EP-Abgeordnete Gijsbert M. de Vries. Der Bericht setzte sich vor allem mit den Entwicklungen in der Kabel-, Satelliten- und Programmindustrie auseinander und betonte vor diesem Hintergrund die Notwendigkeit eines gemeinsamen Marktes für die Informationstechnologie. Eine wichtige Voraussetzung dafür bildeten gemeinsame technische Normen. Der Bericht sprach darüber hinaus auch wettbewerbspolitische Aspekte an, beklagte in diesem Zusammenhang aber die Schwierigkeiten bei der Beurteilung der Märkte aufgrund fehlender Daten. Schließlich ging der Bericht ausführlich auf die geplanten Regelungen für die Rundfunkwerbung und außerdem auf das Urheberrecht ein. Ebenso wie das Grünbuch schlug auch der EP-Wirtschaftsausschuss die Festlegung des maximalen Werbeumfangs bei 20 Prozent vor und schloss sich hinsichtlich der weiteren Regelungsvorhaben ebenfalls an. (Vgl. Europäisches Parlament, 1985b)

Die aus diesem Bericht hervorgehende Entschließung des Parlaments ist in Teilen der anderen Entschließung vom gleichen Tag sehr ähnlich. Sie betonte darüber hinaus jedoch stärker die industriepolitische Dimension und plädierte für die "Entwicklung einer echten europäischen Kommunikationsindustrie, sowohl was die Infrastrukturen und die Ausrüstung als auch was die Programme angeht". Auch hier tauchte noch einmal die Programmquote von mindestens 50 Prozent auf, um die Wettbewerbsfähigkeit der europäischen Programmindustrie zu stärken. Die Warnungen des Ausschuss-Berichts vor Konzentrationstendenzen fanden insofern ihren Niederschlag in der Entschließung, als die Kommission aufgefordert wurde, eine Untersuchung der wettbewerbspolitischen Aspekte der Entwicklungen auf dem Fernsehmarkt und in der Filmindustrie einzuleiten und im übrigen die Entwicklung in der Fernmeldeindustrie zu beobachten. (Vgl. Europäisches Parlament, 1985c)

5.2 Der Weg zur Fernsehrichtlinie

Als Ergebnis der Diskussion um das Grünbuch legte die Kommission schließlich Anfang 1986 Vorschläge für zwei Richtlinien vor. Der erste Vorschlag vom 22. Januar betraf eine "Richtlinie des Rates über die Annahme gemeinsamer technischer Spezifikationen der MAC/Pakete-Normenfamilie für die direkte Übertragung von Fernsehsendungen über Satelliten" (Kommission der EG, 1986b). Am 29. April folgte der "Vorschlag einer Richtlinie des Rates über die Koordinierung bestimmter Rechts- und Verwaltungsvorschriften der Mitgliedstaaten über die Ausübung der Rundfunktätigkeit" (Kommission der EG, 1986a). Die Rede ist von der Rundfunkrichtlinie. Aus diesem zweiten Vorschlag ging 1989 die dann nur noch auf das Fernsehen bezogene Richtlinie hervor, die seitdem kurz Fernsehrichtlinie genannt wird.

Die Artikel des Kapitels II bezogen sich auf die "Förderung der Verbreitung und Herstellung von Fernsehprogrammen". Damit richtete sich der Richtlinienvorschlag auf die nationalen Fernsehprogramme. Hier wurde eine Quote von mindestens 30 Prozent für Produktionen aus den EG-Mitgliedstaaten vorgesehen, und zwar bezogen auf die Sendezeit, "die nicht aus Nachrichten, Sportereignissen und Spielshows, Werbe- oder Teletextleistungen besteht". Dieser Anteil sollte sich innerhalb von drei Jahren nach Umsetzung der Richtlinie in den Mitgliedstaaten auf 60 Prozent erhöhen. Darüber hinaus gab der Richtlinienvorschlag für Erstsendungen eine Quote von mindestens fünf Prozent des Programmbudgets der Fernsehanstalten für Werke aus der EG, die von unabhängigen Produzenten stammen, vor. Als europäische Werke in diesem Sinne wurden diejenigen definiert, die von Herstellern aus einem Mitgliedstaat oder aus mehreren Mitgliedstaaten geschaffen wurden, sowie Ko-Produktionen aus Mitgliedstaaten und Nicht-Mitgliedstaaten, sofern mindestens 70 Prozent der Produktionskosten aus dem Bereich der EG stammen.

Der Vorschlag für die Rundfunkrichtlinie von 1986 war unterteilt in sechs Kapitel, vier davon betrafen die Regelungsbereiche, die das Grünbuch ausführlich behandelt hatte, also Werbung, Jugendschutz, Urheberrecht und die Förderung der europäischen Programmindustrie. Auf der Strecke geblieben war indessen das Gegendarstellungsrecht. Kapitel I des Richtlinienvorschlages setzte als "allgemeine Bestimmung" das so genannte Sendestaatsprinzip für grenzüberschreitende Rundfunksendungen fest. Das bedeutet, ausschlaggebend für Rundfunksendungen ist jeweils das entsprechende Recht des Landes, von dem die Sendungen ausgestrahlt werden. Die anderen Mitgliedstaaten verpflichten sich, den Empfang und die Weiterverbreitung solcher Sendungen nicht zu beschränken. Eine solche Regelung ist insofern essentiell für das Ziel der Richtlinie, als nämlich grenzüberschreitende Rundfunksendungen nicht mehrmals und womöglich verschiedenen Rundfunkgesetzen in den Mitgliedstaaten genügen müssen. Voraussetzung dafür, dass die Regelungen eines Mitgliedstaates für grenzüberschreitenden Rundfunk von allen als ausreichend angesehen werden, ist wiederum die Harmonisierung. Nur wenn in allen Mitgliedstaaten die gleichen Mindestanforderungen bei der Zulassung von Rundfunksendern gelten, können die jeweils anderen grenzüberschreitende Sendungen quasi unbesehen weiterleiten.

Kapitel III des Richtlinienvorschlages enthielt umfangreiche Vorgaben für "Rundfunkwerbung und Sponsoring". Das Kapitel ist unterteilt in Vorschriften, die sich auf inländische, und solche, die sich auf grenzüberschreitende Rundfunksendungen beziehen. Für die Harmonisierung der nationalen Regelungen wurde zunächst allgemein festgelegt, der Umfang der Werbung in Hörfunk und Fernsehen sei so zu bemessen, dass deren Funktion in Information, Bildung, Kultur und Unterhaltung nicht beeinträchtigt werde und dass die Nachfrage nach Rundfunkwerbung im Wesentlichen gedeckt werden könne. Mit dem Hinweis auf die Interessen anderer Medien griff der Richtlinienvorschlag – ohne das weiter auszuführen – die Befürchtungen der Presse auf, dass die Werbung in die Rundfunkmedien abwandern könnte. Im Weiteren wurde den Mitgliedstaaten aufgegeben, Werbung vor ihrer Ausstrahlung auf Einhaltung der in dieser Richtlinie festgelegten Vorschriften zu prüfen. Für die Einblendung im Programm sollte gelten, dass Werbung als solche erkennbar und vom übrigen Programm deutlich getrennt ist und zu Blöcken gruppiert wird. Unterbrecherwerbung wäre erlaubt, sofern nicht zusammenhängende Programmeinheiten unterbrochen werden. Keine "unzumutbare Störung" sei Werbung, wenn "die Integrität und der Wert der Programme oder ihr natürlicher Ablauf nicht beeinträchtigt werden", das heißt, wenn die Ausstrahlung von Werbung in natürlichen Unterbrechungen erfolgt oder wenn "es sich um ein Programm von längerer Dauer handelt, dessen Charakter diese Werbeunterbrechung erlaubt". Inhaltlich machte der Vorschlag allgemeine ethisch-moralische Vorgaben und sah ein Verbot der Werbung für Tabakerzeugnisse sowie die üblichen Einschränkungen für die Alkoholwerbung vor. Im Weiteren gibt es Vorschriften zum Schutz von Kindern und Jugendlichen. Schließlich betonte der Richtlinienvorschlag, dass werbende oder sponsernde Unternehmen "keinen unangemessenen Einfluß" auf das Programm ausüben dürfen. Die vorgesehenen Regelungen zielten insbesondere auf die Verhinderung von Schleichwerbung. Den Mitgliedstaaten sollte es generell möglich bleiben, den Rundfunkanstalten bei der Werbung strengere Vorschriften zu machen. Das betraf zum Beispiel auch ein Werbeverbot für Sonn- und Feiertage. Das heißt, der Richtlinienvorschlag machte also Vorgaben, die in dieser Form einzuhalten sind oder unterschritten (restriktiver), aber nicht überschritten werden dürfen.

Während die Regelungen für die Werbung in inländischen Rundfunksendungen keine Festlegung für den zeitlichen Umfang der Werbung enthielten, war für grenzüberschreitende Fernsehsendungen eine Begrenzung auf maximal 15 Prozent der Sendezeit vorgesehen. Sofern aber ein Mitgliedstaat seinen Fernsehanstalten einen größeren Werbeumfang einräumt, müsste dieser gleiches auch für aus anderen Mitgliedstaaten einstrahlende Programme tolerieren.

Das Kapitel zum Schutz von Kindern und Jugendlichen bezog sich nur auf inländische Rundfunksendungen und erlegte den Mitgliedstaaten auf zu gewährleisten, dass keine Programme ausgestrahlt werden, "die die körperliche, geistige und sittliche Entwicklung" von jungen Menschen gefährden können. Explizit wurden darunter Programme genannt, die Pornographie enthalten, sinnlose Gewalttätigkeit zeigen oder zu Rassenhass aufreizen. Ebenso wie bei der Werbung sollte eine Überprüfung auf Jugendgefährdung vor der Ausstrahlung stattfinden. Im übrigen war auch bezüglich des Jugendschutzes im Rundfunk vorgesehen, dass die Mitgliedstaaten für ihre Anstalten strengere Regeln anwenden könnten.

Zur Wahrung von Urheberrechten bei der Weiterverbreitung von Rundfunksendungen sah Kapitel V des Richtlinienvorschlages eine Zweijahresfrist vor, innerhalb derer Rundfunkanstalten und Kabelbetreiber eine Vereinbarung über die Vergütung finden sollten, wenn die Weiterverbreitung wegen der Geltendmachung von Urheberrechten verhindert wurde. Käme es innerhalb dieser Frist nicht zu einer Einigung, hätte der Mitgliedstaat durch eine gesetzliche Lizenz die Kabelweiterverbreitung zu ermöglichen.

In den Schlussbestimmungen des Kapitels VI fand sich neben Definitionen eine Vorgabe, nach der die EG-Kommission sechs Jahre nach Umsetzung der Richtlinie in den Mitgliedstaaten einen Bericht über deren Anwendung vorzulegen habe. (Vgl. Kommission der EG, 1986a)

Der Vorschlag der Kommission für eine Rundfunkrichtlinie löste Reaktionen auf breiter Front aus. Sogar auf der europäischen Ebene gab es Kritik. Der Wirtschafts- und Sozialausschuss nannte die Kommissionsvorlage in seiner Stellungnahme vom Juli 1987 "stellenweise verwirrend, widersprüchlich und undurchführbar" und äußerte Zweifel, dass das mit dem Entwurf vorgelegte Konzept zweckdienlich wäre. Außerdem mahnte der

Ausschuss gerade auch die Berücksichtigung der kulturellen Dimension des Rundfunks an. Mehrmals betonte die Stellungnahme die Notwendigkeit, die kulturellen europäischen Identitäten im Bereich des Rundfunks zu stärken. Dabei regte der Wirtschafts- und Sozialausschuss auch an, den privaten Rundfunkveranstaltern Auflagen mit Blick auf die Versorgung der "kulturellen Bedürfnisse der Öffentlichkeit" zu machen. Schließlich dürften keine Regelungen getroffen werden, "die die Gefahr in sich bergen, daß eine den Meinungsbildungsprozeß beherrschende Macht entsteht". (Vgl. Stellungnahme zu dem Vorschlag..., 1987)

In der Bundesrepublik Deutschland waren die Stellungnahmen großenteils ablehnend. Die Argumente, die gegen den Richtlinienvorschlag vorgebracht wurden, bezogen sich – wie ähnlich schon bei der Diskussion des Grünbuches – hauptsächlich auf die Behandlung des Rundfunks als Dienstleistung und damit einhergehend auf die Frage der Regelungszuständigkeit der EG. Von verschiedener Seite wurde außerdem dafür plädiert, Vereinbarungen im Bereich des Rundfunks besser auf der Ebene des Europarates anzustreben, statt hier im Rahmen der EG gesetzgeberisch tätig zu werden.

Im Sommer 1986 gaben ARD und ZDF eine Stellungnahme zum Richtlinienvorschlag ab. Sie wehrten sich erneut gegen die Behandlung des Rundfunks vornehmlich unter wirtschaftlichen Aspekten und die Vernachlässigung der primär kulturellen und gesellschaftspolitischen Funktion sowie die Gleichsetzung der Rundfunkgebühr mit einem Leistungsentgelt. Vor diesem Hintergrund zogen sie generell die Zuständigkeit der Gemeinschaft in Frage, Regelungen für die Ausgestaltung des Rundfunkrechts in den Mitgliedstaaten zu erlassen (Stellungnahme von ARD und ZDF..., 1986). Ebenso argumentierten IG Medien und Deutscher Journalisten-Verband in ihrer Stellungnahme, die ihr Hauptargument auch gleich im Titel trug: "Rundfunk ist keine Ware" (1987). Mit ihrem grundsätzlichen Zweifel an der Regelungszuständigkeit der EG im Rundfunk bildeten öffentlich-rechtliche Anstalten und Gewerkschaften eine Front mit den Bundesländern. Auch die Bundesregierung, die im Rat über die Verabschiedung der Richtlinie würde abstimmen müssen, schien nicht ganz überzeugt (vgl. Höfling, 1987, S. 48).

Die Ministerpräsidenten der Länder hatten bereits bei einem Treffen in Hamburg Anfang Oktober 1986 festgestellt, dass der Richtlinienvorschlag im Gemeinschaftsrecht keine ausreichende Grundlage fände. Eine weitere inhaltliche Auseinandersetzung mit den Vorschlägen der Kommission lehnten sie daher ab (Ministerpräsidenten gegen..., 1986). Im Februar 1987 fasste der Bundesrat einen Beschluss, in dem diese Auffassung bekräftigt wurde. Auch eine dynamische Auslegung der EG-Verträge "könne nicht dazu führen, daß Kompetenzen der Gemeinschaftsorgane neu begründet werden" (Beschluß des Bundesrates..., 1987). Die Länder wehrten sich zugleich gegen den "nicht hinnehmbaren Eingriff in den Kernbereich ihrer Rundfunkhoheit". Inwieweit der Bundesrat mit dieser Feststellung die Haltung der Bundesregierung bei den weiteren Verhandlungen über die Richtlinie in Brüssel würde beeinflussen und schließlich bei deren Verabschiedung würde binden können, blieb allerdings offen. In ihrer Stellungnahme zum Grünbuch hatte die Bundesregierung ihre Absicht, in dieser Sache mit den Ländern zusammenzuarbeiten, betont und dies auch in ihrem Medienbericht 1985 wiederholt (Bericht der Bundesregierung..., 1986, S. 112). Mittlerweile hatte der Bundestag die Einheitliche Europäische Akte ratifiziert, die nun im Ministerrat auch Mehrheitsentscheidungen zuließ, so dass die Bundesrepublik im Falle einer Ablehnung der Richtlinie im Rat auch überstimmt werden konnte. Allerdings hieß es von Seiten der Bundesregierung schon frühzeitig, "die politische Alternative [laute] nicht mehr: ›Blockieren oder nicht‹, sondern nur noch ›Europa rechtzeitig mitzugestalten oder nicht‹" (Höfling, 1987, S. 48-49). Das bedeutet, der Bundesregierung war klar, dass ein Infragestellen der Regelungskompetenz der EG die Rundfunkrichtlinie nicht mehr verhindern konnte und es insofern sinnvoller war, sich an der inhaltlichen Ausgestaltung zu beteiligen und auf diese Weise unerwünschte Regelungen zu vermeiden.

Bedenken gab es nach Vorlage des Richtlinienvorschlages auch bezüglich der Quotenvorgaben für Programme aus den Mitgliedstaaten. Während ARD und ZDF zwar betonten, dass sie bereits die Quoten erfüllten, zugleich aber auf die Schwierigkeiten der Berechnung und die mangelnde Praktikabilität der Regelungen verwiesen, gab es dennoch Zweifel, dass die öffentlich-rechtlichen Anstalten die Quoten, wie sie die Kommission vorsehen wollte, einhalten könnten. Erst recht aber müssten werbefinanzierte Programme, zumal kleinere Unternehmen, Schwierigkeiten haben, den Quotenforderungen nachzukommen. Gerade für im Aufbau befindliche Anbieter stellten solche Quoten einen Nachteil dar (Stellungnahme von ARD und ZDF..., 1986; Kühn, 1986, S. 586). Die Gewerkschaften machten darauf aufmerksam, dass Quotenregelungen nicht unbedingt Programmqualität gewährleisteten; ARD und ZDF indessen schienen Werke aus den europäischen Ländern mit "kulturell hochwertigen Produktionen" gleichzusetzen

(Rundfunk ist keine Ware, 1987; Stellungnahme von ARD und ZDF..., 1986). Indirekt betroffen durch eine Quotenregelung sah sich die werbungtreibende Wirtschaft. Sie fürchtete eine erhebliche Kostenbelastung der Fernsehanbieter, die in der Folge zu höheren Werbepreisen führen könnte. Insofern stelle die Quotenregelung eine Behinderung des Leistungswettbewerbs dar (Stellungnahme des AKW..., 1987).

Vorbehalte gegenüber einer Quotenregelung verbanden sich auch mit der darin enthaltenen Begrenzung auf Produktionen aus den EG-Mitgliedstaaten. Produktionen aus den übrigen Ländern Europas wären ausgeschlossen worden. Deutschland war es vor allem wichtig, auch Produktionen der anderen deutschsprachigen Länder einzubeziehen, denn mit der vorgeschlagenen Regelung wären Programme aus der Schweiz, aus Österreich, das damals noch nicht der EG angehörte, und aus der DDR nicht auf die Quotenvorgabe angerechnet worden. Der Bundesrat sprach daher in seiner Stellungnahme von "einer kulturellen Abschottung gegenüber europäischen Ländern, die nicht Mitglied der Europäischen Gemeinschaft sind" (Beschluß des Bundesrates, 1987).

Das war zugleich ein Argument für diejenigen, die ohnehin eine Übereinkunft im Rahmen des Europarates lieber gesehen hätten. In der Bundesrepublik plädierten sowohl die öffentlich-rechtlichen Rundfunkanstalten in dieser Richtung wie auch der Bundesrat. Von Seiten der Bundesregierung hieß es ebenfalls, einer Regelung durch den Europarat käme Vorrang zu (Höfling, 1987, S. 49). Dafür gab es gute Gründe. Dem Europarat gehörten schon damals deutlich mehr Staaten an als der EG, die in diesen Jahren noch eine Zwölfergemeinschaft war. Für ein Fernsehen ohne Grenzen hätte sich mit einem Übereinkommen des Europarates also ein größeres Gebiet abdecken lassen. Da beim Europarat zudem stets kulturelle Ziele dominieren, fühlten sich diejenigen, die die kulturelle Funktion des Rundfunks hoch hielten und denen daher die ökonomische Perspektive der EG ein Dorn im Auge war, beim Europarat besser aufgehoben. Aus der Sicht von Bundesregierung und Ländern war das aber auch ganz pragmatisch gedacht. Ein Übereinkommen des Europarates übt geringeren Druck aus als eine Richtlinie der EG. Eine Richtlinie setzt Recht für die EG-Mitgliedstaaten, wenn sie im Ministerrat unterzeichnet ist. Ein Übereinkommen des Europarates stellt einen multilateralen völkerrechtlichen Vertrag dar, der für die Staaten gilt, die ihn ratifiziert haben. Der Zeitpunkt der Ratifizierung liegt im Ermessen des einzelnen Landes. Sanktionen gibt es nicht, wenn ein Land einem Übereinkommen nicht beitritt.

Spezieller waren die Forderungen der werbungtreibenden Wirtschaft in ihrer Reaktion auf den EG-Richtlinienvorschlag. Sie begrüßte zwar grundsätzlich die Richtlinie, wandte sich aber gegen die aus ihrer Sicht zu engen Regelungen für die Werbung. So lehnte die Stellungnahme des Arbeitskreises Werbefernsehen der deutschen Wirtschaft (AKW) die Beschränkung auf Blockwerbung ab, plädierte für eine Aufhebung des Verbots von Werbung an Sonn- und Feiertagen, das im Richtlinienvorschlag als eine Kann-Bestimmung enthalten war, und verwehrte sich gegen die mengenmäßige Begrenzung der Werbung auf 15 Prozent. Die Regelungen bezüglich der Tabak- und Alkoholwerbung sowie die Bestimmungen zum Kinder- und Jugendschutz wurden als nicht notwendig bezeichnet (Stellungnahme des AKW..., 1987). Insbesondere mit ihrem Plädoyer für die Aufhebung der Beschränkung auf Blockwerbung und der Unzulässigkeit von Werbung an Sonn- und Feiertagen hoffte die werbungtreibende Wirtschaft also offenbar, auf dem Umweg über Europa eine Verbesserung der Bedingungen für die Rundfunkwerbung in Deutschland zu erreichen, und das nicht von ungefähr zu einer Zeit, als in der Bundesrepublik über den ersten Rundfunkstaatsvertrag gerungen wurde.

Während also der Richtlinienvorschlag der Kommission zur Diskussion stand, verstärkten sich gleichzeitig die Bemühungen um ein gemeinsames rundfunkpolitisches Vorgehen auf der Ebene des Europarates. Im Dezember 1986 kam es zur ersten europäischen Ministerkonferenz über Massenmedienpolitik in Wien, veranstaltet vom Europarat; es tagten die für die Medien zuständigen Minister aus 22 Staaten. Sie machten deutlich, dass sie einer Regelung der Fragen des grenzüberschreitenden Rundfunks durch den Europarat den Vorzug geben würden, und forderten das Ministerkomitee auf, entsprechende Schritte zu unternehmen (vgl. Konferenz in Wien..., 1986). Damit setzte nun ein Wettlauf zwischen der Europäischen Kommission, die ihren ersten Vorschlag bereits präsentiert hatte, und dem Europarat ein. Nach dem Treffen der Medienminister in Wien verging dann auch nicht einmal ein Jahr, bis der Europarat im Oktober 1987 seinen Entwurf für eine Rundfunkkonvention vorlegte. Beiden Seiten – EG und Europarat – wurde allerdings schnell klar, dass zwei konkurrierende europäische Übereinkommen in gleicher Sache zu Friktionen führen würden, zumal alle EG-Staaten auch Mitglieder des Europarates sind. Daher kam es mit der Überarbeitung der Vorschläge für die EG-Richtlinie und die Konvention des Europarates zu einer gegenseitigen Abstimmung, was schließlich auch zu einigen deutlichen Ähnlichkeiten zwischen beiden Vertragswerken beitrug.

Während also die Debatte über den Richtlinienvorschlag der Europäischen Kommission lief und dabei auch noch grundsätzlich die Kompetenz der Gemeinschaft in Frage gestellt wurde, kam es im April 1988 wiederum zu einem wichtigen Urteil des Europäischen Gerichtshofes. Das Gericht lieferte damit weitere Ausführungen zur Durchsetzung des freien Verkehrs von Dienstleistungen. In diesem so genannten *Kabelregeling*-Fall ging es um eine Klage der Vereinigung der niederländischen Werbetreibenden gegen den niederländischen Staat. Zu prüfen war die Vereinbarkeit niederländischer Rundfunkregelungen mit der Dienstleistungsfreiheit, wie sie der EG-Vertrag gewährt. Hintergrund für diesen Rechtsstreit war die niederländische Regelung zur Werbung im Rundfunk. Das gesamte Werbegeschäft des öffentlichen Rundfunks in den Niederlanden wurde zu dieser Zeit von der *Stichting Etherreklame* (STER) abgewickelt. Der niederländische Staat wollte, um eine Unterwanderung des STER-Monopols zu unterbinden und den öffentlichen Rundfunk vor Einnahmeverlusten durch Konkurrenz zu bewahren, privaten ausländischen Betreibern von Rundfunk Werbebeschränkungen auferlegen. Die *Kabelregeling* untersagte daher die Verbreitung von ausländischen Programmen mit Werbesendungen für das niederländische Publikum sowie mit niederländischen Untertiteln per Kabel. Damit sollte die *Kabelregeling* das Eindringen kommerziellen Rundfunks von außen verhindern. Die Untersagung niederländischer Untertitel – und dieses Verbot hatte schon *Europa TV* Probleme bereitet – zielte darauf, ausländische Rundfunkprogramme weniger attraktiv zu machen.

Der Europäische Gerichtshof befand auf Unvereinbarkeit von *Kabelregeling* und Gemeinschaftsrecht, entschied also gegen den niederländischen Staat. Die Regelungen widersprächen den Prinzipien der Dienstleistungsfreiheit in der Gemeinschaft. Da dem niederländischen Rundfunk die Ausstrahlung von Werbung erlaubt war, hätte ein Werbeverbot ausländische Anbieter diskriminiert. Eine Beschränkung des freien Verkehrs von Dienstleistungen wäre zwar denkbar aus Gründen der öffentlichen Ordnung, die für diesen Fall jedoch nicht angenommen wurden. Gerade in diesem letzten Punkt lag eine wesentliche Feststellung, zeigte sie doch, dass einzelstaatliche Ausnahmen von Gemeinschaftsregelungen nicht ohne weiteres zu erreichen waren. Die Diskussion von Grünbuch und Richtlinienvorschlag hatte erkennen lassen, dass manche hier auf ein Schlupfloch gehofft hatten, wenn es zu einheitlichen Regelungen für die EG-Staaten kommen sollte und diese sich nicht verhindern ließen. Der *Kabelregeling*-Fall machte solche Hoffnungen nun allerdings weitgehend zunichte.

Das Europäische Parlament behandelte den Richtlinienvorschlag der Kommission in erster Lesung im Januar 1988. Es stützte sich dabei auf Berichte seiner verschiedenen Ausschüsse. Federführend in dieser Sache war der Ausschuss für Recht und Bürgerrechte, der auch die Stellungnahmen anderer Ausschüsse integrierte. Der Bericht des Ausschusses, für den Roberto Barzanti verantwortlich zeichnete, schlug 67 Änderungen und Ergänzungen für den Richtlinienentwurf vor. Die wichtigsten Änderungsvorschläge bezogen sich auf die Anhebung der Programmquote für europäische Produktionen auf 60 Prozent, die Begrenzung der Werbung auf maximal 18 Prozent pro Stunde, die Einsetzung eines Schlichtungsausschusses für die Behandlung von Fragen des Urheberrechts bei der Verbreitung von Fernsehen per Kabel sowie die Aufnahme des Gegendarstellungsrechts. (Vgl. Dupagne, 1992)

Im März 1988 legte die EG-Kommission einen geänderten Richtlinienvorschlag vor (vgl. Kommission der EG, 1988a, b). Mit Präzisierungen und Ergänzungen versuchte der überarbeitete Vorschlag, Kritik und Befürchtungen aus den Mitgliedstaaten zu begegnen. Daneben gab es aber auch substanzielle Änderungen, nämlich zur Definition von Werken aus der Gemeinschaft sowie durch Aufnahme des Rechts auf Gegendarstellung. Damit kam die Kommission auch Änderungsvorschlägen nach, die das Europäische Parlament eingebracht hatte.

Unter den einleitend zusammengefassten Gründen für den Erlass der Richtlinie fand sich nun auch ein Bekenntnis zum öffentlich-rechtlichen Rundfunk. Seine Leistungsfähigkeit sei zu sichern, weil diese eine wesentliche Voraussetzung zur Erreichung der Ziele der Richtlinie darstelle. Ebenfalls neu war ein Passus, der betonte, dass die Richtlinie lediglich das notwendige Mindestmaß regele, um den freien Sendeverkehr im Rundfunk zu gewährleisten. Die Zuständigkeit der Mitgliedstaaten bei der Organisation, Finanzierung und hinsichtlich der Programminhalte sei damit nicht berührt, so dass Raum für eigenständige kulturelle Entwicklungen bliebe.

Die Begrenzung der Rundfunkwerbung wurde nun auch in den Dienst der Wahrung von Pluralismus im gesamten Informationssektor gestellt. Zusammen mit dem Hinweis auf die Interessen der Verbraucher diente diese Argumentation dazu, die Regulierung der Werbung zu rechtfertigen. Verschwunden war allerdings die Auflage, die Einhaltung der Grundsätze durch die Rundfunkwerbung bereits vor der Sendung zu prüfen. Die zeitliche Beschränkung der Werbung wurde weiter präzisiert, indem über die Festlegung auf einen maximalen Gesamtumfang von täglich 15 Prozent hinaus ein maximaler Anteil von 18 Prozent pro Stunde vorgesehen war.

Die Konkurrenz von EG-Richtlinie und Übereinkommen des Europarates, die sich zu dieser Zeit zwischen zeitlichem Wettlauf und inhaltlicher Koordination abspielte, fand ihren Niederschlag in dem geänderten Richtlinienentwurf. Die Kommission nahm diesbezüglich eine Aufforderung an den Rat auf, durch Beschluss den Vorrang der Richtlinie gegenüber der Konvention des Europarates sicher zu stellen, damit das Ziel der Einrichtung eines gemeinsamen Rundfunkmarktes erreicht werden könnte. Nach EG-Vertrag seien die Mitgliedstaaten nicht berechtigt, vor einer Billigung der Richtlinie durch den Rat auf diesem Gebiet internationale Abkommen zu schließen.

Relevant – vor allem auch aus deutscher Sicht – war die Aufnahme einer erweiterten Definition von "Werken aus der Gemeinschaft", die auf die entsprechende Quote angerechnet werden sollten. Dafür war nun auch vorgesehen, solche Produktionen einzubeziehen, die von Herstellern aus "einem bzw. mehreren Ländern der EFTA oder des Europarates, mit denen die Gemeinschaft Abkommen auf der Grundlage der Gegenseitigkeit geschlossen hat", geschaffen wurden.

Mit einem neuen Kapitel Va nahm der geänderte Richtlinienvorschlag das Gegendarstellungsrecht auf. Den Mitgliedstaaten sollte die weitere Ausgestaltung dieses Rechts selbst überlassen bleiben, die Kommission enthielt sich dazu weiterer Bestimmungen. Sie gab den Mitgliedstaaten lediglich vor, dafür zu sorgen, dass die Frist für die Wahrnehmung des Rechts auf Gegendarstellung den Betroffenen ausreicht, um effektiv davon Gebrauch zu machen. Außerdem sei bei Streitigkeiten die Möglichkeit einer gerichtlichen Nachprüfung vorzusehen. (Vgl. Kommission der EG, 1988a, b)

5.3 Die Fernsehrichtlinie

Der Europarat verabschiedete bereits im Mai 1989 sein Übereinkommen über das grenzüberschreitende Fernsehen. Da mit einem Europaratsübereinkommen aber nicht unmittelbar Recht gesetzt wird, blieb das indessen ein scheinbarer Vorsprung. Bei der EG dauerte es noch ein paar Monate, bis der Rat schließlich am 3. Oktober 1989 die "Richtlinie zur Koordinierung bestimmter Rechts- und Verwaltungsvorschriften der Mitgliedstaaten über die Ausübung der Fernsehtätigkeit" (Richtlinie des Rates..., 1989; dazu auch: Berichtigung der Richtlinie..., 1989) beschließen konnte. Dem ging ein mühsamer Abstimmungsprozess unter den Mitgliedstaaten sowie zwischen dem Parlament und der Kommission voraus. Auf dem Weg vom Richtlinienvorschlag aus dem Jahr 1986, der eine heftige Diskussion in Gang gesetzt hatte, über den geänderten Entwurf von 1988 bis hin zu der Fassung, die im Herbst 1989 im Rat beschlossen wurde, war es zu deutlichen Veränderungen gekommen. Die wichtigsten Punkte stellt Tabelle 5.1 im Vergleich des ersten Vorschlages von 1986 mit der 1989 verabschiedeten Richtlinie nebeneinander.

Nur zum Teil lassen sich die Änderungen bereits auf den 1988 präsentierten zweiten Vorschlag der Kommission zurückführen. Tatsächlich war um einige Punkte bis zum Schluss gerungen worden. Die Gefahr eines kompletten Scheiterns der Richtlinie nötigte die Verhandlungspartner zu Kompromissen, so dass nach dem Übereinkommen des Europarates endlich auch die EG-Richtlinie verabschiedet werden konnte.

Nachdem der Europäische Rat bei einem Treffen Anfang Dezember 1988 auf Rhodos – auf Drängen insbesondere von deutscher Seite – die Anpassung des Richtlinienentwurfs an das Übereinkommen des Europarates betrieben hatte, nahm der EG-Ministerrat den Kommissionsvorschlag am 13. April 1989 in seiner ersten Lesung zunächst als Gemeinsamen Standpunkt an. Bei dieser Gelegenheit verschwand der Hörfunk aus der dann nur noch Fernsehrichtlinie genannten Regelung. Auch jetzt war das ganze Vorhaben immer noch umstritten, was sich letztlich darin zeigte, dass der Beschluss des Ministerrates lediglich mit qualifizierter Mehrheit zustande kam. Belgien, Dänemark und die Bundesrepublik Deutschland stimmten dagegen.

Der Gemeinsame Standpunkt ist ein (möglicher) Schritt des mit der Einheitlichen Europäischen Akte ein Jahr zuvor eingeführten Zusammenarbeits- und Mitentscheidungsverfahrens. Zu einem Gemeinsamen Standpunkt des Rates kommt es, wenn dieser in seiner ersten Lesung eines Rechtsaktes Änderungen gegenüber der zuvor im Europäischen Parlament in erster Lesung verabschiedeten Version vornimmt oder vom Parlament

Tabelle 5.1: Richtlinienvorschlag

	Vorschlag einer Richtlinie vom 29. April 1986	Richtlinie vom 3. Oktober 1989
Anwendungsbereich	Rundfunk (Hörfunk und Fernsehen)	Fernsehen
Förderung der Verbreitung und Herstellung von TV-Programmen	"Die Mitgliedstaaten sorgen dafür..."	"Die Mitgliedstaaten tragen im Rahmen des praktisch Durchführbaren und mit angemessenen Mitteln dafür Sorge..."
	Werke von Herstellern aus einem Mitgliedstaat/mehreren Mitgliedstaaten oder Herstellern aus einem Mitgliedstaat/mehreren Mitgliedstaaten und Nicht-Mitgliedstaaten, wenn ein Anteil von mindestens 70% aus der Gemeinschaft kommt	Europäische Werke: Werke Mitgliedstaaten und (für die BRD:) aus deutschen Gebieten, in denen das GG nicht gilt; aus Vertragsländern des Europarat-Übereinkommens; aus europäischen Drittländern, sofern die Hersteller in diesen Ländern ansässig sind, die Herstellung von diesen tatsächlich kontrolliert wird und der Beitrag von Koproduzenten aus diesen Staaten mehr als die Hälfte der Produktionskosten beträgt.
	Mindestens 30%, nach drei Jahren mindestens 60% der Sendezeit, die nicht aus Nachrichten, Sportereignissen und Spielshows, Werbe- oder Teletextleistungen besteht	Hauptanteil der Sendezeit, die nicht aus Nachrichten, Sporterberichten, Spielshows oder Werbe- und Videotextleistungen besteht; gilt nicht für TV-Sendungen mit lokalem Charakter, die nicht an ein nationales Fernsehnetz angeschlossen sind
	Mindestens 5% des Programmbudgets für Werke unabhängiger Produzenten; nach drei Jahren mindestens 10%	Mindestens 10% der Sendezeit/Haushaltsmittel für Werke unabhängiger Produzenten; angemessener Anteil für neuere Werke
	–	TV-Ausstrahlung von Kinofilmen frühestens nach zwei Jahren; mit TV koproduzierte Filme nach einem Jahr

Werbung	Blockwerbung	Einzelne Spots müssen die Ausnahme bilden
	Darf nicht zusammenhängende Programmeinheiten unterbrechen, es sei denn, die Unterbrechung bildet keine unzumutbare Störung	Muss zwischen Sendungen eingefügt werden. Kann in laufende Sendungen eingefügt werden – bei Sendungen mit eigenständigen Teilen – bei Spielfilmen einmal pro 45 Minuten
	Maximal 15% der täglichen Sendezeit	Maximal 15% Spotwerbung; 20% sofern Teleshopping angeboten wird
	–	Maximal 20% innerhalb einer Stunde
Sponsoring	–	Unter Wahrung redaktioneller Unabhängigkeit, eindeutige Kennzeichnung; keine verkaufsfördernden Inhalte; nicht bei Nachrichten-/Infosendungen
Urheberrecht	Kabelverbreitung entsprechend Urheberrecht	–
	Sicherung angemessener Vergütung	–
Gegendarstellungsrecht	–	Bei Behauptung falscher Tatsachen

vorgeschlagene Änderungen nicht übernimmt (vgl. BT, 2003). So war es auch im Falle der Fernsehrichtlinie, nachdem das Parlament zahlreiche Abänderungen vorgeschlagen hatte. Für die zweite Lesung geht der Gemeinsame Standpunkt wiederum an das Parlament. Lehnt das Parlament den Entwurf nun ab, kann der Rat den Rechtsakt dennoch beschließen, muss in diesem Fall jedoch mit Einstimmigkeit entscheiden (vgl. SCH/BT, 2003). Bei der zweiten Lesung der Richtlinie im Mai 1989 meldete das Parlament erneut Änderungswünsche an, die die Kommission in einen überprüften Richtlinienvorschlag einbrachte. Dieser fand jedoch im Ministerrat nicht einmal eine qualifizierte Mehrheit, denn nach Deutschland, Belgien und Dänemark verweigerten nun auch Griechenland und die Niederlande ihre Zustimmung. Lediglich zwei Tage vor Ablauf der Ausschlussfrist, die mit Unterstützung des Parlaments um einen Monat verlängert worden war, wurde die Fernsehrichtlinie schließlich am 3. Oktober 1989 im Rat verabschiedet. Belgien und Dänemark blieben auch jetzt noch bei ihrer Ablehnung, die anderen Kritiker, so auch die Bundesrepublik, stimmten nun jedoch zu. (Vgl. Betz, 1989; Dupagne 1992; Farda, 2000)

Die Mitgliedstaaten, die der Richtlinie zwischenzeitlich oder sogar bis zum Schluss die Zustimmung verweigerten, hatten dafür unterschiedliche Gründe. Es gab also durchaus keine einheitliche Ablehnungsfront. Umstritten – wie sich später zeigen sollte, auch über die Verabschiedung der Richtlinie hinaus – war vor allem die Quote für europäische Werke und die damit erhoffte Förderung der europäischen Filmindustrie. Gerungen wurde nicht nur um die Höhe der Quote, sondern auch um deren Verbindlichkeit (vgl. dazu hier Kapitel 5.3.1). Dänemark indessen bezweifelte generell die Kompetenz der EG für die Regelung im Rundfunksektor und sprach sich deshalb gegen die Fernsehrichtlinie aus. Diese Haltung ist vorrangig zu verstehen vor dem Hintergrund, dass Dänemark im Vergleich zu anderen Mitgliedstaaten lange das öffentlich-rechtliche Monopol im Rundfunk wahrte und in den Aktivitäten der EG eine Bedrohung seiner nationalen Rundfunkpolitik sah (vgl. auch Rossmann, 1995). Belgien verfolgte wiederum andere Interessen und versagte seine Zustimmung, weil es ausländische Fernsehsendungen nicht kostenlos weiterverbreiten wollte (Siebenhaar, 1994, S. 107). Die Bundesrepublik blieb bei ihren Bedenken gegenüber den Quoten und stimmte daher der Richtlinie erst zu, nachdem eine Protokollerklärung aufgenommen worden war, die die Verbindlichkeit der Quoten abmildern sollte. Außerdem stand die Bundesregierung unter dem Druck der Länder, weil diese durch die europäischen Aktivitäten ihre Gesetzgebungskompetenz im Bereich des Rundfunks gefährdet sahen (vgl. dazu hier Kapitel 5.3.2). Dass die Richtlinie trotz der deutlichen Vorbehalte auf verschiedenen Seiten dennoch im Oktober 1989 verabschiedet wurde, ist wohl nur bedingt der Einsicht in die Notwendigkeit einer Regelung für den Binnenmarkt zuzuschreiben. Vielmehr war der Ministerrat mittlerweile unter Zeitdruck geraten, eine neuerliche Ablehnung hätte das vorläufige Aus für die Richtlinie und damit eine gemeinschaftliche Regelung bedeutet. Indessen bestand aber bereits seit einigen Monaten das Übereinkommen des Europarates. Gerade auch deshalb musste die EG nachziehen.

Die Richtlinie brachte erstmals einen gemeinsamen Rahmen für das Fernsehen in den EG-Mitgliedstaaten. Von Anfang an war keine Vollharmonisierung der Rundfunkgesetzgebung angestrebt worden, ein solches Vorgehen hätte ohnehin keine Chance gehabt. Die Vorgaben der Richtlinie waren innerhalb von zwei Jahren, also bis spätestens 3. Oktober 1991, in nationales Recht umzusetzen, wobei den Mitgliedstaaten die genaue Ausgestaltung überlassen blieb. Obendrein enthielt die Richtlinie nur Mindestbestimmungen und räumte dem nationalen Gesetzgeber die Möglichkeit zu schärferen Regelungen ein. Tabelle 5.2 gibt eine Übersicht zur Gliederung der Richtlinie und zu den wichtigsten Regelungen.

Die Richtlinie zielte auf die Verwirklichung des Binnenmarktes für das Fernsehen. Anders konnte die Kommission gar nicht argumentieren. Da der Rundfunk längst zur Dienstleistung erklärt war, konnte sie auch für diesen Bereich Maßnahmen ergreifen, um die Dienstleistungsfreiheit durchzusetzen. Unter dieser Perspektive steht klar ein Kernstück der Richtlinie, nämlich die Regelung von Werbung und Sponsoring. Dafür bestand durchaus Harmonisierungsbedarf, um grenzüberschreitendes Fernsehen zu ermöglichen und gleiche Bedingungen für alle Fernsehunternehmen zu schaffen. Der praktischen Durchführung dient das Sendestaatsprinzip, mit dem die Fernsehrichtlinie von 1989 die Verantwortung für die Einhaltung der Bestimmungen jeweils in die Hände desjenigen Mitgliedstaates legte, in dem ein Fernsehveranstalter seinen Sitz hat. Zwar bestand für andere Mitgliedstaaten dann immer noch eine Möglichkeit, die Weiterleitung eines Fernsehprogramms zu unterbinden. Die Hürde dafür war allerdings hoch gelegt, so dass de facto das Sendestaatsprinzip die ungehinderte Verbreitung von Fernsehprogrammen über die Grenzen hinweg gewährleistet.

Tabelle 5.2: Fernsehrichtlinie vom 3. Oktober 1989

Gliederung	Inhalte
Erwägungsgründe	**Fernsehtätigkeit ist Dienstleistung** ▪ Sicherung eines gemeinsamen Marktes für die Herstellung und Verbreitung von Programmen
Kapitel I	**Begriffsbestimmungen**
Kapitel II	**Allgemeine Bestimmungen** ▪ Sendestaatsprinzip ▪ Mitgliedstaaten können strengere Regelungen erlassen
Kapitel III	**Förderung der Verbreitung und Herstellung von Fernsehprogrammen** ▪ Hauptanteil der Sendezeit für europäische Werke ▪ 10% der Sendezeit/Haushaltsmittel für unabhängige Produzenten; angemessener Anteil neuerer Werke ▪ Europäische Werke: Werke aus EG-Mitgliedstaaten und deutschen Gebieten; Vertragsparteien des Europarats-Übereinkommens; europäischen Drittländern ▪ Ausstrahlung von Kinofilmen frühestens nach zwei Jahren
Kapitel IV	**Fernsehwerbung und Sponsoring** ▪ Trennung von Werbung und Programm ▪ Maximal 15% der täglichen Sendezeit; 20%, wenn Teleshopping enthalten ist ▪ Maximal 20% Spotwerbung pro Stunde ▪ Maximal 60 Minuten Teleshopping pro Tag ▪ Unterbrecherwerbung zwischen Sendungen und in natürlichen Pausen, bei Filmen 1x pro 45 Minuten ▪ Keine Werbung für Tabakerzeugnisse ▪ Keine Werbung für verordnungspflichtige Arzneimittel ▪ Alkoholwerbung darf nicht an Minderjährige gerichtet sein und keine positiven Wirkungen suggerieren ▪ Eindeutige Kennzeichnung von Sponsoring ▪ Kein Sponsoring von politischen Informationssendungen
Kapitel V	**Schutz von Minderjährigen**
Kapitel VI	**Recht auf Gegendarstellung** ▪ Bei Behauptung falscher Tatsachen
Kapitel VII	**Schlussbestimmungen** ▪ Umsetzung bis 3. Oktober 1991

Die Bemühungen um eine Abstimmung von Fernsehrichtlinie und Übereinkommen des Europarates hatten dazu geführt, dass letztlich zwei ähnliche Regelungswerke entstanden. Das geschah nicht zuletzt mit Blick darauf, dass die EG-Mitgliedstaaten alle auch Mitglieder des Europarates sind und sich für sie unter Umständen ein Konflikt ergeben hätte. Um dem vorzubeugen, enthält das Übereinkommen des Europarates einen Artikel, der für die EG-Mitgliedstaaten das Verhältnis von Richtlinie und Übereinkommen klärt: Nach Artikel 27 des Übereinkommens sind die EG-Mitgliedstaaten zuerst an die Richtlinie gebunden und wenden Bestimmungen aus dem Übereinkommen nur da an, wo es keine EG-Regelung gibt.

Kernpunkte der Richtlinie finden sich aber auch im Europarat-Übereinkommen. Insbesondere die Werberegelungen sehen sehr ähnlich aus. Die Quotenvorgabe, die im Übereinkommen enthalten und dort unter "kulturellen Zielen" eingeordnet ist, bezieht sich jedoch nur auf einen Hauptanteil europäischer Werke an der Sendezeit; eine Bestimmung bezüglich des Anteils von Werken unabhängiger Produzenten wie in Artikel 5 der Fernsehrichtlinie gibt es indessen nicht. Anders als die Richtlinie berücksichtigt das Übereinkommen des Europarates von 1989 bereits die Problematik der Exklusivrechte, hier allerdings nur mit einem Passus, in dem den Vertragsparteien aufgegeben wird, rechtliche Maßnahmen zu prüfen, mit denen vermieden werden kann, dass bei Ereignissen von großem Interesse für die Öffentlichkeit ein wesentlicher Teil des Publikums ausgeschlossen wird. Wie das Übereinkommen des Europarates aufgebaut ist und wie die wichtigsten Regelungen aussehen, zeigt Tabelle 5.3 im Überblick.

Während die Begründung der Fernsehrichtlinie ökonomische Ziele betonen musste, konnte der Europarat sein kulturelles Anliegen in den Mittelpunkt stellen. So verwies die Präambel des Übereinkommens zum einen auf die Menschenrechte und insbesondere die Bedeutung der Meinungs- und Informationsfreiheit für die demokratische Gesellschaft und hob zum anderen auf das gemeinsame europäische Erbe ab, zu dessen Wahrung und Förderung der Rundfunk beitragen könne. (Vgl. Europarat, 1989)

Die Europäische Gemeinschaft hatte indessen auch über die Verabschiedung der Richtlinie hinaus mit dem Kompetenzfrage zu kämpfen. Hinsichtlich der Werbung war die Sache klar. Da Werbung generell gegen Entgelt erbracht wird und damit eindeutig Dienstleistungscharakter hat, ist die Regelungsbefugnis der EG, wenigstens was grenzüberschreitende Angebote angeht, ohne Frage gegeben. Zweifel bestanden da schon eher bezüglich des

Tabelle 5.3: Europäisches Übereinkommen über das grenzüberschreitende Fernsehen vom 5. Mai 1989

Gliederung	Inhalte
Präambel	▪ Bedeutung des Rundfunks für die kulturelle Entwicklung und die freie Meinungsbildung ▪ In dem Wunsch, der Öffentlichkeit eine immer größere Auswahl an Programmen zur Verfügung zu stellen und dabei das europäische Erbe zu mehren und das audiovisuelle Schaffen in Europa zu entwickeln
Kapitel I: Allgemeine Bestimmungen	
Artikel 1	**Ziel und Zweck** ▪ "...verfolgt den Zweck, zwischen den Vertragsparteien die grenzüberschreitende Verbreitung und Weiterverbreitung von Fernsehprogrammen zu erleichtern."
Artikel 2	**Begriffsbestimmungen** ▪ Sendestaatsprinzip ▪ Mitgliedstaaten können strengere Regelungen erlassen
Artikel 3	**Geltungsbereich**
Artikel 4	**Freiheit des Empfangs und der Weiterverbreitung** ▪ Bezug auf Art. 10 EMRK
Artikel 5	**Pflichten der sendenden Vertragsparteien** ▪ Sendestaatsprinzip
Artikel 6	**Bereitstellung von Informationen** ▪ Eindeutige und hinreichende Festlegung der Verantwortlichkeiten eines Rundfunkveranstalters ▪ Behörden stellen Informationen über Veranstalter zur Verfügung
Kapitel II: Bestimmungen zur Programmgestaltung	
Artikel 7	**Verantwortlichkeiten des Rundfunkveranstalters** ▪ Achtung von Menschenwürde und Grundrechte anderer ▪ Verbot von Pornographie, Herausstellung von Gewalt, Aufstachelung zum Rassenhass ▪ Schutz von Minderjährigen ▪ Sachgerechte Darstellung von Tatsachen und Ereignissen in Nachrichtensendungen

Tabelle 5.3: Europäisches Übereinkommen über das grenzüberschreitende Fernsehen vom 5. Mai 1989 (Fortsetzung)

Gliederung	Inhalte
Artikel 8	**Recht auf Gegendarstellung**
Artikel 9	**Zugang der Öffentlichkeit zu bedeutenden Ereignissen** ▪ Prüfung von rechtlichen Maßnahmen
Artikel 10	**Kulturelle Ziele** ▪ Hauptanteil der Sendezeit für europäische Werke im Rahmen des praktisch Durchführbaren und mit angemessenen Mitteln ▪ Ständiger Ausschuss erstellt Gutachten bei Meinungsverschiedenheiten ▪ Suche nach geeigneten Mitteln, um Benachteiligungen einzelner Rundfunkveranstalter, insbesondere bei geringer audiovisueller Kapazität oder begrenztem Sprachraum, zu verhindern ▪ Unterzeichner bemühen sich, die Gefährdung der Vielfalt der Presse und die Entwicklung der Filmindustrie durch Rundfunkprogramme zu verhindern; Ausstrahlung von Kinofilmen frühestens nach zwei Jahren, bei Koproduktionen nach einem Jahr
Kapitel III: Werbung	
Artikel 11-16:	**Allgemeine Normen, Dauer, Form und Aufmachung, Einfügung der Werbung, Werbung für bestimmte Erzeugnisse** ▪ (überwiegend wie EG-Richtlinie)
Kapitel IV: Sponsern	
Artikel 17-18	**Allgemeine Normen, Verbotenes Sponsern** ▪ (überwiegend wie EG-Richtlinie)
Kapitel V: Gegenseitige Hilfeleistung	
Artikel 19	**Zusammenarbeit zwischen den Vertragsparteien** ▪ gegenseitige Unterstützung bei der Durchführung des Übereinkommens
Kapitel VI: Ständiger Ausschuss	
Artikel 20-22:	**Ständiger Ausschuss, Aufgaben, Berichte** ▪ Überwachung der Anwendung des Übereinkommens

Tabelle 5.3: Europäisches Übereinkommen über das grenzüberschreitende Fernsehen vom 5. Mai 1989 (Fortsetzung)

Gliederung	Inhalte
Kapitel VII: Änderungen	
Artikel 23:	**Änderungen** ▪ Verfahren zur Änderung des Übereinkommens
Kapitel VIII: Behauptete Verletzungen	
Artikel 24:	**Behauptete Verletzungen** ▪ bei Verstoß gegen Übereinkommen kann Weiterverbreitung ausgesetzt werden
Kapitel IX: Beilegung von Streitigkeiten	
Artikel 25-26:	**Vergleich, Schiedsverfahren** ▪ Ständiger Ausschuss kann bei Schwierigkeiten tätig werden; Möglichkeit eines Schiedsverfahren
Kapitel X: Andere internationale Übereinkünfte und das innerstaatliche Recht der Vertragsparteien	
Artikel 27-28:	**Andere internationale Übereinkünfte oder Absprachen, Verhältnis zwischen dem Übereinkommen und dem innerstaatlichen Recht der Vertragspartner** ▪ EG-Mitglieder wenden Übereinkommen nur insoweit an, als es keine Gemeinschaftsvorschrift gibt ▪ Möglichkeit der Anwendung strengerer Vorschriften
Kapitel XI: Schlussbestimmungen	
Artikel 29-34:	**Unterzeichnung und Inkrafttreten, Beitritt von Nichtmitgliedstaaten, Geltungsbereichsklausel, Vorbehalte, Kündigung, Notifikationen** ▪ Inkrafttreten nach Ratifikation durch sieben Staaten, davon fünf Mitglieder des Europarates ▪ Kündigung möglich

zweiten Kernstückes der Fernsehrichtlinie, nämlich den Quotenregelungen. Denn mit der Vorgabe für einen Mindestanteil europäischer Werke waren Programminhalte berührt, und die Regelung inhaltlicher Aspekte des Rundfunks behalten sich die Mitgliedstaaten vor, was von der Kommission auch bei der Vorbereitung der Richtlinie nicht in Frage gestellt worden war. Allerdings blieb man sich dieser Problematik bewusst, zumal sich der Abstimmungsprozess gerade auch deshalb in die Länge gezogen hatte. Daher wurden die Quoten mit dem Ziel begründet, die europäische Programmproduktion zu fördern, was wiederum ökonomische Interessen ins Spiel brachte und damit das Vorgehen der Kommission eher legitimieren konnte.

5.3.1 Der Kampf um die Quotenregelungen

Bereits in der Diskussion über die Vorschläge des Grünbuches "Fernsehen ohne Grenzen" hatte das Europäische Parlament die Idee einer Quote für Filme aus der EG und für Koproduktionen aus den Mitgliedsländern aufgebracht. Der erste Richtlinienvorschlag aus dem Jahr 1986 enthielt dann auch in Kapitel II ausführliche Vorgaben für die "Förderung der Verbreitung und Herstellung von Fernsehprogrammen" in der Kombination eines festgelegten Mindestanteils europäischer Werke am Programm und eines festgelegten Mindestanteils des Programmbudgets für Produktionen unabhängiger Hersteller. Der Anteil europäischer Werke am Programm sollte innerhalb von drei Jahren nach Umsetzung der Richtlinie in nationales Recht von 30 auf 60 Prozent steigen. Ausgeschlossen von dieser Auflage blieben Nachrichtensendungen, die Sportberichterstattung, Spielshows, Werbung und Videotext. Mindestens ein Drittel dieses Anteils war für Erstausstrahlungen vorzusehen. Dieser Regelungsentwurf blieb vom ersten Richtlinienvorschlag zum geänderten Vorschlag von 1988 weitgehend gleich. Als die Fernsehrichtlinie 1989 verabschiedet wurde, war die Quotenvorgabe jedoch entschärft worden. Nun war nur noch von einem "Hauptanteil der Sendezeit", der europäischen Werken vorbehalten werden sollte, die Rede. Eine weitere Abschwächung ergab sich durch die Formulierung, die Mitgliedstaaten hätten "im Rahmen des praktisch Durchführbaren" für eine Einhaltung der Quote zu sorgen.

Ergänzt wurde die Quotenauflage noch durch eine "clause de non-recul": Absatz 2 von Artikel 4 legte fest, dass der Anteil europäischer Werke an der Sendezeit, sofern die Quotenvorgabe nicht erreicht wird, jedenfalls nicht niedriger als der Anteil sein darf, "der 1988 in dem betreffenden Mitgliedstaat im Durchschnitt festgestellt wurde". Für Griechenland und Portugal wurde das Jahr 1988 durch das Jahr 1990 ersetzt.

Die im gleichen Zusammenhang verwendete Formulierung, die Mitgliedstaaten hätten "mit angemessenen Mitteln" für die Anwendung der Quotenvorgabe zu sorgen, blieb zwar vage, legte aber die Verantwortung in die Hand der Mitgliedstaaten. Darauf bezieht sich die Kommission, wenn sie später in ihren Berichten die Mitgliedstaaten an ihre Überwachungs- und Kontrollaufgabe gegenüber den Fernsehveranstaltern erinnert.

Etwas mehr Veränderungen gab es bei der Quote für unabhängige Produktionen. Der erste Vorschlag sah vor, dass die Fernsehsender in ihren Erstsendungen mindestens fünf Prozent des Programmbudgets Werken unabhängiger Produzenten vorbehalten; dieser Anteil sollte nach drei Jahren auf zehn Prozent ansteigen. Der geänderte Vorschlag von 1988 schwächte die Koppelung an Erstsendungen ab. Nun war nur noch vage von einem "angemessenen Anteil" neuerer Werke die Rede, wobei neuere Werke als solche definiert wurden, die relativ kurzfristig vor ihrer Ausstrahlung entstanden waren. Relativ kurzfristig wiederum meinte höchstens fünf Jahre.

Deutlich erweitert vom ersten zum geänderten Richtlinienvorschlag wurde indessen die Definition der Werke, auf die sich die Quoten beziehen sollten. Der Vorschlag von 1986 wollte die Quoten nur auf "Werke der Gemeinschaft" anwenden. Als solche wurden Werke aus mehreren Mitgliedstaaten oder Koproduktionen aus den Mitgliedstaaten und Nicht-Mitgliedstaaten bezeichnet, sofern mindestens 70 Prozent der Gesamtproduktionskosten aus der Gemeinschaft stammen. 1986, als der erste Richtlinienvorschlag entstand, hatte die EG noch zwölf Mitgliedstaaten, nachdem gerade Spanien und Portugal beigetreten waren. Finnland, Schweden und Österreich wurden erst 1995 Mitglieder der Gemeinschaft. Die Herkunft der Produktionen, die auf die Quote angerechnet worden wären, war also in dem Richtlinienvorschlag von 1986 außerordentlich eng gefasst. Der geänderte Vorschlag von 1988 ging weit darüber hinaus. Neben Werken von Produzenten aus einzelnen Mitgliedstaaten wurden nun auch solche akzeptiert, die von einem oder mehreren Herstellern aus den Mitgliedstaaten "überwacht und wirksam kontrolliert" werden; außerdem solche Werke, bei denen mehr als die Hälfte der Produktionskosten aus den Mitgliedstaaten stammt. Obendrein wurden Koproduktionen zwischen Produzenten aus den EG-Mitgliedstaaten und Produzenten aus den Ländern der EFTA oder des Europarates einbezogen. Schließlich war sogar noch eine proportionale Verrechnung auf die Quote für solche Koproduktionen vorgesehen, die zwar nicht als Werk aus der Gemeinschaft gelten konnten, bei denen aber Autoren und Arbeitnehmer aus den Mitgliedstaaten wesentlich mitgearbeitet haben. Diese Änderungen in den Artikeln 3 und 4 des Richtlinienvorschlages entsprachen im Wesentlichen den Änderungen und Ergänzungen, die das Europäische Parlament nach seiner ersten Lesung vorgenommen hatte (vgl. Europäisches Parlament, 1988).

Die Erwägungsgründe des Richtlinienvorschlages hoben auf das Ziel der Förderung des europäischen Marktes für Fernsehproduktionen ab. Die aus den zersplitterten Produktions- und Vertriebssystemen resultierenden Schwächen der europäischen Kulturindustrien machten es "notwendig, Märkte für Fernsehproduktionen in den Mitgliedstaaten zu begünstigen, die groß genug sind, um die erforderlichen Investitionen zu amortisieren". Mit den Quoten würde außerdem "die Präsenz anderer Kulturen Europas in den Fernsehprogrammen der einzelnen Mitgliedstaaten" gefördert. Damit erhoffte man sich auch einen positiven Einfluss auf die Beschäftigungslage im Bereich der audiovisuellen Produktion.

Treibende Kraft hinter den Quoten war Frankreich, dem traditionell die Pflege von Sprache und Kultur besonders am Herzen liegt. Forciert durch die Kommerzialisierung des Rundfunksystems wurden dort Quoten für den audiovisuellen Sektor eingeführt, diese Diskussion setzte Frankreich auch auf der europäischen Ebene durch – nicht zuletzt, um damit wiederum eine Rechtfertigung für die nationalen französischen Quoten zu haben (vgl. Machill, 1997, S. 137). Frankreich drängte dann auch lange auf eine strengere Quote, sah sich jedoch schließlich zur Kompromissbereitschaft gezwungen, um die Richtlinie – erst recht unter eigener Ratspräsidentschaft – nicht scheitern zu lassen. Obendrein hatten die USA begonnen, Druck auf die Gemeinschaft auszuüben. Sie sahen in den vorgesehenen Quotenregelungen einen Verstoß gegen das GATT-Abkommen und warfen den EG-Ländern Protektionismus vor (vgl. Farda, 2000, S. 85-86). Natürlich hatte man in den USA verstanden, dass sich die Präferenz für europäische Werke – und zumal das französische Engagement in dieser Sache – gerade auch gegen die Dominanz der US-amerikanischen Filmindustrie auf dem Weltmarkt richtete und zu deren Ungunsten wirken musste. Die Bundesrepublik hingegen blieb zögerlich gegenüber den Quoten. Gerade in diesem Punkt gab es

Zweifel an der Regelungsbefugnis der Gemeinschaft, verschärft dadurch, dass die Bundesregierung am europäischen Verhandlungstisch saß, während die Gesetzgebungskompetenz für den Rundfunk in Deutschland bei den Bundesländern liegt, die ihr Recht anmahnten. Schließlich war die Bundesrepublik, die zunächst noch zur Ablehnungsfront gehört hatte, nur bereit, der Richtlinie zuzustimmen, als die Verbindlichkeit der Quotenvorgaben – scheinbar – abgeschwächt wurde.

Bei der Unterzeichnung der Fernsehrichtlinie am 3. Oktober 1989 war nicht nur der Zielwert von 60 Prozent aufgegeben und durch "Hauptanteil der Sendezeit" ersetzt worden, sondern sie wurde zusätzlich durch mildernde Protokollerklärungen bezüglich der Quoten-Artikel 4 und 5 ergänzt. In einer Erklärung des Rates und der Kommission heißt es da, beide "stimmen überein, daß sich die Mitgliedstaaten durch Artikel 4 und 5 politisch auf die dort vereinbarten Ziele verpflichten". Zusätzlich bestätigte die Kommission in einer Erklärung, "daß sie die Artikel 4 und 5 im Lichte der gemeinsamen Erklärung von Rat und Kommission auslegen wird, wonach sich die Mitgliedstaaten durch Artikel 4 und 5 politisch auf die dort vereinbarten Ziele verpflichten, und daß der in Artikel 4 festgelegte Anteil jeden Fernsehveranstalter betrifft, auf den die Richtlinie Anwendung findet".

Deutschland stimmte also der Fernsehrichtlinie zu, nachdem diese Protokollerklärungen angefügt worden waren und den Quotenvorgaben ihren verbindlichen Charakter nehmen sollten. Seitdem wird indessen darüber diskutiert, welchen Stellenwert die Protokollerklärungen haben und ob sie tatsächlich geeignet sind, die Richtlinie zu korrigieren. Das verbindet sich wiederum mit Kritik an weiteren vagen Formulierungen in Artikel 4 und 5 der Richtlinie sowie Zweifeln an der Eignung dieser Maßnahmen, zur Stärkung der europäischen Programmindustrie beizutragen.

Die Diskussion über die Interpretationsoffenheit von Begriffen aus der Quotenregelung bezieht sich auf die Vorgabe, europäische Werke müssten einen "Hauptanteil der Sendezeit" ausmachen, und die Bezugsebene, das heißt, Quotenvorgabe für jeden einzelnen Fernsehsender oder nationale Gesamtquote. In der Gegenüberstellung von europäisch und nichteuropäisch wird Hauptanteil indessen als "über 50 Prozent" ausgelegt. Offen bleibt jedoch, ob diese Quote von jedem einzelnen Veranstalter zu erbringen ist oder im nationalen Durchschnitt berechnet wird. So kommt etwa Armin von Bogdandy (1992, S. 11) zu dem Schluss, dass die Quote nur als nationale Gesamtquote verstanden werden und sich nicht auf die Sendeanteile einzelner Fernsehveranstalter beziehen könne. Aus einer Kommentierung von Martin Bullinger (1990, S. 97) ist hingegen herauszulesen, dass er die Quote als Vorgabe für den einzelnen Veranstalter versteht.

Die Frage nach der Rechtsverbindlichkeit der Quotenregelung bzw. dem Stellenwert der Protokollerklärung verbindet sich auch mit der Diskussion um die Kompetenz der EG in dieser Sache. Abgesehen von grundsätzlichen Zweifeln, wie sie in der Haltung Dänemarks zur Richtlinie deutlich wurden, sowie der Feststellung, die Quoten seien zur Durchsetzung der Dienstleistungsfreiheit nicht erforderlich (Frohne, 1989), wurde gerade die Quotenregelung als ein Eingriff in die Programmgestaltungsfreiheit der Rundfunkanstalten verstanden. Während Dänemark generell die Kompetenz der EG in dieser Sache bestritt und ankündigte, die Richtlinie nicht umzusetzen, fand sich die Bundesrepublik zur Zustimmung bereit, nachdem die Quotenauflage auf das praktisch Durchführbare abgeschwächt und die Protokollerklärungen angefügt waren. Diese Protokollerklärungen wurden als Teil der Richtlinie verstanden. Das heißt, man ging also hier zu Lande davon aus, dass die angefügten Erklärungen eine Veränderung des Richtlinientextes bewirkten und die Quotenvorgabe damit zu einem weniger verbindlichen politischen Ziel herabgestuft wurde. Dass die Bundesregierung in den Verhandlungen über die Richtlinie so sehr auf die Abschwächung der Quotenvorgabe drängte, während sie sonst den Regelungen durchaus positiv gegenüberstand, dürfte vor allem auch an den im Zusammenhang mit der Unterzeichnung ausgetragenen Kompetenzstreitigkeiten zwischen Bund und Ländern gelegen haben (vgl. Kapitel 5.3.2).

Die Verbindlichkeit der Quotenregelung bzw. der Stellenwert der Protokollerklärungen wurden in der Folge kontrovers beurteilt. Sogar Bundesregierung und Bundesländer vertraten unterschiedliche Auffassungen. Die Bundesregierung ging von der Wirksamkeit der Protokollerklärungen aus; das musste sie auch, denn darauf gründete sich ihre Zustimmung zur Fernsehrichtlinie. Demnach wären die Quoten lediglich eine Absichtserklärung. Anders sahen das die Länder, die die Protokollerklärungen als wirkungslos einstuften. Unterschiedliche Meinungen wurden aber auch von Vertretern der EG selbst geäußert (vgl. Gruber, 1995, S. 122-124). Entscheidend ist letztlich, wie sich der Europäische Gerichtshof zu den Protokollerklärungen stellt, denn Streitigkeiten über das europäische Recht wären hier auszutragen. Überwiegend wird argumentiert, dass der Europäische Gerichtshof Protokollerklärungen bei seinen Entscheidungen in der Regel nicht berücksichtigt. Unter Bezugnahme auf den Leiter des Juristischen Dienstes der EG-Kommission verwies darauf auch das Bundesverfassungsgericht in seinem Urteil zur Fernsehrichtlinie und nannte im übrigen die Einschätzung der Bundesregierung fragwürdig (Bundesverfassungsgericht, 1995; vgl. auch Knothe & Bashayan, 1997, S. 852). Ohnehin werden Protokollerklärungen üblicherweise nicht veröffentlicht, was ebenfalls einen Indikator für ihre Unverbindlichkeit darstellt. Darauf bezog sich etwa auch eine Anfrage des Europa-Abgeordneten Kenneth Collins an die Kommission kurz nach Verabschiedung der Fernsehrichtlinie: Er verlangte Auskunft darüber, ob die Kommission vorhabe, "diese im Ratsprotokoll enthaltene 'geheime Gesetzgebung' [zu] veröffentlichen", und ob es zuträfe, "daß die Kommission durch Hinweise im Ratsprotokoll zu verstehen gegeben hat, daß sie im Zusammenhang mit Artikel 4 und 5 der Rundfunk-Richtlinie nicht von den ihr gemäß Artikel 169 EWGV zustehenden Befugnissen Gebrauch machen wird". Dieser letzte Teil der Anfrage bezog sich auf die Möglichkeit der Kommission, bei Vertragsverstößen der Mitgliedstaaten den Europäischen Gerichtshof anzurufen. Die Antwort des für den Binnenmarkt zuständigen Kommissars Martin Bangemann betonte, dass der Wortlaut der Richtlinie in allen Teilen für die Mitgliedstaaten verbindlich sei und diese dabei der Kontrolle der Kommission unterlägen. Grundsätzlich könne diese Kontrolle auch zu einem Verfahren vor dem Gerichtshof führen. Auch wenn der Wortlaut des Textes Spielraum bei der Auslegung lasse – so Bangemann weiter –, stelle er sehr wohl eine Vertragsverpflichtung dar. Aber: "Dennoch sind konkrete Fälle, bei denen in Anwendung dieser Artikel klare Entscheidungen vom Gerichtshof getroffen würden, schwer vorstellbar" (Schriftliche Anfrage..., 1990). Bangemann hatte hier die Position der Kommission zu vertreten, kam aber sicher mit dieser letzten Feststellung auch der Bundesregierung entgegen, der er sich als deutscher Kommissar trotz aller Unabhängigkeit womöglich doch verpflichtet fühlte.

Insgesamt lässt sich sagen, dass die auf die Quotenregelung bezogenen Protokollerklärungen wohl zur Beruhigung der Gemüter – vor allem aber des Gewissens der deutschen Bundesregierung – beigetragen und damit auch das Scheitern der Richtlinie verhindert haben. Die vorgebliche Wirkung, nämlich die Unverbindlichkeit der Quoten, war indessen schon damals zweifelhaft. Es war vielmehr davon auszugehen, dass sie in vollem Umfang wirksam würden, in nationales Recht umzusetzen waren und dann auch eingeklagt werden konnten. In Anbetracht der Diskussion um die

Quoten und des Vorwurfes, damit in inhaltliche Entscheidungen einzugreifen, konnte allerdings erwartet werden, dass die Kommission mit Sanktionen zurückhaltend bleiben würde.

In jedem Fall sieht die Richtlinie die regelmäßige Berichterstattung über die Einhaltung der Quoten in den Mitgliedstaaten vor. Auch das ist ein Indikator dafür, dass die Quotenvorgaben ernst zu nehmen sind und eine gewisse Bindung entfalten. Artikel 26 der 1989 verabschiedeten Richtlinie legte die erstmalige Berichterstattung über deren Anwendung nach spätestens fünf Jahren fest; seitdem ist alle zwei Jahre zu berichten. Die Erwägungsgründe der Richtlinie bestimmen konkreter, dass die Mitgliedstaaten der Kommission einen Bericht über die Durchführung der Bestimmungen bezüglich europäischer Werke und unabhängiger Produktionen vorlegen.

Über Kritik an den Details der Quotenregelungen sowie die Diskussion über deren Verbindlichkeit hinaus wurde auch die Eignung dieser Maßnahmen zu Gunsten ihres Ziels, nämlich die Förderung der europäischen Programmproduktion, in Zweifel gezogen. Die Bundesregierung hatte bereits 1989 bei der Festlegung ihrer Position zur ersten Fernsehrichtlinie betont, dass sie die Quoten nicht für ein geeignetes Mittel hielt, um die Verbreitung europäischer audiovisueller Produktionen zu fördern (Stellungnahme der Bundesregierung..., 1989). Dezidiert sprach sich einige Jahre später auch die deutsche Monopolkommission für eine Streichung der Quotenregelungen aus, weil "sie sich nicht als probates Mittel zur Schaffung einer verbesserten Wettbewerbsfähigkeit der europäischen Programmproduzenten" erwiesen hätten (Monopolkommission, 1996, S. 382). Ohnehin war von Anfang an betont worden, dass es vor allem auch finanzieller Unterstützung bedürfe, um dieses Ziel zu verwirklichen und europäische Produktionen in der internationalen und insbesondere gegenüber der US-amerikanischen Konkurrenz wettbewerbsfähig zu machen. Die Bedenken hinsichtlich der Wirksamkeit gründeten zum einen in der bis zur Verabschiedung der Richtlinie erfolgten Erweiterung der Herkunftsländer europäischer Werke. Zunächst war sehr begrenzt nur an Produktionen aus den EG-Mitgliedstaaten gedacht worden, nun wurden auch Werke aus den Staaten des Europarates einbezogen. Die Zielrichtung Europa blieb damit zwar erhalten, aber sie konzentrierte sich eben nicht mehr auf die EG-Länder. Außerdem wurde bemängelt, dass die Richtlinie keine zeitlichen Vorgaben für die Ausstrahlung europäischer Produktionen machte. Europäische Filme, die zu großen Teilen auch Wiederholungen sein könnten, ließen sich daher auf unattraktive Sendeplätze abdrängen, während zur Hauptsendezeit weiterhin bevorzugt außereuropäische Produktionen ausgestrahlt würden. Schließlich wurden die finanziellen Belastungen ins Feld geführt, die die Verpflichtung auf den europäischen Markt mit sich brächte. Zu einer Zeit, als sich der privat-kommerzielle Fernsehsektor in den meisten europäischen Staaten gerade erst etablierte, sah man in der Quotenregelung zusätzliche und besondere Probleme für die Privatsender.

Während die Argumentation der Kommission bei der Entwicklung der Quotenregelung stets lautete, ihr Ziel sei die Förderung der europäischen Programmindustrie, wurde nur hier und da in den Mitgliedstaaten deutlich, dass die Quoten auch der Abwehr der "Coca-Cola-Kultur" dienen sollten. Dieser Effekt, wenn auch in dieser Form wiederum selten so offen ausgesprochen, trat in den Protesten der USA gegen die europäische Quotenpolitik hervor. Die Reaktion aus den USA auf die Fernsehrichtlinie erfolgte erst relativ spät, dann aber umso heftiger. Die USA sahen ihre Handelsinteressen gefährdet, warfen den EG-Staaten Protektionismus vor und machten einen Verstoß gegen die Vereinbarungen des General Agreement on Tariffs and Trade (GATT) geltend. Diese Argumente wurden vor allem von der Hollywood-Filmindustrie und in der Folge aus der Bush-Administration vorgebracht. Die großen Fernsehnetworks blieben dagegen zurückhaltend, weil sie in der Diskussion offenbar eine Gelegenheit sahen, die ihnen von staatlicher Seite auferlegten Produktionsbeschränkungen anzuprangern, die sie selbst von Hollywood-Beteiligungen abhielten (vgl. Kleinsteuber, 1990). Möglicherweise hatten sie aber auch bereits die Schlupflöcher der europäischen Quotenregelung erkannt.

Der Verweis auf die GATT-Vereinbarungen wollte indessen nicht so recht ziehen. Ende der achtziger Jahre, als die Richtlinie verhandelt und schließlich verabschiedet wurde, war die so genannte Uruguay-Runde noch nicht angeschlossen. Bis dahin umfasste das 1948 in Kraft getretene Abkommen lediglich Vereinbarungen über den Warenverkehr. 1986 begannen die Verhandlungen der Uruguay-Runde, in denen es nun unter anderem auch um die Einbeziehung von Dienstleistungen in das Abkommen ging. Nicht zuletzt wegen der Auseinandersetzungen mit den USA über den sich entwickelnden europäischen Binnenmarkt kam es jedoch über Jahre nicht zu einem Abschluss. Erst im Dezember 1993 wurde die Uruguay-Runde beendet und führte schließlich im folgenden Jahr zur Gründung der Welthandelsorganisation WTO. Der audiovisuelle Bereich blieb allerdings von den Liberalisierungsvereinbarungen ausgeschlossen. Dass Film und Fernsehen nicht in das Abkommen einbezogen wurden, worauf die USA gedrängt hatten, ging vorrangig auf das Betreiben Frankreichs zurück. Die Position der französischen Regierung, die sich dabei auch in einer Vorreiterrolle für europäische Interessen sah, wurde in pointierter Weise besonders durch Jack Lang vertreten, der von 1981 bis 1986 und von 1988 bis 1993 Kulturminister war. Er verdammte wiederholt und mit drastischen Worten die kommerzialisierte US-amerikanische Kultur und machte es zu seiner Sache, die französische – und eben auch die europäische – Kultur gegenüber den USA zu verteidigen.

Wie die Veränderungen der Quotenvorgaben vom ersten Entwurf der Richtlinie bis hin zur endgültigen Fassung und die Diskussion über die Verbindlichkeit der Quoten zeigen, blieb man in der EG dennoch nicht ganz unbeeindruckt von den Protesten aus den USA (vgl. auch Kleinsteuber, 1990). An der Quotenregelung änderte das jedoch letztlich nichts, und in den USA begann man, sich mit den Vorgaben zu arrangieren. Obwohl die Richtlinie in Artikel 6 Vorkehrungen getroffen hatte, um eine Umgehung durch außereuropäische Produzenten zu verhindern, blieben Möglichkeiten offen, auch weiterhin gute Geschäfte auf dem europäischen Markt zu machen. Schließlich prophezeiten auch hier zu Lande einige Kommentatoren, dass die Gesetze des kommerzialisierten Medienmarktes durch Quotenvorgaben nicht so ohne weiteres außer Kraft zu setzen wären (vgl. z. B. Frohne, 1989). Das heißt, man ging davon aus, dass die ökonomisch kalkulierenden Fernsehanstalten weiterhin die kostengünstigeren und werbeattraktiven außereuropäischen Produktionen bevorzugen würden.

5.3.2 Der Bund-Länder-Streit

Wie sich in den Reaktionen der Ministerpräsidenten und der Erklärung des Bundesrates bereits abgezeichnet hatte, musste sich aus der Verabschiedung der Fernsehrichtlinie in der Bundesrepublik ein Kompetenzstreit zwischen Bund und Ländern entwickeln. Dieser wurde schließlich vor das Bundesverfassungsgericht getragen, dessen Urteil allerdings erst im Jahr 1995 erfolgte.

Am 8. März 1989 stimmte das Bundeskabinett der EG-Fernsehrichtlinie unter dem Vorbehalt zu, dass die Bedenken hinsichtlich der Programmquoten ausgeräumt werden könnten. Diese Stellungnahme leitete das

Innenministerium noch am selben Tag an den Bundesrat unter Bezugnahme auf dessen Beschluss vom Februar 1987 weiter. Dieser bezog sich auf das im Dezember 1986 verabschiedete Gesetz zur Einheitlichen Europäischen Akte (EEA) und die dort festgelegte Zusammenarbeit von Bund und Ländern bei Entscheidungen, die die Gesetzgebungskompetenz der Bundesländer berühren.

In einer Stellungnahme zu ihrem Beschluss im März 1989 erläuterte die Bundesregierung ihre Haltung zur Richtlinie vor dem Hintergrund der Verpflichtungen, die ihr aus der EEA hinsichtlich der Verwirklichung des Binnenmarktes entstanden waren. Unter Hinweis auf die "eindeutige Rechtsprechung" des Europäischen Gerichtshofes sah sich die Bundesregierung gezwungen, der Tatsache Rechnung zu tragen, dass es sich bei Rundfunk um eine Dienstleistung handelt. Zugleich betonte sie jedoch wiederum die öffentliche Aufgabe und die kulturelle Funktion des Rundfunks in Deutschland. Aufgrund der EEA sei sie verpflichtet, den Binnenmarkt einschließlich des freien Verkehrs von Dienstleistungen zu verwirklichen. Indessen teilte die Bundesregierung die Auffassung der EG-Kommission, dass die unterschiedlichen nationalen Regeln zur Förderung der Verbreitung und Herstellung von Programmen, also die Quotenregelung, sowie zur Werbung und zum Jugendschutz die Verwirklichung der Dienstleistungsfreiheit im grenzüberschreitenden Rundfunk beeinträchtigen könnten, nur hinsichtlich der Werbung und des Jugendschutzes. Da die Quotenregelung die inhaltliche Gestaltung von Rundfunkprogrammen beträfe, fehle der EG die Regelungskompetenz. Daher könne die Bundesregierung eine verbindliche Quotenvorgabe nicht akzeptieren, werde der Richtlinie aber zustimmen, wenn die Quotenregelung nur als politische Zielvorstellung formuliert würde. Im übrigen betonte die Bundesregierung in ihrer Stellungnahme noch einmal, dass sie ebenso wie die Bundesländer dem Übereinkommen des Europarates politische Priorität einräume; dieses könne allerdings wegen des Fehlens einer einheitlichen Rechtsprechung die EG-Richtlinie nicht ersetzen. (Vgl. Stellungnahme der Bundesregierung..., 1989)

Über diesen Beschluss hinaus hielt die Bundesregierung weitere Schritte, etwa eine Abstimmung mit den Ländern, nicht für nötig. Diese waren da erwartungsgemäß anderer Meinung, denn bei ihnen liegt die Gesetzgebungskompetenz für den Rundfunk in Deutschland. Sie reklamierten einen Verstoß gegen das Grundgesetz. Die Bayerische Staatsregierung beantragte daher beim Bundesverfassungsgericht eine einstweilige Anordnung, die die angekündigte Zustimmung der Bundesregierung zur EG-Fernsehrichtlinie verhindern sollte. Mit Urteil vom 11. April 1989 wies das Gericht den Antrag allerdings zurück. Die Entscheidung fiel mit Blick auf die aus einer einstweiligen Anordnung erwachsenden Folgen. Insofern teilte das Gericht die Befürchtungen der Bundesregierung, dass diese nämlich ihre Möglichkeiten zur Einwirkung auf die Formulierung der Richtlinie verlöre, wenn ihr die Verhandlungskompetenz entzogen würde. Bis dahin hatte die Bundesregierung bei den Beratungen immerhin einiges erreicht, nämlich die Erweiterung der Definition von "europäischen Werken" sowie die Beschränkung der Richtlinie auf das Fernsehen. Nun wollte sie noch die Abschwächung der Quotenregelung erwirken.

Schließlich wurde die Fernsehrichtlinie also am 3. Oktober 1989 unter Zustimmung der Bundesregierung verabschiedet. Die Quotenregelung war nicht mehr verändert, die Richtlinie stattdessen durch die Protokollerklärungen ergänzt worden. Damit entfaltete die Fernsehrichtlinie Gesetzeskraft und musste in den Mitgliedstaaten in nationales Recht umgesetzt werden. Der Freistaat Bayern zog darauf hin vor das Bundesverfassungsgericht, weil der Bund mit der Unterzeichnung der EG-Richtlinie gegen das Grundgesetz verstoßen habe. Der Antrag Bayerns stützte sich auf Artikel 30 GG, der die Kompetenzverteilung zwischen Bund und Ländern festlegt, in Verbindung mit Artikel 24 GG, der die Übertragung von Hoheitsrechten auf zwischenstaatliche Einrichtungen behandelt. Wegen des vermeintlichen Verstoßes gegen die Rechte der Länder beantragte Bayern außerdem, die Bundesregierung darauf zu verpflichten anzuerkennen, dass die Fernsehrichtlinie im Freistaat nicht anwendbar sei. Der Klage Bayerns traten weitere acht Bundesländer bei (es fehlten lediglich Baden-Württemberg und Berlin), nachdem der Bundesrat aufgrund einer Empfehlung seines Rechtsausschusses bereits im September den Gang vor das Bundesverfassungsgericht empfohlen hatte (vgl. Bundesrat, 1989). ARD und ZDF standen den EG-Aktivitäten im Rundfunkbereich allgemein und speziell der Fernsehrichtlinie wegen der vorrangig wirtschaftspolitischen Zielsetzung ablehnend gegenüber und begrüßten daher nachdrücklich die Klage der Länder beim Bundesverfassungsgericht. Sie erhofften sich eine Klärung dazu, ob der EG-Vertrag überhaupt Aktivitäten der Gemeinschaft im Rundfunkbereich erlaube und damit die von den Bundesländern vorgenommene Aufgabenbestimmung für den öffentlich-rechtlichen Rundfunk in Deutschland zu verändern. (Vgl.

Stellungnahme von ARD und ZDF..., 1989; Stellungnahme von ARD und ZDF..., 1991)

Das Urteil des Bundesverfassungsgerichtes erfolgte erst im März 1995. Der Termin, bis zu dem die Fernsehrichtlinie in nationales Recht umgesetzt werden musste, war zu diesem Zeitpunkt längst verstrichen. Tatsächlich hatten die Vorgaben der Fernsehrichtlinie bereits Eingang in den neuen Rundfunkstaatsvertrag von 1991 gefunden, der zum 1. Januar 1992 in Kraft getreten war, und stellten insofern auch in Deutschland bereits geltendes Recht dar. Die Bundesländer beriefen sich dabei allerdings auf das Übereinkommen des Europarates. Deutschland hatte das Übereinkommen im Oktober 1991 unterzeichnet, es wurde im Juli 1994 ratifiziert und trat zum 1. November 1994 in Kraft. Bei der Unterzeichnung wie auch bei der Ratifizierung betonte die Bundesregierung in einer beigefügten Erklärung, dass das Bundesverfassungsgericht die Kompetenz der EG zum Erlass der Fernsehrichtlinie prüfe und dass mit ihrer Unterschrift unter das Europarats-Übereinkommen nicht gleichzeitig ihre Zustimmung zu einem Beitritt der EG zu diesem Übereinkommen gegeben sei. Deutschland blieb also klar auf Distanz, was supranationale Regelungen – zumal der EG – im Bereich des Rundfunks angeht.

Obwohl nun also der Rundfunkstaatsvertrag die Vorgaben des Europarats-Übereinkommen und damit auch der Fernsehrichtlinie in deutsches Recht übertrug, machten die Formulierungen des Staatsvertrages zu den Quotenvorgaben zugleich deutlich, dass sich die Bundesländer nur bedingt auf die quantitativen Vorgaben der Richtlinie verpflichtet fühlten. Die Präambel des Rundfunkstaatsvertrages bekräftigte ganz allgemein das Ziel, die Herstellung neuer europäischer Fernsehproduktionen zu unterstützen. Die Allgemeinen Vorschriften, die für den öffentlich-rechtlichen und den privaten Rundfunk gelten, legten fest, dass "die Fernsehveranstalter den Hauptteil ihrer insgesamt für Spielfilme, Fernsehspiele, Serien, Dokumentarsendungen und vergleichbare Produktionen vorgesehenen Sendezeit europäischen Werken entsprechend dem europäischen Recht vorbehalten" (§ 5 (1) Staatsvertrag ..., 1991). Außerdem gab der Staatsvertrag vor, dass Fernsehvollprogramme und Spartenprogramme, "soweit dies nach ihren inhaltlichen Schwerpunkten möglich ist", "einen wesentlichen Anteil an Eigenproduktionen aus dem deutschsprachigen und europäischen Raum enthalten" sollten (§ 5 (2) Staatsvertrag..., 1991). Obwohl die Bundesländer – anders als die Bundesregierung – die Wirksamkeit der Protokollerklärungen zur Fernsehrichtlinie bezweifelten, blieben sie mit der Umsetzung der Quotenregelung also vorerst zurückhaltend und schienen diese ebenfalls eher als politisches Ziel und nicht als bindende Vorgabe zu interpretieren.

Bevor schließlich die Entscheidung des Bundesverfassungsgerichtes zu den Anträgen der Länder fiel, erging im Oktober 1993 das so genannte Maastricht-Urteil. Damit entschied das Gericht über Verfassungsbeschwerden, die die Zustimmung Deutschlands zum Vertrag von Maastricht betrafen. In dem Maastricht-Urteil ging es um das grundsätzliche Verhältnis von Gemeinschaftsrecht und Grundgesetz, wobei auch eine Klärung des Verhältnisses von Bundesverfassungsgericht und Europäischem Gerichtshof erfolgte. Medienpolitische Relevanz kommt in diesem Zusammenhang, der die Möglichkeiten und die Grenzen der Übertragung von Hoheitsrechten auf die Europäische Gemeinschaft betrifft, besonders der Grundrechtssicherung zu. Speziell berührt das den Wesensgehalt von Artikel 5 GG, also die Medienfreiheit und entsprechende Auslegungen des Bundesverfassungsgerichtes, im Vergleich zu Artikel 10 EMRK (und in Zukunft zu Artikel 11 der europäischen Charta). Mit dem Maastricht-Urteil beschrieb das Bundesverfassungsgericht ein Kooperationsverhältnis zwischen ihm und dem EuGH. Beim EuGH liegt die Entscheidung über die Vereinbarkeit von Maßnahmen der EU mit den Grundrechten der Gemeinschaft. Dem Bundesverfassungsgericht bleibt indessen die Aufgabe, gegebenenfalls die Verletzung von Grundrechten durch EU-Maßnahmen zu prüfen. (Vgl. Dörr, 1995)

Am 22. März 1995 verkündete schließlich das Bundesverfassungsgericht sein Urteil zu den Anträgen der Länder bezüglich der Fernsehrichtlinie. Der erste Leitsatz des Urteils zeigt, dass das Gericht zwar den Bund in dieser Sache stützte, sehr wohl aber auch die Rechte der Länder betonte:

> "Beansprucht die Europäische Gemeinschaft eine Rechtsetzungskompetenz, so ist es Sache des Bundes, die Rechte der Bundesrepublik Deutschland gegenüber der Gemeinschaft und ihren Organen zu vertreten. Behält das Grundgesetz die Regelung des von der Gemeinschaft beanspruchten Gegenstandes innerstaatlich dem Landesgesetzgeber vor, so vertritt der Bund gegenüber der Gemeinschaft als Sachverwalter der Länder auch deren verfassungsmäßige Rechte.
>
> Der Bundesregierung erwachsen aus dieser Verantwortlichkeit als Sachverwalter der Länderrechte prozedurale Pflichten zu bundesstaatlicher Zusammenarbeit und Rücksichtnahme." (Bundesverfassungsgericht, 1995)

Es ist also durchaus Sache der Bundesregierung, in Verhandlungen mit den anderen Mitgliedsländern oder den Institutionen der Europäischen Gemeinschaft aufzutreten. Sie hat aber die Länder einzubeziehen, wenn es um Sachfragen geht, die deren Gesetzgebungskompetenz berührt. Ohne Frage steht der Rundfunk in der Bundesrepublik in der Kompetenz der Länder. Die Bundesregierung konnte das nicht anzweifeln, argumentierte allerdings, dass die Richtlinie nur in solchen Bereichen Recht gesetzt habe, wo sie selbst auch eine Kompetenz habe. Außerdem berührten die Regelungen zu Werbung, Jugendschutz und Gegendarstellungsrecht nicht den "Kernbereich des Rundfunkwesens", und in Randbereichen könnte der Bund durchaus gesetzliche Bestimmungen erlassen. Anders verhielte es sich mit der Quotenregelung – so die Bundesregierung; dafür fehle der Gemeinschaft die Kompetenz, aber die entsprechenden Bestimmungen der Richtlinie entfalteten lediglich politische Wirkung und blieben durch die Protokollerklärungen "rechtlich nicht verbindlich".

Was speziell die Quotenregelung angeht, gab das Bundesverfassungsgericht allerdings den Ländern Recht: In der Art, wie die Bundesregierung die Mitgliedschaftsrechte der Bundesrepublik Deutschland wahrgenommen hat, habe sie die Rechte der Länder und den Grundsatz bundesfreundlichen Verhaltens verletzt. Zudem bestand nicht erst, aber gerade seit Inkrafttreten der Einheitlichen Europäischen Akte und dem entsprechenden Gesetz in Deutschland eine Vereinbarung über die Abstimmung mit den Ländern hinsichtlich europäischer Entscheidungen im so genannten Bundesratsverfahren. Vor diesem Hintergrund ist entscheidend, wenn das Verfassungsgericht in seinem Urteil betont, die Bundesregierung handele gegenüber der Gemeinschaft als "Sachverwalter der Länder", wenn deren Gesetzgebungskompetenz berührt ist. Der Hinweis darauf, dass der Bundesregierung aus dieser Rolle heraus "prozedurale Pflichten zu bundesstaatlicher Zusammenarbeit und Rücksichtnahme" erwüchsen, bezieht sich dann auf die entsprechenden Festlegungen auf einen die Länder beteiligenden Abstimmungsprozess.

Als das Urteil des Bundesverfassungsgerichtes im März 1995 erging, war es bereits zu einer Ergänzung des Grundgesetzes gekommen, die auch das Verhältnis von Bund und Ländern in europäischen Angelegenheiten festlegt. Artikel 23 GG, der so genannte Europa-Artikel, sieht vor, dass bei Angelegenheiten, die in der Gesetzgebungsbefugnis der Länder liegen, die Wahrnehmung der Rechte, die der Bundesrepublik als Mitgliedstaat der EU zustehen, auf einen vom Bundesrat benannten Vertreter übergehen sollen. Allerdings soll die Wahrnehmung der Rechte unter Beteiligung und in Abstimmung mit der Bundesregierung erfolgen und die gesamtstaatliche Verantwortung des Bundes gewahrt werden. Im März 1993 hatte der Bundestag mit Zustimmung des Bundesrates außerdem das "Gesetz über die Zusammenarbeit von Bund und Ländern in Angelegenheiten der Europäischen Union" erlassen, das die Mitwirkung der Länder regelt.

Wiewohl das Urteil des Bundesverfassungsgerichtes auf den ersten Blick nach einem Erfolg der Länder aussah – denn schließlich befand das Gericht auf Verletzung der Rechte der Länder durch den Bund –, war in der Folge von einem "Pyrrhussieg" die Rede (Deringer, 1995; Kresse & Heinze, 1995). Diese Bewertung gründete sich zum einen auf die Tatsache, dass das Bundesverfassungsgericht in seinen Ausführungen zum Urteil die Bundesregierung in ihrer Auffassung bestärkte, es gebe eine "gefestigte Vertragsauslegung" des Europäischen Gerichtshofes, die Fernsehen als Dienstleistung definiere. Zum anderen konnte es nicht im Sinne der Länder sein, dass das Bundesverfassungsgericht die Vertragspflicht zur Schaffung eines freien Dienstleistungsverkehrs im Binnenmarkt betonte, die auch das Fernsehen einschließe. Damit zusammenhängend – und darin lag wohl die bitterste Erkenntnis für die Länder – folgte das Gericht dem Argument der Bundesregierung, die Regelungen von Werbung, Sponsoring, Jugendschutz und Gegendarstellungsrecht – berührten nicht "den Kernbereich der Landeskompetenz zur Regelung der organisatorischen sowie politisch kulturellen Materien des Rundfunkwesens" (Bundesverfassungsgericht, 1995).

Insgesamt bestätigte also das Bundesverfassungsgericht mit seinem Urteil von 1995 die Kompetenz der Gemeinschaft zur Regelung der wirtschaftlichen Seite des Fernsehens. Allerdings teilte wohl auch das Gericht die Besorgnis der Länder, dass die EG nach der Fernsehrichtlinie weitere und weiter reichende Maßnahmen zur Regulierung des Fernsehens vornehmen könnte. Ausdrücklich erkannte nämlich die Begründung zum Urteil an, dass sich die Bundesregierung im Verlauf der Verhandlungen erfolgreich dafür eingesetzt hatte, einen Passus aus dem Richtlinientext zu streichen, der die Richtlinie – auf Wunsch des Europäischen Parlamentes – als ersten Schritt zu einer umfassenden europäischen Medienpolitik bezeichnete.

Als die erste Novellierung der Fernsehrichtlinie anstand, die dann 1997 verabschiedet wurde, überließ der Bund den Ländern die Verhandlungsführung, wie in es im "Gesetz über die Zusammenarbeit von Bund und Ländern in Angelegenheiten der Europäischen Union" für solche Sachfragen, die – wie der Rundfunk – die Gesetzgebungsbefugnisse der Ländern betreffen, vorgesehen ist.

5.4 Umsetzung der Fernsehrichtlinie und Novellierung 1997

Zwar war es schließlich im Oktober 1989 zur Unterzeichnung der Fernsehrichtlinie gekommen und die EG hatte damit einen wichtigen Schritt hin zu einer gemeinsamen Rundfunkpolitik getan, aber die unterschiedlichen Interessen und Perspektiven der einzelnen Mitgliedstaaten blieben bestehen. Die Kompromisse, die notwendig waren, um die Richtlinie tatsächlich zu verabschieden, bedeuteten nicht wirklich die Aufgabe nationaler Positionen. Da die Richtlinie nicht auf Vollharmonisierung angelegt war, sondern nur die Ziele vorgab, den Weg zum Erreichen dieser Ziele aber in die Hände der Mitgliedstaaten legte, blieb diesen einiger Spielraum bei der Umsetzung der Regelungen in nationales Recht. Obendrein gab die Richtlinie den Mitgliedstaaten explizit die Möglichkeit zu strengeren Vorgaben. Vor diesem Hintergrund wundert es kaum, dass die Richtlinie in der Diskussion blieb und die Umsetzung nicht reibungslos verlief. Ungenügend präzise Formulierungen sorgten zusätzlich für Schwierigkeiten. Nicht zuletzt deshalb wurde dann auch bereits ab Mitte der neunziger Jahre über eine Novellierung der Richtlinie verhandelt.

Die Frist von zwei Jahren, innerhalb derer die Fernsehrichtlinie in nationales Recht umzusetzen war, lief am 3. Oktober 1991 aus. Die meisten Mitgliedstaaten hielten sich an diese Frist. Es gab aber in einigen Fällen zum Teil beträchtliche Verzögerungen. So vermerkte die Kommission in ihrem Bericht über die Anwendung der Richtlinie, dass ihr die letzte Mitteilung über die einzelstaatliche Umsetzung erst im Juli 1994 zugegangen wäre (Kommission der EG, 1995a). In der Bundesrepublik Deutschland war der Rundfunkstaatsvertrag, mit dem die Vorgaben der Richtlinie in deutsches Recht übernommen wurden, Ende August 1991 verabschiedet worden. Dieser trat aber erst zum 1. Januar 1992 in Kraft. Neben solchen zeitlichen Verzögerungen fielen auch die nationalen Maßnahmen nicht immer zur Zufriedenheit der Kommission aus. In mehreren Fällen wurde wegen Vertragsverletzungen verhandelt, in zwei Fällen befasste die Kommission sogar den Europäischen Gerichtshof.

Eine Analyse des Umsetzungsprozesses von Martín-Pérez de Nanclares (1995) zeigt, wie unterschiedlich der Umgang der Mitgliedstaaten mit den Vorgaben der Fernsehrichtlinie aussah. So wurde etwa im Falle von Frankreich schnell offensichtlich, dass man dem Quotenkompromiss nur zugestimmt hatte, um die Richtlinie nicht scheitern zu lassen, die Vorgaben aber weiterhin für unzureichend hielt. Kaum war die Richtlinie unterzeichnet, kam es zu Auseinandersetzungen zwischen der französischen Regierung und der EG-Kommission über eine neue, deutlich von der Vorgabe der Richtlinie abweichende Quotenregelung für das französische Fernsehen. Im Januar 1990 wurden die – nach der damaligen französischen Kommunikationsministerin benannten – Tasca-Dekrete erlassen. Das Fernsehen wurde damit auf eine Quote von 50 Prozent französischen und 60 Prozent europäischen Produktionen (inkl. der französischen) zur Hauptsendezeit verpflichtet. Die Kommission bemängelte die hohe Quote für Produktionen französischer Herkunft sowie die dabei herangezogenen Definitionen audiovisueller Werke bzw. französischer Produktionen und erklärte diese als nicht vereinbar mit der Fernsehrichtlinie. Diese Streitigkeiten wurden erst im Sommer 1991 beigelegt, nachdem die französische Regierung nachgegeben und die Quote für französische Produktionen auf 40 Prozent gesenkt hatte (vgl. Machill, 1991, S. 142-147). Dennoch war klar, dass die Quotenregelung der Fernsehrichtlinie, für die sich Frankreich vehement eingesetzt hatte, mit der es nun aber unzufrieden war, ein Thema für Europa bleiben würde.

Artikel 26 der Fernsehrichtlinie von 1991 verpflichtete die Kommission darauf, einen Bericht über die Anwendung der Richtlinie vorzulegen und damit eventuell auch Vorschläge für notwendige Änderungen zu unterbreiten. Bei insgesamt positiver Bilanz legte die Kommission mit ihrem Bericht des Jahres 1995 einen Vorschlag zur Änderung der Richtlinie vor (Kommission der EG, 1995a). Begründung und Ziel der Neufassung waren zum einen die Präzisierung und Klarstellung der Definitionen und Regelungen, bei denen sich in der Praxis Anwendungsschwierigkeiten ergeben hatten. Zum anderen ging es um die Anpassung an die Entwicklung des audiovisuellen Sektors, womit dem Grünbuch zur Stärkung der Programmindustrie (Kommission der EG, 1994d) und den damit verbundenen Diskussionen Rechnung getragen werden sollte. Dazu gehörte insbesondere auch das Papier zur audiovisuellen Politik in der EU, das die von der Kommission eingesetzte Arbeitsgruppe vorgelegt hatte (Kommission der EG, 1990). Die wesentlichen Änderungen, die der Vorschlag der Kommission von 1995 vorsah, bezogen sich auf Präzisierungen bezüglich der Zuständigkeit eines Mitgliedstaates für einen Fernsehveranstalter, die Einbeziehung von Regelungen für Teleshopping sowie die Quotenvorgaben. Das heißt, die Kommission beschränkte sich auf gewisse Anpassungen, sah aber keine grundlegend neuen rundfunkpolitischen Schritte vor. Die Diskussionen, wie sie die Ausarbeitung der ersten Richtlinie begleitet hatten, waren daher nicht mehr zu erwarten.

Da sich mit der Anwendung des Sendestaatsprinzips Schwierigkeiten ergeben hatten, wurde eine Präzisierung in Form des Niederlassungsprinzips vorgeschlagen, wobei als Sitz eines Veranstalters derjenige Mitgliedstaat gelten und entsprechend die Rechtshoheit ausüben sollte, in dem das Unternehmen seinen Hauptsitz hat, wo die Entscheidungen über die Programmgestaltung getroffen werden und die Endregie stattfindet. Entgegen den Erwartungen vor allem der französischen Regierung, die auf eine Verschärfung der Quotenregelung in der Richtlinie gehofft hatte, wollte die Kommission keine entscheidenden Änderungen an den Artikeln 4 und 5 vornehmen. Allerdings war eine Unterscheidung von Vollprogrammen und Spartenkanälen vorgesehen. Für Vollprogramme sollte die Quotenvorgabe unverändert beibehalten werden, zumal deren Erfüllung aus der Sicht der Kommission auch keine Probleme bereitete. Anders stellte sich die Situation für Spartenkanäle dar. Daher sah der Änderungsvorschlag vor, Spartenkanälen – als solche wurden Fernsehveranstalter definiert, deren Sendezeit zu mindestens 80 Prozent aus Kinofilmen, Spielfilmen, Dokumentarsendungen oder Zeichentrickfilmen besteht – freizustellen, ob sie die herkömmliche Quote erfüllen oder stattdessen 25 Prozent ihres Programmbudgets in europäische Werke investieren. Die vagen Formulierungen, die von einem "angemessenen" Anteil neuerer Werke sprachen und die Einhaltung der Verpflichtungen nur "im Rahmen des praktisch Durchführbaren" verlangten, sollten durch präzise Vorgaben ersetzt werden, um Rechtsunsicherheiten für die Fernsehveranstalter zu beseitigen. Daher war ein Anteil neuerer Werke von mindestens 50 Prozent sowie die Streichung der Relativierung "im Rahmen des praktisch Durchführbaren" vorgesehen. Neu war nun eine Befristung der Quotenvorgaben auf einen Zeitraum von zehn Jahren, wenn auch unter dem Vorbehalt, dass die Kommission weitere Maßnahmen vorschlagen könnte.

Mit Neuformulierungen zu Werbung und Teleshopping wollte die Kommission einerseits Präzisierungen einführen, wo bislang Unklarheiten geherrscht hatten, andererseits aber auch den Entwicklungen im Bereich der Werbung und den Bedürfnissen der Fernsehveranstalter Rechnung tragen. So sollte Teleshopping bis zu drei Stunden pro Tag erlaubt sein. Außerdem wurde die Aufhebung des Verbots von Sponsoring durch Pharmafirmen vorgesehen. (Vgl. Kommission der EG, 1995a)

Die Diskussion, die nach Vorlage des Änderungsvorschlages durch die Kommission einsetzte, konzentrierte sich vor allem auf die neuen Regelungen bei den Quotenvorgaben, also die Artikel 4 und 5 der Fernsehrichtlinie. Bedenken gab es hier zunächst wegen der vorgesehenen Unterscheidung von Vollprogrammen und Spartenkanälen. Die deutschen öffentlich-rechtlichen Rundfunkanstalten sprachen in einer Anhörung vor dem Europäischen Parlament von einer einseitigen Begünstigung bestimmter Spartenkanäle und einer daraus folgenden Wettbewerbsverzerrung zu Gunsten dieser Anbieter, weil sie den strengen Regelungen, wie sie für Vollprogramme gelten, entgehen könnten. Sie machten außerdem darauf aufmerksam, dass eine Investitionsverpflichtung nicht gleichbedeutend mit einer Ausstrahlungsverpflichtung wäre ("Von höchster Bedeutung", 1995). Ganz ähnlich äußerte sich der Wirtschafts- und Sozialausschuss, der durch die unterschiedliche Behandlung von Voll- und Spartenprogrammen ebenfalls ungleiche Wettbewerbschancen gegeben sah. Der WSA warf mit seiner Stellungnahme aber auch die grundsätzliche Frage nach der Wirksamkeit der Quoten auf. Er mahnte eine ständige Bewertung der Quotenregelung vor dem Hintergrund ihres Ziels, zur Förderung europäischer Werke beizutragen, an. Die von der Kommission angekündigte Aufhebung der Quotenverpflichtung nach zehn Jahren nannte der WSA daher auch willkürlich (Stellungnahme zu dem Vorschlag..., 1995). Der Interessenvertretung der europäischen kommerziellen Fernsehveranstalter, die *Association of Commercial Television in Europe* (ACT), bezeichnete die Quoten für europäische Werke in ihrer Stellungnahme als ungerechtfertigt und kontraproduktiv. Was die Quotenvorgaben für unabhängige Produktionen angeht, sprach sich die ACT für die Beibehaltung des Richtlinientextes von 1989 aus; die 50-Prozent-Quote für neue Werke wäre allerdings "absolut unrealistisch und unanwendbar" ("Von höchster Bedeutung", 1995, S. 24).

Auch RTL bewertete die Quoten zu Gunsten europäischer Werke als äußerst ineffektiv und reagierte auf die Vorschläge der Kommission mit einem Gegenvorschlag. Das Unternehmen sprach sich dafür aus, besser solche Sender zu unterstützen, die möglichst viele Eigen- und Auftragsproduktionen europäischer Herkunft in ihrem Programm bieten ("Von höchster Bedeutung", 1995, S. 21). In diese Richtung zielte auch das Plädoyer des Wirtschafts- und Sozialausschusses zur Einrichtung eines Unterstützungsfonds für die audiovisuelle Produktion, in den Fernsehveranstalter – wahlweise – einzahlen könnten, statt eine Ausstrahlungsquote zu erfüllen. Damit ließen sich dann auch Spartenkanäle wie *Eurosport* in die Förderung der europäischen Produktion einbeziehen, auf die die bisherigen Quotenauflagen – in diesem Fall wegen der Spezialisierung des Programms auf den Sport – nicht anzuwenden sind (Stellungnahme zu dem Vorschlag..., 1995).

Bereits im Dezember 1994 hatten sich ARD und ZDF in einer gemeinsamen Stellungnahme zur Neufassung der Fernsehrichtlinie geäußert. Bezüglich der Quotenregelung sprachen sie sich für die Beibehaltung der Klausel "im Rahmen des praktisch Durchführbaren" aus und verwiesen außerdem auf den "erheblichen Verwaltungsaufwand", den alle Beteiligten bei der Erhebung der Daten hätten. ARD und ZDF regten daher an, die Kontrolle der Programmquoten auf diejenigen Anbieter zu beschränken, "bei denen die Erfüllung der Quote aufgrund konkreter Anhaltspunkte zweifelhaft ist" (Gemeinsame Stellungnahme..., 1995).

Die kommerziellen Fernsehveranstalter forderten in ihren Stellungnahmen zu den vorgesehenen Änderungen in der Fernsehrichtlinie außerdem die Liberalisierung der Werbung, zumal den Mitgliedstaaten die Möglichkeit zur Einführung strengerer Vorschriften erhalten bleiben sollte. Während die ACT eher generell die Werbebeschränkungen beklagte und kritisierte, dass manche Mitgliedstaaten Restriktionen für die Fernsehwerbung einsetzten, um andere Medien durch Werbeeinnahmen zu protegieren, machte RTL konkrete Vorschläge. Mit dem Argument, die Werbefinanzierung sei eine Garantie für qualitativ hochwertige Angebote, sprach sich RTL für den Abbau von Werbebeschränkungen für Nachrichten- und Informationsprogramme sowie für das Kinderfernsehen aus. Mit großzügigeren Regeln für die Unterbrecherwerbung bei eigen- und auftragsproduzierten Fernsehfilmen gegenüber eingekauften Spielfilmen ließe sich ebenfalls zur Förderung des europäischen Produktionsmarktes beitragen. (Vgl. "Von höchster Bedeutung", 1995)

Das Europäische Parlament befasste sich am 14. Februar 1996 in erster Lesung mit dem Vorschlag der Kommission. Es brachte mehr als 60 Änderungen in den Text ein und nahm den so geänderten Richtlinienentwurf in einer legislativen Entschließung an. Das Parlament schlug Ergänzungen und

Akzentuierungen insbesondere in den folgenden Punkten vor: Sicherung des Wettbewerbs auf dem Fernsehmarkt, Rolle des öffentlich-rechtlichen Rundfunks, Stärkung der europäischen Programmindustrie und größere Verbindlichkeit der Quoten sowie Jugendschutz. Die Passagen, die auf die Sicherung des Wettbewerbs auf dem Fernsehmarkt zielten, wurden vom Parlament völlig neu in den Richtlinienvorschlag eingefügt. So sollte in den Erwägungen die wesentliche Bedeutung dessen betont werden, "daß die Mitgliedstaaten dafür Sorge tragen, daß Handlungen unterbleiben, die den Mißbrauch beherrschender Stellungen begünstigen könnten, welche zu Beschränkungen des Pluralismus [...] führen würden". Das Parlament wollte außerdem in den Erwägungen festschreiben, dass die Kommission "die Notwendigkeit einer Harmonisierung der nationalen Rechtsvorschriften betreffend die Massenmedien [...] anerkannt und sich verpflichtet [habe], auch eine Richtlinie zur Regelung der Eigentumsverhältnisse bei den Massenmedien auszuarbeiten". An verschiedenen Stellen ging das Parlament auf die Rolle des öffentlich-rechtlichen Rundfunks in Europa ein. Die Änderungen bezeichneten die öffentlich-rechtlichen Sender als eine "Ausdrucksform der kulturellen Vielfalt", brachten aber auch den Gedanken ein, dass ein öffentlich-rechtlicher Dienst außer von öffentlich-rechtlichen Sendern auch von privaten Veranstaltern, die einen Vertrag mit staatlichen Stellen geschlossen haben, erbracht werden könnte. Für die Stärkung der europäischen Programmindustrie sollte die Kommission verpflichtet werden, die Errichtung eines spezifischen Finanzierungsinstruments für die audiovisuelle Produktion zu prüfen. Dieses war als eine Ergänzung zum Programm MEDIA II und insbesondere zur Unterstützung kleiner und mittlerer Produzenten sowie von Produktionen aus Ländern mit weniger verbreiteten Sprachen gedacht. In die gleiche Richtung zielten die Ergänzungen der Quotenartikel, mit denen das Parlament den Mitgliedstaaten auferlegen wollte, die Quoten mit "rechtswirksamen Mitteln" durchzusetzen. Hinsichtlich eines verbesserten Jugendschutzes setzte das Parlament auf eine gemeinsame Klassifizierung der Programme und entsprechende Kodierung durch die Fernsehveranstalter sowie auf technische Vorrichtungen zur Filterung von Programmen. (Vgl. Europäisches Parlament, 1996c)

Die Kommission legte daraufhin Anfang Mai einen geänderten Vorschlag vor (Kommission der EG, 1996b), der die Grundlage für einen Gemeinsamen Standpunkt bildete, den der Rat Anfang Juli verabschiedete. Das Parlament drängte allerdings weiterhin auf Änderungen. Am 12. November

1996 fand die zweite Lesung des Richtlinienentwurfs statt, bei der der Gemeinsame Standpunkt wiederum in 44 Punkten abgeändert wurde (Beschluß betreffend..., 1996). In den Änderungsvorschlägen des Parlaments, die sich auf die Erwägungen bezogen, betonte dieser neuerliche Entwurf noch einmal die Notwendigkeit zur Förderung europäischer Werke über die Quotenregelung hinaus. Insbesondere sollte die Einrichtung eines Garantiefonds zur Förderung von Produktionen und Vertrieb europäischer Werke vorgesehen werden. Außerdem forderte das Parlament Leitlinien, die es erlauben sollten, die Unabhängigkeit eines Produzenten von einem Fernsehveranstalter festzustellen. Ähnlich wie schon bei der ersten Lesung des Kommissionsvorschlages führte der Beschluss des Parlaments dazu drei Kriterien ein. So sollte ein Produzent als unabhängig gelten, wenn ein Fernsehveranstalter nicht mehr als 20 Prozent des Aktienkapitals der Produktionsgesellschaft hält, bzw. 50 Prozent, sofern mehr als ein Fernsehveranstalter beteiligt ist. Das zweite Kriterium legte fest, dass ein Produzent demselben Fernsehveranstalter über drei Jahre nicht mehr als 90 Prozent der produzierten Werke liefern dürfe. Schließlich sollte vorausgesetzt werden, dass ein Produzent nicht einen wesentlichen Anteil der Aktien an einem Fernsehveranstalter hält. Diese Kriterien wurden auch für Artikel 5 des Richtlinientextes übernommen.

Neu war in dem abgeänderten Richtlinientext die Einfügung eines Passus, nach dem es den Mitgliedstaaten erlaubt sein sollte, zur Verhinderung des Missbrauchs marktbeherrschender Stellungen der "Sicherung exklusiver Rechte bei Großveranstaltungen zum Nachteil der Zuschauermehrheit" entgegen zu wirken. Der Umgang mit Exklusivrechten wurde in einem neu eingefügten Absatz in Artikel 3 der Richtlinie konkretisiert (vgl. hier Kapitel 5.5.2). Explizit betont wurde in den veränderten Erwägungen darüber hinaus die Möglichkeit der Mitgliedstaaten, Maßnahmen zur Sicherung des Wettbewerbs und zur Verhinderung des Missbrauchs bzw. des Ausbaus marktbeherrschender Stellungen zu ergreifen.

Während die Weiteren Änderungen größtenteils eher geringfügige Textkorrekturen und -ergänzungen betrafen, wurde das Parlament noch einmal konkret in Sachen Jugendschutz. Es wurde die Einfügung eines neuen Artikels vorgesehen, der die Fernsehveranstalter dazu verpflichten sollte, ihre Programme "gemäß der gemeinsamen Klassifizierung der Programme unter Berücksichtigung ihres möglichen Schädigungsgrades für Minderjährige spätestens ein Jahr nach deren Annahme zu kodieren". Schließlich sollte jedes Fernsehgerät, das in der Gemeinschaft auf den Markt gebracht wird, mit einer technischen Vorrichtung zur Filterung von Programmen ausgestattet werden. (Vgl. Beschluß betreffend..., 1996)

Bereits Anfang Dezember 1996 reagierte die Kommission auf die Abänderungen, die das Parlament an dem Gemeinsamen Standpunkt des Rates vorgenommen hatte, und legte noch einmal einen neuen Vorschlag für die Fernsehrichtlinie vor. Dieser arbeitete die Änderungen des Parlaments im Wesentlichen ein und nahm lediglich einige Präzisierungen und Textkorrekturen vor. Nur in einem Fall akzeptierte die Kommission die Änderung nicht: Das Parlament hatte einen Absatz eingefügt, der die Unterbrechung von Teleshopping-Sendungen durch Werbung bzw. deren Einfügung in Werbesequenzen untersagen sollte. Dieser wurde von der Kommission ersatzlos gestrichen (vgl. Kommission der EG, 1996g). Als die Richtlinie schließlich am 19. Juni 1997 – bei einer Enthaltung durch Belgien und einer Gegenstimme von Deutschland – verabschiedet wurde, war es wiederum zu Änderungen gekommen. Die Passagen zur Definition des "unabhängigen Produzenten" fanden sich im endgültigen Richtlinientext nicht wieder. Die im Vorfeld wieder aufgeflammte Diskussion um die Quotenvorgaben in den Artikeln 4 und 5 hatte sich zum Teil noch nicht einmal in den Entwürfen niedergeschlagen, und was an Veränderungen vorgesehen war, überlebte nicht bis zur Endfassung.

Insgesamt gesehen, fiel die Neufassung der Fernsehrichtlinie wenig spektakulär aus. Sie diente vorrangig der Präzision von Begriffen und Regelungen, bei denen es in der Praxis Auslegungsschwierigkeiten gegeben hatte. Der nun vorgelegte Text basierte auf einem gemeinsamen Entwurf, den der Vermittlungsausschuss – einem paritätisch aus Vertretern des Parlaments und des Rates zusammengesetzten Gremium – im April gebilligt hatte. Wirklich neu waren nur drei Punkte. Mit den ausführlichen Vorgaben für das Teleshopping wurde einer Entwicklung im Bereich der kommerziellen Kommunikation Rechnung getragen, die so noch nicht absehbar war, als in den achtziger Jahren erstmals über die Fernsehrichtlinie verhandelt wurde. Ebenfalls neu war die Kann-Bestimmung zur Schutzliste für Ereignisse von erheblicher gesellschaftlicher Bedeutung sowie die Vorgabe für die Einsetzung eines Kontaktausschusses. Tabelle 5.4 zeigt in der Übersicht die Gliederung und die wichtigsten Regelungen der Richtlinie, wie sie im Sommer 1997 vom Rat erlassen wurde.

Gegenüber der Richtlinie von 1989 wurde 1997 der Erwägungsteil ausgebaut und neu strukturiert. Hier taucht einiges auf, was im Zuge der Verhandlungen aus dem eigentlichen Richtlinientext herausgenommen wurde. So verweist Erwägungsgrund 26 auf das von der Kommission im April 1994 verabschiedete Grünbuch "Strategische Optionen für die Stärkung der Programmindustrie im Rahmen der audiovisuellen Politik der Europäischen Union" sowie das MEDIA-Programm zur Unterstützung des audiovisuellen Bereichs und stellt einen weiteren "Gemeinschaftsmechanismus" zur Förderung der Produktion europäischer Werke "wie beispielsweise einen Garantiefonds" in Aussicht. In den Erwägungsgründen, aber letztlich eben nur hier, hat auch die Diskussion über die Definition des Begriffs "unabhängiger Produzent" ihren Niederschlag gefunden. Erwägungsgrund 31 legt den Mitgliedstaaten nahe, "Kriterien wie das Eigentum an der Produktionsgesellschaft, den Umfang der ein und demselben Fernsehveranstalter gelieferten Programme und das Eigentum an sekundären Rechten angemessen [zu] berücksichtigen". Die konkreten Zahlenvorgaben, die es dazu in den Vorschlägen gegeben hatte, waren auf der Strecke geblieben. Die Sperrfristen für die Ausstrahlung von Kinofilmen im Fernsehen, die die Richtlinie von 1989 – sofern keine andere Abmachung bestand – auf zwei Jahre bzw. ein Jahr bei Koproduktionen mit Fernsehveranstaltern festgelegt hatte, bleiben seit 1997 der Vereinbarung zwischen den Sendern und den Rechteinhabern vorbehalten. Erwägungsgrund 32 bekräftigt dieses Prinzip, das ebenso in Artikel 7 der Richtlinie festgeschrieben ist; die konkreten Fristen der Richtlinie von 1989 sind herausgenommen.

Neu in den Erwägungen, aber wiederum ebenfalls nur hier zu finden, ist ein Passus, dem zu Folge das Ziel, die europäische audiovisuelle Produktion zu unterstützen, in den Mitgliedstaaten auch durch die Festschreibung eines öffentlich-rechtlichen Auftrags mit der Verpflichtung auf Investitionen in europäische Produktionen geleistet werden kann (Erwägungsgrund 45). Diesen Erwägungsgrund hatte das Europäische Parlament in seiner Abänderung des Gemeinsamen Standpunkts des Rates eingebracht.

Artikel 2 der Richtlinie, der die ungehinderte grenzüberschreitende Weiterverbreitung von Fernsehsendungen sicher stellt, wurde durch einen Artikel 2a ergänzt und gegenüber dem Text von 1989 deutlich ausgebaut. Diese Erweiterung geht vor allem auf die Ausführungen zu dem nun gültigen Niederlassungsprinzip zurück. Die Kriterien, die die Zuständigkeit eines Mitgliedstaates bestimmen, waren im Verlauf der Verhandlungen über die

Tabelle 5.4: Fernsehrichtlinie vom 19. Juni 1997

Gliederung	Inhalte
Erwägungsgründe	
Kapitel I	**Begriffsbestimmungen**
Kapitel II	**Allgemeine Bestimmungen** ▪ Niederlassungsprinzip ▪ Vorübergehende Abweichung von ungehinderter Weiterverbreitung unter bestimmten Bedingungen möglich ▪ Mitgliedstaaten können strengere Regelungen erlassen ▪ Mitgliedstaaten können Ereignisse von erheblicher gesellschaftlicher Bedeutung bestimmen, die im Free TV auszustrahlen sind
Kapitel III	**Förderung der Verbreitung und Herstellung von Fernsehprogrammen** ▪ Hauptanteil der Sendezeit für europäische Werke ▪ 10% der Sendezeit/Haushaltsmittel für unabhängige Produzenten; angemessener Anteil neuerer Werke ▪ Europäische Werke: Werke aus EU-Mitgliedstaaten; Vertragsparteien des Europarats-Übereinkommens; europäischen Drittländern; sofern in Drittstaaten keine diskriminierenden Maßnahmen gegen Werke aus der EU bestehen ▪ Ausstrahlung von Kinofilmen nicht zu anderen als den vereinbarten Zeiten
Kapitel IV	**Fernsehwerbung, Sponsoring und Teleshopping** ▪ Trennung von Werbung und Programm ▪ Maximal 15% der täglichen Sendezeit für Werbespots; maximal 20% für Teleshopping-Spots, Werbespots und andere Werbeformen mit Ausnahme von Teleshopping-Fenstern ▪ Maximal 20% Spotwerbung pro Stunde ▪ Teleshopping-Fenster haben eine Mindestdauer von 15 Minuten; maximal acht Fenster und nicht mehr als drei Stunden pro Tag ▪ Gültigkeit der Richtlinie für Teleshopping-Sender (ausgenommen Kapitel III) ▪ Unterbrecherwerbung zwischen Sendungen und in natürlichen Pausen, bei Filmen 1x pro 45 Minuten ▪ Keine Werbung für Tabakerzeugnisse ▪ Keine Werbung für verordnungspflichtige Arzneimittel ▪ Kein Teleshopping für Arzneimittel ▪ Alkoholwerbung darf nicht an Minderjährige gerichtet sein und keine positiven Wirkungen suggerieren ▪ Eindeutige Kennzeichnung von Sponsoring ▪ Kein Sponsoring von politischen Informationssendungen ▪ Eigenwerbung der Sender gilt nicht als Werbung

Tabelle 5.4: Fernsehrichtlinie vom 19. Juni 1997 (Fortsetzung)

Gliederung	Inhalte
Kapitel V	**Schutz Minderjähriger und öffentliche Ordnung** ▪ Keine Programme, die die körperliche, geistige und sittliche Entwicklung von Minderjährigen beeinträchtigen können; es sei denn, Sendezeit oder technische Maßnahmen verhindern den Empfang durch Minderjährige ▪ Untersuchung weiterer Maßnahmen, die Kontrolle der Programme erleichtern
Kapitel VI	**Recht auf Gegendarstellung** ▪ Bei Behauptung falscher Tatsachen
Kapitel VIa	**Kontaktausschuss** ▪ Einsetzung eines Kontaktausschusses zur Erleichterung der Umsetzung der Richtlinie und Informationsaustausch
Kapitel VII	**Schlussbestimmungen** ▪ Umsetzung bis 19. Dezember 1998

neue Richtlinie weiterentwickelt worden. Nach der Neuregelung begründet sich die Rechtshoheit eines Mitgliedstaates durch folgende Kriterien: Der Fernsehveranstalter hat seine Hauptverwaltung in dem Mitgliedstaat und die redaktionellen Entscheidungen über das Programmangebot werden hier getroffen. Befinden sich Hauptverwaltung und Programmentscheidung nicht in einem Mitgliedstaat oder sogar in einem Drittstaat, so gilt der Veranstalter dort als niedergelassen, wo ein wesentlicher Teil des Sendepersonals tätig ist. Verteilt sich das Sendepersonal auf mehrere Staaten, wird zusätzlich das Kriterium Sitz der Hauptverwaltung herangezogen. Für Fernsehveranstalter, auf die sich diese Kriterien nicht anwenden lassen, bestimmt sich die Rechtshoheit über die zugeteilte Frequenz oder die von einem Mitgliedstaat zur Verfügung gestellte Übertragungskapazität auf einem Satelliten.

Der neu eingefügte Artikel 2a benennt die Bedingungen, unter denen ein Mitgliedstaat berechtigt ist, die Weiterverbreitung von Fernsehsendungen aus anderen Mitgliedstaaten vorübergehend zu untersagen. Die Formulierungen sind gegenüber dem Text von 1989 nicht wesentlich verändert, und es bleibt bei einem sehr engen Spielraum.

Auch Artikel 3 hat 1997 gegenüber der Richtlinie von 1989 eine deutliche Erweiterung erfahren, indem ein Artikel 3a angehängt wurde. Mit Artikel 3 räumt die Richtlinie den Mitgliedstaaten nach wie vor die Möglichkeit ein, für ihrer Rechtshoheit unterworfene Fernsehveranstalter strengere Regelungen zu erlassen. Nicht aufgenommen wurde eine Konkretisierung der Ziele, zu deren Gunsten ein Mitgliedstaat strengere Bedingungen für die nationalen Fernsehveranstalter vorsehen kann. Die Kommission hatte in ihrem ersten Novellierungsentwurf eine Ergänzung vorgeschlagen, der zu Folge strengere Bestimmungen insbesondere "die Realisierung sprachenpolitischer Ziele" betreffen könnte ebenso wie "die Berücksichtigung der Interessen der Allgemeinheit in bezug auf den Informations-, Bildungs-, Kultur- und Unterhaltungsauftrag des Fernsehens sowie hinsichtlich der Wahrung der Informations- und Medienvielfalt".

Artikel 3a, der erst in der vorletzten Phase des Mitentscheidungsverfahrens in die Richtlinie von 1997 aufgenommen wurde, stellt den Mitgliedstaaten frei, Maßnahmen zu ergreifen, die den Ausschluss erheblicher Teile der Öffentlichkeit vom Empfang der Übertragung von wichtigen Ereignissen zu verhindern. Konkret wird die Möglichkeit benannt, Listen nationaler und nicht-nationaler Ereignisse zu erstellen, denen ein Mitgliedstaat erhebliche gesellschaftliche Bedeutung beimisst und die im frei zugänglichen Fernsehen übertragen werden müssen. (Vgl. hier auch Kapitel 5.5.2)

Die Artikel 4 und 5 der Richtlinie, die die Quotenvorgaben für den Sendeanteil europäischer Werke sowie für Werke unabhängiger Produzenten enthalten, sind gegenüber 1989 gleich geblieben. Unter den Angeboten, für die die Quote nicht gilt, wurde lediglich das Teleshopping ergänzt. In Anbetracht der Diskussionen vom ersten Novellierungsvorschlag der Kommission bis zur Verabschiedung der neuen Richtlinie ist insofern interessant, was alles keinen Niederschlag in diesen beiden Artikeln gefunden hat. So überlebte der Vorschlag der Kommission, bei den Quotenverpflichtungen eine Erleichterung für Spartenprogramme einzuführen, nicht bis zum Erlass der neuen Richtlinie. Auch das Vorhaben, den Anteil neuerer Werke am Anteil unabhängiger Produzenten auf mindestens 50 Prozent festzuschreiben, hatte keinen Erfolg. Unverändert blieb auch die Referenz auf das Jahr 1988 bzw. im Fall von Griechenland und Portugal das Jahr 1990 für Fernsehveranstalter, denen es nicht gelingt, den Hauptanteil ihrer Sendezeit europäischen Werken vorzubehalten: Sie dürfen wenigstens nicht hinter den durchschnittlichen Anteil von 1988 bzw. 1990 zurückfallen. Zwischenzeitlich hatte der Vorschlag auf dem Tisch gelegen, das Jahr 1992 als Referenzjahr einzuführen, was in Anbetracht der damals bereits gültigen

Quotenverpflichtungen durch die Richtlinie von 1989 eine Verschärfung bedeutet hätte. Schließlich finden sich die Kriterien zur Definition des Begriffs "unabhängiger Produzent" 1997 nur in den Erwägungsgründen wieder, haben aber keinen Eingang in den eigentlichen Richtlinientext gefunden.

Der die Quotenartikel 4 und 5 ergänzende Artikel 6 der Richtlinie, der die Definition europäischer Werke enthält, blieb 1997 ebenfalls fast unverändert. Neu ist lediglich der Einschub des Absatzes 4, der Werke betrifft, die in Koproduktion von Mitgliedstaaten und Drittländern entstehen. Liegt demnach der Hauptanteil an den Gesamtproduktionskosten eines Werkes bei den Koproduzenten aus der Gemeinschaft und wird die Produktion nicht von Herstellern außerhalb der Gemeinschaft kontrolliert, wird ein solches Werk ebenfalls als europäisches Werk angesehen.

Die wesentlichen Änderungen im Werbekapitel der Richtlinie betrafen die Aufnahme von Teleshopping in die Regelungen. Neben reinen Teleshoppingsendern differenziert die Richtlinie nach Teleshopping-Spots und Teleshopping-Fenstern. Teleshopping-Spots werden anderen Werbespots gleichgesetzt, unterliegen also den gleichen zeitlichen Beschränkungen. Für Teleshopping-Fenster, die in einem Programm ausgestrahlt werden, das nicht nur dem Teleshopping dient, gelten indessen großzügigere Bestimmungen. Bis zu acht Teleshopping-Fenster, die auf eine Mindestdauer von 15 Minuten festgelegt sind, können pro Tag ausgestrahlt werden. Die Gesamtsendedauer darf jedoch drei Stunden nicht überschreiten.

Insbesondere auf Drängen des Europäischen Parlaments wurde Kapitel V der Fernsehrichtlinie deutlich ausgebaut. Dessen Überschrift lautete in der 89er Richtlinie einfach "Schutz von Minderjährigen". Der erste Novellierungsentwurf der Kommission sah "Schutz von Minderjährigen und der öffentlichen Sittlichkeit" vor. Bis zur Verabschiedung hatte sich die Überschrift wiederum geändert und lautet nun "Schutz Minderjähriger und öffentliche Ordnung". In den dazu gehörigen Artikeln 22 bis 22b hat die Diskussion um die Möglichkeit einer verschlüsselten Ausstrahlung von Programmen, die nicht für Minderjährige geeignet sind, bzw. von technischen Vorrichtungen zur Filterung ihren Niederschlag gefunden. Zum einen schreibt die Richtlinie nun vor, dass solche Programme, sofern sie unverschlüsselt ausgestrahlt werden, durch akustische Zeichen anzukündigen oder während der gesamten Sendung durch optische Mittel kenntlich zu machen sind. Im Weiteren kündigt die Kommission kurzfristig eine Untersuchung an, die die möglichen Vor- und Nachteile weiterer Maßnahmen, die die Kontrolle zum Schutz Minderjähriger erlauben, prüfen soll. Insbesondere geht es dabei um technische Programmfilter, die Festlegung geeigneter Bewertungssysteme, die Förderung einer "Politik zu Gunsten familienfreundlichen Fernsehens" sowie medienpädagogische Maßnahmen.

Das Recht auf Gegendarstellung blieb in der Neufassung der Richtlinie größtenteils unverändert. Artikel 23 wurde 1997 lediglich um die Maßgabe ergänzt, dass die Ausübung des Rechts auf Gegendarstellung von den Mitgliedstaaten nicht behindert werden dürfe. Außerdem muss eine Gegendarstellung innerhalb einer angemessenen Frist sowie zu einer Zeit und in einer Weise gesendet werden, die der Sendung, auf die sich die Gegendarstellung bezieht, angemessen sind.

Völlig neu ist hingegen das 1997 eingefügte Kapitel VIa, mit dem die Einsetzung eines Kontaktausschusses bei der Kommission vorgesehen wird. Diese Idee stammt aus einer späteren Phase des Verfahrens und wurde in dieser umfassenden Formulierung auch erst kurz vor Verabschiedung der neuen Richtlinie eingefügt. Der Kontaktausschuss, dem unter Vorsitz eines Vertreters der Kommission Repräsentanten der Mitgliedstaaten angehören, soll insbesondere die praktische Umsetzung der Richtlinie erleichtern und Stellungnahmen zu ihrer Anwendung abgeben. Darüber hinaus dient der Kontaktausschuss der Beratung nicht nur in den Bereichen, die von der Richtlinie geregelt werden, sondern im Weiteren auch bezüglich der Entwicklungen im audiovisuellen Sektor und bei den Fernsehdiensten.

Die veränderte Richtlinie war von den Mitgliedstaaten bis zum 19. Dezember 1998 in nationales Recht umzusetzen. Die Kommission ist zu zweijährlicher Berichterstattung über die Anwendung der Bestimmungen verpflichtet, wobei gegebenenfalls Vorschläge zur Anpassung der Richtlinie an neue Entwicklungen im Fernsehsektor zu machen sind. Der Jugendschutzartikel der Richtlinie von 1997 betont in diesem Zusammenhang die besondere Bedeutung, die der Anwendung der Bestimmungen zum Schutz Minderjähriger in den Berichten der Kommission zukommt. Schließlich begründet Artikel 4 eine spezifische Berichtspflicht zur Erfüllung der Quotenvorgaben.

Die technischen Entwicklungen, neue Werbeformen, die wachsende Popularität von Teleshopping und natürlich die Neufassung der EG-Richtlinie machten auch eine Anpassung des Europarat-Übereinkommens notwendig. Das geschah durch ein Änderungsprotokoll zum Übereinkommen von 1989 (Council of Europe, 1998). Es wurde am 1. Oktober 1998 verabschiedet und trat am 1. März 2002 in Kraft. Deutschland ratifizierte die Neuregelung am 1. Oktober 2000, so dass die Änderungen hier ebenfalls ab dem 1. März 2002 wirksam werden konnten.

Ebenso wie bei der Richtlinie betrafen die wichtigsten Veränderungen des Übereinkommens die Ausführungen zum Sitzlandprinzip in Fortführung des Sendestaatsprinzips, die Regelungen für die Werbung und das Teleshopping. Artikel 9, der bis dahin eine vage Formulierung zum Zugang der Öffentlichkeit zu bedeutenden Ereignissen enthielt, wurde erweitert und unterteilt sich nun in die Aufforderung an die Vertragsstaaten, das Kurzberichterstattungsrecht bei wichtigen Ereignissen sicher zu stellen, sowie eine Listenregelung, wie sie ähnlich auch die Fernsehrichtlinie 1997 aufgenommen hat. Die andere, deutlicher kulturell geprägte Perspektive des Europarates auf die Medien, die sich immer auch in Bemühungen um Medienvielfalt niederschlägt, findet sich in der Neufassung des Übereinkommens in einer Ergänzung zu Artikel 10. Die unterzeichnenden Mitgliedstaaten verpflichten sich, alles zu unternehmen, um Gefahren für die Medienvielfalt durch Fernsehübertragungen abzuwenden.

5.5 Die Anwendung der Richtlinienvorschriften und weiterführende Maßnahmen

Den ersten Erfahrungsbericht über die Anwendung der Richtlinie nach deren Neufassung (und dritten Bericht insgesamt) legte die Kommission Anfang 2001 vor (Kommission der EG, 2001a). Obwohl die Mitgliedstaaten die Richtlinie bis Ende 1998 hätten umsetzen müssen, war dieser Prozess zum Ende des Jahres 2000 in Italien, Luxemburg und den Niederlanden noch nicht abgeschlossen. In allen drei Fällen rief die Kommission daher den Europäischen Gerichtshof an. In Deutschland waren die Neuregelungen der 97er Richtlinie 1999 durch den Vierten Rundfunkänderungsstaatsvertrag in nationales Recht übernommen worden. Während der Bericht die Umsetzung und Anwendung der Richtlinienvorgaben im Allgemeinen als zufriedenstellend bezeichnete, vermerkte die Kommission jedoch – insbesondere für Markteinsteiger und Spartenprogramme – einige Probleme bei der Erfüllung der Quoten und außerdem systematische Überschreitungen der maximal zulässigen Werbezeiten in den südeuropäischen Mitgliedstaaten. Wegen der Nicht-Einhaltung der Werbebestimmungen leitete die

Kommission daher Verstoßverfahren gegen Griechenland, Spanien und Italien ein.

Der Kommissionsbericht verwies auch bereits auf Befunde aus einer Studie über die elterliche Kontrolle des Fernsehens. Dabei wurde festgestellt, dass sich die Entwicklung eines einheitlichen Bewertungssystems wegen kultureller Unterschiede in den Mitgliedstaaten als schwierig erweise. Solche Überlegungen bezögen sich außerdem längst nicht mehr nur auf das Fernsehen, sondern müssten auch das Kino, Video, Internet und Videospiele einbeziehen. Was die Möglichkeiten der technischen Zugangskontrolle anbetrifft, sei die Übernahme des V-Chip aus den USA für Europa ungeeignet, weil dieser auf der Analogtechnik basiert, der besondere Bedarf für Filterung sich aber gerade wegen der fortschreitenden Verbreitung des Digitalfernsehens stelle.

Wie schon die Diskussion im Vorfeld der Richtliniennovellierung betonte auch dieser erste Erfahrungsbericht die Notwendigkeit weiterer Maßnahmen in Anbetracht der rasant fortschreitenden technischen Entwicklungen im Kommunikationssektor. Änderungsvorschläge enthielt der Bericht allerdings noch nicht, diese wurden für den nach zwei Jahren, also Ende 2002, abermals fälligen Bericht der Kommission über die Anwendung der Richtlinie in Aussicht gestellt. (Vgl. Kommission der EG, 2001a)

Die Bilanz für die Jahre 2001 und 2002, die die Kommission mit ihrem vierten Bericht über die Anwendung der Richtlinie zog, unterschied sich jedoch nur wenig von dem Vorgängerbericht. Alle Mitgliedstaaten hatten die Richtlinie von 1997 mittlerweile umgesetzt. Die Anwendung von Artikel 3a (Ereignisse von erheblicher Bedeutung) ebenso wie die Durchführung der Quotenartikel 4 und 5 bezeichnete die Kommission als zufrieden stellend. Mit Blick auf die anstehende Erweiterung der Union stellte die Kommission außerdem fest, dass die Beitrittsländer dabei seien, ihre Rechtsvorschriften für den audiovisuellen Bereich dem EU-Rahmen anzupassen. (Vgl. Kommission der EG, 2003f)

5.5.1 Artikel 4 und 5

Im Sommer 2000 legte die Kommission ihre vierte Mitteilung über die Anwendung der Richtlinienartikel 4 und 5 vor (Kommission der EG, 2000b). Diese bezog sich auf die Jahre 1997 und 1998 und stellte somit die erste Bestandsaufnahme nach Verabschiedung der novellierten Richtlinie dar. Der Folgebericht mit Angaben zum Zeitraum 1999-2000 erschien im November 2002, der sechste Bericht für die Jahre 2001 und 2002 schließlich im Juli 2004 (Kommission der EG, 2002; 2004). In Anbetracht der kontroversen Diskussion über die Quotenartikel im Vorfeld der Verabschiedung der ersten Richtlinie und des gescheiterten Versuchs vor allem von französischer Seite, mit der Novellierung 1997 eine Verschärfung der Quoten durchzusetzen, ist zunächst die Feststellung der Kommission interessant, dass die meisten Mitgliedstaaten strengere Regelungen vorgesehen haben. Ebenso wie bei der Werbung stellt es die Richtlinie den Mitgliedstaaten hinsichtlich der Quoten frei, ausführlichere und strengere Bestimmungen festzulegen. Davon hat die Mehrzahl der Mitgliedstaaten Gebrauch gemacht. Natürlich hat Frankreich diese Möglichkeit genutzt, geriet aber wegen beträchtlicher Abweichungen von den europäischen Vorgaben und vor allem auch wegen einer hohen Programmquote für französische Produktionen, die für andere europäische Produktionen nur noch wenig Platz ließ, in Auseinandersetzungen mit der Kommission (vgl. dazu ausführlich Machill, 1997, Kapitel 3). Frankreich verlangt heute einen Anteil von 60 Prozent europäischer Werke, wobei zusätzlich eine Festlegung auf die Hauptsendezeit erfolgt. Für Deutschland ist im Rundfunkstaatsvertrag explizit aufgeführt, für welche Programmteile die Quotenauflage gilt: Fernsehveranstalter sollen den Hauptteil ihrer für Spielfilme, Fernsehspiele, Serien, Dokumentarsendungen und vergleichbare Produktionen europäischen Werken vorbehalten. Eine Reihe von Mitgliedstaaten sieht eine höhere Quote für unabhängige Produktionen vor. So haben zum Beispiel die Niederlande und das Vereinigte Königreich den Anteil, der Werken unabhängiger Produzenten vorzubehalten ist, auf 25 Prozent fixiert (Kommission der EG, 2004e, S. 5).

Tabelle 5.5 stellt dar, wie die Quotenartikel in den einzelnen Mitgliedstaaten implementiert wurden. Diejenigen Länder, die im oberen rechten Quadranten eingeordnet sind, sehen die striktesten und weitestgehenden Anforderungen vor. Die Länder des unteren linken Quadranten, wo neben Deutschland auch Dänemark zu finden ist, haben am wenigsten zusätzliche

Anforderungen formuliert und erlauben eine gewisse Flexibilität bei der Anwendung der Richtlinie.

Obwohl die Berichte jeweils lange Listen derjenigen Sender wiedergeben, die die Quotenvorgaben der Fernsehrichtlinie nicht einhalten, spricht die Kommission von einer zufrieden stellenden Anwendung der Artikel 4 und 5. Nur eine kleine Zahl von Programmen in einigen Mitgliedstaaten bereite Schwierigkeiten. Daher mahnt die Kommission eine verstärkte Kontrolle der Programme an, damit die Quotenvorgaben auch von jedem einzelnen Sender erreicht werden. Die Kommission muss aber zugleich einräumen, dass die Methoden, die in den einzelnen Ländern zur Erhebung der Daten eingesetzt werden, erheblich differieren, so dass der Vergleich der Angaben nur sehr bedingt möglich ist (Kommission der EG, 2002, S. 45; 2004e, S. 4-5).

Tabelle 5.5: Implementierung von Artikel 4 und 5 der Fernsehrichtlinie (Quotenartikel)

Zusätzliche Anforderungen	**Anwendung der Richtlinie**	
	flexibel	**restriktiv**
hoch	Niederlande Spanien Schweden	Belgien Finnland Frankreich Italien Portugal Vereinigtes Königreich
niedrig	Dänemark Deutschland Irland Österreich	Griechenland Luxemburg

(in Anlehnung an: Graham, 2005, S. 13)

Am 1. Januar 2003 gab es in den 15 EU-Staaten rund 880 Fernsehkanäle. Nach Abzug derjenigen Kanäle, auf die Artikel 4 und 5 der Richtlinie nicht angewendet werden, blieben im Jahr 2001 472 und im Jahr 2002 503 Kanäle (alle Zahlenangaben aus: Commission of the EC, 2004). Auf diese Basis beziehen sich die Angaben des sechsten Berichts der Kommission über die

Anwendung der Quotenregelung in den Mitgliedstaaten. Nicht berücksichtigt sind also solche Sender, die nur Nachrichten, Sportberichte, Spielshows, Werbung, Videotext oder Teleshopping bringen. Angaben zu Sendeanteilen beziehen sich entsprechend ebenfalls nur auf solche Programme, die nicht einer der genannten Kategorien entsprechen. Fernsehsendungen, die auf ein lokales Publikum zielen und nicht national verbreitet werden, sind ebenfalls von der Quotenregelung ausgenommen. Was solche Ausnahmen angeht, die im Jahr 2002 immerhin rund 380 Kanäle betraf, gibt es offenbar auch einige Unstimmigkeiten. Zum Beispiel vermerkt die Kommission in ihrem Bericht, dass einige Mitgliedstaaten Angaben über einzelne Kanäle nicht geliefert hätten, nachdem diese "befreit" wurden. Als krassester Fall für solches Vorgehen ist hier Italien genannt.

In den Jahren 2001 und 2002, auf die sich der sechste Bericht bezieht, wurde für die Vorgabe in Artikel 4 der Fernsehrichtlinie (Anteil europäischer Werke an der Sendezeit) eine durchschnittliche Erfüllungsquote von 69.93 Prozent bzw. 74.53 Prozent erreicht. Diese Erfüllungsquote bezieht sich auf alle Kanäle in den EU-Mitgliedstaaten, für die die Quotenregelung zutrifft. Diese Erfüllungsquote bezeichnet den Anteil derjenigen Sender, bei denen der Hauptanteil der einschlägigen Sendezeit auf europäische Werke entfällt. Obgleich innerhalb dieses Zeitraums die Zahl der Sender zugenommen hat, kam es von einem Jahr zum anderen also noch zu einer Steigerung der Erfüllungsquote. Wie aus Tabelle 5.6 hervorgeht, die auch den Vergleich der Jahre 2000 und 2002 darstellt, gibt es jedoch beträchtliche Unterschiede zwischen den einzelnen Mitgliedstaaten. Schweden war das einzige Land, dessen Erfüllungsquote in beiden Jahren unter 50 Prozent blieb; 2001 lag außerdem Irland genau bei 50 Prozent, was noch nicht als Hauptanteil gewertet wird. Spitzenreiter mit jeweils 100 Prozent war in beiden Jahren Finnland. Allerdings werden in Finnland auch nur vier Sender berücksichtigt. Wie das Beispiel des Vereinigten Königreichs zeigt, ist es für ein Land mit einer hohen Zahl von Kanälen deutlich schwieriger, eine hohe Erfüllungsquote zu erreichen. Im Vergleich dazu erzielt Frankreich, obwohl es nach Zahl der Sender an zweiter Stelle rangiert, weit bessere Erfüllungsquoten; hier dürfte sich die rigide französische Quotenpolitik niederschlagen.

Ebenfalls sehr unterschiedlich ist der Anteil an der Sendezeit, der europäischen Werken vorbehalten ist. Die Kommission bezieht sich dabei in ihrem Bericht auf die Programme mit den höchsten Zuschauerzahlen, als solche bezeichnet sie Programme, die Marktanteile von mehr als drei Prozent erreichen. Für alle Mitgliedstaaten zusammen verzeichnet der Bericht

Tabelle 5.6: Anteil europäischer Werke an der Sendezeit und Erfüllungsquoten pro Land (Artikel 4)

	Europäischen Werken vorbehaltene Sendezeit (in Prozent)[1]		**Erfüllungsquote (in Prozent)**[2]	
	2000	**2002**	**2000**	**2002**
A	58.8	79.13	66.66	86
B	60.23	68.42	67	68
D	63	59.82	62.5	68
DK	61	64.6	71.4	67
E	58.50	61.71	78	73
F	69	71.73	71	96
FIN	69.5	66.25	100	100
GR	71.18	73.53	100	74
I	65.98	60.72	49	77
IRL	55.33	48.67	75	75
L	100	80	91	90
NL	67.6	73.83	67	68
P	49.5	49.83	78	75
S	74.45	59.47	58	43
UK	68.8	73.8	53	58
Ø EU	62.18	66.10	72.50	74.53

(Kommission der EG, 2002, S. 9; Commission of the EC, 2004, S. 6)

1 Durchschnittlicher Anteil der Sendezeit, die auf die Ausstrahlung europäischer Werke entfällt.

2 Anzahl der Sender in einem Mitgliedstaat abzüglich derjenigen Sender, die von der Quotenregelung ausgenommen oder (noch) nicht auf Sendung sind.

einen durchschnittlichen Anteil von 69.95 Prozent im Jahr 2001 und 66.1 Prozent im Jahr 2002. An vorderster Stelle lag hier 2002 Luxemburg, das auf einen Anteil von 80 Prozent kam, nur knapp dahinter Österreich. Am anderen Ende der Rangliste stehen Irland und Portugal, die europäischen Werken lediglich einen durchschnittlichen Anteil von 48.67 bzw 49.83 Prozent der einschlägigen Sendezeit einräumte. Beide Länder verfehlten also 2002 – wie auch schon im Jahr zuvor – die Quotenvorgabe. Die Aufschlüsselung für alle Mitgliedstaaten ist ebenfalls in Tabelle 5.6 dargestellt.

Der Blick auf die Liste derjenigen Sender, die die Quoten nicht erfüllen, zeigt, dass es sich dabei mehrheitlich um Spartenprogramme handelt. Neben dem thematischen Schwerpunkt eines Programms verzeichnet der Kommissionsbericht als weitere Gründe für die Nichteinhaltung der Vorgaben von Artikel 4 der Richtlinie die kurze Zeit, die ein Programm erst am Markt ist, sowie die Beschränkung auf eigenes Sendematerial bei Tochtergesellschaften von Unternehmen aus Drittländern. Offenbar sehen die Mitgliedstaaten, auf deren Angaben sich die Kommission stützt, oder die Fernsehveranstalter aber auch Kompensationsmöglichkeiten: Es kommt bei der Meldung der Daten an die Kommission zur Gruppierung der Programme eines Veranstalters, wobei dann darauf verwiesen wird, das alle Programme zusammengenommen die Quotenvorgabe erfüllen. In Deutschland erfüllten 2002 nur 15 von 33 Kanälen die Quotenvorgabe aus Artikel 4 der Richtlinie, sieben Kanäle lagen unterhalb der Vorgabe, und für vier Kanäle wurden keine Angaben gemacht. Zu den sieben Kanälen, die die Quote nicht erfüllten, gehören auch *Kabel 1*, *ProSieben*, RTL 2, *Super RTL* und *Premiere*. In ihrem Bericht kritisiert die Kommission insbesondere die dauerhafte Verfehlung der Quote durch *Kabel 1*, RTL 2 und *ProSieben* sowie die relativ hohe Zahl der Fälle, für die gar keine Angaben vorlagen. (Vgl. Kommission der EG, 2002, S. 24; Commission of the EC, 2004, S. 16-17)

Zusammen mit den Quotenvorgaben werden den Sendern in den meisten Ländern keine Auflagen gemacht, wann die europäischen Werke ins Programm zu nehmen sind. Wenigstens für die reichweitenstärksten Kanäle liegen Befunde vor, die zeigen, dass diese den Quoten sehr wohl auch zu den Hauptsendezeiten gerecht werden. Im Jahr 2002 betrug der durchschnittliche Anteil europäischer Werke zur Hauptsendezeit 65.3 Prozent, zu anderen Zeiten 61.6 Prozent. Die Aufschlüsselung der Sender macht deutlich, dass dieser Schnitt erheblich von den öffentlichen Sendern beeinflusst wird und die kommerziellen Kanäle um einiges hinter den öffentlichen Sendern zurückbleiben: Bei kommerziellen Kanälen entfielen 2002 53.1 Prozent der Hauptsendezeit auf europäische Werke, zu anderen Sendezeiten machte der Anteil 50 Prozent aus, während die entsprechenden Werte bei den öffentlichen Sendern 79.3 und 74.9 Prozent betrugen. (Graham, 2005, S. 116)

Was die Berücksichtigung von Werken unabhängiger Produzenten sowie neuerer Produktionen nach Artikel 5 der Fernsehrichtlinie angeht, vermerkt die Kommission, dass auch dabei die Mehrheit der Mitgliedstaaten von der Möglichkeit Gebrauch gemacht hätte, strengere Regelungen einzuführen. Insgesamt spricht der Bericht für die Jahre 1999 und 2000 von positiven Ergebnissen und von einer für die meisten Indikatoren steigenden Tendenz. Der durchschnittliche Anteil, der auf Werke unabhängiger Produzenten – nach Sendezeit oder alternativ nach Haushaltsmitteln – in sämtlichen Fernsehangeboten aller Mitgliedstaaten entfällt, betrug im Jahr 2001 37.57 Prozent und im Jahr 2002 34.03 Prozent. Auch hier unterscheiden sich die einzelnen Mitgliedstaaten wiederum erheblich. 2002 bewegte sich der Anteil zwischen 21.33 (Italien) und 68.92 Prozent (Niederlande), 2002 zwischen 18.78 (Italien) und 61.42 Prozent (Österreich). Die Aufschlüsselung für alle Länder und für die Jahre 2000 und 2002 im Vergleich zeigt Tabelle 5.7 (Commission of the EC, 2004, S. 7).

Die durchschnittliche Erfüllungsquote für alle europäischen Programme betrug 2001 90.67 Prozent, im Jahr 2002 89.13 Prozent. Die Erfüllungsquote drückt hier aus, wie viele Programme den in Artikel 5 vorgeschriebenen Mindestanteil von zehn Prozent (Sendezeit oder Haushaltsmittel) für Werke unabhängiger Produzenten erreichen oder überschreiten. Die Erfüllungsquoten pro Mitgliedstaat rangierten 2002 zwischen 71 und 100 Prozent. Die Aufschlüsselung für die einzelnen Länder und im Vergleich zum Jahr 2000 ist ebenfalls Tabelle 5.7 zu entnehmen. In fast allen Fällen haben sich die Veranstalter für die Anwendung der Quote auf die Sendezeit entschieden, nur einige französische Kanäle kommen der Vorgabe durch Allokation eines entsprechenden Anteils am Budget nach.

Artikel 5 der Fernsehrichtlinie enthält neben der Quote für Werke unabhängiger Produzenten die Vorgabe, ein "angemessener Anteil" davon müsse neueren Produktionen vorbehalten bleiben. Als neuere Werke gelten solche, die innerhalb eines Zeitraums von fünf Jahren nach ihrer Herstellung ausgestrahlt werden. Der Bericht der Kommission weist für sämtliche europäischen Programme der Mitgliedstaaten einen durchschnittlichen Anteil von 61.78 Prozent im Jahr 2001 und 61.96 Prozent im Jahr 2002 aus. In

Tabelle 5.7: Anteil europäischer Werke von unabhängigen Produzenten und Erfüllungsquoten pro Land (Artikel 5)

	Europäischen Werken unabhängiger Produzenten vorbehaltene Sendezeit/ Haushaltsmittel (in Prozent)		Erfüllungsquote (in Prozent)		Neueren Werken unabhängiger Produzenten vorbehaltene Sendezeit/Haushaltsmittel (in Prozent)	
	2000	**2002**	**2000**	**2002**	**2000**	**2002**
A	47.3	61.42	100	100	58.37	69.27
B	34.46	41.27	80	89	58.73	59.74
D	46.72	41.56	71	86	64.37	77.42
DK	58.86	28	100	100	75.43	82.85
E	40.2	34.5	96	86	24.82	23.75
F	59.26	46.33	92	100	59.73	61.95
FIN	29	25.5	100	100	80.25	76.75
GR	20.94	29.32	92	79	40.15	31.93
I	63.85	18.78	70	91	61.81	76.62
IRL	29	26.75	100	100	100	98.75
L	28.68	27.5	64	80	12.34	16.49
NL	52	33.45	86	90	78	89.26
P	31.13	26.91	89	83	31.13	74.29
S	34.63	37.87	58	71	65.4	65.48
UK	30.96	31.35	74.1	82	25.17	24.78
Ø EU	40.47	34.03	84.81	89.13	55.71	61.96

(Kommission der EG, 2002, S. 29-30; Commission of the EC, 2004, S. 7) dieser Hinsicht ist die Spanne der Werte für die einzelnen Länder außerordentlich groß. 2000 rangierten die Anteile zwischen 12.34 und 100 Prozent, 2002 zwischen 16.49 und 98.75 Prozent. Tabelle 5.7, die die Anteile pro Mitgliedstaat darstellt, ist zu entnehmen, dass bei diesem Indikator jeweils Luxemburg die letzte Position einnahm und Irland jeweils auf den höchsten Anteil kam.

Ebenso wie bei den Quoten für europäische Werke zeigt sich bei den Quoten für unabhängige Produktionen, dass es vor allem die thematisch spezialisierten Spartenkanäle sind, die die Vorgaben aus Artikel 5 der Richtlinie nicht einhalten. In Deutschland betrifft das die Musikkanäle, aber auch den öffentlich-rechtlichen Sender *Phoenix*. Die Länderberichte verweisen dann auch immer wieder auf die spezifischen Sendekonzepte solcher Spartenkanäle, die die Erfüllung der Quoten erschweren.

Die Kommission verlässt sich bei diesen Berichten zur Durchführung der Artikel 4 und 5 der Fernsehrichtlinie auf die Angaben aus den Mitgliedstaaten. Diese sind verpflichtet, der Kommission alle zwei Jahre zu berichten, inwieweit die ihrer Rechtshoheit unterworfenen Programme die für europäische Werke vorgesehenen Sendeanteile erreicht haben, aus welchen Gründen diese Anteile nicht erreicht und welche Maßnahmen getroffen wurden oder vorgesehen sind, um in Zukunft den Quotenvorgaben gerecht zu werden (Artikel 4 der Richtlinie). Die im Kommissionsbericht wiedergegebenen Länderberichte demonstrieren, dass die einzelnen Mitgliedstaaten ihrer Verpflichtung in sehr unterschiedlicher Weise nachkommen und hinsichtlich der Erfüllung der Quoten und etwaiger Maßnahmen, um die Sender zur Einhaltung zu bringen, meist eher nachsichtig sind. Daher sieht sich die Kommission in ihren Berichten auch immer wieder genötigt, die Mitgliedstaaten zu strengerer Kontrolle aufzurufen. Die Mitgliedstaaten ihrerseits verlassen sich für ihre Berichte an die Kommission größtenteils auf Eigenangaben der Fernsehveranstalter, die per Fragebogen erhoben werden. Deshalb und nicht zuletzt, weil die Definition europäischer Werke einigen Spielraum lässt, muss hier von Ungenauigkeiten und Überschätzungen ausgegangen werden.

Insgesamt vermitteln die Berichte der Kommission zur Durchführung der Quotenartikel ein recht positives Bild, das sich auch über die Jahre gehalten hat, obwohl die Zahl der Programme in den Mitgliedstaaten stark angestiegen ist. Insofern kann die Kommission durchaus zu Recht bilanzieren, dass die Befunde "für die Verwirklichung der in der Richtlinie 'Fernsehen ohne Grenzen' vorgesehenen Ziele" sprechen (Kommission der EG, 2002, S. 8). Zugleich wiederholt sich allerdings in den Berichten die Klage darüber, dass "bestimmte Mitgliedstaaten *zu einer beträchtlichen Zahl von Kanälen*, die unter Artikel 4 und 5 fallen, *keine Daten übermittelt* haben" (Hervorhebung im Original fett; Kommission der EG, 2004e, S. 10). Es ist aber auch festzustellen, dass die Kommission ihrerseits zurückhaltend bleibt, was die vollständige Durchsetzung der Quoten angeht. Sie verweist jeweils nur auf die Mitgliedstaaten, die ihrer Überwachungsfunktion nachzukommen haben; diese tun das allerdings mit unterschiedlichem Nachdruck. Die Zurückhaltung der Kommission ist wohl verständlich vor dem Hintergrund der Diskussion, die es im Entstehungsprozess der (ersten) Fernsehrichtlinie bezüglich der Quoten gegeben hat, wobei gerade auch die Kompetenz der Gemeinschaft für solche in die Programminhalte eingreifenden Auflagen angezweifelt wurde.

Auch das neueste Diskussionspapier der Kommission in Hinblick auf die Neufassung der Fernsehrichtlinie ist wiederum von dieser Zurückhaltung geprägt und lässt erkennen, dass an eine substanzielle Änderung der Quotenvorgaben nicht gedacht ist, sondern allenfalls Präzisierungen vorzunehmen sind. Dies betrifft in erster Linie den Begriff des "unabhängigen Produzenten". Nachgedacht wird in diesem Zusammenhang auch über die Möglichkeit, die Berichte der Kommission zur Anwendung der Quotenartikel abzuschaffen und stattdessen eine Ex-Post-Kontrolle auf Stichprobenbasis durchzuführen, wie es im Bereich der Werbung der Fall ist. (Vgl. Europäische Kommission, 2005c)

5.5.2 Ereignisse von erheblicher gesellschaftlicher Bedeutung

Im Mai 1996 verabschiedete das Europäische Parlament eine Entschließung, die die Kommission aufforderte, Vorschläge für eine Wettbewerbspolitik auszuarbeiten, die den exklusiven Charakter von Übertragungsrechten für Sportveranstaltungen und andere öffentliche Ereignisse begrenzen. Mit den Änderungen, die das Parlament bei der zweiten Lesung der neuen Fernsehrichtlinie im November 1996 einbrachte, verband es dann ebenfalls den Vorschlag, bestimmte Großveranstaltungen für die Live-Übertragung im frei empfangbaren Fernsehen zu sichern. Das Parlament nahm einen solchen Passus zunächst in den Erwägungsteil auf und stellte diese Vorkehrung in einen Zusammenhang mit dem Ziel, den Wettbewerb zu schützen und den Missbrauch beherrschender Stellungen zu verhindern. Für Artikel 3 der neuen Richtlinie war eine entsprechende Ergänzung vorgesehen. Das Parlament wollte hier als Aufgabe der Mitgliedstaaten festschreiben, dafür zu sorgen, dass Sportereignisse "von besonderer Bedeutung und von allgemeinem nationalem und/oder europäischem Interesse [...] und alle sonstigen Ereignisse, die ein Mitgliedstaat – aufgrund von Gesetzen oder Verordnungen – für ebenso bedeutend hält" live und unverschlüsselt ausgestrahlt werden. Indem das Parlament als Beispiele für solche Ereignisse dann auch noch die Olympischen Spiele sowie die Fußballwelt- und -europameisterschaften nannte, war deutlich, dass hier zunächst nur an Sportveranstaltungen gedacht war. (Beschluß betreffend..., 1996).

Zeitgleich war auch in Deutschland die Diskussion über die Problematik der Vergabe von exklusiven Senderechten an Sportereignissen angelaufen. Auslöser war hier die Übertragung eines UEFA-Cup-Halbfinalspiels im April 1996, bei dem der FC Bayern München gegen den FC Barcelona antrat. Das Spiel war im Pay TV-Sender *Premiere* übertragen und erst erheblich später im frei empfangbaren Fernsehen ausgestrahlt worden. Die Reaktionen der Öffentlichkeit – auch von einigen Ministerpräsidenten – führten dazu, dass die Rechtevergabe bei Sportereignissen auf die Tagesordnung der Bundesländer kam.

Schon im Juli 1996 beauftragten die Ministerpräsidenten die Rundfunkkommission der Länder, sich mit der Problematik zu befassen. Als die Initiative des Europäischen Parlaments in dieser Sache mit dem Änderungsvorschlag zur neuen Fernsehrichtlinie konkreter wurde, baten die Chefs der Staats-und Senatskanzleien die Bundesregierung, die Auffassung der Länder an den Beratungen auf europäischer Ebene zu unterstützen. Auf eine entsprechende Bundesratsentschließung konnten sich die Ländervertreter jedoch nicht einigen, denn es herrschte Unsicherheit über die Verfassungsmäßigkeit einer Regelung, die die Nutzung exklusiv erworbener Senderechte einschränkt. Daher wurde bei den Beratungen in Deutschland auch die Möglichkeit einer freiwilligen Vereinbarung mit Rechteinhabern und Sportverbänden ausgelotet (vgl. "...wird im Kreise der Länder...", 1997). Diese Debatte über die Handhabung von Exklusivrechten für die Übertragung von Großveranstaltungen auf der europäischen Ebene und ebenso in Deutschland ist auch in Zusammenhang mit dem Übereinkommen des Europarates zum grenzüberschreitenden Fernsehen von 1989 zu sehen, das in

Artikel 9 den "Zugang der Öffentlichkeit zu bedeutenden Ereignissen" thematisiert. Dort heißt es: "Jede Vertragspartei prüft die rechtlichen Maßnahmen, mit denen vermieden werden soll, das Recht der Öffentlichkeit auf Information dadurch in Frage zu stellen, daß ein Rundfunkveranstalter Exklusivrechte [...] bei Ereignissen von großem Interesse für die Öffentlichkeit so ausübt, daß einem wesentlichen Teil der Öffentlichkeit [...] die Möglichkeit genommen wird, dieses Ereignis im Fernsehen zu verfolgen" (Europarat, 1989).

Anders als die EG und die parallel entstandene Fernsehrichtlinie hatte also der Europarat im exklusiven Erwerb von Übertragungsrechten bereits 1989 ein Problem erkannt und in das Übereinkommen aufgenommen, wenn auch ohne konkrete Vorgaben. Beratungen über die Auslegung von Artikel 9 zogen schließlich im April 1991 eine Empfehlung des Europarates zum Recht auf Kurzberichterstattung nach sich. In Deutschland hatte schon im Dezember 1989 der Entwurf für einen Staatsvertrag zur Fernsehkurzberichterstattung vorgelegen. Dieser führte im November 1990 zur ersten Änderung des 1987 abgeschlossenen Rundfunkstaatsvertrages, der in der neuen Fassung am 1. August 1991 in Kraft trat. Das damit festgelegte Recht auf unentgeltliche Kurzberichterstattung über öffentliche Veranstaltungen und Ereignisse von allgemeinem Interesse wurde kurz darauf unverändert in den Staatsvertrag über den Rundfunk im vereinten Deutschland vom 31. August 1991 übernommen, der mit dem 1. Januar 1992 in Kraft trat. Die Begründung zum Staatsvertrag hob hervor, dass es in der Vergangenheit wiederholt Unsicherheiten bei der rechtlichen Beurteilung des Rechts auf Information und Berichterstattung bei solchen Fällen gegeben hatte, für die exklusive Verwertungsrechte bestanden. Außerdem wurde hier auf Artikel 9 des Europarat-Übereinkommens verwiesen. Die Kurzberichterstattungsregelung, wie sie Nordrhein-Westfalen in gleicher Fassung noch vor Unterzeichnung des Staatsvertrages in seine Rundfunkgesetze übernommen hatte, war Gegenstand eines Urteils des Bundesverfassungsgerichtes, das im Februar 1998 erfolgte. Dieses Urteil ging zurück auf eine Feststellungsklage der Bundesregierung, die vor allem einen Verstoß gegen Artikel 14 GG geltend machte, weil das Kurzberichterstattungsrecht das Eigentum in verfassungswidriger Weise einschränke. Das Gericht hatte jedoch keine Einwände gegenüber dem Recht auf nachrichtenmäßige Kurzberichterstattung, monierte aber die Unentgeltlichkeit und betonte dabei: "Bei der Regelung des Entgelts muß der Gesetzgeber sicher stellen, daß die Kurzberichterstattung grundsätzlich allen Fernsehveranstaltern zugänglich bleibt" (Urteil des Bundesverfassungsgerichts..., 1998). Als das Urteil des Bundesverfassungsgerichtes erging, war zwischenzeitlich auch die Neufassung der EG-Fernsehrichtlinie verabschiedet worden, deren Artikel 3a in dem Urteil ebenfalls angesprochen wurde. Wenn das Gericht in seiner Begründung zu dem Urteil "Gemeinwohlgründe von erheblichem Gewicht" anführt, war das also zugleich auch wegweisend für die Beurteilung der Richtlinienregelung zur Berichterstattung über Ereignisse von erheblicher gesellschaftlicher Bedeutung.

Nach der Einigung im Vermittlungsausschuss wurde die geänderte EG-Fernsehrichtlinie am 17. Juni 1997 verabschiedet, die nun in Artikel 3a die neue Kann-Bestimmung über Ereignisse von erheblicher gesellschaftlicher Bedeutung enthielt. Da die Ministerpräsidenten der Bundesländer verfassungs- und europarechtliche Bedenken gegenüber dieser Regelung hatten, sprachen sie sich für eine Ablehnung der revidierten Richtlinie im Rat aus, zu der es bei der Verabschiedung der neuen Richtlinie dann auch kam (vgl. Knothe & Bashayan, 1997). Demnach kann jeder Mitgliedstaat nun also "Maßnahmen ergreifen, mit denen sicher gestellt werden soll, dass Fernsehveranstalter, die seiner Rechtshoheit unterliegen, nicht Ereignisse, denen der betreffende Mitgliedstaat eine erhebliche gesellschaftliche Bedeutung beimisst, auf Ausschließlichkeitsbasis in der Weise übertragen, dass einem bedeutenden Teil der Öffentlichkeit in dem Mitgliedstaat die Möglichkeit vorenthalten wird, das Ereignis in direkter oder zeitversetzter Berichterstattung in einer frei zugänglichen Fernsehsendung zu verfolgen" (Richtlinie 97/36/EG..., 1997a). Die Ereignisse, die ein Mitgliedstaat für die Ausstrahlung im frei empfangbaren Fernsehen sichern will, werden auf einer Liste zusammengefasst, in der auch festgelegt wird, ob ein Ereignis direkt oder zeitversetzt in voller Länge oder nur teilweise zu übertragen ist.

Die Richtlinie war bis Ende 1998 in nationales Recht umzusetzen. Deutschland hielt diesen Termin nicht ein. Zwar hatten sich die Ministerpräsidenten bei ihren Verhandlungen über einen Rundfunkänderungsstaatsvertrag bereits im März 1998 auf eine Listenregelung geeinigt. Der Abschluss des Staatsvertrages verzögerte sich allerdings wegen Uneinigkeiten über die Finanzierung und die Struktur der ARD. Erst nachdem man dieses Problem vertagt hatte, kam es im Juni 1999 zur Verabschiedung des Vierten Rundfunkänderungsstaatsvertrages, der am 1. April 2000 in Kraft trat und die Vorgaben der neuen Fernsehrichtlinie in deutsches Recht umsetzte.

In Anschluss an den Kurzberichterstattungsparagraphen 5 wurde nun im Rundfunkstaatsvertrag ein Paragraph 5a eingefügt, der die "Übertragung von Großereignissen" regelt. Der Text bezog sich hier sowohl auf die Fernsehrichtlinie als auch auf das Übereinkommen des Europarates, das zwischenzeitlich ebenfalls novelliert und der neuen Fernsehrichtlinie angepasst worden war. Für die Übertragung von Großereignissen gilt nun: "Die Ausstrahlung im Fernsehen von Ereignissen von erheblicher gesellschaftlicher Bedeutung (Großereignisse) in der Bundesrepublik Deutschland verschlüsselt und gegen besonderes Entgelt ist nur zulässig, wenn der Fernsehveranstalter selbst oder ein Dritter zu angemessenen Bedingungen ermöglicht, dass das Ereignis zumindest in einem frei empfangbaren und allgemein zugänglichen Fernsehprogramm in der Bundesrepublik Deutschland zeitgleich oder, sofern wegen parallel laufender Einzelereignisse nicht möglich, geringfügig zeitversetzt ausgestrahlt werden kann." Wird über die Bedingungen keine Einigkeit erzielt, ist ein Schiedsverfahren vorgesehen. Als allgemein zugänglich definiert der Rundfunkstaatsvertrag ein Programm, das in mehr als zwei Drittel der Haushalte empfangbar ist. Ebenfalls in Paragraph 5a sind die Ereignisse aufgeführt, die unter diese Bestimmungen fallen. Dazu gehören 1. Olympische Sommer- und Winterspiele, 2. bei Fußball-Europa- und Weltmeisterschaften alle Spiele mit deutscher Beteiligung sowie unabhängig von einer deutschen Beteiligung das Eröffnungsspiel, die Halbfinalspiele und das Endspiel, 3. die Halbfinalspiele und das Endspiel um den Vereinspokal des Deutschen Fußball-Bundes, 4. Heim- und Auswärtsspiele der deutschen Fußballnationalmannschaft, und 5. Endspiele der europäischen Vereinsmeisterschaften im Fußball (Champions League, UEFA-Cup) bei deutscher Beteiligung. Im Vergleich zu anderen europäischen Ländern, die von einer solchen Listenregelung Gebrauch machen, nimmt sich die deutsche Liste sparsam aus. Sie beschränkt sich auf Sportveranstaltungen und behält außer den Olympischen Spielen lediglich Fußballspiele der Übertragung im frei empfangbaren Fernsehen vor. Diese Regelungen betreffen Fernsehveranstalter, die der deutschen Rechtshoheit unterliegen. Im Konfliktfall ist jeweils das Sitzland des Inhabers der Senderechte verpflichtet, Maßnahmen zu ergreifen, die sicher stellen, dass das deutsche Publikum die gelisteten Ereignisse sehen kann (vgl. Dittl, 2001, S. 99). Verstöße gegen die Listenregelung können mit einer Geldbuße oder sogar mit Widerruf der Zulassung geahndet werden. (Vgl. Staatsvertrag..., 2002)

Als die Listenregelung für die EG-Fernsehrichtlinie diskutiert wurde, verfügte Großbritannien bereits über eine solche Regelung, die dann auch als Modell für die europäische Richtlinie diente. Bereits der Television Act aus dem Jahr 1954 gab die Möglichkeit, die Exklusivberichterstattung bestimmter Sportereignisse zu verhindern. Der Cable and Broadcasting Act von 1984 sah vor, dass Ereignisse von nationalem Interesse nur an Kabel- oder Pay-per-view-Anbieter abgegeben werden konnten, sofern sie auch anderen Anbietern zu vergleichbaren Bedingungen zur Verfügung standen. Durch den Broadcasting Act von 1996 wurde die Bestimmung auf das gesamte Pay TV ausgedehnt. Eine abermalige Änderung brachten die Television Broadcasting Regulations 2000. Hier werden die Fernsehsender in zwei Kategorien eingeteilt, nämlich Sender, die für den Empfang eine besondere Gebühr verlangen, und Sender, die von 95 Prozent der Bevölkerung kostenlos empfangen werden können. Gelistete Veranstaltungen sollen jeweils von Sendern beider Kategorien gezeigt werden. Auf diese Weise wird generell die Exklusivberichterstattung verhindert, egal ob es sich um frei empfangbares oder Bezahlfernsehen handelt. (Vgl. Brinkmann, 1998; Dittl, 2001)

Die Liste der Ereignisse, für die die britische Regelung gilt, wird vom Ministerium für Kultur, Medien und Sport erstellt. Um als Ereignis von nationalem Interesse auf die Liste zu gelangen, muss ein Ereignis eines von den folgenden vier Kriterien erfüllen: Das Ereignis hat überragende nationale oder internationale Bedeutung im Sport; das Nationalteam oder nationale Repräsentanten der betreffenden Sportart sind beteiligt; es kann hohe Einschaltquoten erzielen; die Ausstrahlung im frei empfangbaren Fernsehen hat Tradition (Helberger, 2002, S. 295). Die Liste unterscheidet wiederum zwei Kategorien von Ereignissen. Die eine Kategorie umfasst Ereignisse, für die eine Live-Übertragung im Pay TV nur erlaubt ist, wenn gleichzeitig auch die Übertragung im frei empfangbaren Fernsehen erfolgt. Dazu gehören neben den Olympischen Spielen und den Fußballwelt- und -europameisterschaften Pokalendspiele in England und Schottland, Endspiele des Tennisturniers von Wimbledon, Endspiele bei den Rugbyweltmeisterschaften und beim Rugby Challenge Cup sowie die Reitturniere Grand National Steeplechase und das Derby. Der zweiten Kategorie sind Ereignisse zugeordnet, die live im Pay TV übertragen werden dürfen, wenn eine angemessene Sekundärübertragungsmöglichkeit im frei empfangbaren Fernsehen bereitgestellt wird. Hier finden sich neben sonstigen Spielen des Wimbledon-Tennisturniers und im Rugby Cricket- und Golfmeisterschaften sowie die

Leichtathletikweltmeisterschaften und die Commenwealth-Spiele (Dittl, 2001, S. 100).

Der 2003 vorgelegte vierte Bericht der Kommission über die Anwendung der Richtlinie im Zeitraum 2001/2002 verzeichnete für die EU-Mitgliedstaaten neben den deutschen und den britischen Regelungen entsprechende Maßnahmen nur noch für Italien und Österreich. Dänemark, wo eine Listenregelung bestanden hatte, hob diese Anfang 2002 wieder auf. Darüber hinaus gibt es auch in anderen Mitgliedstaaten ähnliche Regelungen, die allerdings noch nicht den formalen Weg der Prüfung und der amtlichen Bekanntgabe durch die Kommission durchlaufen haben (vgl. Ereignisse von erheblicher..., 2001).

In Italien setzte die Regulierungsbehörde für Telekommunikation und Medien Artikel 3a der Richtlinie im Jahr 1999 um. Ebenso wie in der britischen Regelung wird auch hier zunächst definiert, was unter einem Ereignis von erheblicher gesellschaftlicher Bedeutung zu verstehen ist. Demnach müssen zwei der folgenden Kriterien erfüllt sein: Das Ereignis stößt auf besonderes Interesse in Italien, und zwar auch bei Menschen, die ein derartiges Ereignis normalerweise nicht verfolgen; das Ereignis findet allgemeine Anerkennung in der Öffentlichkeit, es hat eine besondere kulturelle Bedeutung und dient der Stärkung der italienischen kulturellen Identität; es handelt sich bei dem Ereignis um ein wichtiges internationales Turnier, an dem die italienische Nationalmannschaft teilnimmt; das Ereignis wurde bisher unverschlüsselt übertragen und erzielte hohe Einschaltquoten. Neben den Olympischen Spielen, den Spielen der italienischen Fußballnationalmannschaft und dem Endspiel bei Welt- und Europameisterschaften führt die Liste den Giro d'Italia und den Großen Preis von Italien in der Formel 1 auf. Als einzige nicht-sportliche Veranstaltung ist das Musikfestival von San Remo verzeichnet. Die gelisteten Veranstaltungen dürfen nicht in einer Weise übertragen werden, die einem bedeutenden Teil der Öffentlichkeit die Möglichkeit nimmt, diese Ereignisse ohne zusätzliche Kosten im frei empfangbaren Fernsehen zu verfolgen. Ein "bedeutender Teil der Öffentlichkeit" wird mit mehr als 90 Prozent angesetzt. Die italienische Regelung sieht allerdings vor, dass lediglich die Fußballspiele live und in voller Länge übertragen werden müssen, während für die übrigen Ereignisse eine zeitversetzte Ausstrahlung möglich ist. Die Regulierungsbehörde behält sich Änderungen der Liste vor und benennt zugleich Ereignisse, die sie unter Beobachtung hält, um sie möglicherweise in die Liste einzubeziehen. Dazu gehören die Finale von

Basketball-, Wasserball- und Volleyballweltmeisterschaften sowie das Finale und das Halbfinale des Davis Cup, sofern die italienische Nationalmannschaft beteiligt ist, und die Radsportweltmeisterschaft. (Vgl. Dittl, 2001; Ereignisse von erheblicher..., 2001)

Österreich setzte die Richtlinienregelung im Sommer 2001 im Fernseh-Exklusivrechtegesetz um. Auch hier wird zunächst allgemein definiert, was unter einem Ereignis von erheblicher gesellschaftlicher Bedeutung zu verstehen ist. Zwei der folgenden Voraussetzungen müssen erfüllt sein: Das Ereignis fand bereits bisher, insbesondere aufgrund der Medienberichterstattung, in der österreichischen Bevölkerung breite Beachtung; das Ereignis ist Ausdruck der kulturellen, künstlerischen oder sozialen Identität des Landes; das Ereignis hat, vor allem durch die Beteiligung österreichischer Spitzensportler, besondere nationale Bedeutung oder findet aufgrund seiner internationalen Bedeutung beim österreichischen Publikum breite Beachtung; das Ereignis wurde bisher im frei empfangbaren Fernsehen ausgestrahlt. Hält ein Fernsehveranstalter exklusive Übertragungsrechte an einem solchen Ereignis, ist dieser verpflichtet sicher zu stellen, dass das Ereignis von mindestens 70 Prozent der Zuschauer in einem in Österreich frei empfangbaren Fernsehsender verfolgt werden kann (Fernseh-Exklusivrechtegesetz, 2001). Eine ergänzende Verordnung enthält die Ereignisse, die im frei zugänglichen Fernsehen auszustrahlen sind. Dabei wird unterschieden zwischen Ereignissen, die zeitgleich und in vollem Umfang zu übertragen sind, und solchen Ereignissen, die auch zeitversetzt und in Teilen ausgestrahlt werden können, weil Teile des Ereignisses oder mehrere der gelisteten Ereignisse gleichzeitig stattfinden oder auch in der Vergangenheit keine Gesamtübertragung stattgefunden hat. Neben den Olympischen Spielen und Spielen der Fußballwelt- und -europameisterschaften führt die österreichische Liste auch das Endspiel im österreichischen Fußballpokal sowie die Alpinen und die Nordischen Skiweltmeisterschaften auf. Schließlich sind mit dem Neujahrskonzert der Wiener Philharmoniker und dem Wiener Opernball auch zwei nicht-sportliche Ereignisse vertreten. (Verordnung über Ereignisse..., 2001)

Die Kommission betont in ihrem vierten Bericht über die Anwendung der Richtlinie, dass die Umsetzung von Artikel 3a Absatz 3 "für alle Mitgliedstaaten verbindlich" sei und führt dazu weiter aus: "Eine effektive Umsetzung ist entscheidend dafür, dass spezifische Vorschriften der Mitgliedstaaten in Bezug auf Ereignisse von erheblicher Bedeutung (wie im Rahmen von Artikel 3a Absatz 1 möglich) nicht von Fernsehveranstaltern umgangen werden, die unter die Rechtshoheit anderer Mitgliedstaaten fallen" (Kommission der EG, 2003f, S. 11). Insgesamt bezeichnet die Kommission die Anwendung von Artikel 3a während des Berichtszeitraumes (2001-2002) als zufrieden stellend.

Indessen könnte sich gerade aus diesem letztgenannten Punkt ein Problem entwickeln. Nicht alle Mitgliedstaaten haben die Möglichkeit solcher Listenregelungen aufgegriffen, und wenn es sie gibt, sehen die Bestimmungen und die Listen der jeweils geschützten Ereignisse unterschiedlich aus. Artikel 5a des deutschen Rundfunkstaatsvertrages, der die Übertragung von Großereignissen regelt, enthält in Absatz 3 Vorgaben für den grenzüberschreitenden Umgang mit Exklusivrechten. Inhaber von exklusiven Rechten für die Übertragung von Ereignissen, die in anderen Mitgliedstaaten geschützt sind, werden mit der deutschen Regelung auch auf die entsprechenden Bestimmungen der anderen Mitgliedstaaten verpflichtet. Auf diesen Fall bezieht sich Artikel 3a Absatz 3 der Fernsehrichtlinie. Allerdings enthalten etwa die italienischen und die österreichischen Regelungen keine solchen Bestimmungen, während der Rundfunkstaatsvertrag seine Vorgabe sogar über die EU-Mitglieder hinaus auf die Länder ausdehnt, die dem Übereinkommen des Europarates über das grenzüberschreitende Fernsehen beigetreten sind (vgl. auch Dittl, 2001). Insofern könnte es beim Umgang mit exklusiven Senderechten gerade bei internationalen Großereignissen wie den Olympischen Spielen oder der Fußballweltmeisterschaft zu Schwierigkeiten kommen, die es ratsam machen, aus der Kann-Regelung in Artikel 3a der Richtlinie eine für alle verbindliche Bestimmung zu machen oder sogar eine Harmonisierung herbeizuführen.

Andere Fragen bleiben offen, wo sich in der Zukunft Probleme der Handhabung von Listenregelungen und Richtlinienartikel ergeben könnten. Unklar ist etwa, was passiert, wenn sich kein Veranstalter von frei empfangbarem Fernsehen findet, der die Übertragung gelisteter Ereignisse übernehmen will oder kann. Es wäre außerdem möglich, dass die Veranstalter von Großereignissen – also zum Beispiel die Sportverbände – auf den Listen nicht aufgeführt werden wollen, weil ihnen der Verkauf exklusiver Rechte an das Bezahlfernsehen höhere Einnahmen verspricht. Schließlich entspricht die Gleichsetzung von "frei empfangbar" und "unverschlüsselt" heute zum Teil nicht mehr der Realität, weil die Verschlüsselung mittlerweile auch vom "frei empfangbaren" Fernsehen vorgenommen wird. In solchen

Fällen wäre dann aber eine flächendeckende Versorgung mit der für den Empfang notwendigen technischen Ausrüstung notwendig, um die allgemeine Zugänglichkeit zu gewährleisten. Tatsächlich sah die dänische Listenregelung, die Anfang 2002 wieder zurückgenommen wurde, vor, dass die Ausstrahlung gelisteter Großereignisse im gebührenfreien Fernsehen erfolgen muss und die zusätzlichen Kosten für die notwendige technische Ausrüstung 25 Kronen pro Monat nicht übersteigen dürfen. (Vgl. Dittl, 2001; Helberger, 2002)

Schließlich hat nicht zuletzt die Diskussion in Deutschland nach dem Kauf der Rechte für die Fußballweltmeisterschaften der Jahre 2002 und 2006 die Frage aufgeworfen, ob das Recht auf Information, das die Einführung solcher "Schutzlisten" leitete, nur für den Sport gilt. Der Blick auf die bestehenden Regelungen in den EU-Mitgliedstaaten und darüber hinaus in den Staaten, die dem Übereinkommen des Europarates beigetreten sind, zeigt, dass auf den nationalen Listen weit überwiegend und in vielen Fällen ausschließlich Sportereignisse aufgeführt sind (vgl. Ereignisse von erheblicher..., 2001). Auch die deutsche Liste bezieht sich nur auf Sportveranstaltungen und dabei – mit Ausnahmen der Olympischen Spiele – auch nur auf Fußball, so dass hier nicht ganz zu Unrecht die Verkürzung des Problems auf ein "Grundrecht für Fußball" angeprangert wurde (vgl. stellvertretend Schuler, 1996; Helberger, 2002).

Eine Ausweitung der Schutzliste könnte jedoch zu einer neuerlichen juristischen Diskussion über die Vertretbarkeit der damit erfolgenden Einschränkung der Freiheitsrechte vor allem der Veranstalter des Bezahlfernsehens (Programm-, Eigentums-, Berufs- und allgemeine Handlungsfreiheit) führen. Denn gerade in der Beschränkung der Liste auf Ausnahmeereignisse liegt ein wesentliches Argument, das bei Abwägung verschiedener Grundrechte hier die Sicherung des freien Informationszugangs für eine breite Öffentlichkeit bevorzugt. (Vgl. Bröcker & Neun, 1998)

Im Zusammenhang der Diskussion um eine Neufassung der Fernsehrichtlinie stellt die Kommission Überlegungen dazu an, Artikel 3a neu zu fassen bzw. zu erweitern. Zum einen geht es dabei um die Möglichkeit, den Mitgliedstaaten das Erstellen einer Schutzliste verbindlich vorzuschreiben. Zum anderen steht zur Debatte, eine Regelung zur Kurzberichterstattung aufzunehmen, um den Fernsehsendern bei Großereignissen den grenzüberschreitenden Zugang zu Programmausschnitten für die Nutzung in Informationssendungen zu sichern. (Vgl. Europäische Kommission, 2005e)

5.5.3 Jugendschutz

Die Formulierung gemeinsamer Standards für den Jugendschutz sowie die Verantwortung der Mitgliedstaaten sicher zu stellen, dass "Sendungen nicht zu Haß aufgrund von Rasse, Geschlecht, Religion oder Nationalität aufreizen", ist eine wesentliche Voraussetzung für die ungehinderte Verbreitung grenzüberschreitenden Fernsehens (ausführlich zum Thema Bundschuh, 1998/99; vgl. auch Gangloff, 2001). Ein Verstoß "in offensichtlicher, ernster und schwerwiegender Weise" gegen Artikel 22 der Fernsehrichtlinie könnte dann auch von einem Mitgliedstaat zum Anlass genommen werden, die Weiterverbreitung von Sendungen zu unterbinden. Nicht zuletzt aufgrund des Drucks von Seiten des Parlaments wurde Artikel 22 in der revidierten Richtlinie von 1997 beträchtlich ausgebaut und der Jugendschutz damit auch zu einem Thema gemacht, um das sich die Kommission würde weiter kümmern müssen. Zum einen legte Artikel 22b fest, dass der Anwendung der Bestimmungen aus dem nun mit "Schutz Minderjähriger und öffentliche Ordnung" benannten Kapitel V der Richtlinie im Bericht der Kommission besondere Bedeutung zukommen soll. Zum anderen wurde hier der Kommission die Auflage gemacht, innerhalb eines Jahres eine Untersuchung zu solchen Maßnahmen durchzuführen, die Eltern die Kontrolle der Programme, die von Minderjährigen gesehen werden, erleichtern. Konkret benennt Artikel 22b sogar einzelne Punkte, die in der Untersuchung zu berücksichtigen sind. Dazu gehört die Prüfung der Zweckmäßigkeit, technische Filtersysteme für Fernsehgeräte vorzuschreiben, der Festlegung geeigneter Bewertungssysteme sowie der Förderung einer Politik zu Gunsten familienfreundlichen Fernsehens und weiterer pädagogischer Maßnahmen. Außerdem sollten entsprechende Erfahrungen innerhalb und außerhalb Europas ermittelt und die Standpunkte betroffener Kreise eingeholt werden.

In ihrem dritten Bericht über die Anwendung der Richtlinie, der Anfang 2001 vorgelegt wurde, listete die Kommission die wichtigsten Ergebnisse aus der Studie zur elterlichen Kontrolle im Bereich des Fernsehens auf. Hier wird deutlich, dass die besondere Herausforderung für den Jugendschutz in der Entwicklung des Digitalfernsehens liegt. Dieses verbietet auch die Übernahme der V-Chip-Technologie aus den USA, die auf Analogtechnik basiert. Die digitale Übertragung bietet indessen technische Möglichkeiten zur Filterung. Sie würde auch erlauben, einen flexiblen, nämlich kulturspezifischen Ansatz für Filtersysteme zu verfolgen, der notwendig ist, weil kulturelle Unterschiede der Mitgliedstaaten die Einigung auf ein harmonisiertes Bewertungssystem verhindern. Schließlich geht die Forderung nach einer stärkeren Kohärenz der Bewertungssysteme längst über das Fernsehen hinaus und betrifft auch Kino, Video, Videospiele und das Internet. Im vierten Bericht vermerkt die Kommission, dass Unterschiede in den Bewertungen nicht nur zwischen den europäischen Staaten, sondern gelegentlich auch innerhalb dieser Staaten bestehen. Das heißt, ein Film kann unterschiedlich bewertet sein je nachdem, ob er im Kino oder Online gezeigt wird. (Vgl. Kommission der EG, 2001a; 2003f)

Dass sich Jugendschutz und Schutz der Menschenwürde längst zu einer medienübergreifenden Problematik entwickelt haben, der auf der übernationalen Ebene zu begegnen ist, hatte die Kommission schon 1996 mit der Vorlage des Grünbuches über den Jugendschutz und den Schutz der Menschenwürde deutlich gemacht (Kommission der EG, 1996c). Neben einer Bestandsaufnahme, die die Vielfalt der in den Mitgliedstaaten bestehenden Regeln und Methoden hervortreten ließ, stellte das Grünbuch verschiedene Fragen zur Diskussion, die die Entscheidung über zukünftige Maßnahmen bestimmen sollten. Diese Diskussion führte 1998 zu einer Empfehlung des Rates "zur Steigerung der Wettbewerbsfähigkeit des europäischen Industriezweigs der audiovisuellen Dienste und Informationsdienste durch die Förderung nationaler Rahmenbedingungen für die Verwirklichung eines vergleichbaren Niveaus in bezug auf den Jugendschutz und den Schutz der Menschenwürde" (Empfehlung des Rates, 1998). Im Gegensatz zu einer Richtlinie ist eine Empfehlung ein rechtlich nicht verbindlicher Rechtsakt, bietet aber dennoch eine Orientierung für die Gesetzgebung in den Mitgliedstaaten und ist von Gerichten bei der Beurteilung nationaler Maßnahmen zum Gegenstand der Empfehlung heranzuziehen. Dass für den Jugendschutz und den Schutz der Menschenwürde das Instrument der Empfehlung eingesetzt und nicht eine Richtlinie formuliert wurde, begründete die Kommission selbst mit der Tatsache, dass die Industrie- und Kulturpolitik nicht die Harmonisierung der mitgliedstaatlichen Rechtsvorschriften umfasst. Obwohl die Empfehlung des Rates auch in diesem Zusammenhang auf die bewährten Argumente – Wettbewerbsfähigkeit der europäischen Medien und der Informationsdienstindustrie – abhebt, bleibt das Vorgehen in dieser Sache zurückhaltend. Das ist auch auf die deutlichen nationalen Unterschiede zumal bei den Bewertungssystemen zurückzuführen, denen die Kommission Rechnung tragen musste. Wahrscheinlich hatte man also auch schon früh die Unmöglichkeit einer Einigung auf eine verbindliche Richtlinie und damit eine Harmonisierung erkannt.

Mit dieser Empfehlung des Rates erweiterte die Gemeinschaft ihren Blickwinkel über das Fernsehen hinaus auf das Internet und Online-Dienste. Neben dem Subsidiaritätsprinzip, aufgrund dessen hier nationalen Maßnahmen der Vorrang vor einer europäischen Regulierung gegeben wurde, setzte die Kommission von Anfang an auch besonders auf die Beteiligung betroffener Gruppen (Nutzer, Verbraucher, Unternehmen usw.) und auf Selbstkontrollsysteme. Die Empfehlung von 1998 sprach daher nicht nur Mitgliedstaaten, sondern in ihrem zweiten Teil auch die Unternehmen an und forderte diese zur Entwicklung eines Verhaltenskodexes auf. In einem Anhang waren außerdem Leitsätze für die Schaffung von Selbstkontrollsystemen beigefügt. Die Empfehlung verpflichtete die Kommission auf die Vorlage eines Evaluierungsberichtes nach zwei Jahren. Dieser wurde Anfang 2001 präsentiert, ein zweiter folgte Ende 2003, der dann neben den EU-Mitgliedstaaten auch fast alle (damaligen) Beitrittsländer und drei Nicht-Mitglieder erfasste (Kommission der EG, 2001b; 2003g).

Diese Berichte basierten jeweils auf Erhebungen in den Mitgliedstaaten zum Bestand an Selbstkontrollen, Verhaltenskodizes sowie technischen und pädagogischen Maßnahmen zum Jugendschutz bei verschiedenen medialen Angeboten. Verbunden damit waren die Mitgliedstaaten um Stellungnahmen dazu gebeten worden, ob sie eine bessere Kohärenz zwischen den auf verschiedene Medien bezogenen Maßnahmen zum Jugendschutz für notwendig erachteten. Schließlich stellte sich die Frage nach einem gemeinsamen Ansatz bei der Bewertung aller audiovisuellen Medien. Die Bestandsaufnahme zeigt, dass bis zur Vorlage des zweiten Berichtes in zehn Mitgliedstaaten Internet Service Provider Associations (ISPAs), das heißt Vereinigungen von Internet-Betreibern und -Anbietern, für die Selbstkontrolle geschaffen wurden. In vier weiteren Mitgliedstaaten werden die Anbieter durch sonstige Wirtschaftsverbände vertreten. In acht Mitgliedstaaten wurde ein Verhaltenskodex erarbeitet, in einigen anderen Ländern ist ein solcher in Arbeit. Fast überall sind mittlerweile Hotlines für Beanstandungen illegaler oder schädigender (das heißt zwar legaler, aber für Minderjährige ungeeigneter) Inhalte eingerichtet. Heterogen und noch in der Entwicklung sind jedoch die Filter- und Bewertungssysteme für das Internet. Die meisten Mitgliedstaaten sowie die Kommission selbst haben sich in Kampagnen für eine sichere Nutzung des Internet engagiert, die von Seiten der

Gemeinschaft auch noch auf andere Angebote wie Online-Spiele oder Chat-Foren ausgedehnt wird.

Für das Fernsehen sieht die Richtlinie das so genannte Watershed-Prinzip, das heißt Wahl der Sendezeit, oder technische Maßnahmen vor, damit Minderjährige von für sie ungeeigneten Sendungen nicht erreicht werden. Die Evaluierungsberichte der Kommission verweisen darauf, dass Filtersysteme in den Mitgliedstaaten nur für den digitalen Rundfunk verwendet werden, wobei aber offenbar über deren Wirksamkeit erheblichen Zweifel bestehen.

Was eine Vereinheitlichung von Bewertungssystemen angeht, blieb die Kommission von Anfang an zurückhaltend, weil sich in dieser Hinsicht deutliche kulturelle Unterschiede bemerkbar machen. Die fehlende Kohärenz nicht nur zwischen den Mitgliedstaaten, sondern auch hinsichtlich verschiedener medialer Angebote stellt jedoch ein gewisses Problem dar, das von mehreren Mitgliedstaaten angesprochen wurde. Eine Einheitlichkeit der Bewertungssysteme wird aber trotzdem nicht angestrebt, entsprechende Festlegungen verbleiben in der Kompetenz der Mitgliedstaaten, lediglich über ein EU-System gemeinsamer deskriptiver Symbole soll nachgedacht werden.

Als eine Konsequenz aus dem zweiten Evaluierungsbericht sowie unter Bezugnahme auf das öffentliche Konsultationsverfahren zur Fernsehrichtlinie nennt die Kommission schließlich Erwägungen, in der ersten Jahreshälfte 2004 eine Aktualisierung der Richtlinie vorzuschlagen. Diese sollte sich auf Festlegungen zur Förderung von Medienkompetenz, das Recht auf Gegendarstellung (das zwar für den Bereich des Fernsehens als ausreichend angesehen wird, aber in den meisten Mitgliedstaaten bislang nicht auf alle elektronischen Medien betrifft) sowie für alle Medien geltende Maßnahmen gegen eine Diskriminierung oder Aufstachelung zum Hass aus Gründen der Rasse, des Geschlechts oder der Staatsangehörigkeit erstrecken (Kommission der EG, 2003g, S. 20).

Da eine Neufassung der Richtlinie zwischenzeitlich aufgeschoben worden war, legte die Kommission im April 2004 stattdessen den Vorschlag für eine Empfehlung des Europäischen Parlaments und des Rates zum Schutz von Jugendlichen, der Menschenwürde und dem Recht auf Gegendarstellung vor (Kommission der EG, 2004g). Unabhängig von den Formen der Übermittlung – von Rundfunk bis Internet – bezieht sich der Vorschlag auf den Inhalt von audiovisuellen Diensten und Informationsdiensten. Die

Empfehlung richtet sich an die Mitgliedstaaten und Unternehmen. Den Mitgliedstaaten wird hier nahe gelegt, ein Recht auf Gegendarstellung in allen Medien einzuführen. Sie sollten außerdem auf Maßnahmen hinwirken, die Jugendliche in die Lage versetzen, die online angebotenen Dienste verantwortungsvoll zu nutzen sowie qualitativ hochwertige Inhalte zu identifizieren. Den Unternehmen und anderen Beteiligten wird empfohlen, positive Maßnahmen zu Gunsten von Minderjährigen zu entwickeln, die ihnen breiteren Zugang zu audiovisuellen Diensten und Informationsdiensten erleichtern. Für die Vermeidung potenziell schädlicher Inhalte ist von einer "bottom-up Harmonisierung" die Rede, die auf einer Zusammenarbeit von selbst- und ko-regulierenden Gremien in den Mitgliedstaaten basiert. Ebenfalls an die Unternehmen richtet sich die Aufforderung, effektive Maßnahmen zur Vermeidung von Diskriminierungen in allen Medien zu entwickeln und zu bekämpfen sowie "ein differenziertes und realistisches Bild der Möglichkeiten und Fähigkeiten der Frauen und Männer in der Gesellschaft zu fördern". (Kommission der EG, 2004g)

Wie auch in den Erwägungsgründen für den Empfehlungsvorschlag hervorgehoben wird, stehen diese Maßnahmen in einem engen Zusammenhang mit dem 1999 von Parlament und Rat verabschiedeten Aktionsplan zur Förderung der sicheren Nutzung des Internet durch die Bekämpfung illegaler und schädlicher Inhalte in globalen Netzen. Dieser Aktionsplan "sicheres Internet" wurde 2003 noch einmal um zwei Jahre verlängert. Zugleich wurde er erweitert, um "Maßnahmen einzubeziehen, die den Austausch von Informationen und die Koordination mit den relevanten Akteuren auf nationaler Ebene unterstützen, wie auch um die Beitrittsländer einzubeziehen" (Kommission der EG, 2004g).

Wiewohl die Aktivitäten der Gemeinschaft zum Jugendschutz und zum Schutz der Menschenwürde, die über die Festlegungen in der Fernsehrichtlinie hinausgehen, bislang keine Neigung zu einer Harmonisierung erkennen lassen und zudem in diesem Bereich vornehmlich auf Selbstkontrolle und Ko-Regulierung gesetzt wird, könnte sich eine stärkere Kohärenz in der Zukunft doch als notwendig erweisen. Die Argumente, die seinerzeit zur Erarbeitung der Fernsehrichtlinie geführt haben, wären auch für entsprechende Angebote, die auf anderen Übermittlungswegen zur Verfügung gestellt werden, anzubringen. Noch aber werden die unterschiedlichen kulturellen Traditionen der Mitgliedstaaten hervorgehoben, die einer Harmonisierung entgegenstehen (vgl. z. B. die Diskussion bei Berger, 2000; von Gottberg, 2003; Schwanda, 2003; Wallander, 2003). Aber auch diese Argumente klingen so ähnlich wie diejenigen, die einst gegen die Fernsehrichtlinie ins Feld geführt wurden.

5.5.4 Werbung

Eines der wesentlichen Ziele der Fernsehrichtlinie von 1989 war es gewesen, grenzüberschreitendes Fernsehen durch gemeinsame Regelungen zur Werbung zu erleichtern. Tatsächlich machten die Vorgaben zum Umfang, zur Form und zum Inhalt von Werbung einen großen Teil des Richtlinientextes aus. Dennoch bedeuteten diese Regelungen keine Vollharmonisierung für die Fernsehwerbung in der Gemeinschaft. Vielmehr können die Mitgliedstaaten den ihrer Rechtshoheit unterliegenden Fernsehsendern schärfere Auflagen machen. Die Novellierung der Fernsehrichtlinie im Jahr 1997 diente schließlich vor allem auch der Liberalisierung des Teleshopping.

Zuvor war die Kommission auf dem Gebiet der Werbung lediglich mit einer Richtlinie zur Angleichung der Rechtsvorschriften über irreführende Werbung aktiv geworden. Diese Richtlinie, die 1984 erlassen worden und bis zum 1. Oktober 1986 in nationales Recht umzusetzen war, gab den Mitgliedstaaten auf, für "geeignete und wirksame Möglichkeiten zur Bekämpfung der irreführenden Werbung" zu sorgen (Richtlinie 84/450/EWG..., 1984). Die Irreführungsrichtlinie erhielt neue Aufmerksamkeit, als sie im Oktober 1997 durch Vorgaben zur vergleichenden Werbung erweitert wurde, um die sehr unterschiedlichen nationalen Regelungen einander anzupassen. Vergleichende Werbung, weit definiert als "jede Werbung, die unmittelbar oder mittelbar einen Mitbewerber oder die Erzeugnisse oder Dienstleistungen, die von einem Mitbewerber angeboten werden, erkennbar macht", sah die Kommission als ein Mittel zum Wettbewerbsanreiz und im Interesse des Verbrauchers, weil sie dazu dienen könne, die Vorzüge verschiedener Produkte deutlich zu machen. Solche vergleichende Werbung sollte daher für Produkte oder Dienstleistungen, die demselben Bedarf oder Zweck dienen, zulässig sein, und sofern sie sich auf "wesentliche, relevante, nachprüfbare und typische Eigenschaften" beschränkt. (Richtlinie 97/55/EG..., 1997b; vgl. auch Hasselblatt, 2002)

Seit den neunziger Jahren hat die Gemeinschaft weitere Aktivitäten im Bereich der "kommerziellen Kommunikationen" entwickelt und sich um ein kohärentes Konzept für ihre Politik in diesem Sektor bemüht. Als kommerzielle Kommunikationen definiert die Kommission "sämtliche Formen von Werbung, Direktmarketing, Sponsoring, Verkaufsförderung und Öffentlichkeitsarbeit (wobei die Verpackung [...] nicht inbegriffen ist)" (Kommission der EG, 1996d, S. 1b). Mit der Feststellung, dass diesem Wirtschaftssektor wachsende Bedeutung zukommt und unterschiedliche Regelungen in den Mitgliedstaaten ein Hemmnis für das grenzüberschreitende Angebot solcher Dienstleitungen darstellen könnten, legte die Kommission daher 1996 das Grünbuch "Kommerzielle Kommunikationen im Binnenmarkt" vor, das ihr zukünftiges Vorgehen in diesem Bereich vorbereiten sollte.

Davon nicht berührt bleibt allerdings die Werbung im Fernsehen, da diese durch die Fernsehrichtlinie erfasst wird. Deren Werberegelungen, wie sie auch in den deutschen Rundfunkstaatsvertrag übernommen wurden, nehmen sich detailliert aus, gelten aber dennoch als unpräzise und schwer nachvollziehbar. So urteilt zum Beispiel Dieter Dörr: "Die vorhandenen Werbe- und Sponsoringregelungen in der EG-Fernsehrichtlinie gestatten zwar relativ großzügig Werbung, es ist aber Fernsehveranstaltern angesichts der derzeitigen Fassung kaum möglich, nicht gegen die Bestimmungen bei der Gestaltung ihrer komplizierten Werbung zu verstoßen." (2001a, S. 6)

Ein solches Problem im Umgang mit den Werbevorgaben der Fernsehrichtlinie betraf die Auslegung des Begriffs "programmierte Sendezeit", der vor allem in Deutschland kontroverser Diskussion unterlag und schließlich bis vor den EuGH getragen wurde. Der Auseinandersetzung lag die Frage zu Grunde, ob bei der Unterbrechung von Spielfilmen im Fernsehen das Brutto- oder das Nettoprinzip anzuwenden wäre. Nach Fernsehrichtlinie und Rundfunkstaatsvertrag können Kinospielfilme und Fernsehfilme "für jeden vollen Zeitraum von 45 Minuten einmal unterbrochen werden, sofern ihre programmierte Sendezeit mehr als 45 Minuten beträgt". Die Anwendung des Nettoprinzips auf diese Regelung hieße, dass eine Unterbrechung nach 45 Minuten Filmlänge bei Ausschluss etwaiger Werbeunterbrechungen erlaubt ist. Beim Bruttoprinzip werden die 45 Minuten inklusive zwischengeschalteter Werbezeit berechnet, wodurch letztlich mehr Werbung in einem Film unterzubringen ist. Während die deutschen privat-kommerziellen Fernsehsender die Vorgaben im Sinne des Bruttoprinzips auslegten, verfolgten die Aufsicht führenden Landesmedienanstalten ebenso wie die öffentlich-rechtlichen Fernsehsender das Nettoprinzip, das die Werbemöglichkeiten stärker beschränkt. Von ihnen kam dann auch Widerstand gegenüber der Praxis der kommerziellen Veranstalter (vgl. Lercara & Scheuer, 1999). Die für Rheinland-Pfalz zuständige Landeszentrale für private Rundfunkveranstalter wies im November 1993 SAT.1 an, ab sofort das Nettoprinzip anzuwenden. Der Sender wehrte sich gegen diese Auflage erfolgreich vor Gericht. Die ARD klagte in gleicher Sache gegen *ProSieben* wegen unlauteren Wettbewerbs. Das Landgericht Stuttgart verurteilte daraufhin *ProSieben* im Oktober 1996, die Anwendung des Bruttoprinzips zu unterlassen. Der Sender legte dagegen Berufung beim Oberlandesgericht ein mit der Begründung, selbst wenn der deutsche Rundfunkstaatsvertrag das Nettoprinzip vorschreibe, verstoße diese Regelung gegen die EU-Richtlinie. Das Oberlandesgericht setzte das Verfahren im Dezember 1997 aus und legte dem EuGH zwei Fragen zur Vorabentscheidung vor. Der Gerichtshof sollte klären, ob Artikel 11 Absatz 3 der Fernsehrichtlinie das Brutto- oder das Nettoprinzip vorschreibt und – unterstellt der Rundfunkstaatsvertrag meint das Nettoprinzip – ob die deutsche Regelung mit der Richtlinie vereinbar sei, denn mit Blick auf die Möglichkeit der Mitgliedstaaten, strengere Werberegelungen vorzusehen, könnte das Nettoprinzip als eine solche Verschärfung verstanden werden.

Der Gerichtshof entschied im Oktober 1999 (Bruttoprinzip..., 2000). Er stellte zwar fest, dass der Richtlinientext in dieser Hinsicht mehrdeutig sei, befand aber dennoch, er sehe das Bruttoprinzip vor. Das heißt also, in die Berechnung des 45-Minuten-Zeitraums können Werbeunterbrechungen einbezogen werden. Gleichzeitig verwies der Gerichtshof aber darauf, dass den Mitgliedstaaten erlaubt ist, bei der Werbung für die ihrer Rechtshoheit unterstellten Fernsehveranstalter strengere Regelungen einzuführen. Das bedeutet, es läge in der Entscheidung der Mitgliedstaaten, die Anwendung des Nettoprinzips vorzuschreiben. Die Kommission selbst hatte sich bereits 1995 in diesem Sinne geäußert und das Bruttoprinzip als "eine für die Zwecke der Richtlinie erforderliche Mindestvorschrift" bezeichnet (Kommission der EG, 1995a). Obwohl also das Problem von deutscher Seite an den EuGH herangetragen wurde und die für die Aufsicht über den kommerziellen Rundfunk verantwortlichen Landesmedienanstalten zum Nettoprinzip neigten, hat Deutschland nachfolgend von der Möglichkeit einer strengeren Regelung keinen Gebrauch gemacht. Der Rundfunkstaatsvertrag und die deutsche Fassung der Fernsehrichtlinie stimmen in der entsprechenden Passage überein und diese wird entsprechend dem Bruttoprinzip interpretiert.

Die Berichte der Kommission über die Anwendung der Fernsehrichtlinie zeigen, dass die Einhaltung der Vorschriften für Werbung dauerhaft einen Problembereich darstellt. Insbesondere betrifft dies das Überschreiten der maximal zulässigen Werbezeit; Diskussionsbedarf zeichnet sich aber auch durch die Entwicklung neuer, bislang in der Fernsehrichtlinie nicht berücksichtigter Werbetechniken ab. In ihrem dritten und vierten Bericht zur Anwendung der Richtlinie verweist die Kommission auf mehrere Beschwerden gegen Mitgliedstaaten, die die Einhaltung der Vorschriften zur Werbung und zum Sponsoring betreffen, sowie auf Vertragsverletzungsverfahren. Der dritte Bericht verzeichnet Beschwerden wegen systematischer Überschreitungen der maximalen Werbezeit von Fernsehveranstaltern vor allem in Griechenland, Spanien, Italien und Portugal. Wegen Nicht-Einhaltung der Werbevorschriften wurden Vertragsverletzungsverfahren gegenüber Griechenland, Italien und Spanien eingeleitet. Bis zur Vorlage des vierten Berichtes konnten zwei – gegen Italien und Spanien – abgeschlossen werden; gegenüber den griechischen Fernsehveranstaltern wurde ein Überwachungsverfahren eingeführt. Wegen Nicht-Einhaltung der Werbebestimmungen geriet Italien allerdings inzwischen wiederum ins Visier der Kommission, die deshalb ein neues Vertragsverletzungsverfahren einleitete. Solche Verfahren liefen zu dieser Zeit außerdem gegen Deutschland und Portugal. (Vgl. Kommission der EG, 2001a; 2003f)

Die Ausführungen der Kommission zur Entwicklung neuer Werbetechniken in ihrem vierten Bericht machen deutlich, dass sich in dieser Hinsicht weiterer Harmonisierungsbedarf abzeichnet. Die Kommission verweist hier auf die zum Teil beträchtlichen Unterschiede zwischen den Mitgliedstaaten in der Anwendung und Bedeutung von Techniken wie interaktiver Werbung, Split-Screen und virtueller Werbung ebenso wie in der Bandbreite der Sponsoring-Techniken (Kommission der EG, 2003f). Rechtliche Konsequenzen dieser Entwicklung zu prüfen, war dann auch ein Punkt in dem Arbeitsprogramm, das die Kommission mit dem vierten Anwendungsbericht vorlegte, um einen Diskussionsprozess zur Überarbeitung der Richtlinienvorschriften in Gang zu setzen. Hinsichtlich der Werbung nahm sie sich außerdem vor, die Verhältnismäßigkeit der bestehenden Maßnahmen zu untersuchen und dabei insbesondere der Frage nachzugehen, ob "bestimmte quantitative Beschränkungen der Wahl- und Steuerungsmöglichkeiten der Nutzer flexibler gestaltet werden können". Schließlich sollte die "mögliche

Rolle der Selbstregulierung" im Bereich der Werbung geprüft werden. (Vgl. Kommission der EG, 2003f, S. 37)

Ergebnisse dieses Diskussionsprozesses berichtete die Kommission Ende 2003 in einer Mitteilung über die Zukunft der europäischen Regulierungspolitik im audiovisuellen Bereich. Aufgrund zahlreicher mündlicher und schriftlicher Stellungnahmen der Mitgliedstaaten und der verschiedenen Akteure auf dem Fernsehmarkt kam die Kommission in ihrem Papier zu dem Schluss, kurzfristig keine Änderung der Fernsehrichtlinie vorzuschlagen. Zur Behandlung der Punkte, für die der Konsultationsprozess Diskussions- und Klärungsbedarf erbracht hatte, entschied sie sich stattdessen für ein zweistufiges längerfristiges Vorgehen. Kurzfristig stellte die Kommission unter anderem eine Mitteilung in Aussicht, die Auslegungsfragen im Bereich der Fernsehwerbung klären sollte, um Veranstaltern und Regulierungsinstanzen Rechtssicherheit zu verschaffen. Mittelfristig sollten weitere Themen untersucht werden, die dann auch zu einer Überarbeitung der Fernsehrichtlinie führen könnten. Unter den Themen, die die Mitteilung konkret benannte, gehörten auch die Auswirkungen sowie die Detailliertheit der Werberegulierungen in den Mitgliedstaaten, das Recht auf Information und Kurzberichterstattung, Auswirkungen der Fördermaßnahmen, Ko-Regulierungsmaßnahmen im Mediensektor sowie die regulatorische Behandlung des interaktiven Fernsehens (vgl. Kommission der EG, 2003e). Die angekündigte Mitteilung zu verschiedenen Auslegungsfragen bezüglich der Werberegelungen in der Fernsehrichtlinie erfolgte im April 2004. Neben der Klärung einiger nicht eindeutiger Begriffe gab die Kommission damit Hinweise zum Umgang mit Werbeformen wie Split-Screen-Techniken, virtueller und interaktiver Werbung, die bei der Neufassung der Fernsehrichtlinie 1997 noch nicht bekannt gewesen waren (Kommission der EG, 2004f).

Wiewohl nicht an die Medien gerichtet, aber dennoch mit erheblichen Auswirkungen für die Medien war die Verabschiedung der so genannten Tabakwerberichtlinie im Jahr 1998. Mit dieser Regelung sollte jegliche Werbung und jegliches Sponsoring für Tabakwaren verboten werden. Die Kommission begründete ihren Schritt mit der Heterogenität der Regelungen in diesem Bereich, die ein Hemmnis für den freien Warenverkehr im Binnenmarkt darstellten. Zugleich wurde der Gesundheitsschutz, insbesondere für Jugendliche, ins Feld geführt. Diese Richtlinie untersagte nicht nur die Werbung und das Sponsoring für Tabakerzeugnisse, sondern sie zielte zugleich auf die indirekte Werbung. Das bedeutet, das Verbot erstreckte sich ebenfalls auf die Verwendung eines Namens, einer Marke oder eines Symbols, das für Tabakerzeugnisse verwendet wird. Damit wurde also nicht nur die Werbung für *Camel*-Zigaretten oder ein Sponsoring durch *Camel* untersagt, sondern auch etwa die Werbung für *Camel*-Schuhe. Diese Regelung sollte bis Ende Juli 2001 in den Mitgliedsländern umgesetzt sein. (Vgl. Richtlinie 98/43/EG..., 1998)

Gegen die Tabakwerberichtlinie erhob sich heftiger Widerstand. Gemeinsam mit Österreich wehrte sich vor allem Deutschland gegen diese Richtlinie, zunächst allerdings ohne Erfolg. Zeitweilig erhielten sie Unterstützung von den Niederlanden, Großbritannien, Griechenland und Dänemark, die aus der Abwehrfront allerdings dann doch wieder herausbröckelten. Ein wesentliches Argument, das gegen die Richtlinie ins Feld geführt wurde, betraf die fehlende Kompetenz der Gemeinschaft im Bereich Gesundheit, denn dieser ist Sache der Mitgliedstaaten. Der Kommission wurde daher vorgeworfen, sie schiebe die Verwirklichung des Binnenmarktes vor, verfolge aber eigentlich gesundheitspolitische Ziele.

Der Bundesregierung saßen in dieser Sache vor allem die deutschen Verlage im Nacken, die auf die Folgen des Werbeverbots für die Presse verwiesen. Bereits 1993 wurde hochgerechnet, dass für die deutschen Presseunternehmen jährlich 250 Mio DM auf dem Spiel stünden und das Werbeverbot eine Reduktion des Services für die Leser, wenn nicht gar die Einstellung von Titeln nach sich ziehen könnte (Kull, 1993, S. 430). Die Argumentation gegen die Richtlinie bezweifelte nicht nur die Kompetenzgrundlage in Anbetracht der kaum kaschierten gesundheitspolitischen Zielsetzung, sondern sah auch einen Eingriff in Meinungs-, Werbe- und Pressefreiheit als gegeben und stellte daher die Frage nach dem europäischen Grundrechtsstandard. Schließlich musste sich die Kommission bei ihrem Vorgehen gegen Tabakwerbung eine gewisse Schizophrenie nachsagen lassen in Anbetracht der Tatsache, dass die Gemeinschaft den Anbau von Tabak in Europa subventioniert (vgl. Kull, 1993). Neben den Konsequenzen für die Presse wurden auch die Folgen für bestimmte Sportarten diskutiert, die bevorzugt durch die Tabakindustrie gesponsert werden. Das betraf vorrangig den Motorsport, denn die Formel 1-Autorennen leben ganz wesentlich von der Zigarettenindustrie und zugleich von den Fernsehübertragungen, bei denen sich allerdings die Werbeaufdrucke nicht würden ausblenden lassen.

Die Richtlinie von 1998 wurde nach einer Klage der Bundesregierung vom Europäischen Gerichtshof für nichtig erklärt. Die Kommission ließ indessen nicht locker und präsentierte im Herbst 2001 einen modifizierten Entwurf für eine Richtlinie über die Tabakwerbung, der sich nur wenig von dem früheren Text unterschied. Die neue Richtlinie wurde am 26. Mai 2003 erlassen. Wie in ihrem Titel baut die vorrangige Begründung der Richtlinie auf die Angleichung der Vorschriften für die Werbung in den Mitgliedstaaten. Hemmnisse hätten sich bereits bei der Werbung in der Presse ergeben, beim Sponsoring von Kultur- und Sportveranstaltungen seien Verzerrungen der Wettbewerbsbedingungen aufgetreten. Zugleich verweist die Begründung auf die Verpflichtung der Kommission, bei ihren Maßnahmen zur Verwirklichung des Binnenmarktes "im Bereich der Gesundheit von einem Schutzniveau auszugehen". (Richtlinie 2003/33/EG..., 2003)

Da die Werbung im Fernsehen in der Fernsehrichtlinie geregelt wird, durch die Werbung für Tabakerzeugnisse ohnehin bereits untersagt ist, richten sich die Vorgaben der Tabakwerberichtlinie primär auf die Presse, den Hörfunk und die anderen Dienste der Informationsgesellschaft; die Regelungen für das Sponsoring betreffen den Hörfunk und grenzüberschreitende Veranstaltungen. Die Richtlinie von 2003 beschränkt die Tabakwerbung auf Veröffentlichungen für den Tabakhandel und verbietet die Werbung für Tabakerzeugnisse in der Presse und sonstigen Printmedien sowie in den Diensten der Informationsgesellschaft. Ebenso sind alle Formen der Rundfunkwerbung für Tabakerzeugnisse und das Sponsoring von Rundfunkprogrammen durch Unternehmen der Tabakindustrie untersagt. Im Unterschied zur Vorgängerregelung ist das Sponsoringverbot bei Veranstaltungen nun allerdings auf grenzüberschreitende Aktivitäten begrenzt. Gar nicht mehr erfasst ist die indirekte Werbung, also solche Werbeformen, die andere Produkte betreffen. Die Richtlinie war in den Mitgliedstaaten bis zum 31. Juli 2005 umzusetzen. (Vgl. Richtlinie 2003/33/EG..., 2003)

Gegen die neue Tabakwerberichtlinie hat die Bundesregierung wiederum eine Klage beim EuGH eingereicht, über die jedoch frühestens zum Jahresende 2005 entschieden wird. Um ein Vertragsverletzungsverfahren zu vermeiden, hat die Bundesregierung dennoch im Mai 2005 ein entsprechendes Gesetz auf den Weg gebracht, das die Vorgaben der Richtlinie für Deutschland umsetzen soll.

In einem Themenpapier zur kommerziellen Kommunikation, das die Kommission im Sommer 2005 zur Vorbereitung einer Novellierung der Fernsehrichtlinie herausgebracht hat, werden insbesondere Möglichkeiten diskutiert, Auflagen für Werbung und Teleshopping in anderen audiovisuellen Angeboten als denen des Fernsehens zu machen. Insgesamt lässt sich aus diesem Papier aber auch eine Tendenz zur Aufweichung bestehender Werberegelungen ablesen. Diskutiert werden die Zulassung von Product Placement, die Lockerung der Vorschriften für Werbeunterbrechungen sowie die Aufhebung der Begrenzung für die höchstzulässige Werbezeit pro Stunde.

5.6 Novellierungsbedarf: Von der Fernseh- zur Content-Richtlinie?

Als in der zweiten Hälfte der neunziger Jahre die Novellierung der Fernsehrichtlinie vorbereitet wurde, gab es bereits Stimmen, die auf die fortschreitende Technologie verwiesen und deren Berücksichtigung in der Richtlinie anmahnten. Die Kommission beschränkte damals ihre Vorlagen jedoch von Anfang an auf das herkömmliche Fernsehen, so dass die 1997 verabschiedete Fassung nicht viel mehr als eine Variante der ersten Fernsehrichtlinie von 1989 blieb. Die Reaktion auf Konvergenz, also das Zusammenwachsen der klassischen und der so genannten neuen Medien und damit von Massen- und Individualkommunikation, sowie Digitalisierung musste daher die weitere Diskussion bestimmen. Auf der europäischen Ebene fokussierten die Erwartungen auf den Ende 2002 fälligen (vierten) Bericht der Kommission, der gegebenenfalls auch Vorschläge für die Fortentwicklung der Richtlinie, und zwar insbesondere – wie es in Artikel 26 der Fernsehrichtlinie heißt – "im Lichte neuerer technologischer Entwicklungen" machen sollte, zumal die Kommission zwischenzeitlich auch ihr Konvergenz-Grünbuch vorgelegt hatte.

Während in Deutschland der Bundesrat Anfang März 2002 in einer Entschließung zur zukünftigen Fernsehrichtlinie abermals die Abschaffung der Quoten forderte und die Verankerung des Rechts auf unentgeltliche Kurzberichterstattung anregte und damit demonstrierte, dass hier nur an eine Modifikation der Richtlinie gedacht war (Entschließung des Bundesrates..., 2002), wurde auf der europäischen Ebene längst weiter gedacht. Aber schon im Verlauf des Jahres 2002 wurde deutlich, dass eine umfassende Revision der Fernsehrichtlinie würde auf sich warten lassen. Ende März benannte die für Bildung und Kultur zuständige Kommission Viviane Reding drei Alternativen für das weitere Vorgehen: Die erste Option würde auf eine "radikale sofortige Veränderung" zielen, die zweite Möglichkeit wäre eine "Feinabstimmung". Option C richtete sich auf die Vorlage eines Arbeitsprogramms, das längerfristig zu einem Vorschlag zur Neufassung der Richtlinie führen sollte (Die EU-Fernsehrichtlinie..., 2002). Bereits Ende Mai 2002 verständigte sich der Ministerrat auf die dritte Option und wählte damit die Lösung, die zwar eine umfassende Revision offen ließ, jegliche Veränderung aber vorerst aufschob. Die Verabschiedung eines neuen Regelungswerkes inklusive seiner Umsetzung in den Mitgliedstaaten konnte also nicht mehr während der Amtszeit der Prodi-Kommission, die im Jahr 2004 enden würde, erfolgen. Die Diskussion über die notwendigen Entscheidungen hatte indessen längst eingesetzt, ließ jedoch gleichzeitig die Schwierigkeit der Materie erkennen. Obendrein sind die technischen Veränderungen, die es hier zu berücksichtigen gilt, noch längst nicht abgeschlossen. Insofern wird verständlich, warum sich Kommission und Ministerrat nicht auf schnelle Schritte einlassen wollten.

Die Notwendigkeit zu einer grundlegenden Revision der Fernsehrichtlinie oder zur Entwicklung eines neuen Regelungswerkes ergibt sich aus der Konvergenz der Techniken. Die Richtlinie erfasst bislang ausschließlich das herkömmliche Fernsehen, also ein Angebot, das "zum Empfang durch die Allgemeinheit" bestimmt ist. Fernsehen, das auf anderen Wegen übermittelt wird, zum Beispiel Web-TV, bleibt ebenso außen vor wie andere Medien- und Informationsdienste, die auch nur teilweise von der europäischen E-Commerce-Richtlinie erfasst werden. Speziell für das Fernsehen bedeutet das in dieser Situation, dass Angebote, die terrestrisch, über Kabel oder Satellit verbreitet werden, strenger reguliert sind als Fernsehen, das über das Internet abgerufen werden kann. Ebenso wenig einsichtig ist, warum das Fernsehen zwar einer Regelung unterliegt, andere potenziell ebenfalls grenzüberschreitende Angebote, auf die etwa in Deutschland der Mediendienstestaatsvertrag Anwendung findet, dagegen keine Auflagen erfahren, obwohl zum Beispiel der Jugendschutz hier gleichermaßen ein Problem sein könnte. In Anbetracht solcher Fragen ist klar, dass es mit einer einfachen Überarbeitung der Fernsehrichtlinie nicht getan ist. Daher ist bereits nicht mehr die Rede von einer Fernsehrichtlinie, sondern von deren Weiterentwicklung zu einer Content-Richtlinie (Dörr, 2001a). Entsprechend lautete auch der Auftrag des Ministerrates an die Kommission, als dieser sich im Mai 2002 für diejenige Option entschied, die die Revision der Richtlinie aufschob und die Entwicklung eines längerfristigen Arbeitsprogramms zur Vorbereitung eines neuen Richtlinienvorschlages vorsah (vgl. König, 2002).

Die Bezeichnung "Content-Richtlinie" ist insofern irreführend, als damit eben nicht der Eingriff in Inhalte gemeint ist. Viel mehr geht es um die Schaffung eines kohärenten Regelungswerkes für alle "Inhalte-Dienste" (Schulz, 2003) oder eben "Inhalte ohne Grenzen" (Reding, 2002).

Diese Bezeichnung zielt bereits auf Konzepte für eine neue Richtlinie, wie sie in Deutschland vertreten werden. Hier zu Lande hat die Unterscheidung von Diensten entsprechend ihrer Bedeutsamkeit für die individuelle und öffentliche Meinungsbildung zur Regelung durch den von den Bundesländern abgeschlossenen Mediendienstestaatsvertrag und durch das vom Bund erlassene Informations- und Kommunikationsdienstegesetz geführt. Das heißt, Regelungsbedarf wird auch auf der europäischen Ebene zuerst da ausgemacht, wo die öffentliche Meinungsbildung berührt ist. Schulz (2002; 2003) spricht sich daher für ein Regelungswerk aus, das alle Inhalte-Dienste, und damit auch die Fernseh- und die E-Commerce-Richtlinie, zusammenführt. Um deren Unterschiedlichkeit dennoch Rechnung tragen zu können, entwirft er dafür ein Baukasten- oder Modulsystem. Dabei würde eine Rahmenrichtlinie mit Regelungen etwa zum Jugend- und Verbraucherschutz einen Grundstandard für alle Inhalte-Dienste gewährleisten; einzelne Regelungsmodule könnten darüber hinaus unterschiedliche Merkmale von Diensten und unterschiedliche Regelungsziele berücksichtigen (vgl. Schulz, 2003, S. 581). Ein ähnliches Modell hat offenbar auch dem Bundesrat vorgeschwebt, als er im Mai 2003 abermals eine Entschließung zur Überarbeitung der Fernsehrichtlinie fasste (Entschließung des Bundesrates..., 2003).

Die Aussicht auf eine tiefer greifende Veränderung der Fernsehrichtlinie hat Hoffnungen auch auf andere Ergänzungen als solche, die sich aus dem Aufkommen "neuer Medien" ergeben, geweckt. Diese richten sich auf eine stärkere Berücksichtigung der kulturellen Seite des Fernsehens, was zugleich die Absicherung des öffentlich-rechtlichen Rundfunks bedeutet, und auf Maßnahmen zur Vielfaltssicherung. So verweist Dörr darauf, dass "die Europäische Union längst nicht mehr nur eine Wirtschaftsgemeinschaft, sondern auch eine Wertegemeinschaft darstellt" (2001a, S. 4), in der dem Fernsehen eine zentrale Rolle zukommt. Gerade deshalb gelte es, nicht nur die Dienstleistungsfreiheit durchzusetzen, sondern auch der demokratischen und kulturellen Funktion des Fernsehens Rechnung zu tragen und "das Gemeinschaftsrecht so zu gestalten, dass die nationalen Regelungen zur Sicherung der kulturellen Vielfalt und der pluralistischen Meinungsbildung bestehen bleiben können, im Idealfall sogar gefördert werden" (Dörr, 2001,

S. 5). Diese Forderung zielt auf den öffentlich-rechtlichen Rundfunk, dem trotz Amsterdamer Protokoll von europäischer Seite zugesetzt wird (vgl. hier Kapitel 7), und daher die Absicherung des Rechts der Mitgliedstaaten, dessen Aufgabe zu bestimmen und die Voraussetzungen für deren Erfüllung zu schaffen.

Mit Blick auf die Erarbeitung einer medienübergreifenden Content-Richtlinie wird auch die Konzentrationsproblematik wieder aufgeworfen. Mit Aufmerksamkeit wurde vermerkt, dass selbst die damals für Kultur und Bildung zuständige EU-Kommissarin bei der Beschreibung der Herausforderungen für eine neue Medienordnung auf die starke Anbieterkonzentration auf dem europäischen Fernsehmarkt zu sprechen kam (Reding, 2002, S. 26; dazu auch Scheuer, 2002, S. 6). Während die Kommission aber offenbar keinerlei Neigung erkennen lässt, erneut über eine europäische Medienkonzentrationskontrolle nachzudenken, setzen die Mahner auf das Europäische Parlament, das in dieser Richtung Druck macht und damit auch Hoffnungen nährt, dass, wenn nicht in, dann aber mit der Inhalte-Richtlinie die Medienkonzentration wieder auf die europäische Tagesordnung kommt (vgl. Scheuer, 2002; hier auch Kapitel 6).

Als Vorbereitung für eine Konferenz zur audiovisuellen Politik, die im Herbst 2005 unter britischer Ratspräsidentschaft in Liverpool stattfindet, legte die GD Informationsgesellschaft und Medien der EU-Kommission im Juli 2005 Themenpapiere für die öffentliche Konsultation zu verschiedenen Punkten vor, die im Zusammenhang mit einer Novellierung bzw. Weiterentwicklung der Fernsehrichtlinie berücksichtigt werden sollen. Diese Themenpapiere (Europäische Kommission, 2005a-f) betreffen Regeln für audiovisuelle Inhaltsdienste, das Recht auf Information und Kurzberichterstattung, die Kulturelle Vielfalt und Förderung audiovisueller Produktionen, Kommerzielle Kommunikation sowie den Jugendschutz und das Recht auf Gegendarstellung. In diesem Zusammenhang, aber ohne Bezug zur Fernsehrichtlinie, erschien auch ein Themenpapier zur Medienvielfalt, das wiederum die Frage nach der Rolle der EU bei Medienkonzentration und Vielfaltssicherung aufwirft. Dem Tenor dieser Papiere nach ergibt sich nur wenig Nachbesserungsbedarf für die "linearen Dienste", also Fernsehangebote, die von Anfang an durch die Richtlinie betroffen waren, wiewohl nun die Einbeziehung des Hörfunks wieder in die Diskussion kommt. Probleme liegen indessen eher im Bereich der "nicht linearen audiovisuellen Dienste", also On Demand-Angebote, und es gilt zu prüfen, inwieweit die inhaltlichen und formalen Vorgaben der Richtlinie in Zukunft auch für solche Dienste übernommen werden können.

6 Die Sicherung von Pluralismus auf dem Medienmarkt

Bereits bei den ersten Initiativen des Europäischen Parlaments, die die Medienpolitik der Gemeinschaft anstoßen sollten, wurde auch die Bedrohung der Meinungsvielfalt durch die neuen Entwicklungen im Medienbereich thematisiert. Der Hahn-Bericht, der 1982 zur Hahn-Entschließung führte, hatte Entwürfe für zwei Entschließungen enthalten. Einer stammte von dem deutschen EP-Abgeordneten Dieter Schinzel, Mitglied der sozialistischen Fraktion. Er beantragte eine Entschließung des Parlaments zur "Gefährdung der Meinungsvielfalt durch die Kommerzialisierung neuer Medien". Die Hahn-Resolution vom März 1982 nahm zwar einleitend Bezug auf diesen Antrag, berücksichtigte ihn aber im Weiteren nicht. Erst die Hutton-Resolution, die das Parlament im April 1984 verabschiedete, griff diesen Problembereich wieder auf (Europäisches Parlament, 1984b). Dies geschah allerdings nur im Untertitel der Entschließung und wiederum durch die einleitende Bezugnahme auf den Schinzel-Antrag. Der übrige Text betraf andere Problembereiche. Mit dem Grünbuch "Fernsehen ohne Grenzen" von 1984 und der daraus folgenden Fernsehrichtlinie von 1989 zielten die rundfunkpolitischen Aktivitäten der Gemeinschaft dann zunächst auch auf die Regulierung des grenzüberschreitenden Fernsehens und die Harmonisierung der damit zusammenhängenden nationalen Rundfunkgesetzgebungen.

Indem der Rundfunk als Dienstleistung verstanden und die Rundfunkanstalten entsprechend als Unternehmen eingestuft wurden, waren sie indessen, wie andere Wirtschaftsunternehmen auch, den Wettbewerbsregelungen für den Binnenmarkt unterworfen. Bereits im Sacchi-Urteil hatte der Europäische Gerichtshof betont, dass Rundfunkanstalten, auch wenn sie im öffentlichen Interesse ein ausschließliches Recht zur Verbreitung von Fernsehsendungen haben, dennoch in ihrer wirtschaftlichen Tätigkeit unter die Bestimmungen des Artikels 90 des EG-Vertrages fallen. Artikel 90 (heute Artikel 86) bezieht sich auf öffentliche und monopolartige Unternehmen. Dort ist festgeschrieben, dass auch für Unternehmen, die mit Dienstleistungen von allgemeinem wirtschaftlichem Interesse betraut sind, die Vorschriften des Vertrages gelten, "insbesondere die Wettbewerbsregeln, soweit die Anwendung dieser Vorschriften nicht die Erfüllung der ihnen übertragenen besonderen Aufgabe rechtlich oder tatsächlich verhindert". Das heißt, nicht nur der privatwirtschaftlich organisierte Mediensektor, sondern auch die öffentlich-rechtlichen Rundfunkanstalten unterliegen der wettbewerblichen Regulierung nach EG-Vertrag und Sekundärrecht.

Die Problematik für den Bereich der Medien ergibt sich daraus, dass der EG-Vertrag zwar eine klare Kompetenz der Gemeinschaft in Sachen Wettbewerb begründet, medienpolitische Ziele – wie Medienvielfalt – aber nicht zu ihren Kompetenzen gehören. Sofern also Medienunternehmen von der wettbewerblichen Regulierung auf Gemeinschaftsebene betroffen sind, können lediglich ökonomische Kriterien berücksichtigt werden. Medienspezifische Belange können kaum beachtet werden. Das bedeutet, auch wenn der Wettbewerb auf dem Medienmarkt betroffen ist, der als Voraussetzung, wenn auch nicht Garantie für Medienvielfalt gesehen wird, kann auf der europäischen Ebene nur nach Wettbewerbsrecht und im Interesse der Grundfreiheiten des Binnenmarkts entschieden werden. Zwar ist die Gemeinschaft nach Artikel 151 (früher Artikel 128) des EG-Vertrages – dem Kulturartikel, der mit dem Maastrichter Vertrag neu aufgenommen wurde – gehalten, bei ihren Entscheidungen den kulturellen Aspekten Rechnung zu tragen; dieser Artikel ermöglicht jedoch selbst bei großzügiger Interpretation keine Entscheidungen der Gemeinschaft zu Gunsten medienpolitischer Zielsetzungen.

Bis zum Erlass der Fusionskontrollverordnung im Jahr 1989 beschränkte sich das wettbewerbsrechtliche Instrumentarium der EG auf die Artikel 85 und 86 (heute Artikel 81 und 82). Der erste verbietet wettbewerbsbehindernde Vereinbarungen oder Beschlüsse, enthält also ein Kartellverbot, der zweite untersagt den Missbrauch einer marktbeherrschenden Stellung. Das Kartellverbot bezieht sich sowohl auf horizontale wie auch auf vertikale Beschränkungen des Wettbewerbs. Horizontal meint Zusammenschlüsse von Unternehmen auf der gleichen Produktionsstufe, also zum Beispiel zwei Rundfunkanstalten; vertikal umfasst Verbindungen vor- und nachgelagerter Produktionsstufen, zum Beispiel die Verbindung eines Fernsehunternehmens mit einem Filmvertrieb. Das Missbrauchsverbot untersagt die missbräuchliche Ausnutzung einer marktbeherrschenden Stellung, wird also erst wirksam, wenn eine marktbeherrschende Stellung bereits erreicht ist. Was den Medienmarkt betrifft, bei dem es in der Regel darum geht, durch Vielzahl die Chance auf Vielfalt zu sichern, setzt eine solche Regelung zu spät an, weil sie das Entstehen einer marktbeherrschenden Stellung nicht verhindert. Eine Fusionskontrolle zur Verhinderung von Zusammenschlüssen, die eine marktbeherrschende Stellung begründen, ist auf dieser Basis nicht möglich.

Als besonderes Problem in dieser Hinsicht erweist sich auch die Abgrenzung des "relevanten Marktes", und zwar in sachlicher und räumlicher Hinsicht. Der relevante Markt ist die Bezugsgröße für eine marktbeherrschende Stellung und damit die Grundlage für jegliche Entscheidung nach dem Wettbewerbsrecht. Da die Kommission nur solche Fälle aufgreifen kann, bei denen ein Gemeinschaftsinteresse vorliegt, muss hier der relevante Markt ebenfalls Gemeinschaftsbezug aufweisen. Zur Definition des relevanten Marktes folgt die Kommission dem Prinzip der funktionalen Austauschbarkeit. Demnach umfasst der sachlich relevante Produktmarkt "sämtliche Erzeugnisse und/oder Dienstleistungen, die von den Verbrauchern hinsichtlich ihrer Eigenschaften, Preise und ihres vorgesehenen Verwendungszwecks als austauschbar oder substituierbar abgesehen werden" (Bekanntmachung der Kommission..., 1997, S. 6). Das heißt, es wird also geprüft, inwieweit der Verbraucher und eventuell parallel auch der Werbekunde unter verschiedenen Produkten wählen kann, die für ihn den gleichen Zweck erfüllen. Insbesondere intermediäre Verflechtungen lassen, weil unterschiedliche Märkte betroffen sind, bei einem solchen Ansatz kaum zu fassen. Zusammenschlussvorhaben etwa zwischen Hörfunk- und Presseunternehmen dürften daher kaum auf Widerstand stoßen, da sie auf getrennten Märkten tätig sind und daher eine marktbeherrschende Stellung weder begründet, noch verstärkt wird. Entsprechend wird auch die horizontale Konzentration durch Expansion eines Unternehmens in verschiedene geographische Märkte durch die wettbewerbsrechtliche Kontrolle nicht erreicht (vgl. Wagner, 1992, S. 7). Neben dieser so genannten Nachfragesubstituierbarkeit berücksichtigt die Definition des relevanten Marktes auch die Angebotssubstituierbarkeit., wobei beurteilt wird, ob die Anbieter in der Lage sind, ihre Produktion kurzfristig und ohne großes Risiko auf die in Frage stehenden Produkte umzustellen; als Kriterien werden hierzu vor allem der Preis eines Produktes, seine Eigenschaften und sein Verwendungszweck herangezogen (vgl. Palzer, 2004, S. 281).

Ist schon die Festlegung eines relevanten Marktes auf der nationalen Ebene schwierig, ergeben sich auf der europäischen Ebene weitere Probleme. Hier kommt insbesondere zum Tragen, dass Medienmärkte – aus der Sicht des Rezipienten – durch Sprachgrenzen definiert werden: Eine Zeitung oder ein Fernsehprogramm in einer anderen Sprache sind in der Regel kein Ersatz für heimische Angebote. Medienunternehmen, die ihren Einfluss international oder europaweit ausbauen, werden daher nicht auf Hindernisse stoßen, weil ihre Aktivitäten jeweils nur im sprachlich abgegrenzten relevanten Markt berücksichtigt werden (vgl. Wagner, 1992, S. 7).

Die verschiedenen Entscheidungen der Kommission auf der Grundlage der Wettbewerbsartikel des EG-Vertrages oder nach Fusionskontrollverordnung haben deutlich gemacht, dass sie bei der Bestimmung des relevanten Marktes im Medienbereich einen differenzierten Ansatz zu Grunde legt und auch vom Einzelfall abhängig macht. Der audiovisuelle Sektor, auf den sich die meisten Entscheidungen bisher bezogen, wird in eine Vielzahl unterschiedlicher Produktmärkte aufgeteilt: In der Regel werden Pay TV und frei zugängliches Fernsehen voneinander abgegrenzt. Für beide besteht ein Programmbeschaffungsmarkt sowie ein Markt für die Bereitstellung der technischen Infrastruktur (Satellit, Kabel, terrestrisch). Im Bereich des Free TV ist außerdem der (Fernseh-)Werbemarkt von Bedeutung, der beim Pay TV nur im Falle der Mischfinanzierung eine Rolle spielt. Für Pay TV sind zusätzlich der Zuschauermarkt, ein Markt für administrative und technische Dienstleistungen sowie ein Markt für die Verteilung von DTH-Programmen (Direct to home) relevant. (Vgl. Ablasser, 1998, S. 125; Frey, 1998; Loon, 2001; Palzer, 2004)

Nur sehr selten hat die Kommission bislang eine Aufgliederung des Zeitungsmarktes vorgenommen. In einem Fall, der die englische Tagespresse betraf, wurde der nationale Markt nach der Unterscheidung von regionalen und nationalen Tageszeitungen weiter aufgesplittet nach Boulevardpresse (popular tabloids), Qualitätspresse und dem dazwischen liegenden "midmarket segment". Dieser Abgrenzung lagen die deutlichen Preisunterschiede zwischen Boulevard- und Qualitätspresse, aber auch inhaltliche Kriterien wie Umfang, Breite und Tiefe des Nachrichtenangebots zu Grunde (vgl. Ablasser, 1998, S. 149; Keine Einwände..., 1994). Bei ihrer Entscheidung vom April 1999 zur gemeinsamen Gründung der *Financial Times Deutschland* durch die Verlage Gruner + Jahr und Financial Times nahm die Kommission zur Bestimmung der Austauschbarkeit auf Seiten der Leserschaft eine

Differenzierung von Tages- versus Wochen- und Monatsblättern vor sowie nach universellem versus speziellem Inhalt bzw. der Qualität (z. B. politische Information vs. Boulevard) vor. In diesem Fall erfolgte daraufhin die Freigabe. (Vgl. Nehl, 2004)

Über die Märkte der klassischen Medien hinaus stellt sich mittlerweile die Frage der Marktabgrenzung auch für den Bereich der "neuen Medien". Die Konvergenz der Technik und das damit verbundene Zusammenwachsen der verschiedenen Mediensektoren oder zumindest einiger Aspekte haben eine Diskussion darüber eingeleitet, inwieweit auch die Konzentrationsregulierung auf diese Entwicklung zu reagieren hat. Die so genannte Rahmenrichtlinie aus dem Jahr 2002, die einen gemeinsamen Rechtsrahmen für elektronische Kommunikationsnetze und -dienste vorgibt, trennt zwar grundsätzlich Aspekte der Übertragung von den Inhalten, verweist aber dennoch auf die Notwendigkeit, Verbindungen zwischen beiden Bereichen zu berücksichtigen und die Gewährleistung des Pluralismus der Medien im Auge zu behalten (vgl. Richtlinie 2002/21/EG). Die Rahmenrichtlinie macht in Artikel 15 der Kommission die Auflage, eine Empfehlung zu den relevanten Produkt- und Dienstmärkten zu erarbeiten; der Anhang enthält ergänzend dazu ein Verzeichnis derjenigen Märkte für elektronische Kommunikationsprodukte und -dienste, denen bei Vorliegen einer beherrschenden Stellung besondere Verpflichtungen auferlegt werden können. Diese Empfehlung hat die Kommission im Februar 2003 vorgelegt, in der sie wiederum zwei (Ober-)Kategorien von relevanten Märkten definiert, nämlich erstens Endkundenmärkte und zweitens Großkundenmärkte. Endkunden- oder auch Dienstleistungsmärkte sind Märkte für Dienste oder Produkte für Endnutzer, also zum Beispiel die Empfänger von Internet; Großkunden- oder auch Zugangsmärkte sind Märkte für Vorleistungen, die solche Betreiber benötigen, die Endnutzern Dienste und Produkte bereitstellen (Empfehlung der Kommission..., 2003). Weitere Unterscheidungen ließen sich je nach Nachfrage- und Angebotsbedingungen bzw. der Substituierbarkeit auf Nachfrage- und Angebotsseite treffen. Ebenso wie im Bereich der klassischen Medien ist es indessen auch bezüglich der "neuen Medien" schwierig, eine allgemeingültige Marktdefinition zu erarbeiten. Vielmehr wird von Fall zu Fall und unter Ansehen der jeweils spezifischen Bedingungen entschieden. Die Marktabgrenzung in einem Fall kann daher nur Anhaltspunkte für andere Fälle liefern, muss aber doch von der Kommission oder dem Europäischen Gerichtshof unter Umständen modifiziert und angepasst werden.

Was genau als eine marktbeherrschende Stellung gilt, die sich innerhalb eines relevanten Marktes ergeben kann, wird indessen auf europäischer Ebene wettbewerbsrechtlich nicht allgemeingültig definiert. Nach der Rechtsprechung des Europäischen Gerichtshofes ist ein Unternehmen in einer beherrschenden Stellung, wenn es die Möglichkeit zu einem von Mitbewerbern, Kunden und Verbrauchern unabhängigem Verhalten und zur Verhinderung wirksamen Wettbewerbs hat. Der gängigste Indikator für Marktmacht sind Marktanteile. Als weitere Indikatoren dienen die Umsätze eines Unternehmens, seine Finanzkraft und vertikale Integration. Marktanteile, die über 45 Prozent liegen, werden als hoch angesehen; Marktanteile unter 25 Prozent gelten in der Regel als unproblematisch (Wagner, 1992, S. 7-8).

Mit Blick auf die Märkte für elektronische Kommunikationsnetze und -dienste hat die Kommission 2002 Leitlinien verfasst, die zur Analyse der Märkte und der Wirksamkeit des Wettbewerbs heranzuziehen sind (Leitlinien der Kommission, 2002). Um jenseits von Marktanteilen die Marktmacht eines Unternehmens und dessen Möglichkeit zu unabhängigem Verhalten festzustellen, führen die Leitlinien folgende Kriterien auf: Gesamtgröße eines Unternehmens, Kontrolle über nicht leicht zu duplizierende Infrastruktur, technologische Vorteile oder Überlegenheit, Fehlen oder geringe ausgleichende Nachfragemacht, leichter oder privilegierter Zugang zu Kapitalmärkten/finanziellen Ressourcen, Diversifizierung von Produkten/Dienstleistungen (z. B. Bündelung von Produkten und Dienstleistungen), Größenvorteile, Verbundvorteile, vertikale Integration, hochentwickeltes Vertriebs- und Verkaufsnetz, Fehlen von potenziellem Wettbewerb sowie Expansionshemmnisse. Eine marktbeherrschende Stellung kann aus einer Kombination mehrerer dieser Kriterien abgeleitet werden (Leitlinien der Kommission, 2002, S. 16). Die genannten Kriterien orientieren sich an der spezifischen Situation des (deregulierten) Kommunikationsdienstesektors, können jedoch auch Anhaltspunkte für die Identifizierung einer beherrschenden Stellung auf anderen Märkten geben.

6.1 Kartellverbot und Missbrauchsaufsicht

Die Wettbewerbsartikel des EG-Vertrages kamen für den Medienbereich zunächst kaum zur Anwendung. Die Situation änderte sich mit der wachsenden Konkurrenz auf den Rundfunkmärkten durch den Zutritt privat-kommerzieller Veranstalter, die auf die Sicherung ihrer Entwicklungschancen bedacht waren. Mit den achtziger Jahren nahmen die Beschwerden, die bei der Europäischen Kommission eingingen, zu. Die Generaldirektion Wettbewerb reagierte 1990 auf den steigenden Entscheidungsbedarf durch Gründung einer neuen Abteilung Medien, die sich seitdem schwerpunktmäßig mit den audiovisuellen Medien befasst (vgl. Fröhlinger, 1993).

Die Fälle, mit denen sich die GD Wettbewerb zu beschäftigen hat, beziehen sich im Bereich des Fernsehens in erster Linie auf die Programmbeschaffung, aber auch auf die Fernsehwerbung. Hinsichtlich der Programmbeschaffung richtet die Kommission ihr besonderes Augenmerk auf die Einschränkung des Wettbewerbs durch den Erwerb von exklusiven Sonderrechten (vgl. Fröhlinger, 1993). Einer der ersten Fälle betraf den Einkauf eines umfangreichen Spielfilmpakets durch die ARD. Diese hatte 1984 über ihre Tochtergesellschaft Degeto aus dem Filmbestand der MGM/UA mehr als 1.350 amerikanische Filme gekauft und sich außerdem den Zugriff auf die Neuproduktion der nächsten 15 Jahre gesichert. Dazu kamen noch Fernsehproduktionen und Zeichentrickfilme. Das Lizenzgebiet umfasste neben der Bundesrepublik auch die DDR, Österreich, Liechtenstein, Luxemburg, Südtirol und die deutschsprachige Schweiz. Damit sah die Kommission das Gemeinschaftsinteresse als gegeben. Ende 1986 beanstandete die Kommission den Vertrag wegen des Umfangs des Filmpakets, der langen Vertragsdauer, der Ausschließlichkeit der Rechtevergabe und wegen der fehlenden Zugangsmöglichkeiten für Dritte. Die ARD verpflichtete sich darauf hin, die Filme auch Dritten zugänglich zu machen. Unter anderem stellte die ARD die Beteiligung an den Kosten für die Synchronisation von solchen Filmen in Aussicht, die noch nicht in einer deutschsprachigen Fassung vorlagen. Obwohl die Kommission eine Beschränkung des Wettbewerbs feststellte, sah sie schließlich die Vorteile des Filmeinkaufs durch die ARD überwiegen und erteilte im September 1989 eine Freistellung für die Dauer von zehn Jahren (Entscheidung der Kommission..., 1989). Sie stützte sich dabei auf Artikel 85 Absatz 3 des EG-Vertrages (heute Artikel 81), der Freistellungen dann vorsieht, wenn Vereinbarungen und Verhaltensweisen zur Verbesserung der Warenerzeugung oder Warenverteilung oder aber zum technischen oder wirtschaftlichen Fortschritt beitragen.

Diese Freistellungsklausel stand auch im Mittelpunkt eines Verfahrens um die *Eurovision*. Die EBU hatte im April 1989 bei der Kommission die Erteilung eines Negativattests bzw. die Freistellung für ihre Satzungsbestimmungen und sonstigen Regelungen für den Kauf der Fernsehrechte von Sportveranstaltungen, den Austausch von Sportprogrammen im Rahmen der *Eurovision* und den Zugang Dritter zu diesen Programmen beantragt. Im Juni 1993 fiel die Entscheidung der Kommission. Sie erteilte der EBU die Freistellung, koppelte diese jedoch an bestimmte Auflagen. Demnach musste die EBU Dritten Unterlizenzen für gemeinsam erworbene Übertragungsrechte von Sportveranstaltungen einräumen. Die Kommission erlegte der EBU außerdem Informationspflichten auf für den Fall, dass es zu Änderungen der angemeldeten Regeln käme, sowie für alle Schiedsverfahren bei etwaigen Streitigkeiten über den Zugang von Nicht-Mitgliedern und für alle Entscheidungen über Anträge von Dritten. Diese Freistellung sollte bis zum Februar 1998 gelten. Allerdings hob das Gericht erster Instanz die Entscheidung der Kommission im Juli 1996 aufgrund einer Klage spanischer, italienischer und französischer Privatsender wieder auf (vgl. Métropole télévision..., 1996).

Hintergrund dieser Auseinandersetzung waren zum Teil mehrmals gescheiterte Anträge einiger Privatsender auf aktive Mitgliedschaft in der EBU sowie die Weigerung der EBU, Nicht-Mitgliedern Unterlizenzen für von ihr erworbene Fernsehrechte an Sportveranstaltungen zu gewähren. Bereits im Dezember 1987 hatte der britische Fernsehsender *Screensport* bei der Kommission Beschwerde eingelegt, weil die EBU ihm Unterlizenzen an Übertragungsrechten von Sportereignissen verweigert hatte. Die Kommission hatte daraufhin im Dezember 1988 der EBU mitgeteilt, eine Freistellung der Regeln über Erwerb und Nutzung von Sportrechten könne erfolgen, wenn auch Nicht-Mitgliedern Unterlizenzen zu angemessenen Bedingungen gewährt würden. Im April 1989 legte die EBU der Kommission ihre Regelungen über den Erwerb von Sportfernsehrechten und den Austausch von Sportprogrammen vor, in denen auch der Zugang Dritter zu diesen Rechten dargelegt wurde. Bis 1988 konnten nur Mitglieder die Leistungen der EBU und der *Eurovision* in Anspruch nehmen. Mit den neuen Regelungen stand es nun auch Assoziierten und Nicht-Mitgliedern offen, mit der EBU über Rechte zu verhandeln. Ab Sommer 1990 wandte die EBU das neue Vergabesystem an. Allerdings folgte die Vergabe von Unterlizenzen an Nicht-Mitglieder dem "Embargo-Prinzip", das heißt, die Unterlizenzen erlaubten lediglich eine zeitversetzte Übertragung der Sportereignisse.

Nach einer Anhörung der Privatsender drängte die Kommission im Sommer 1991 die EBU noch einmal auf eine Veränderung des Vergabesystems. Die EBU kam den Forderungen nach, Anfang 1993 lag schließlich eine im Einvernehmen mit der Kommission erarbeitete Neufassung der Vergaberegeln vor. Daraufhin erteilte die Kommission die Freistellung. Sie befand zwar, dass die EBU-Vereinbarungen den Wettbewerb zwischen den Mitgliedern einschränken und die Marktposition der EBU sich zum Nachteil anderer Wettbewerber – zumal kommerzieller Anbieter, die nicht als Mitglieder aufgenommen werden – auswirken könne. Die Kommission stellte dem aber eine Reihe von Vorteilen gegenüber, die sich aus dem gemeinsamen Rechteeinkauf, dem Programmaustausch sowie dem Zugang für Nicht-Mitglieder im Sinne von Artikel 85 Absatz 3 (heute Artikel 81) ergäben. Das heißt, die Kommission sah in den EBU-Vereinbarungen eine "Verbesserung der Warenerzeugung und -verteilung" als gegeben und begründete damit ihre Entscheidung auf Freistellung.

Mit seinem Urteil vom 11. Juli 1996 hob das Gericht erster Instanz die Entscheidung der Kommission jedoch wieder auf (vgl. Métropole télévision..., 1996). Das Gericht monierte, dass die Kommission nicht sorgfältig geprüft hätte, ob die Voraussetzungen für die Freistellung tatsächlich erfüllt waren. Insbesondere hätte die Kommission beurteilen müssen, ob die Aufnahmeregeln der EBU "objektiv und hinreichend bestimmt" sind. Das Gericht selbst nannte die in der EBU-Satzung aufgestellten Aufnahmebedingungen für Mitglieder "unbestimmt und ungenau", weil sie sich im Wesentlichen auf nicht bezifferte quantitative Kriterien bezögen (Versorgung sämtlicher Einwohner eines Landes oder eines wesentlichen Teils davon; vielseitiges und ausgewogenes Programm; wesentlicher Anteil an Eigenproduktionen).

Die EBU legte gegen das Urteil des Gerichts Berufung beim EuGH ein, die von der Kommission unterstützt wurde. Gut einen Monat nach Verkündung des Urteils präsentierte die EBU der Kommission Leitlinien für die Auslegung der Aufnahmekriterien. Nachdem es schließlich 1998 zu einer Änderung dieser Leitlinien gekommen war, erteilte die Kommission im Mai 2000 abermals eine Freistellung gemäß Artikel 81 Absatz 3 des EG-Vertrages. Diese Freistellung war befristet bis Ende 2005 und mit den gleichen Auflagen verbunden wie bereits 1993; die Entscheidung wurde aber vom Gericht erster Instanz 2002 wieder aufgehoben.

Bezüglich der Presse nimmt die Kommission nach Artikel 81 und 82 des EG-Vertrages insbesondere vertikale Wettbewerbsbeschränkungen und den Missbrauch einer marktbeherrschenden Stellung zum Beispiel bei der

Preisgestaltung in den Blick. Hier stehen vor allem die Vertriebsstrukturen der Presse unter Beobachtung, zumal wenn diese – wie im deutschen Pressevertriebssystem – Alleinstellungen bei der Auslieferung oder vertikale Preisbindungen umfassen. Der Europäische Gerichtshof hat unter Anerkennung der Effizienz eines solchen Systems Anforderungen an die Struktur des Vertriebssystems formuliert, die sich auf eine einheitliche und diskriminierungsfreie Anwendung von objektiven, qualitativen (und nicht quantitativen, die Zahl von Händlern limitierende) Kriterien richtet. Bei der Preisgestaltung können sich sachlich nicht gerechtfertigte Preisdiskriminierungen, Kampfpreisunterbietungen zum Zweck der Verdrängung von Wettbewerbern sowie exzessive, wirtschaftlich nicht gerechtfertigte Preise durch marktbeherrschende Unternehmen als problematisch erweisen. In diesem Zusammenhang sind auch vertikale Preisbindungen im grenzüberschreitenden Verkehr in die Diskussion gekommen, zumal die Einführung des Euro hier eine deutlichere Preistransparenz geschaffen hat: Preisaufdrucke zum Beispiel auf Zeitschriften führen dem Verbraucher die zum Teil gegenüber dem Herkunftsland erheblich höheren Verkaufspreise in anderen Ländern vor Augen und haben zu entsprechenden Nachfragen bei der Kommission geführt. (Vgl. Nehl, 2004)

6.2 Fusionskontrollverordnung

Mit dem Erlass der Fusionskontrollverordnung im Jahr 1989, die zum 1. Januar 1990 in Kraft trat, bekam die Kommission ein Instrument an die Hand, mit dem nun auch Unternehmensverbindungen zu prüfen und gegebenenfalls zu untersagen sind (Verordnung..., 1989; 1990). Die Fusionskontrollverordnung wurde 1997 durch eine Verordnung des Rates geändert und trat in ihrer neuen Fassung zum 1. März 1998 in Kraft (Verordnung..., 1997). Sie findet Anwendung auf Unternehmenszusammenschlüsse mit gemeinschaftsweiter Bedeutung und bezieht sich auf Unternehmen aller Art; es handelt sich also nicht um eine medienspezifische Fusionskontrolle, wie sie das deutsche Recht mit den abgesenkten Schwellenwerten für die Presse kennt. Gemeinschaftsweite Bedeutung – die Voraussetzung dafür, dass die Kommission tätig wird und nicht der einzelne Mitgliedstaat – bestimmt sich nach Aufgreifkriterien, die in der Verordnung spezifiziert sind. Nach der ersten Fassung der Fusionskontrollverordnung kam einem Zusammenschluss gemeinschaftsweite Bedeutung zu, wenn die folgenden Kriterien erfüllt waren:

- ein weltweiter Gesamtumsatz aller beteiligten Unternehmen zusammen von mehr als 5 Milliarden ECU[1]
- ein gemeinschaftsweiter Gesamtumsatz von mindestens zwei beteiligten Unternehmen von jeweils mehr als 250 Millionen ECU.

Sofern allerdings die am Zusammenschluss beteiligten Unternehmen mehr als zwei Drittel ihres gemeinschaftsweiten Umsatzes in ein und demselben Mitgliedstaat erzielten, war dennoch keine gemeinschaftsweite Bedeutung gegeben.

Die Höhe der Schwellenwerte war schon bei Erlass der Fusionskontrollverordnung in der Diskussion. In Erwägungsgrund 10 der Verordnung von 1989 war daher bereits festgeschrieben, dass die Stellenwerte am Ende einer ersten "Anwendungsphase" überprüft werden sollten, Artikel 1 legte diesen Zeitraum auf vier Jahre fest. In den Erklärungen für das Ratsprotokoll vertrat die Kommission die Auffassung, dass die Schwelle für den weltweiten Umsatz auf zwei Milliarden zu senken wäre (Erklärungen..., 1990). 1993 sprach sich die Kommission wiederum für die Absenkung aus und schlug schließlich im Grünbuch über die Revision der Fusionskontrollverordnung vor, die Stellenwerte auf zwei Milliarden ECU (weltweiter Gesamtumsatz) und 100 Millionen ECU (gemeinschaftsweiter Umsatz) festzulegen. Mit einer solchen Herabsetzung der Schwellenwerte sollten mehr Zusammenschlüsse durch die europäische Fusionskontrolle erreicht und den Unternehmen, die schon damals mit 13 verschiedenen nationalen Fusionskontrollsystemen konfrontiert waren, der Aufwand mehrfacher nationaler Anmeldungen erspart werden (Kommission der EG, 1996a, S. 2, 12)

Mit Erlass der revidierten Fusionskontrollverordnung wurde der Anwendungsbereich erweitert. Gemeinschaftsweite Bedeutung kann nun auch angenommen werden, wenn

- der weltweite Gesamtumsatz aller beteiligten Unternehmen zusammen mehr als 2.5 Milliarden Euro beträgt,

[1] ECU: European Currency Unit, europäische Verrechnungseinheit, 1979 eingeführt, 1999 durch den Euro abgelöst; 1 ECU = 1 Euro.

- der Gesamtumsatz aller beteiligten Unternehmen in mindestens drei Mitgliedstaaten jeweils 100 Millionen Euro übersteigt,
- in jedem von mindestens drei dieser Mitgliedstaaten der Gesamtumsatz von mindestens zwei beteiligten Unternehmen jeweils mehr als 25 Millionen Euro beträgt und
- der gemeinschaftsweite Gesamtumsatz von mindestens zwei beteiligten Unternehmen jeweils 100 Millionen Euro übersteigt.

Weiterhin gilt, dass keine gemeinschaftsweite Bedeutung eines Zusammenschlusses vorliegt, wenn die beteiligten Unternehmen jeweils mehr als zwei Drittel ihres Umsatzes innerhalb eines Mitgliedstaates erzielen. In solchen Fällen bleibt also die Zusammenschlusskontrolle dem einzelnen Mitgliedstaat überlassen. Diese Regelung sichert das so genannte Prinzip der einzigen Anlaufstelle oder auch "One-stop-shop"-Prinzip: Finden Zusammenschlüsse grenzüberschreitend statt bzw. haben grenzüberschreitende Auswirkungen, haben die beteiligten Unternehmen nur mit einer Wettbewerbsbehörde, hier also der Kommission, zu tun. Mehrfachanmeldungen bei nationalen Behörden sollen so vermieden werden. Mit der Erweiterung des Anwendungsbereichs durch die Verordnung von 1997 sollte erreicht werden, dass Fälle, die drei oder mehr Mitgliedstaaten betreffen, von der Kommission geprüft werden. In ihrem Grünbuch über die Revision der Fusionskontrollverordnung aus dem Jahr 2001 befand die Kommission jedoch, dass dieses Ziel nicht realisiert wurde und die Unternehmen immer noch mit Mehrfachanmeldungen zu kämpfen hätten (Kommission der EG, 2001c). Die Neufassung der Fusionskontrollverordnung, die im Januar 2004 erlassen wurde, diente daher vor allem auch dazu, der Kommission die Übernahme von Fällen, die sonst Mehrfachanmeldungen bei nationalen Behörden notwendig machen würden, zu erleichtern (Verordnung..., 2004; vgl. auch Palzer, 2004).

Zwar sieht die Fusionskontrollverordnung vor, dass alle Fälle, denen nach den genannten Kriterien gemeinschaftsweite Bedeutung zukommt, ausschließlich durch die Kommission entschieden werden, sie lässt aber dennoch Abweichungen von diesem Prinzip zu. So gibt Artikel 9 der Fusionskontrollverordnung dem einzelnen Mitgliedstaat die Möglichkeit, einen Antrag auf Rückverweisung eines Falles an die nationale Kartellbehörde zu stellen, auch wenn gemeinschaftsweite Bedeutung gegeben ist. Eine solche Rückverweisung ist möglich in den Fällen, die einen lokal oder regional abgrenzbaren nationalen Markt betreffen und hier die Gefahr einer marktbeherrschenden Stellung besteht.

Eine weitere Möglichkeit zur Verweisung eines Falles an die nationalen Behörden begründet Artikel 21 Absatz 3 der Fusionskontrollverordnung. Während Artikel 21 in Absatz 1 die ausschließliche Zuständigkeit für Entscheidungen nach der Verordnung der Kommission zuweist und entsprechend in Absatz 2 bestimmt, dass die Mitgliedstaaten ihr nationales Wettbewerbsrecht nicht auf Zusammenschlüsse von gemeinschaftsweiter Bedeutung anwenden, sieht Absatz 3 vor: "Unbeschadet der Absätze 1 und 2 können die Mitgliedstaaten geeignete Maßnahmen zum Schutz anderer berechtigter Interessen als derjenigen treffen, welche in dieser Verordnung berücksichtigt werden [...]." Als ein solches berechtigtes Interesse wird explizit die Medienvielfalt aufgeführt. Demnach könnten für einen Zusammenschluss mit gemeinschaftsweiter Bedeutung, den die Kommission nicht untersagt hat, dennoch nationale Regelungen zur Sicherung der Vielfalt im Medienbereich zur Anwendung kommen. Ein von der Kommission nach Fusionskontrollverordnung genehmigter Zusammenschluss könnte also auf nationaler Ebene verboten oder mit Auflagen versehen werden, sofern entsprechende nationale Regelungen bestehen. Umgekehrt gibt es indessen nicht die Möglichkeit, dass ein von der Kommission untersagter Zusammenschluss nachträglich von nationalen Behörden erlaubt wird.

Mit der Nennung der Medienvielfalt in diesem Zusammenhang wird dieser ein besonderer Stellenwert zugewiesen, obwohl und weil die Fusionskontrollverordnung diesem Ziel nicht dienen kann. Was hier zunächst nach einer zusätzlichen Möglichkeit der Pluralismussicherung aussieht, relativiert sich indessen dadurch, dass Medienvielfalt nur als berechtigtes Interesse geltend zu machen ist bei Vorliegen von Rechtsvorschriften, die sich direkt auf die Vielfalt beziehen. Wegen der Gefahr, dass inhaltsbezogene Maßnahmen als Eingriff in die Pressefreiheit verstanden werden, setzt staatliche Medienpolitik in der Regel jedoch auf Sicherung ökonomischen Wettbewerbs, um die Chance auf Vielfalt zu erhöhen. Solche Regelungen könnten dann allerdings ein "berechtigtes Interesse" nicht begründen, denn auf die Sicherung ökonomischen Wettbewerbs zielt bereits die europäische Fusionskontrolle.

Neben der Verweisung eines Falles von der Kommission an die nationalen Behörden sieht die Fusionskontrollverordnung auch umgekehrt die Übergabe eines Falles an die Kommission vor, auch wenn die Schwellenwerte nicht überschritten werden. Artikel 22 ermöglicht einem Mitgliedstaat, einen Zusammenschluss von der Kommission prüfen zu lassen, der zwar keine gemeinschaftsweite Bedeutung erreicht, der aber eine beherrschende Stellung in dem betreffenden Staat begründet oder verstärkt und den Handel zwischen den Mitgliedstaaten beeinträchtigen könnte. Mit der Neufassung der Fusionskontrollverordnung im Jahr 1997 wurde auch die Möglichkeit eröffnet, dass mehrere Mitgliedstaaten gemeinsam die Übernahme eines Falles durch die Kommission beantragen.

Ein Zusammenschluss im Sinne der Fusionskontrollverordnung liegt dann vor, wenn zwei oder mehr bislang voneinander unabhängige Unternehmen fusionieren oder wenn ein oder mehrere Unternehmen volle oder teilweise Kontrolle über weitere Unternehmen erlangen. Dazu gehört auch die Gründung eines Gemeinschaftsunternehmens. Zusammenschlüsse von gemeinschaftsweiter Bedeutung müssen innerhalb von einer Woche nach Vertragsabschluss bei der Kommission gemeldet werden. Diese prüft dann, ob Bedenken hinsichtlich der Vereinbarkeit des Zusammenschlusses mit dem Gemeinsamen Markt bestehen. Kommt die Kommission zu dem Schluss, dass eine Unternehmensverbindung nicht mit dem Gemeinsamen Markt vereinbar ist, kann sie Maßnahmen anordnen, die einen wirksamen Wettbewerb wieder herstellen sollen. (Vgl. Verordnung..., 1997)

Zwar erfasst die Fusionskontrollverordnung Zusammenschlüsse aller Art, also horizontale, vertikale und diagonale Unternehmensverbindungen, und wäre insofern geeignet, unerwünschte Konzentrationsprozesse auf dem Medienmarkt zu verhindern. Allerdings sind die Aufgreifkriterien immer noch so hoch angesetzt, dass nur Elefantenhochzeiten, also Zusammenschlüsse von sehr großen Unternehmen, unter die Verordnung fallen. Das gilt für alle Wirtschaftsbereiche, erst recht aber für den Mediensektor. Hier gibt es nur wenige Unternehmen, die derart hohe Umsätze erreichen. Das war auch der Grund, warum in der Bundesrepublik Deutschland 1976 pressespezifische Aufgreifkriterien eingeführt wurden, die deutlich niedriger liegen als für andere Wirtschaftsunternehmen und so gewährleisten, dass auch mittelgroße Betriebe, wie sie gerade im Zeitungsmarkt die Regel sind, erfasst werden. Nach dem deutschen Gesetz gegen Wettbewerbsbeschränkungen (GWB) greift die Zusammenschlusskontrolle bei Presseunternehmen bereits, wenn eines der beteiligten Unternehmen einen Umsatzerlös von mehr als 25 Millionen Euro erzielt. Zusammenschlussvorhaben im Bereich der Presse werden daher in Deutschland fast immer kartellrechtlich geprüft. In Anbetracht der hohen Schwellenwerte konnte indessen nicht erwartet werden, dass es im Mediensektor viele Fälle mit gemeinschaftsweiter Bedeutung geben würde, die eine Prüfung durch die Europäische Kommission auslösen.

Da also gerade Zusammenschlüsse kleinerer Presseunternehmen oder die Übernahme kleinerer durch ein großes Unternehmen von der europäischen Fusionskontrolle nicht erfasst werden, ist die Fusionskontrollverordnung auch ungeeignet, um den Bedenken gegenüber Konzentrationsprozessen im Mediensektor und erst recht im Bereich der Presse zu begegnen. Astrid Ablasser, die die Entscheidungen der Kommission zur Fusionskontrolle für die Jahre 1990 bis 1997 ausgewertet hat, stellt fest, dass Fälle aus dem Mediensektor zwar nicht überdurchschnittlich häufig vorkommen, aber während dieses Zeitraums immerhin vier von neun Untersagungen den Medienbereich betrafen. Der überwiegende Teil der Zusammenschlussvorhaben im Mediensektor bezog sich auf den Fernsehmarkt. Bei den beteiligten Unternehmen handelte es sich vorrangig um Multimediaunternehmen und Unternehmen, die hauptsächlich im Fernsehbereich tätig sind. Rund zwei Drittel der Unternehmen stammten aus nur drei EU-Staaten, nämlich – in dieser Reihenfolge – aus Deutschland, dem Vereinigten Königreich und Frankreich. (Ablasser, 1998, S. 57-58; vgl. auch Frey, 1998, S. 986)

Zu den Fällen mit Beteiligung deutscher Unternehmen, mit denen sich die Kommission in den neunziger Jahren zu befassen hatte, gehörte das Vorhaben von Bertelsmann, der Telekom und der Taurus (ein Unternehmen der Kirch-Gruppe) ein Gemeinschaftsunternehmen unter dem Namen MSG Media Service Gesellschaft für Abwicklung von Pay-TV und verbundenen Diensten mbH zu gründen. Da der weltweite Gesamtumsatz der drei beteiligten Unternehmen auf mehr als fünf Milliarden ECU anzusetzen war, jedes der drei Unternehmen außerdem einen gemeinschaftsweiten Umsatz von mehr als 250 Milliarden ECU hatte und nicht alle drei jeweils zwei Drittel des gemeinschaftsweiten Umsatzes in ein und demselben Mitgliedstaat erzielten, war die gemeinschaftsweite Bedeutung des Vorhabens gegeben. Wohl in der Befürchtung, die Kommission könnte den Zusammenschluss durchgehen lassen, hatte sich das Bundeskartellamt um eine Überweisung des Falles nach Artikel 21 Absatz 3 der Fusionskontrollverordnung bemüht. Mit dem Argument, das geplante Gemeinschaftsunternehmen könnte spürbare Auswirkungen auch außerhalb von Deutschland haben, entschloss sich die Kommission jedoch, den Fall nicht auf die nationale Ebene abzugeben.

Die MSG sollte technische, betriebliche und administrative Dienstleistungen vor allem auf dem Pay TV-Markt erbringen. Durch das Zusammengehen der bis dahin einzigen Pay TV-Anbieter auf dem deutschen Markt – Bertelsmann und Kirch, die gemeinsam mit *Canal plus* den Pay TV-Sender *Premiere* betrieben – mit der Telekom, die über mehr als 90 Prozent der Kabelnetze in Deutschland verfügte, sah die Kommission die Beseitigung des potentiellen Wettbewerbs und eine Abschottung des Marktes voraus. Angesichts der Stärke des geplanten Gemeinschaftsunternehmens und der sich daraus ergebenden Wettbewerbsvorteile hielt die Kommission den Marktzutritt anderer Wettbewerber für unwahrscheinlich und sah auf Dauer eine marktbeherrschende Stellung der MSG auf dem Markt für technische und administrative Dienstleistungen und auf dem Markt für Pay TV voraus. Außerdem würde die MSG die beherrschende Stellung der Telekom als Kabelnetzbetreiber verstärken. Die Zusagen, zu denen sich die MSG-Gesellschaft angesichts der Bedenken bereit fanden, bezeichnete die Kommission als unzureichend und untersagte daher den Zusammenschluss im November 1994 (Entscheidung der Kommission..., 1994).

Nur kurze Zeit danach, im Dezember 1997, wurde der Kommission ein ähnliches Vorhaben gemeldet. CLT-UFA, das Fernsehgemeinschaftsunternehmen von Bertelsmann und Audiofina, und Kirchs Beteiligungsholding Taurus wollten die gemeinsame Kontrolle über *Premiere* übernehmen (Entscheidung der Kommission..., 1999a). Bis dahin war noch der französische Pay TV-Veranstalter *Canal plus* an *Premiere* beteiligt. Gleichzeitig wollte Bertelsmann bei den Firmen BetaDigital und BetaResearch einsteigen, beides Gesellschaften für digitale Fernsehdienste und hundertprozentige Tochterunternehmen von Kirch. Mit diesem Vorhaben verbunden war die Absicht der Telekom, sich an BetaResearch zu beteiligen (Entscheidung der Kommission..., 1999b). Wieder bemühte sich das Bundeskartellamt vergeblich um eine Verweisung der Fälle nach Deutschland, aber die Kommission behielt sich die Entscheidung vor.

Beide Vorhaben wurden getrennt angemeldet und separat entschieden, die Kommission sah dennoch einen engen Zusammenhang und berücksichtigte das auch in ihrer Argumentation. Das Vorhaben sollte zu einer beträchtlichen Aufwertung von *Premiere* führen. Durch die Verbindung mit BetaDigital und BetaResearch hätten Programm, Vermarktung, Zugangskontrolle und alle technischen Dienstleistungen für Pay TV und digitales Fernsehen in einer Hand gelegen. Kirch plante zudem, DF1 – das einzige digitale Angebot, das mit *Premiere* konkurrierte – und seinen Sportkanal DSF in *Premiere* einzubringen. Die Übertragungsrechte für die deutsche Fußball-Bundesliga lagen damals bei CLT-UFA, Kirch hatte sich bereits die Rechte für die Fußballweltmeisterschaften der Jahre 2002 und 2006 gesichert. Zusammen mit dem umfangreichen Bestand an Spiel- und Fernsehfilmen von Kirch hätte *Premiere* daher über äußerst attraktive und konkurrenzlose Programmressourcen verfügen können.

Weil die Kommission in dem Zusammenschlussvorhaben die Gefahr der Begründung oder Verstärkung einer marktbeherrschenden Stellung sah, die wirksamen Wettbewerb auf sechs Märkten in Deutschland behindern würde, erklärte sie den Zusammenschluss im Mai 1998 für unvereinbar mit dem Gemeinsamen Markt (Entscheidung der Kommission..., 1999a). Zusagen der beteiligten Unternehmen, die den Markt für Dritte öffnen und damit den befürchteten Wettbewerbsproblemen vorbeugen sollten, hatten die Bedenken der Kommission nicht ausräumen können. Gleichzeitig untersagte die Kommission auch die geplante Zusammenarbeit von Bertelsmann, Kirch und Telekom bei BetaResearch (Entscheidung der Kommission..., 1999b).

Eine weitere Untersagungsentscheidung der Kommission im Mediensektor betraf den niederländischen Markt – zugleich ein Beispiel für einen Fall, der auf Antrag eines Mitgliedstaats von der Kommission geprüft wurde, obwohl keine gemeinschaftsweite Bedeutung im Sinne der Schwellenwerte vorlag. Die Untersuchung galt dem Vorhaben des luxemburgischen Unternehmens RTL und der niederländischen Unternehmen Veronica und Endemol, ein Gemeinschaftsunternehmen mit dem Namen Holland Media Groep (HMG) zu gründen. RTL bietet kommerzielle Fernsehprogramme auf dem niederländischen Markt an, Endemol ist der größte Produzent von Fernsehprogrammen in den Niederlanden, und Veronica sollte nach Gründung der HMG als kommerzieller Sender weiterarbeiten. Da die Umsätze der drei beteiligten Unternehmen die Schwellenwerte der Fusionskontrollverordnung nicht überschritten, war das Vorhaben nicht in Brüssel anzumelden und der Zusammenschluss konnte vollzogen werden. Die niederländische Regierung beantragte im April 1995 jedoch die Prüfung des Falles durch die Kommission, da zu der Zeit in den Niederlanden noch kein nationales Fusionskontrollgesetz bestand. Die Kommission kam zu dem Schluss, dass die HMG mit einem Anteil von etwa 60 Prozent eine beherrschende Stellung auf dem Markt der Fernsehwerbung innehatte. Obendrein konnte Endemol seine marktbeherrschende Stellung im Bereich der Programmproduktion ausbauen. Weil damit der Wettbewerb in den Niederlanden behindert würde, erklärte die Kommission die HMG im September 1995 für unvereinbar mit dem Gemeinsamen Markt (Entscheidung der Kommission..., 1996). Sie stellte aber zugleich in Aussicht, dass eine Genehmigung bei entsprechenden Veränderungen hinsichtlich der Anteilseigner möglich wäre. Die beteiligten Unternehmen klagten gegen die Entscheidung der Kommission vor dem Europäischen Gericht erster Instanz, das sich damit erstmals mit einer Untersagung nach Fusionskontrollverordnung im audiovisuellen Sektor zu befassen hatte. Indessen verhandelten Endemol, Veronica und RTL weiter mit der Kommission. Tatsächlich wurde das Vorhaben schließlich genehmigt, nachdem sich Endemol aus dem Gemeinschaftsunternehmen zurückgezogen hatte und einer der RTL-Sender in einen Nachrichtenkanal umgewandelt werden sollte. Veronica und RTL/CLT zogen darauf hin ihre Klagen zurück, so dass nur noch Endemol als Kläger verblieb. Das EuG lehnte diese Klage jedoch im April 1999 ab. (Vgl. Ablasser, 1998, S. 109-110; EuG: Fusion..., 1999; Schmittmann & Vries, 1996)

Nach mehr als einem Jahrzehnt Erfahrung mit der Fusionskontrollverordnung lässt sich resümieren, dass anfängliche Einschätzungen, Medienunternehmen würden von der Zusammenschlusskontrolle wegen der hohen Umsatzschwelle kaum erreicht, wohl etwas zu pessimistisch waren. Die lange Liste der Verfahren, die nach der Fusionskontrollverordnung entschieden wurden, weist zahlreiche Fälle aus, an denen Medienunternehmen beteiligt waren. Das dürfte eine Folge davon sein, dass sich die Dynamik des Rundfunksektors sowie vor- und nachgelagerter Märkte erst in den neunziger Jahren voll entfaltet hat, aus der heraus genügend große Unternehmen entstanden sind, die mittlerweile auch international auf Expansionskurs gegangen sind. Das ändert allerdings nichts daran, dass kleine und mittlere Unternehmen und vor allem auch die des Pressesektors von der europäischen Fusionskontrolle nicht erfasst werden

6.3 Initiativen für europäische Maßnahmen zur Sicherung von Meinungsvielfalt

Zwar erlaubt also die Fusionskontrollverordnung der Kommission seit 1990 eine Zusammenschlusskontrolle, das erübrigte jedoch nicht das Nachdenken über die Möglichkeit und schon gar nicht über die Notwendigkeit eines besser auf die Besonderheiten des Medienmarktes abgestimmten Instruments zur Sicherung von Vielfalt. Es waren vor allem das Europäische Parlament und insbesondere sein Ausschuss für Kultur, Jugend, Bildung und Medien, die diese Problematik in der Diskussion hielten.

Nachdem Konzentrationskontrolle jeglicher Art in der 1989 verabschiedeten Fernsehrichtlinie keine Beachtung gefunden hatte, griff das Parlament das Thema 1990 in seiner "Entschließung zur Konzentration im Medienbereich" auf und forderte die Kommission und den Rat zu Aktivitäten auf, um den Informationspluralismus in der Gemeinschaft zu sichern. Interessant sind hier insbesondere die Erwägungsgründe, die das Parlament für seine Entschließung aufführte. Es verwies auf die Notwendigkeit, Konzentration im Medienbereich "nicht nur aus wirtschaftlichen Gründen" zu beschränken, sondern "auch und vor allem", um Informationspluralismus und Pressefreiheit zu garantieren. Das Parlament sprach außerdem von einer sehr ernsten Gefährdung des Pluralismus und der Meinungsäußerungsfreiheit durch kleine Gruppen, die die Medien kontrollierten. Schließlich bezog sich die Entschließung auf aktive Opposition von Angehörigen der Kommunikationsberufe gegenüber Zusammenschlüssen von Medienunternehmen und den sich daraus ergebenden Einschränkungen des Informationspluralismus, namentlich in Frankreich, Belgien und Italien.

Das Parlament bekräftigte daher seine Auffassung, dass unkontrollierte Zusammenschlüsse im Medienbereich das Recht auf Information, die Eigenständigkeit der Redaktionen und die Freiheit der Journalisten gefährdeten. Die Entschließung forderte die Kommission auf, Vorschläge für rechtliche Regelungen bezüglich Zusammenschlüssen und für Antitrustbestimmungen zu entwickeln. Außerdem wurden diejenigen Mitgliedstaaten, in denen noch keine Regelungen zur Konzentrationskontrolle bestanden, aufgefordert, solche Instrumente zu schaffen. Zu dieser Zeit verfügten nur sieben der damals zwölf EG-Mitgliedstaaten überhaupt über ein Instrument der Fusionskontrolle, nur in der Bundesrepublik Deutschland existierte eine medienspezifische Zusammenschlusskontrolle, hier allerdings auch nur für den Bereich der Printmedien (Vgl. Europäisches Parlament, 1990; Wagner, 1992, S. 10).

Auf der Basis eines Berichts des Ausschusses für Kultur, Jugend, Bildung und Medien, den dieser im April 1992 vorgelegt hatte (Europäisches Parlament, 1992a), verabschiedete das Europäische Parlament im September

1992 wiederum eine "Entschließung zur Medienkonzentration und Meinungsvielfalt". Im Vergleich zu seiner Entschließung zwei Jahre zuvor fielen die Forderungen an die Kommission nun wesentlich umfassender und zugleich detaillierter aus. In den zahlreichen Erwägungsgründen machte das Parlament seine Besorgnis angesichts von Konzentrationsprozessen auf verschiedenen Ebenen des Mediensektors deutlich und betonte, dass Medienkonzentration in Anbetracht ihrer europäischen und weltweiten Dimension nicht mehr allein national zu regeln wäre. Dabei verwies die Entschließung auf die Dominanz einiger weniger bedeutender Nachrichtenagenturen, auf zunehmende Konzentration im Bereich der Werbung und deren erheblichen Einfluss auf die redaktionellen Angebote sowie auf den Einfluss von Meinungsumfragen auf die Medien. Außerdem hob die Entschließung hervor, dass die Vielfalt auch gefährdet würde, "wenn die Europäische Gemeinschaft weiterhin Organisationen ohne Gewinnzweck, d. h. Organisationen mit ideellen Zielsetzungen, mit kommerziellen Organisationen gleichsetzt, obgleich sie sich nach Art und Funktionieren völlig unterscheiden" (Europäisches Parlament, 1992b).

Das Parlament betonte die Verantwortung von Mitgliedstaaten und Gemeinschaft für die Sicherung und die Entwicklung des Pluralismus in den Medien. Sie müssten deshalb dafür sorgen, dass die notwendigen Bedingungen für die Ausübung von Informations- und Meinungsfreiheit geschaffen werden. Daraus leitete die Entschließung eine Reihe von Forderungen ab, die sich zunächst nur auf die Presse, dann speziell auf die audiovisuellen Medien und schließlich auf alle Medien bezogen. In Hinblick auf die Presse verwies das Parlament auf "legitime Forderungen" der Printmedien zur Sicherung ihrer ökonomischen Grundlagen, zumal in Anbetracht eines relativen Werbeeinnahmenschwunds gegenüber den audiovisuellen Medien. Damit verband sich die Forderung nach Einhaltung von Werberegelungen. Zudem wurde auf die Möglichkeit öffentlicher Beihilfen für gefährdete Zeitungen hingewiesen, wobei vor allem die Sicherung günstiger Vertriebsstrukturen hervorgehoben wurde.

Heterogener waren die Forderungen bezüglich der audiovisuellen Medien. Die Entschließung machte sich hier vorrangig für verschiedene Maßnahmen zu Gunsten kleinerer und mittlerer Unternehmen stark, etwa die Förderung von Kooperationen und die Möglichkeit der gemeinsamen Nutzung von Übertragungseinrichtungen. Sie forderte die Kommission aber auch auf, die "bewährte Zusammenarbeit" der nationalen Rundfunkanstalten in Europa sicher zu stellen und deren Entwicklung etwa bei Programmaustausch, Koproduktionen und Gemeinschaftsübertragungen zu erleichtern. Außerdem befürwortete das Parlament hier auch die Sicherung eines Rechts auf Kurzberichterstattung und verwies dabei auf die entsprechende Empfehlung des Europarates vom April 1991. Gesondert wurde die Gefährdung der Programmvielfalt durch Bartering, also solcher Programme, die von Wirtschaftsunternehmen geliefert werden, hingewiesen. Das Parlament forderte von der Kommission diesbezüglich einen Richtlinienvorschlag, um die Anteile des Barterings zu begrenzen. An die Adresse der Mitgliedstaaten richtete die Entschließung die Forderung, den Fortbestand und die Weiterentwicklung des öffentlich-rechtlichen Rundfunks zu sichern. In diesem Zusammenhang plädierte das Parlament auch für die Unterstützung des europäischen Nachrichtenkanals *Euronews*, um so die Informationsvielfalt in Europa zu fördern.

Auch bei seinen Forderungen bezüglich aller Medien setzte das Parlament auf verschiedenen Ebenen an. Zentral war die Forderung nach einer Antikonzentrationsrichtlinie, um Medienkonzentration zu kontrollieren und zu beschränken. Damit sollte eine Harmonisierung der nationalen Regelungen herbeigeführt werden, wobei zur Sicherung der Meinungsvielfalt im einzelnen zu berücksichtigen wären: Verbesserung der Zutrittsbedingungen im Mediensektor, die Gewährleistung einer Vielzahl von Anbietern in einem bestimmten Verbreitungsgebiet, Beobachtung der Aktivitäten von Unternehmen aus EG-Mitgliedstaaten in Mittel- und Osteuropa sowie die Konzentration im Bereich von Werbe- und von Nachrichtenagenturen. Weitere Forderungen der Entschließung bezogen sich auf Bedingungen für journalistisches Arbeiten. Neben der beruflichen Förderung, der Sicherung der Freizügigkeit von Journalisten und der Entwicklung eines Medienkodexes zur Wahrung der Berufsethik forderte die Entschließung die Kommission auf, eine Rahmenrichtlinie zur Sicherung der journalistischen und publizistischen Unabhängigkeit in allen Medien vorzubereiten. Außerdem sollten durch eine Richtlinie der Zugang zu Informationen gemeinschaftlicher und nationaler Behörden sowie der Informantenschutz gesichert werden. Schließlich wurde die Einsetzung eines Europäischen Medienrates vorgeschlagen, der im Zweijahresrhythmus einen Bericht über die Entwicklung des europäischen und des außereuropäischen Medienmarktes vorzulegen hätte. Dieser Medienrat sollte außerdem für Transparenz bei allen Medienverflechtungen sorgen und der Kommission Vorschläge für eventuelle Entflechtungsmaßnahmen unterbreiten. (Europäisches Parlament, 1992b)

Mit seiner Entschließung hatte das Europäische Parlament einen umfassenden Katalog von Vorschlägen für Maßnahmen zur Sicherung von Meinungsvielfalt auf dem europäischen Medienmarkt vorgelegt. Es wies Mitgliedstaaten und Gemeinschaft eine entsprechende Verantwortung zu, ohne allerdings die Kompetenzfrage anzusprechen. Indem das Parlament die Kommission zum Entwurf von Richtlinien, also gesetzgebenden Maßnahmen, aufrief, die sich auf die Sicherung journalistischer Unabhängigkeit und auf Konzentrationsregelungen bezogen, und außerdem Beihilfen für die Presse anregte, berührte die Entschließung heikle Fragen, deren Behandlung bereits auf der nationalen Ebene eine Gratwanderung darstellt und den Vorwurf eines Eingriffs in die Pressefreiheit riskiert.

Für die Diskussion in der Kommission kam die Entschließung vom September 1992 wohl ohnehin zu spät. Denn die Kommission legte bereits im Dezember 1992 ihr Grünbuch "Pluralismus und Medienkonzentration im Binnenmarkt" vor. Dieses nimmt zwar an einigen Stellen Bezug auf die Entschließung des Parlaments, inhaltlich schlugen sich die Forderungen allerdings nicht nieder. Das Grünbuch sollte – wie es im Untertitel hieß – der "Bewertung der Notwendigkeit einer Gemeinschaftsaktion" dienen. Schon damit war angedeutet, dass die Kommission in dieser Sache vorsichtig blieb. Grünbücher sind normalerweise ein Schritt auf dem Weg zur Gesetzgebung, demonstrieren also, dass die Kommission sich zuständig fühlt bezüglich eines bestimmten Sachbereichs und die Notwendigkeit einer Gemeinschaftsaktion als gegeben sieht. Hier aber sollte die Notwendigkeit zunächst einmal ausgelotet werden.

Das Grünbuch setzt sich zunächst mit dem Pluralismus-Konzept auseinander und nimmt eine Definition über dessen Funktion und Ziel vor. Unter Bezugnahme auf die Spruchpraxis des Europäischen Gerichtshofs für Menschenrechte sowie die entsprechenden Regelungen der Mitgliedstaaten interpretiert das Grünbuch das Pluralismus-Konzept als eine Begrenzung der Meinungsäußerungsfreiheit. Dies geschieht mit dem Ziel, der Öffentlichkeit Informationsvielfalt zu garantieren. Das heißt, im Interesse der Allgemeinheit wird für einzelne Akteure (nämlich Medieneigentümer, Lizenznehmer usw.) das Recht auf freie Meinungsäußerung eingeschränkt. Das Grünbuch verwendet den Begriff Pluralismus zur Bezeichnung des Ziels, also der Informationsvielfalt. Welche Wirkung nun Medienkonzentration auf die Informationsvielfalt hat, ließe sich nur an der "Vielfalt der Auswahl der dem Publikum an einem bestimmten Ort angebotenen Informationen" messen. In diesem Zusammenhang werden drei Bewertungsmaßstäbe nebeneinander gestellt, nämlich die Vielfalt des Inhalts, die Anzahl der Programme bzw. Titel oder die Anzahl der Eigner von Medienunternehmen. Letztlich wird diesem dritten Maßstab der Vorzug gegeben, denn die Analyse der inhaltlichen Vielfalt wird als zu komplex, Programm- oder Titelzahl als zu wenig aussagekräftig eingeschätzt. Die Zahl der Unternehmenseigner kann dagegen relativ leicht bestimmt werden, zudem – so das Grünbuch – "stellt doch die Konzentration der Kontrolle des Zugangs zu den Medien auf einige wenige grundsätzlich eine Gefahr für die Informationsvielfalt dar" (S. 19). Als Bezugsgröße wird das Publikum herangezogen, und zwar in dem Sinne, dass jeweils für ein Verbreitungsgebiet die Breite des vorhandenen Medienangebotes festzustellen ist, wobei sämtliche Medien einbezogen werden sollen.

Weite Teile des Grünbuches nehmen eine Bestandsaufnahme der Medienkonzentration und der Konzentrationsregulierung in den EG-Mitgliedstaaten vor. Hinsichtlich der Konzentration kam die Kommission damals zu dem Schluss, dass im Medienbereich ein im Vergleich zu anderen Sektoren der Wirtschaft "relativ hohes Konzentrationsniveau und ein komplexes Geflecht von Beteiligungen und Eigentumsrechten an den Medien mit einigen nationalen Großunternehmen als Mittelpunkt charakteristisch" ist. In dieser Zeit, also zu Beginn der neunziger Jahre, konzentrierten die Großunternehmen ihre Aktivitäten jedoch noch überwiegend auf ein Land. Allerdings sah die Kommission in dieser Hinsicht Veränderungen voraus, weil die Unternehmen sich im Bereich des Fernsehens entwickeln und in anderen Ländern aktiv werden müssten, um Synergieeffekte zu erzielen. Was den Stand der zu diesem Zeitpunkt bestehenden nationalen Konzentrationsregelungen angeht, verwies die Kommission darauf, dass gerade in den Jahren zuvor in mehreren Ländern neue Regelungen eingeführt worden waren. Sie beklagte allerdings zugleich, dass diese Maßnahmen häufig in einem "belasteten politischen Umfeld ... und unter dem Eindruck aktueller innerstaatlicher Situationen" entstanden wären: "Deutlich zeigt sich das beispielsweise im Falle Frankreichs, Italiens, Großbritanniens oder Deutschlands, wo die betreffenden Rechtsvorschriften der jeweiligen Lage der Hauptakteure in diesen Ländern angepaßt wurden" (Kommission der EG, 1992, S. 56). Es wäre auch solcher politischen Beeinflussung zuzuschreiben, dass sich die Regelungen in den einzelnen Mitgliedstaaten beträchtlich unterschieden.

Die Diskussion der Argumente, die einen Handlungsbedarf für die Gemeinschaft begründen könnten, führte zu einem zwiespältigen Ergebnis. Gemessen am Ziel der Aufrechterhaltung des Pluralismus ließe sich kein Interventionsbedarf feststellen; die Regelungen der Mitgliedstaaten wären ausreichend, um den Pluralismus zu sichern. Wohl aber könnte die Unterschiedlichkeit der einzelstaatlichen Regelungen ein Hindernis für das Funktionieren des Binnenmarktes im Mediensektor darstellen. Solche Hindernisse – für den Dienstleistungsverkehr, die Niederlassungsfreiheit und den Wettbewerb – seien jedoch "noch eher potentieller Natur", daher forderte die Kommission die betroffenen Seiten zu Stellungnahmen mit Blick auf den Aktionsbedarf auf.

Aus der Diskussion der Notwendigkeit einer Gemeinschaftsaktion, bei der vor allem auch die Unsicherheit über den richtigen Zeitpunkt deutlich wurde, entwickelte das Grünbuch schließlich drei mögliche Optionen für das Vorgehen der Kommission. Option I lautete: keine spezifische Aktion auf Gemeinschaftsebene. Diese Entscheidung sollte für den Fall getroffen werden, dass die Rechtfertigung für ein Tätigwerden auf Gemeinschaftsebene nicht ausreicht, der Zeitpunkt als verfrüht oder aber eine Aktion auf Gemeinschaftsebene als nicht erforderlich beurteilt würde. Bei Option II sollte sich die Aktion auf eine Empfehlung bezüglich Transparenz beschränken. Gedacht war an eine Empfehlung, die zu einer Zusammenarbeit der Mitgliedstaaten führen sollte, um größere Transparenz bei Eigentum und Kontrolle der Medien sicher zu stellen. Wie bei Option I hätte sich die Kommission also auch hier eines Eingriffs mit Recht setzenden Maßnahmen enthalten. Stattdessen wollte sie hier lediglich nachhelfen, eine bessere Datenbasis für alle Mitgliedstaaten zu schaffen. Weitergehend war Option III, mit der eine Aktion zur Harmonisierung der Rechtsvorschriften in den Mitgliedstaaten vorgeschlagen wurde. Da eine Harmonisierung auf verschiedenen Wegen zu erreichen ist, gab es zu Option III drei Unter-Optionen. Die erste sah die Koordinierung der Rechtsvorschriften durch eine Richtlinie vor. Mit einer Richtlinie würde also ein gemeinsamer Rahmen vorgegeben, wobei den Mitgliedstaaten ein gewisser Freiraum der Ausgestaltung verbleibt. Verbindlicher wäre dem gegenüber die zweite Unter-Option, mit der eine Verordnung des Rates zur Angleichung der Rechtsvorschriften ins Auge gefasst wurde. Eine Verordnung des Rates muss in den Mitgliedstaaten unmittelbar angewendet werden, sie lässt keinen Freiraum und sorgt so für eine größere Einheitlichkeit der Regelungen in den Mitgliedstaaten. Die dritte Option erweiterte die beiden anderen, indem sie zusätzlich zur Harmonisierung die Schaffung eines Organs (Ausschusses) vorsah, das die Kommission bei der Anwendung des Harmonisierungsinstruments unterstützen und außerdem Stellungnahmen zu Fragen der Medienkonzentration abgeben sollte. Hier sollten die Mitgliedstaaten mit Vertretern unabhängiger Stellen repräsentiert sein, wobei jedoch zugleich problematisiert wurde, dass die derzeitigen Strukturen solche unabhängigen Stellen nicht aufwiesen. (Kommission der EG, 1992)

Die Kommission zeigte sich also zögerlich, das Grünbuch spiegelt die Unsicherheit – wohl weniger über die Notwendigkeit, die Eigentumsverhältnisse auf den Medienmärkten zu beobachten und den Pluralismus zu sichern, als über die Möglichkeiten, in dieser Sache auf Gemeinschaftsebene tätig zu werden und die Mitgliedstaaten zu einem einheitlichen Vorgehen zu veranlassen. Der Wirtschafts- und Sozialausschuss (WSA) sowie das Parlament, die beide Stellungnahmen zum Grünbuch vorlegten, waren in der Kompetenzfrage weniger zurückhaltend.

Im September 1993 reagierte zunächst der WSA, dessen Stellungnahme an seine eigenen früheren Vorstöße zur Medienpolitik der Gemeinschaft anknüpfte, sich aber im Wesentlichen auch die Forderungen des Europäischen Parlaments aus dessen Entschließung zur Medienkonzentration von 1992 zu Eigen machte. Anders als die Kommission, die in ihrem Grünbuch den Schutz des Pluralismus an erster Stelle als Aufgabe der Mitgliedstaaten bezeichnet hatte und daher über die Herstellung des Binnenmarktes argumentierte, verwies der WSA auf den engen Zusammenhang zwischen den Marktmechanismen und der Sicherung pluralistischer Programmangebote. Die "Enthaltsamkeit der Gemeinschaft" hinsichtlich pluralismussichernder Maßnahmen bezeichnete der Ausschuss daher als verfehlt und sprach sich für die Festlegung konkreter Grenzen zur Eindämmung von Medienkonzentration aus. Darüber hinaus plädierte der WSA für weitere Maßnahmen zur Sicherung von Pluralismus. Genannt wurden dazu gesetzliche Vorgaben zur Gewährleistung der inneren Medienfreiheit durch "Mitwirkung, Mitbestimmung und Maßregelungsverbote", dies unter expliziter Bezugnahme auf die Mailänder Erklärung der International Federation of Journalists (IFJ) vom März 1993 zur redaktionellen Unabhängigkeit. Außerdem forderte der WSA Transparenzverpflichtungen für alle Medienunternehmen und stellte die Einrichtung eines europäischen Medienrates als Selbstkontrollorgan zur Diskussion, der über die Beobachtung von Konzentrationsprozessen und deren Auswirkungen hinaus Vorschläge für die künftige Medienpolitik entwickeln sollte.

Konkret auf die mit dem Grünbuch vorgelegten Fragen der Kommission bezogen, gab sich der WSA überzeugt von der Notwendigkeit und der Sinnhaftigkeit eines gemeinschaftlichen Vorgehens. Ausdrücklich hatte der Ausschuss dabei die multimediale Medientätigkeit im Blick und sprach sich daher auch für die Einbeziehung des Pressesektors aus. Es sollten Regelungen geschaffen werden, die verhinderten, dass Unternehmen in mehreren Mediensektoren auf einem oder mehreren nationalen Märkten eine marktbeherrschende Stellung einnehmen oder erweitern. Unternehmen, die bereits über eine marktbeherrschende Stellung in einem nationalen Mediensektor verfügen, sollten außerdem in keinem anderen EG-Mitgliedsland Mehrheitsbeteiligungen an Medienunternehmen erwerben dürfen. Vor dem Hintergrund dieser Vorschläge und der übrigen Feststellungen kam der WSA zu dem Schluss, dass die Kommission der dritten Option des Grünbuches folgen und eine Richtlinie vorlegen sollte, wobei die Schaffung eines unabhängigen Ausschusses im Sinne der dritten Unter-Option als eine sinnvolle und wirksame Maßnahme bezeichnet wurde. (Vgl. Stellungnahme des WSA..., 1995)

Das Europäische Parlament, überzeugt von der Gefährdung der Meinungsvielfalt in der Gemeinschaft und von der Kompetenzfrage scheinbar unberührt, präsentierte im Januar 1994 eine Entschließung zum Grünbuch, die zu unverzüglichem Handeln aufforderte. Während die Kommission im Grünbuch noch von potentiellen Auswirkungen der Medienkonzentration und unterschiedlicher Rechtslagen in den Mitgliedstaaten gesprochen hatte, zeigte sich das Parlament überzeugt von der Notwendigkeit eines raschen Tätigwerdens auf europäischer Ebene.

Der Entschließung des Parlaments war ein Bericht und ein entsprechender Entschließungsantrag seines Ausschusses für Kultur, Jugend, Bildung und Medien zum Grünbuch vorausgegangen (Bericht des Ausschusses..., 1994). Dieser berücksichtigte auch Stellungnahmen des Ausschusses für Recht und Bürgerrechte (Stellungnahme..., 1994a) sowie des Ausschusses für Wirtschaft, Währung und Industriepolitik (Stellungnahme..., 1994b). Beide Ausschüsse betonten insbesondere das Ziel, die Wettbewerbsfähigkeit der europäischen Medienindustrie auf dem Weltmarkt zu stärken. Vor diesem Hintergrund, aber ohne weitere Diskussion stellte der Rechts-Ausschuss daher die Frage, ob die Gemeinschaft womöglich die Voraussetzungen dafür verbessern sollte, dass sich finanzstarke und weltweit konkurrenzfähige Medienunternehmen in der EG bilden können.

Die Entschließung des Parlaments zum Grünbuch forderte die Kommission nun auf, in Richtung auf eine Harmonisierung der nationalen Regelungen zu arbeiten (Europäisches Parlament, 1994a). Konkret sprach sich das Parlament damit für die dritte Option aus, und zwar in ihrer erweiterten Version, also Harmonisierung plus Ausschuss. Das sollte in Form einer Richtlinie geschehen, die die Harmonisierung der einzelstaatlichen Konzentrationsregelungen herbeiführt und der Kommission erlaubt, bei Konzentrationsvorgängen europäischer Dimension selbst einzugreifen. Die Entschließung machte auch gleich spezifische Vorgaben, was in der Richtlinie zu regeln wäre, und beantwortete damit die Fragen, die die Kommission mit dem Grünbuch zur öffentlichen Diskussion gestellt hatte. Nach Auffassung des Parlaments sollte der gesamte Medienbereich einbezogen werden, also nicht nur der Rundfunk, sondern auch der Printsektor, um Konzentrationsvorgänge zwischen den verschiedenen Medienbereichen (cross-ownership) ebenfalls erfassen zu können. Beherrschender Einfluss wäre dabei nicht nur über die formalen Besitzverhältnisse festzustellen, vielmehr müssten auch stille Teilhaberschaften, verwandtschaftliche Verhältnisse und vertikale Abhängigkeiten geprüft werden. Voraussetzung dafür wäre "das Prinzip der absoluten Transparenz der Eigentumsverhältnisse". Im übrigen sprach sich das Parlament hier auch dafür aus, den Konzentrationsgrad zusätzlich über den jeweiligen Anteil der Mediennutzer, der von einem Eigentümer erreicht wird, zu ermitteln. Der öffentlich-rechtliche Rundfunk, dessen Beitrag zur Sicherung der Meinungsvielfalt in der Entschließung abermals betont wurde, sollte lediglich durch die Transparenzregelungen mit erfasst, ansonsten von den Bestimmungen der Richtlinie aber ausgenommen werden, sofern er unabhängig und binnenplural strukturiert ist und nicht gewinnorientiert arbeitet.

Im übrigen forderte das Parlament die Kommission mit seiner Entschließung auf, sich dafür einzusetzen, dass die EG-Richtlinie zur Konzentrationsregulierung durch eine entsprechende Konvention des Europarates ergänzt würde. Im Gegensatz zur Kommission gab sich das Parlament also überzeugt, dass Medienkonzentration ein gesamteuropäisches Problem darstellt und daher auch gesamteuropäisch anzugehen wäre. Schließlich erinnerte das Parlament an seine Vorschläge aus der Entschließung vom September 1992, ergänzende Maßnahmen zur Förderung der Meinungsvielfalt vorzusehen, nämlich insbesondere eine Richtlinie zur Sicherung des Zugangs zu Informationen bei EG- und nationalen Behörden, einen Medienkodex sowie eine Richtlinie zur Sicherung der journalistischen Unabhängigkeit (Europäisches Parlament, 1994a). Bereits im Oktober 1994 schob das Europäische Parlament eine weitere Entschließung zur Medienkonzentration nach. In der "Enttäuschung darüber, daß die Kommission ... noch immer nicht die Notwendigkeit einer Gemeinschaftsrichtlinie über die Medienkonzentration anerkennt", mahnte das Parlament zu raschem Handeln (Europäisches Parlament, 1994b).

Zu diesem Zeitpunkt hatte die Kommission indessen erst den Konsultationsprozess zum Grünbuch abgeschlossen. Das Ergebnis wurde in einer Mitteilung an Rat und Parlament zusammengefasst (Kommission der EG, 1994c). Diese Konsultation umfasste eine Anhörung und einen zusätzlich versandten Fragebogen. Die Kommission erhielt insgesamt 70 schriftliche Äußerungen, davon 25 von europäischen Verbänden und Vereinigungen, die übrigen von einzelnen Anbietern, nationalen Verbänden oder Einzelpersonen. Nach geographischer Herkunft kamen die meisten Stellungnahmen, sofern sie nicht von europäischen Organisationen stammten, von britischen, deutschen und italienischen interessierten Kreisen. Die Gegenüberstellung der Positionen, wie sie von den verschiedenen Akteuren vertreten wurden, zeigt, dass sich vor allem Unternehmensverbände – darunter BDZV und VPRT – und einzelne Unternehmen – darunter Berlusconis Fininvest und Murdochs BSkyB – zu Gunsten von Option I aussprachen. Option II wurde dagegen von verschiedenen Vereinen freier Radios und Interessenverbänden wie dem Internationalen Journalistenverband, aber wiederum auch einigen Einzelunternehmen wie Channel 4 und Pearson favorisiert. Die deutschen öffentlich-rechtlichen Rundfunkanstalten unterstützten ebenfalls Option II. (Vgl. Farda, 2000, S. 308)

In ihrer Mitteilung stellte die Kommission fest, dass im Laufe des Konsultationsprozesses ein Wandel in der Haltung der interessierten Kreise zu verzeichnen gewesen wäre. Die meisten Unternehmen wendeten sich mittlerweile gegen eine Beibehaltung des Status quo, wie es Option I des Grünbuches vorgesehen hatte, und plädierten nun für eine Änderung der Vorschriften zum Medieneigentum. Auf welchem Weg das geschehen sollte, ob auf europäischer oder nationaler Ebene, darüber zeichnete sich indessen keine Einigkeit ab. Gegenüber einer europäischen Regelung zeigten sich solche Unternehmen am ehesten aufgeschlossen, die einer Niederlassungsstrategie – das heißt: Beteiligung an oder Kontrolle über Medienunternehmen – in den einzelnen Mitgliedstaaten verfolgen. Sie suchen eine eindeutige und übergreifende Regelung, die ihnen Rechtssicherheit bietet. In eine ähnliche Richtung tendierten multimedial tätige Unternehmen oder solche, die nur im Hörfunk oder Fernsehen engagiert sind, weil sich auch für sie die Unterschiedlichkeit der nationalen Regelungen nachteilig auswirken könnte. Nicht interessiert an einer Gemeinschaftsregelung waren dagegen die Unternehmen, die nur im Printmedienbereich tätig sind und sich daher ohnehin meist nur auf dem nationalen Markt bewegen.

Bilanzierend befand die Kommission, dass ein Handlungsbedarf festzustellen wäre. Sie selbst argumentierte zu Gunsten von Aktivitäten mit dem Ziel, den Binnenmarkt im Medienbereich zu verwirklichen. Dabei gab auch die Kommission der Option III den Vorzug, also einer Harmonisierung der nationalen Regelungen zum Medieneigentum. Damit wäre es möglich, die während der Konsultation am häufigsten genannten Hindernisse zu beseitigen, nämlich einerseits die Rechtsunsicherheit, die die Niederlassungsfreiheit und den freien Dienstleistungsverkehr einschränkt und direkte Investitionen im Medienbereich erschwert, und andererseits die Wettbewerbsverzerrungen durch national unterschiedliche Beschränkungen beim Medieneigentum. Die Kommission stellte also das Gemeinschaftsziel Verwirklichung des Binnenmarktes in den Vordergrund, dies auch mit dem Blick auf die Stärkung der Konkurrenzfähigkeit europäischer Medienunternehmen gegenüber Unternehmen aus Nicht-EU-Ländern; sie sah in der Feststellung von einheitlichen Beschränkungen für Medieneigentum aber zugleich die Möglichkeit, den Pluralismus zu sichern. Angesichts dieser Argumentationsrichtung war klar, dass weitergehende Maßnahmen, die sich auf journalistisches Arbeiten beziehen und wie sie WSA und Europäisches Parlament in ihren Stellungnahmen zum Grünbuch nicht zum ersten Mal vorgeschlagen hatten, da keinen Platz mehr finden konnten. Vorgaben für die Berufsethik und Regelungen zur Sicherung der redaktionellen Unabhängigkeit hätten – so die Kommission – keine Basis in den Zielen der Gemeinschaft und wären daher Sache der einzelnen Mitgliedstaaten. (Kommission der EG, 1994c)

In der Auswertung des Konsultationsprozesses gab sich die Kommission also überzeugt, dass eine Gemeinschaftsaktion notwendig wäre, und zwar entsprechend Option III des Grünbuches. Daher galt es nun, den genauen Inhalt einer Gemeinschaftsregelung festzulegen. Die Kommission sah hier weiteren Klärungsbedarf und beschloss, einen zweiten Konsultationsprozess einzuleiten. Dieser sollte vorrangig Aufschluss über die folgenden zwei Punkte erbringen: die Definition des "eine Kontrolle ausübenden Unternehmens" sowie die Bestimmung von "disqualified persons", das heißt, eine Festlegung, welche Personen von Medieneigentum ausgeschlossen bleiben sollten.

Die Mitteilung der Kommission über die Ergebnisse des ersten Konsultationsprozesses ließ bereits deren Präferenz für ein Marktanteilsmodell erkennen, für das die Anteile eines Unternehmens am Zuschauer-, Hörer- und Lesermarkt addiert werden sollten. Ein interner Bericht, für den die in den Mitgliedstaaten regelmäßig eingesetzten Instrumente zur Erfassung von Reichweiten beschrieben und verglichen werden (Audience measurement..., 1993), sowie eine darauf aufbauende Machtbarkeitsstudie (Feasibility..., 1994) untermauerten die Haltung der Kommission. Obwohl die Mitgliedstaaten unterschiedliche Instrumente für die Erfassung von Publikumsanteilen einsetzen, wurde darin eine geeignete Basis für das ins Auge gefasste Marktanteilsmodell gesehen.

Der Wirtschafts- und Sozialausschuss nahm im Februar 1995 Stellung zu den Ergebnissen des Konsultationsprozesses und der darauf bezogenen Mitteilung der Kommission. Der WSA vermerkte darin zunächst mit deutlicher Genugtuung, dass sich die Kommission nun "erstmals offen für die Vorbehalte" zeigte, die bereits seit längerer Zeit und von verschiedenen Seiten an sie herangetragen worden wären. In diesem Sinne befürwortete der Ausschuss "die Initiative der Kommission, die darauf abzielt, Maßnahmen zu ergreifen, um auf europäischer Ebene die kommerzielle Nutzung der Medien als Machtfaktor zu begrenzen und somit für den Pluralismus ein in allen Mitgliedstaaten gleichwertiges Schutzniveau zu gewährleisten". Unbeeindruckt von der Kommission plädierte die Stellungnahme des WSA – wie selbst schon früher und wie auch das Parlament – für eine Rahmenrichtlinie zur Sicherung der journalistischen und publizistischen Unabhängigkeit in den Redaktionen. Darüber hinaus sprach sich der Ausschuss für Transparenzregelungen, die Einrichtung eines europäischen Medienrates oder einer Medienschiedsstelle sowie die Formulierung eines europäischen Medienkodexes aus. (Stellungnahme des WSA..., 1995a)

Das Europäische Parlament drängte auf weitere Schritte und betonte in einer neuerlichen Entschließung vom Sommer 1995, dass es "mit Ungeduld" die Ergebnisse der zweiten Konsultationsphase über das Grünbuch erwarte und "jede Initiative" billige, die geeignet sei, die Unterschiede in den mitgliedstaatlichen Vorschriften zur Medienkonzentration abzubauen. Ähnlich wie schon der Wirtschafts- und Sozialausschuss kurz zuvor sprach sich das Parlament weiter für ein Aktionsprogramm zur Förderung des Pluralismus in den Medien aus, das einen Verhaltenskodex für die Medien auch in Mittel- und Osteuropa sowie Maßnahmen zur Gewährleistung der Unabhängigkeit der Information und der Journalisten enthalten sollte. (Vgl. Entschließung zu Pluralismus..., 1995)

Der Ausschuss der Regionen erarbeitete von sich aus eine Stellungnahme zur Mitteilung der Kommission über den Konsultationsprozess zum Grünbuch. Er betonte darin, dass die Unternehmen in den Bereichen Medien, Kultur, Werbung und Telekommunikation bereits miteinander verflochten wären und damit eine außergewöhnliche wirtschaftliche und politische Macht besäßen sowie einen starken Einfluss auf die Politik ausübten. Vor diesem Hintergrund unterstützte der Ausschuss ein Vorgehen gegen Medienkonzentration durch die Gemeinschaft. Ebenso wie das Parlament sprach sich der Ausschuss der Regionen für eine Richtlinie aus, die später durch einen Europäischen Medienkodex, eine Rahmenrichtlinie zur Sicherung der journalistischen Unabhängigkeit sowie einen Richtlinienvorschlag über das Zugangsrecht zu Informationen bei Behörden ergänzt werden sollten. (Stellungnahme zu der Mitteilung..., 1996)

Nach Abschluss des zweiten Konsultationsprozesses erarbeitete die Kommission schließlich einen Vorschlag für eine Anti-Konzentrationsrichtlinie. Im Herbst 1996 lag ein Entwurf unter dem Titel "Draft EC Directive on Media Pluralism" vor, der jedoch zurückgezogen wurde, bevor er an die Öffentlichkeit gelangte. Bereits im März 1997 gab es einen neuen Entwurf, der zunächst ebenfalls nur für die interne Diskussion gedacht war. Dieser Richtlinienentwurf, der nun auch mit seinem Titel "On media ownership in the Internal Market" die Binnenmarktperspektive in den Vordergrund rückte, begründete den Schritt der Kommission mit dem Ziel, durch Angleichung der einzelstaatlichen Regelungen Hindernisse für den Binnenmarkt zu beseitigen. Als nicht notwendig wurden dagegen gemeinschaftliche Vorgaben zur Sicherung inhaltlicher Vielfalt sowie für die journalistische Ethik und Unabhängigkeit bezeichnet, wie es das Europäische Parlament gefordert hatte.

Die Maßnahmen zur Konzentrationskontrolle, die hier vorgesehen waren, orientierten sich an einer Begrenzung der Anteile auf dem Rezipientenmarkt, und zwar für den Bereich des Fernsehens, des Radios und bei multimedialer Konzentration. Der Tageszeitungssektor war ausdrücklich ausgeschlossen und wurde nur erfasst bei multimedialen Konzentrationsprozessen. Der Richtlinienentwurf berücksichtigte monomediale Konzentration also nur bei Hörfunk und Fernsehen. Der zulässige Zuschauer- bzw. Höreranteil für Fernsehen bzw. Radio wurde bei 30 Prozent angesetzt. Bei multimedialen Verbindungen sollte die Grenze bei 10 Prozent Anteil am gesamten Medienkonsum liegen. Bezug genommen wurde jeweils auf den "media controller", wobei unter Kontrolle nicht nur die Verfügung über Kapitalanteile oder Stimmrechte verstanden wurde, sondern sich auch auf finanzielle Investitionen, Kontrolle über das Personal und den Einfluss auf die Versorgung mit Inhalten (insbesondere Programmmarkt) oder den Vertrieb bezog. Den Mitgliedstaaten wurde die Möglichkeit eingeräumt, solche Rundfunksender von den Vorgaben der Richtlinie auszunehmen, für die eine unabhängige und pluralistische Struktur garantiert ist, die nicht gewinnorientiert arbeiten und die dauerhaft gleichen Zugang für alle gewährleisten – also eine Ausnahmeregelung für den öffentlich-rechtlichen Rundfunk. Anders als etwa die Fernsehrichtlinie, die den Mitgliedstaaten die Möglichkeit einräumt, schärfere Regelungen vorzunehmen als in der Richtlinie vorgesehen, sah die Richtlinie zum Medienpluralismus eine Vollharmonisierung vor. Das bedeutet, den Mitgliedstaaten bleibt kein Spielraum bei der Umsetzung, sondern sie müssen die Vorgaben so übernehmen, wie sie die Richtlinie festschreibt.

In Deutschland machten vor allem die Zeitungsverleger mobil gegen die Überlegungen der Kommission. Sie sahen ihre cross-medialen Beteiligungen gefährdet und protestierten gegen die Einbeziehung der Printmedien in die geplante Richtlinie (Zeitungsverleger..., 1997). Ein vom BDZV in Auftrag gegebenes Rechtsgutachten sprach der Gemeinschaft jegliche Kompetenz ab, in Sachen Medienpluralismus tätig zu werden (Ress & Bröhmer, 1998). Die Verleger fanden außerdem Unterstützung bei der Bundesregierung, die sich ebenfalls kritisch gegenüber dem Vorhaben von Kommissar Monti äußerte (EU verzichtet..., 1998). Auch Victor Henle, Direktor der Thüringer Landesmedienanstalt und innerhalb der Direktorenkonferenz der Landesmedienanstalten (DLM) mit Konzentrationsfragen betraut, äußerte sich zweifelnd über die Sinnhaftigkeit einer europäischen

Konzentrationskontrolle für den Medienbereich. Seine Argumentation hob vor allem auf die Unterschiedlichkeit der nationalen Rundfunkmärkte, für die eine europäische Regelung viel zu undifferenziert ausfallen müsste, ab und betonte, dass "es unter dem Pluralismusaspekt noch keinen europäischen Rundfunkmarkt gibt" (Henle, 1998, S. 32). Der erste Konzentrationsbericht der Landesmedienanstalten aus dem Jahr 1994, für den ebenfalls Henle verantwortlich zeichnete, hatte da indessen noch anders argumentiert und angesichts der Internationalisierung von Beteiligungsverhältnissen eine europäische Vielfaltssicherung angemahnt (Henle, 1995, S. 106).

Auch in anderen Mitgliedstaaten musste eine europäische Konzentrationskontrolle auf Widerstand stoßen. In Großbritannien erfreute sich Premierminister Tony Blair der politischen Unterstützung von Rupert Murdoch. Global Player Murdoch, der vom britischen Markt aus versuchte, auch in anderen westeuropäischen Ländern Fuß zu fassen, wäre bei den vorgesehenen Regelungen wahrscheinlich schnell ins Visier der Kommission geraten. Beim Zusammenschluss von British Satellite Broadcasting (BSB), einem Konsortium aus britischen und französischen Presseunternehmen, mit Murdochs *Sky International* im Jahr 1991 hatte dieser schon einmal feststellen können, dass er mit den nationalen britischen Behörden unter Umständen besser fährt als mit einer Konzentrationskontrolle durch die Europäische Kommission. Wegen der "Zwei-Drittel-Regel" behandelte die Kommission den Zusammenschluss nicht nach der Fusionskontrollverordnung und überließ ihn den britischen Behörden. Die aber sahen ein "public interest" gegeben und untersagten die Fusion nicht – möglicherweise auch, um ein nationales Unternehmen für den Wettbewerb im europäischen Markt zu stärken (Wagner, 1992, S. 9). Ebenso wenig war in Italien mit Sympathie für eine europäische Regulierung der Medienkonzentration zu rechnen. Dort hatte das 1990 verabschiedete Mammi-Gesetz gerade den Status quo auf dem Rundfunkmarkt legalisiert und die starke Position von Silvio Berlusconis Fininvest weitgehend unangetastet gelassen.

Aufgrund des Widerstandes in mehreren Mitgliedstaaten wurde auch der zweite Richtlinienvorschlag wieder zurückgezogen. Schließlich hieß es sogar, der Entwurf wäre der Kommission nie offiziell vorgelegt worden. So entstand der Eindruck, als hätte Mario Monti in dieser Sache einen Alleingang gestartet (Binnenmarkt-Kommissar..., 1998). Das Thema schien auf der europäischen Ebene damit vorerst erledigt.

Das Europäische Parlament ließ indessen nicht locker und versuchte ungeachtet aller Kompetenzprobleme, Medienkonzentration wieder auf die Tagesordnung zu setzen. In einer Entschließung vom Oktober 1998, mit der das Parlament auf das von der Kommission vorgelegte "Grünbuch zur Konvergenz der Branchen Telekommunikation, Medien und Informationstechnologie und ihren ordnungspolitischen Auswirkungen" reagierte, wurde erneut auf die Konzentration im Medienbereich Bezug genommen. Weil das Parlament die Gefahr sah, dass die Konvergenz dieser Branchen zu vertikaler Konzentration führen oder für Marktbeherrschungsstrategien genutzt werden könnte, mahnte es die Kommission, sich dieses Problems anzunehmen. Konkret forderte die Entschließung von der Kommission, "endlich einen entsprechenden Richtlinienvorschlag zur Frage von Medieneigentum und Pluralismus vorzulegen, in dem alle meinungsrelevanten Formen elektronischer Kommunikation berücksichtigt werden und anerkannt wird, daß eine der Schlüsselfragen der Zugang zu Zuschauern und Programmrechten sein wird" (Europäisches Parlament, 1998). Im Jahr 2002 legte das Parlament noch einmal nach mit einer Entschließung zur Medienkonzentration, nun auch "unter Hinweis auf Artikel 11 der Charta der Grundrechte der Europäischen Union". Wieder betonte das Parlament das vorrangige Ziel, "den Pluralismus zu bewahren und dafür zu sorgen, dass die Medien in allen Mitgliedstaaten frei und vielfältig sind". Erst im nächsten Punkt hieß es dann, das Parlament "besteht darauf, dass ein europäischer Medienmarkt geschaffen wird, um dem zunehmenden Auseinanderdriften der nationalen Regelungen über das Verbot von Zusammenschlüssen entgegenzuwirken". Mit Blick darauf, dass der letzte Überblick über die Mediensituation auf dem Binnenmarkt 1994 mit dem Grünbuch vorgelegt worden war, forderte das Parlament außerdem die Vorlage eines aktualisierten Grünbuches bis Ende 2003. Damit ging die Forderung an die Kommission einher, die Auswirkungen eines europaweiten ordnungspolitischen Rahmens, insbesondere einer Richtlinie, zu prüfen. (Entschließung des Europäischen Parlaments..., 2004)

Die Kommission hat den Rundfunk in ihre Diskussion über Dienstleistungen von allgemeinem Interesse einbezogen und 2003 mit ihrem Grünbuch die Frage wieder aufgeworfen, ob die Notwendigkeit für eine Gemeinschaftsmaßnahme in diesem Bereich besteht (Kommission der EG, 2003c). Aufgrund einer öffentlichen Anhörung kam sie allerdings wiederum zu dem Schluss, dass die Konzentration und Pluralismus betreffenden mitgliedstaatlichen Regelungen sehr verschieden seien und der Bereich daher den Mitgliedstaaten überlassen bleiben sollte. Während seinerzeit die Unterschiedlichkeit staatlicher Regelungen beim Fernsehen gerade als ein Grund für den Erlass der Fernsehlinie angeführt wurde, argumentiert die Kommission bezüglich einer Konzentrationsregelung nun also genau entgegengesetzt. Dass das Thema die Kommission aber dennoch weiterhin beschäftigt und die Frage nach der diesbezüglichen Rolle der EU wieder und wieder gestellt wird, zeigt ein Themenpapier zur Medienvielfalt, das im Sommer 2005 zur Vorbereitung einer Konferenz zur audiovisuellen Politik aufgelegt wurde (Europäische Kommission, 2005d).

6.4 Die Sicherung innerer Vielfalt

Wettbewerbsrechtliche Instrumente, und zwar auch solche medienspezifischer Art, zielen jeweils auf den Erhalt der größtmöglichen Anzahl von Wettbewerbern auf dem Markt und die Sicherstellung wirksamen Wettbewerbs. Die Vielzahl unabhängiger Wettbewerber gilt auf dem Medienmarkt als die beste Voraussetzung für Vielfalt. Eine Garantie dafür, dass Vielzahl auch tatsächlich Vielfalt nach sich zieht, gibt es indessen nicht. Um die Chance auf Vielfalt zu erhöhen und angesichts bestehender oder fortschreitender Konzentration auf den Medienmärkten, werden daher neben der Sicherung externer Vielfalt, die eben eigentlich nur Vielzahl bedeutet, immer wieder auch Instrumente zur Gewährleistung innerer Vielfalt in die Diskussion gebracht.

In diese Richtung zielten die verschiedenen Entschließungen des Parlaments zur Medienkonzentration, aber auch die Stellungnahmen des Wirtschafts- und Sozialausschusses, des Ausschusses der Regionen und natürlich die der Journalistenverbände. In den Entschließungen des Parlaments war seit Beginn der neunziger Jahre von der Gefährdung der Eigenständigkeit der Redaktionen und der Freiheit der Journalisten durch Medienkonzentration die Rede. Einzelne Maßnahmen zur Absicherung der journalistischen Unabhängigkeit bis hin zu einer Rahmenrichtlinie zur Gewährleistung umfassender journalistischer und publizistischer Unabhängigkeit in allen Medien gehörten deshalb in den Forderungskatalog des Parlaments gegenüber der Kommission. Dabei zeigte sich das Parlament – ebenso wie der Wirtschafts- und Sozialausschuss – offensichtlich unbeirrt von der Kompetenzproblematik. Daher sah sich die Kommission dann auch genötigt, "Missverständnisse" hinsichtlich ihrer Handlungsmöglichkeiten anzusprechen (Kommission der EG, 1994c). Davon ließen sich die verschiedenen Akteure dennoch nicht beeindrucken. Auch nach dem deutlichen Hinweis der Kommission auf fehlende Gemeinschaftsbefugnis und Subsidiaritätsprinzip tauchten die Forderungen nach einer europäischen Vorgabe zur so genannten inneren Medienfreiheit wieder auf. So schloss sich der Ausschuss der Regionen noch 1995 in einer Stellungnahme zum Konsultationsprozess im Zusammenhang mit dem Grünbuch den früheren Forderungen von Parlament sowie Wirtschafts- und Sozialausschuss nach einer Rahmenrichtlinie für die journalistische Unabhängigkeit in allen Medien an (Stellungnahme zu der Mitteilung..., 1996). Der Wirtschafts- und Sozialausschuss blieb auch weiterhin an diesem Thema und sprach sich 2000 in einer Stellungnahme "zum Thema 'Pluralismus und Medienkonzentration'" noch einmal für eine Mitteilung der Kommission aus, die Leitlinien und Rechtsinstrumente zur Wahrung des Pluralismus in der europäischen Medienindustrie enthalten sollte. Ziel müsste es (unter anderem) sein, "die Unabhängigkeit der Redaktionen aller Medien zu wahren und vor interner bzw. externer Einflußnahme auch durch den Staat zu schützen, um die Qualität und die Zuverlässigkeit der Informationen zu verbessern" (Stellungnahme des WSA..., 2000). Zugleich wies der Ausschuss im selben Text aber darauf hin, dass die Sicherung der Unabhängigkeit von Journalisten durch Redaktionsstatuten in den Mitgliedstaaten unterschiedlich gehandhabt würde. Vager drückt sich indessen die Entschließung des Europäischen Parlaments zur Medienkonzentration im Jahr 2002 aus, wenn eine Richtlinie gefordert wird, "durch die die Meinungsfreiheit und der Pluralismus in den Medien bewahrt" werden soll (Entschließung des EP..., 2002). In Anbetracht der früheren Forderungen des Parlaments ist wohl auch hier an Vorgaben für die Sicherung der redaktionellen Unabhängigkeit gedacht.

Aus Deutschland, wo der im Betriebsverfassungsgesetz festgeschriebene Tendenzschutz die Mitbestimmung in privaten Medienunternehmen weitgehend ausschließt, werden solche Initiativen auf europäischer Ebene misstrauisch beobachtet. Schon die ersten Entschließungen des Europäischen Parlaments zur Konzentration im Medienbereich Anfang der neunziger Jahre – ebenso wie entsprechende Äußerungen aus dem Europarat – mussten die Zeitungsverleger auf die Barrikaden bringen. Sie fürchteten eine Wiederbelebung der in Deutschland längst abgeflauten Diskussion über innere Pressefreiheit (vgl. Kull, 1993; 1995). Zum einen wurde damit die

Frage nach dem Verständnis der Pressefreiheit in Europa aufgeworfen; diese richtet sich vor allem auf die Auslegung und Auswirkung von Artikel 10 der Europäischen Menschenrechtskonvention, auf die auch der Europäische Gerichtshof in seiner Rechtsprechung Bezug nimmt. So bezeichnete ein von der Stiftervereinigung der Presse in Auftrag gegebenes Gutachten die Bemühungen um innere Pressefreiheit auf der europäischen Ebene als "schlicht menschenrechtswidrig" (Kloepfer, 1996, S. 153). Neben den Zweifeln an der Regelungskompetenz der Gemeinschaft wurde zum anderen argumentiert, dass Konzentration und Meinungsvielfalt in einem ungesicherten Verhältnis zueinander stehen.

Da die Kommission die Vorstöße des Parlaments und der Ausschüsse zu Gunsten einer Rahmenrichtlinie zur Sicherung der redaktionellen Unabhängigkeit – wie auch die Vorschläge für einen europäischen Medienrat und einen Medienkodex, die von deutscher Seite ebenso kritisiert wurden – ohnehin nicht aufgriff, blieb es bezüglich der inneren Medienfreiheit bei ungehörten Forderungen. Indessen drohte eine Aushöhlung des deutschen Tendenzschutzes auf anderem Wege. Ende 1990 legte die Kommission den Vorschlag für eine Richtlinie zur Einsetzung Europäischer Betriebsräte vor. Diese bezog sich auf gemeinschaftsweit operierende Unternehmen; als solche wurden in der endgültigen Richtlinie Unternehmen definiert, die mindestens 1.000 Arbeitnehmer in den Mitgliedstaaten insgesamt und in mindestens zwei Mitgliedstaaten jeweils 150 Mitarbeiter oder mehr haben. Diese Unternehmen sollten auf die Einrichtung eines Europäischen Betriebsrates verpflichtet werden, um damit die Information und Anhörung der Arbeitnehmer zu verbessern. Diese Richtlinie sollte unterschiedslos für alle Unternehmen gelten, sofern sie die genannten Kriterien erfüllen, also auch für Medienunternehmen.

Da deutsche privatwirtschaftlich organisierte Medienunternehmen zwar Betriebsräte haben können, diese aber aufgrund des Tendenzschutzes keine Mitspracherechte in allen – im weitesten Sinne – tendenzbedingten Angelegenheiten haben, hätte die Richtlinie Betriebsräten in gemeinschaftsweit tätigen Unternehmen Rechte beschert, die sie in nur national operierenden Unternehmen nicht haben. Vor allem aber fürchteten die deutschen Zeitungsverleger eine Signalwirkung, die zur Wiederbelebung des "Glimm- und Zunderthema[s]" (Kull, 1995, S. 551) führen könnte. Sie verwiesen auf die in den Erwägungsgründen des Richtlinienentwurfs zitierte Gemeinschaftscharta der sozialen Grundrechte der Arbeitnehmer, wo es heißt, die Unterrichtung, Anhörung und Mitwirkung von Arbeitnehmern müsse "in geeigneter Weise, unter Berücksichtigung der in den verschiedenen Mitgliedstaaten herrschenden Gepflogenheiten, weiterentwickelt werden". Die Lobbyarbeit des BDZV hatte zunächst wenig Erfolg, und es sah so aus, als ob es den deutschen Verlegern diesmal nicht gelingen würde, den Tendenzschutz zu sichern (vgl. Kull, 1993, S. 432; Barton, 1994, S. 261; Uwer, 1998, S. 59-60). Erst kurz vor Verabschiedung der Richtlinie konnten sie dann doch durchsetzen, dass ihren Interessen Rechnung getragen wurde. In die "sonstigen Bestimmungen" der im September 1994 erlassenen Richtlinie über die Einsetzung eines Europäischen Betriebsrates heißt es nun in Artikel 8 Absatz 3: "Jeder Mitgliedstaat kann besondere Bestimmungen für die zentrale Lösung von in seinem Hoheitsgebiet ansässigen Unternehmen vorsehen, die in bezug auf Berichterstattung und Meinungsäußerung unmittelbar und überwiegend eine bestimmte weltanschauliche Tendenz verfolgen, falls die innerstaatlichen Rechtsvorschriften solche besonderen Bestimmungen zum Zeitpunkt der Annahme dieser Richtlinie bereits enthalten." (Richtlinie 94/95/EG..., 1994) Zufrieden stellte der BDZV fest, "daß der Gedanke des Tendenzschutzes erstmalig in eine verabschiedete europäische Richtlinie Eingang gefunden hat" (Barton, 1994, S. 261). Allerdings bedeutete dieser Erfolg der deutschen Zeitungsverleger nun nicht, dass der Tendenzschutz eine europaweite Verankerung gefunden hatte. Die Bestimmung ließ lediglich die Möglichkeit, dem Tendenzschutz oder vergleichbaren Regelungen Rechnung zu tragen, für diejenigen Staaten offen, in denen es zum Zeitpunkt des Erlasses der Richtlinie, also im Herbst 1994, eine solche Regelung bereits gab; davon haben Deutschland und Österreich bei der Umsetzung in nationales Recht Gebrauch gemacht. In gleicher Weise wie die Richtlinie über Europäische Betriebsräte behält es auch eine 2002 erlassene Richtlinie, die einen allgemeinen Rahmen für die Unterrichtung und Anhörung der Arbeitnehmer in der Europäischen Gemeinschaft vorgibt, den Mitgliedstaaten vor, Tendenzunternehmen von den Bestimmungen auszunehmen (vgl. Richtlinie 2002/14/EG, 2002).

6.5 Medienkonzentration und Vielfaltssicherung – kein Thema für Europa?

Nachdem es Mitte der neunziger Jahre so ausgesehen hatte, als würde die Kommission die Konzentration im Medienbereich zu ihrer Sache machen und in Anbetracht der international operierenden Medienunternehmen nun auch auf der supranationalen Ebene gegen Konzentration vorgehen, hat sie sich von diesem Thema bald wieder zurückgezogen. Der Widerstand aus einigen Mitgliedstaaten war massiv, die Richtlinienentwürfe kamen kaum aus den Schubladen. Obwohl also ihre Vorstöße auf Gemeinschaftsebene scheiterten und die Kommission in der Folge auf die Mitgliedstaaten verwies, hat sie dennoch die Gesetzgebung in einigen Mitgliedstaaten erheblich beeinflusst. Insbesondere die Neuregelung der Konzentrationskontrolle im deutschen Rundfunkstaatsvertrag von 1996 kam mit deutlicher Nachhilfe aus Brüssel zustande. Bis dahin hatte in Deutschland das Marktzugangsmodell gegolten, das die Beteiligungsmöglichkeiten am privaten Rundfunk beschränkte. Da das aber die Konzentration vor allem beim privaten Fernsehen nicht verhindern konnte, wurde über neue Modelle der Konzentrationskontrolle diskutiert. Die Kommission favorisierte zu dieser Zeit das Marktanteilsmodell, das die Anteile des einzelnen Unternehmens am Publikumsmarkt begrenzt. Dieses Modell wurde dann auch für Deutschland übernommen. In ähnlicher Weise beeinflusste die Kommission die entsprechende Gesetzgebung im Vereinigten Königreich, wo mit dem Broadcasting Act von 1996 ebenfalls ein Marktanteilsmodell eingeführt wurde. (Vgl. Audience measurement..., 1993; Fröhlinger, 1993; Harcourt, 2002)

Was indessen eine supranationale Konzentrationsregelung angeht, hat die Kommission sich auf die Kompetenzproblematik zurückgezogen und verweist auf die Zuständigkeit der Mitgliedstaaten, obwohl Medienkonzentration kein nationales Problem mehr ist und sie außerdem selbst früher befunden hat, dass unterschiedliche Regelungen in den Mitgliedstaaten dem Funktionieren des Binnenmarktes abträglich sind. Insofern hat sich bei der Kommission ein Meinungswandel vollzogen, und es sieht nicht so aus, als ob sie dieses Thema in der nächsten Zeit zu ihrer Sache machen will. Ihre Zurückhaltung hinsichtlich einer europäischen Konzentrationskontrolle für den Medienbereich wird obendrein noch unterstrichen durch einen "Paradigmenwechsel", der in den letzten Jahren für die europäische Fusionskontrolle diagnostiziert wurde (Altes, 2000; vgl. auch van Loon, 2001). Während die Kommission in anderen Feldern stets ökonomische Argumente gefunden hat, mit denen sie ihre Aktivitäten rechtfertigt, auch wenn diese die publizistische Seite der Medien berühren, wendet sie bezüglich der Konzentrationsproblematik die Kompetenzfrage andersherum.

Das Europäische Parlament und auch der Wirtschafts- und Sozialausschuss zeigen sich indessen von der Kompetenzfrage eher unberührt und mahnen weiterhin die Sicherung von Vielfalt an. Sie gehen in ihren Forderungen an die Kommission auch deutlich über die Anwendung ökonomischer Instrumente, die auf die Gleichung Vielzahl = Vielfalt bauen, hinaus und diskutieren Möglichkeiten der Vielfaltssicherung durch Maßnahmen zur Stärkung der journalistischen Unabhängigkeit.

Im Vergleich zur Europäischen Gemeinschaft hat sich der Europarat schon deutlich früher, mit einer größeren Kontinuität, umfassender und weitergehend mit der Konzentration im Medienbereich befasst. Hier lassen sich die ersten Aktivitäten bis Anfang der siebziger Jahre zurückverfolgen. Zur Hochzeit der Pressekonzentration in dieser Zeit griff der Europarat damals dieses Thema auf, um sich für den Erhalt von Vielfalt auf den Zeitungsmärkten in Europa einzusetzen. 1974 verabschiedete das Ministerkomitee eine Entschließung zur Pressekonzentration, die sich für Beihilfen an die Presse aussprach. 1975 nahm die Parlamentarische Versammlung eine Empfehlung an, die sich unter anderem für die Erarbeitung eines Modellstatuts zur Sicherung der inneren Pressefreiheit sowie für die Einrichtung eines Informationszentrums einsetzte, das Daten zu Zusammenschlüssen im Pressesektor sammeln sollte (Vgl. Europarat, 1975a; b; c).

Seitdem haben sich die verschiedenen Gremien und Kommittees des Europarates immer wieder mit der Konzentration auf den Medienmärkten beschäftigt. Insbesondere steht dieses Thema auch regelmäßig auf der Tagesordnung der Europäischen Ministerkonferenzen zur Medienpolitik. Zumal mit den neunziger Jahren, als die Umbrüche auf den westeuropäischen und nun auch den osteuropäischen Rundfunkmärkten deutlich hervortreten und neue technische Entwicklungen weitere Veränderungen erkennen lassen, haben sich die Aktivitäten des Europarates hinsichtlich der Medienkonzentration verstärkt. Im April 1992 legte das Committee of the Mass Media (CDMM) eine umfassende Studie zur Medienkonzentration in Europa vor, die eine rechtliche und eine ökonomische Analyse enthielt (Council of Europe, 1992). Aus dem Jahr 1994 stammt eine Empfehlung der Ministerrates zu Maßnahmen, um die Transparenz im Mediensektor zu gewährleisten (Council of Europe, 1994). 1997 erschien wiederum ein Bericht zur Medienkonzentration und zur Vielfalt in Europa. Wie auch in diesem Bericht erkennbar wird, stellt der Europarat anders als die EG in seinen Aktivitäten primär auf den Erhalt von Vielfalt auf den Medienmärkten ab, wobei *plura-*

lism unter verschiedenen Perspektiven verfolgt wird, nämlich nicht nur in den medialen Angeboten, sondern auch in den Auswahlmöglichkeiten, die sich dem Publikum stellen, sowie als Pluralismus im Zugang zu den Medien, um den verschiedenen Interessen in einer Gesellschaft Gehör zu verschaffen (Council of Europe, 1997). 1999 nahm der Ministerrat eine neuerliche Empfehlung an, die sich für Maßnahmen zur Förderung von Medienvielfalt aussprach (Council of Europe, 1999). Im Jahr 2000 trägt der Europarat den neuen technischen Entwicklungen Rechnung und präsentiert einen Bericht über Pluralismus in der digitalen Umgebung, in dem die schwache Position Europas bei der Programmproduktion, die vertikale Konzentration sowie der digitale Zugang als Hindernisse für die Durchsetzung von Vielfalt bezeichnet werden (Council of Europe, 2000). Die 7. Ministerkonferenz zur Medienpolitik im März 2005 verabschiedete eine Entschließung zu "Cultural diversity and media pluralism in times of globalisation", die die Forderungen des Europarates zum Erhalt von Pluralismus im Mediensektor noch einmal bekräftigt (Council of Europe, 2005).

Immer spricht sich der Europarat dabei auch für gesetzgeberische Maßnahmen aus, um der Konzentration bei der Presse und beim Rundfunk vorzubeugen bzw. ihr entgegenzuwirken. Zu den Vorschlägen gehören die Definition von Schwellenwerten, um den Einfluss einzelner Medienunternehmen zu begrenzen; die Einrichtung von Institutionen, die sich speziell mit der Medienkonzentration befassen, um die Problematik nicht nur wirtschaftrechtlich anzugehen; Überprüfung der Fusionskontrolle; Förderung inhaltlicher Vielfalt beim Rundfunk zum Beispiel durch Auflagen für Eigenproduktionsanteile, insbesondere auch im Informationsbereich; Förderung von Vielzahl und Vielfalt im lokalen Rundfunk; bei der Presse Maßnahmen, die die Vielzahl der benutzten Quellen sicher stellen. Wie schon in der Frühzeit seiner Befassung mit den Medien taucht beim Europarat nach wie vor unter den Vorschlägen auch die Förderung der journalistischen Unabhängigkeit zum Beispiel durch Redaktionsstatuten auf. Schließlich gehört beim Europarat, der durch seine kulturelle Orientierung dem öffentlich-rechtlichen Rundfunk stets näher stand als die EG und der eine besondere Beziehung zur EBU pflegt, auch der Erhalt eines starken öffentlich-rechtlichen Rundfunks in Europa in den Forderungskatalog zur Sicherung von Vielfalt im Mediensektor.

Mit den vergleichsweise schwachen Instrumenten, die dem Europarat zur Verfügung stehen, verbleibt die Organisation in dieser Sache allerdings in der Rolle eines Mahners, der problematische Entwicklungen aufzeigt und Maßnahmen anregt, um diesen zu begegnen. Gerade in der Frage der Konzentration im Mediensektor und der Sicherung von Vielfalt zeigt sich jedoch, dass der Europarat mit seiner deutlich kulturellen Orientierung, aus der heraus die Medien stets in den Zusammenhang der Menschenrechte gestellt werden, einen Gegenpol zur Europäischen Kommission darstellt, die die Medienkonzentration allein im Rahmen ihrer Wettbewerbspolitik behandelt und die Besonderheit des Mediensektors dabei nicht berücksichtigt. Der Europarat selbst hat die Politik der EG in diesem Zusammenhang verschiedentlich kritisiert und deutlich gemacht, dass er den wettbewerbsrechtlichen Zugriff nicht für geeignet hält, um Pluralismus auf dem Medienmarkt zu sichern. Es bleibt abzuwarten, ob Artikel 11 der EU-Grundrechtecharta, in dem es heißt "Die Freiheit der Medien und ihre Pluralität werden geachtet", der Gemeinschaft in Zukunft einen anderen Zugang zu den Medien eröffnet und sie auch für die Sicherung des Pluralismus in die Pflicht nimmt. Allerdings war die Kommission auch aufgrund des Kulturartikels im EU-Vertrag bisher schon gehalten, bei ihrer Tätigkeit den kulturellen Aspekten des jeweiligen Regelungsgegenstandes Rechnung zu tragen.

7 Öffentlich-rechtlicher Rundfunk

Die Vorlage des Grünbuches "Fernsehen ohne Grenzen" 1984 fiel in eine Zeit, in der sich die nationalen Rundfunkmärkte durch das Hinzutreten privater Anbieter zu wandeln begannen. Die Definition von Rundfunk als Dienstleistung und die Behandlung von Rundfunkanstalten als Unternehmen förderte die Auseinandersetzung über das Spannungsverhältnis zwischen Kultur und Kommerz. Die EG-Kommission, die die kulturelle Dimension des Rundfunks notwendig tief hängen musste, schien dem Kommerz Tür und Tor zu öffnen. Die Reaktionen auf das Grünbuch, die der Kommission die Vernachlässigung eben der kulturellen Seite des Rundfunks vorwarfen und den Rundfunk als Kulturträger anerkannt wissen wollten, müssen dann auch vor dem Hintergrund verstanden werden, dass Rundfunk zu Beginn der achtziger Jahre in fast allen EG-Mitgliedstaaten noch und ausschließlich öffentlich organisiert war. Zwar erlaubte das EG-Recht nach Artikel 90 Absatz 1 (heute Art. 86.1) des Vertrages von Rom, "Unternehmen besondere oder ausschließliche Rechte" zu verleihen und sie so dem Wettbewerb zu entziehen, der Fortschritt in der Distributionstechnologie ließ aber allmählich die derart sanktionierten Rundfunkmonopole bröckeln. Angesichts dieser Entwicklung musste ohnehin über kurz oder lang die Frage nach der Rolle der öffentlich-rechtlichen Anstalten auf einem veränderten Rundfunkmarkt gestellt werden.

Die Diskussion über die Position des öffentlich-rechtlichen Rundfunks in der erweiterten Rundfunklandschaft lässt zwei Argumentationsstränge erkennen, wiewohl beide auch miteinander zusammenhängen. Zum einen geht es um Idee und Funktion des öffentlich-rechtlichen Rundfunks und damit die Begründung von dessen weiterer Notwendigkeit angesichts der neuen Sendervielzahl. Vor diesem Hintergrund wird dem öffentlich-rechtlichen Rundfunk die Rolle eines Vielfaltsgaranten zugewiesen. Zum anderen fokussiert die Debatte auf das Wettbewerbsverhältnis im dualen Rundfunksystem. Der privat-kommerzielle Rundfunk klagt gleiche Wettbewerbschancen ein und stellt die Rechtfertigung für die offensichtlich privilegierte Stellung des öffentlich-rechtlichen Konkurrenten in Frage.

Nicht nur die öffentlich-rechtlichen Anstalten pochten in ihren Stellungnahmen zum Grünbuch auf ihre gesellschaftspolitische und kulturelle Funktion. Auch andere Akteure sprachen die zukünftige Position der öffentlichen Rundfunkanstalten an, die ihr Monopol verloren und sich neuen Bedingungen auf dem Markt würden stellen müssen. Das Europäische Parlament etwa machte in seinen Reaktionen auf das Grünbuch in dieser Hinsicht klare Aussagen, allerdings ohne damit den grundsätzlichen Tenor der Kommissionsvorlage in Frage zu stellen. So würdigte der Bericht des Ausschusses für Jugend, Kultur, Bildung, Information und Sport vom Juli 1985, der der Entschließung des Parlaments zum Grünbuch vorausging, ausdrücklich die "wichtige politische, gesellschaftliche und kulturelle Funktion" der öffentlich-rechtlichen Anstalten, die sie durch ihr "breitgefächertes Programm, auf das sie durch ihren öffentlichen Auftrag festgelegt sind", erbringen. Zwar begrüßte der EP-Ausschuss die Erweiterung des Fernsehangebots durch private Veranstalter und äußerte sich gewiss, dass "die entstehende Konkurrenz fruchtbar sein kann, wenn sie verkrustete Verwaltungsapparate aufbricht, die bisher keinen Wettbewerb kannten", warnte aber vor einem Wegfall der öffentlich-rechtlichen Anstalten, weil "die völlige Kommerzialisierung die Qualität der Fernsehprogramme gefährden" könnte (Europäisches Parlament, 1985a, S. 31). Die Entschließung des Parlaments vom Oktober 1985 bezeichnete die Sicherung der Leistungsfähigkeit des öffentlich-rechtlichen Rundfunks als ein Kennzeichen des Europäischen Fernsehraumes und stellte die öffentlich-rechtlichen Anstalten in einen Zusammenhang mit der "Vielfalt als Kennzeichen der europäischen kulturellen Identität", die es zu erhalten gelte. Das Parlament sprach sich deshalb dafür aus, dass "die derzeitige Vielfalt der europäischen Medieninstitutionen und Programme erhalten bleibt und betont in diesem Zusammenhang die wichtige Rolle, die die öffentlich-rechtlichen Anstalten spielen, deren Leistungsfähigkeit zu sichern ist" (Europäisches Parlament, 1985c).

Mit den neunziger Jahren, als vor allem das Europäische Parlament die Konzentration im Medienbereich zu seinem Thema machte, tauchte auch in diesem Zusammenhang immer wieder die Forderung nach Maßnahmen zur Sicherung der Funktionsfähigkeit und des Bestands des öffentlichen Rundfunks auf. Die Entschließung des Parlaments zur Medienkonzentration und Meinungsvielfalt aus dem Jahr 1992 richtete einen Appell an die Mitgliedstaaten, "für den Fortbestand und die Weiterentwicklung des öffentlichen Rundfunkwesens in der Gemeinschaft zu sorgen, damit es auch in Zukunft in Koexistenz mit dem privaten Rundfunk zur Sicherung der kulturellen Vielfalt in Europa und der kulturellen Eigenständigkeit in den Mitgliedstaaten beitragen kann" (Europäisches Parlament, 1992b). Zwei Jahre später betonte die Entschließung des Parlaments zum Grünbuch "Pluralismus und Medienkonzentration im Binnenmarkt ebenso den wichtigen Beitrag, "den der öffentlich-rechtliche Rundfunk für die Förderung von Meinungsvielfalt, Pluralismus und allgemeiner Bildung leistet", wies aber zugleich darauf hin, dass öffentlich-rechtlicher und kommerzieller Rundfunk unterschiedlichen Marktbedingungen unterworfen seien. Das Parlament stellte außerdem fest, dass der öffentliche Rundfunk in einigen Mitgliedstaaten durch die neue Konkurrenz bereits sinkende Marktanteile zu verzeichnen hatte (Entschließung..., 1994a). Ähnlich war wiederum der Tenor des Ausschusses der Regionen in seiner Auseinandersetzung mit dem Grünbuch. Der Ausschuss äußerte sich überzeugt, dass die öffentlich-rechtlichen Rundfunkanstalten wegen "ihrer wichtigen Rolle als kulturelle und gesellschaftliche, weniger kommerzielle Instrumente" geschützt werden müssen (Stellungnahme zu der Mitteilung..., 1996).

Die Entschließung des Parlaments "zur Rolle der öffentlichen Fernsehdienste in einer multimedialen Gesellschaft" vom Oktober 1996 forderte schließlich, die öffentlich-rechtlichen Rundfunkanstalten von den Bestimmungen auszunehmen, wie sie der Entwurf der Kommission für eine Richtlinie über Medienkonzentration und Meinungsvielfalt vorsah. Obendrein warnte das Parlament vor den negativen Konsequenzen einer Fragmentierung der öffentlichen Fernsehdienste durch Anwendung der EU-Wettbewerbsregeln. Der Blick richtete sich hier auf die Auseinandersetzung der Kommission mit der EBU über den gemeinsamen Kauf von Senderechten für die *Eurovision* (vgl. hier Kapitel 6.1). Die Entschließung forderte die Kommission daher auf, von einer Politik abzusehen, die eine Zersplitterung des öffentlichen Fernsehens in Europa nach sich ziehen und dessen weltweite Wettbewerbsfähigkeit gefährden könnte. (Vgl. Europäisches Parlament, 1996b)

Einen konkreten Vorschlag für den Schutz des öffentlichen Rundfunks machte das Europäische Parlament auch in seiner Entschließung zum Konvergenz-Grünbuch. Hier forderte es nämlich von der Kommission, "'must-carry'-Verpflichtungen für Netzbetreiber für Programme öffentlich-rechtlicher Programmanbieter im Rahmen ihres Funktionsauftrags zu gewährleisten, die auch auf die digitale Verbreitung (digitale Netze und Endgeräte/Decoder-Boxen) sowie auf Benutzerführungssysteme Anwendung finden müssen" (Europäisches Parlament, 1998).

Es war dann auch der öffentlich-rechtliche Rundfunk, an dem sich mit den neunziger Jahren wenn nicht die Kompetenzfrage allgemein, so doch die Frage nach den Grenzen der Kompetenz der Gemeinschaft im Bereich des Rundfunks neu entzündet hat: Der Status des öffentlichen Rundfunks wurde zu einem der "kontroversesten und drückendsten Probleme", die sich der Kommission im audiovisuellen Mediensektor stellen (Ward, 2003, S. 234, vgl. auch Jakubowicz, 2004). Auslöser dafür war insbesondere die Diskussion um die Natur der Rundfunkgebühren, aus denen sich der öffentliche Rundfunk in den meisten Mitgliedstaaten ausschließlich oder überwiegend finanziert. Insbesondere geht es dabei um die Anwendbarkeit der Beihilfebestimmungen des EG-Vertrages auf die Rundfunkgebühren, das heißt, ob und inwieweit die Rundfunkgebühren als wettbewerbsverzerrende Beihilfen einzustufen sind. Nach Artikel 87 des EG-Vertrages (früher Artikel 92) sind staatliche oder aus staatlichen Mitteln gewährte Beihilfen mit dem Gemeinsamen Markt unvereinbar, wenn sie bestimmte Unternehmen begünstigen und den Wettbewerb verfälschen oder zu verfälschen drohen. Artikel 88 des EG-Vertrages (früher Artikel 93) überträgt der Kommission die Überprüfung der mitgliedstaatlichen Beihilfesysteme und räumt ihr das Recht ein, Maßnahmen gegen etwaige unstatthafte Beihilfen zu ergreifen.

Artikel 87 sieht indessen auch Ausnahmen bei der Anwendung dieser Regelungen vor. Demnach sind staatliche Beihilfen unter anderem dann mit dem Gemeinsamen Markt vereinbar, wenn sie "zur Förderung der Kultur und der Erhaltung des kulturellen Erbes [dienen], soweit sie die Handels- und Wettbewerbsbedingungen in der Gemeinschaft nicht in einem Maße beeinträchtigen, das dem gemeinsamen Interesse zuwiderläuft". Außerdem konfrontiert die Diskussion die Beihilfebestimmungen mit Artikel 86 Absatz 2 des EG-Vertrages, der auf öffentliche Unternehmen Bezug nimmt. Dort heißt es: "Für Unternehmen, die mit Dienstleistungen von allgemeinem wirtschaftlichem Interesse betraut sind [...], gelten die Vorschriften dieses Vertrages, insbesondere die Wettbewerbsregeln, soweit die Anwendung dieser Vorschriften nicht die Erfüllung der ihnen übertragenen besonderen Aufgabe rechtlich oder tatsächlich verhindert". Dienstleistungen von allgemeinem wirtschaftlichem Interesse sind definiert als "marktbezogene Tätigkeiten, die im Interesse der Allgemeinheit erbracht und daher von den Mitgliedstaaten mit besonderen Gemeinwohlverpflichtungen verbunden werden" (Kommission der EG, 2000a, S. 42). Die besondere Bedeutung solcher Dienste wird seit dem Vertrag von Amsterdam auch im EG-Vertrag (heute Art. 16) wegen ihrer "Stellung innerhalb der gemeinsamen Werte der Union und ihre[r] Rolle bei der Förderung von sozialer und territorialer Kohäsion" hervorgehoben (Kommission der EG, 2000a, S. 3). Als einen Dienst in allgemeinem wirtschaftlichem Interesse führt die Kommission den Rundfunk auch in ihrem Katalog der "Leistungen der Daseinsvorsorge".

Vor diesem Hintergrund ist also zu klären, ob es sich bei den Rundfunkgebühren – oder generell einer staatlichen Unterstützung der öffentlichen Rundfunkanstalten – um Beihilfen im Sinne des EG-Vertrages handelt. Ist die öffentliche Finanzierung des Rundfunks tatsächlich als Beihilfe zu verstehen, die sich auf den Wettbewerb auswirken könnte, ist weiterhin im Sinne von Artikel 86 Absatz 2 ist zu prüfen, ob für die öffentlich-rechtlichen Rundfunkanstalten als "Unternehmen, die mit Dienstleistungen von allgemeinem wirtschaftlichem Interesse betraut sind", die Wettbewerbsregeln womöglich auszusetzen sind, weil deren Anwendung die Erfüllung der "ihnen übertragenen besonderen Aufgabe [...] verhindert". Schließlich bleibt zu entscheiden, ob für die Rundfunkanstalten die Ausnahmeregelung des Artikels 87 gelten kann, weil sie der "Förderung der Kultur und der Erhaltung des kulturellen Erbes" dienen. Wenn also erstens die Gebühren und andere Formen der staatlichen Unterstützung als Beihilfen verstanden werden, die zweitens den Wettbewerb auf dem Rundfunkmarkt beeinträchtigen können, wird damit grundsätzlich die bislang gängige Finanzierung des öffentlich-rechtlichen Rundfunks in Frage gestellt, und es erklärt sich, warum dieses Thema zu einem drückenden Problem für die öffentlichen Rundfunkveranstalter geworden ist.

Diese Kontroverse hat ihre Wurzeln zu Beginn der neunziger Jahre, als die Europäische Kommission durch Beschwerden privater Rundfunkveranstalter aus verschiedenen EG-Mitgliedstaaten in dieser Sache zur Aktivität gezwungen wurde. Die Beschwerden richteten sich gegen die Gebührenfinanzierung sowie andere Formen der Unterstützung für die öffentlichen Rundfunkanstalten. Indem sie sich auf die Beihilferegelungen des EG-Vertrages bezogen, machten die privaten Rundfunkveranstalter eine Verzerrung des Wettbewerbs zu ihren Ungunsten geltend. Am Anfang standen Beschwerden aus Spanien, Frankreich und Portugal. Der spanische Privatfunkbetreiber *Gestevisión Telecinco* reichte im März 1992 bei der Kommission eine Beschwerde ein, die sich gegen die Mittelzuweisungen der spanischen Autonomen Regionen an die regionalen Sender wandte. Im November 1993 schob *Telecinco* eine zweite Beschwerde nach, die sich auf Mittelzuweisungen des spanischen Staats an die öffentlich-rechtliche Rundfunkanstalt RTVE bezog. Im März 1993 legte der französische Privatsender TF1 bei der Kommission Beschwerde gegen die Finanzierung der öffentlich-rechtlichen Fernsehsender *France 2* und *France 3* ein. Im Juli 1993 schließlich wurde die kommerzielle portugiesische Fernsehgesellschaft SIC bei der Kommission vorstellig. Ihre Beschwerde richtete sich gegen verschiedene Unterstützungsmaßnahmen des portugiesischen Staats zu Gunsten des öffentlichen Fernsehens RTP in den Jahren 1992 und 1993. SIC reichte im Oktober 1996 eine zweite Beschwerde ein, die staatliche Mittelzuweisungen an RTP in der Zeit von 1994 bis 1996 betrafen. Wegen der Gründung der öffentlich-rechtlichen Spartenkanäle *Phoenix* und *Kinderkanal* als gemeinsame Angebote von ARD und ZDF zogen 1997 schließlich auch die deutschen Privatfunkveranstalter mit einer Beschwerde wegen Wettbewerbsverzerrung vor die Kommission.

Die Generaldirektion IV der Kommission, die für das Wettbewerbsrecht zuständig ist und damals dem aus Belgien stammenden Wettbewerbskommissar Karel van Miert unterstand, reagierte im Sommer 1995 mit dem Entwurf von Leitlinien, die für die Entscheidung in allen schwebenden Verfahren herangezogen werden sollten. Dieses Papier sah vor, den Mitgliedstaaten frei zu stellen, wie sie den öffentlichen Rundfunk definieren. Nur dort, wo die Finanzierung die Kosten deutlich überstieg, wollte sich die Kommission einschalten. Aufgrund von Kritik aus einigen Mitgliedstaaten, die eine für den öffentlich-rechtlichen Rundfunk günstigere Regelung erwarteten, zog die Kommission den Entwurf jedoch wieder zurück. (Vgl. Dörr, 2002, S. 50)

Nach Eingang der zweiten Beschwerde der SIC bekräftigte die Kommission ihre Haltung im November 1996: Rundfunkgebühren stellten keine Beihilfe dar, wenn sie für die Erfüllung von Aufgaben verwendet würden, die dem öffentlich-rechtlichen Rundfunk obliegen; die öffentliche Finanzierung diente der Kompensation für verschiedene Leistungen, die RTP vom Staat übertragen wurden. Dazu gehörten unter anderem die Rundfunkversorgung des ganzen Landes und die Zusammenarbeit mit anderen portugiesischsprachigen Ländern sowie das Angebot von Programmen wie zum

Beispiel regionalen oder religiösen Sendungen, die von den kommerziellen Anstalten nicht zu erwarten wären. Die Kommission sah also kein Problem in der Gebührenfinanzierung des staatlichen portugiesischen Rundfunks RTP. Sie bezog sich bei ihrer Entscheidung auf die Ausnahmeregelungen des Beihilfe-Artikels 92 des EG-Vertrages (heute Art. 87), der staatliche Beihilfen als vereinbar mit dem Gemeinsamen Markt bezeichnet, wenn sie der Förderung der Kultur und dem Erhalt des kulturellen Erbes dienen. Diese Klausel war erst mit dem Vertrag von Maastricht neu in den EG-Vertrag aufgenommen worden.

Die SIC brachte den Fall Ende 1996 vor das Europäische Gericht erster Instanz und machte geltend, die Kommission hätte die Angelegenheit nicht korrekt behandelt. Tatsächlich erklärte das EuG die Entscheidung der Kommission in seinem Urteil vom Mai 2000 für nichtig. Das Gericht warf der Kommission vor, dass sie sich auf die Vorprüfung beschränkt und kein förmliches Prüfverfahren eingeleitet hatte, obwohl Unsicherheit über die Vereinbarkeit der Beihilfen mit dem Gemeinsamen Markt bestand (vgl. EuG: Finanzierung..., 2001). War dies zwar vorderhand eine formale Frage, so gingen mit dem Urteil des Gerichts doch auch bedeutsame inhaltliche Festlegungen einher, denn es bezeichnete die Zahlungen an RTP als Beihilfen. Wesentlich für eine Beihilfe ist demnach, dass sie dem Empfänger einen wirtschaftlichen Vorteil verschafft, den dieser unter Marktbedingungen nicht erlangt hätte. Das EuG berücksichtigte dabei das Konkurrenzverhältnis von RTP und anderen Rundfunkveranstaltern auf dem Werbemarkt. Die staatlichen Zahlungen brächten RTP hier einen Vorteil gegenüber anderen Wettbewerbern und wären daher als Beihilfe zu verstehen. Inwieweit diese Beihilfen der Kompensation entsprechender Gegenleistungen dienen, müsste mit Blick auf Artikel 86, nämlich die von den Rundfunkanstalten erbrachten Dienstleistungen von allgemeinem wirtschaftlichem Interesse, beurteilt werden. (Vgl. EuG: Finanzierung..., 2001)

Während die Kommission also 1996 im Fall SIC reagiert hatte, warteten die anderen Privatrundfunkveranstalter, die ihre Beschwerden schon Jahre zuvor bei der Kommission eingereicht hatten, immer noch auf Entscheidungen. *Telecinco* erhob deshalb beim Europäischen Gericht erster Instanz Untätigkeitsklage gegenüber der Kommission. In seinem Urteil vom 15. September 1998 gab das Gericht *Telecinco* Recht und stellte fest, dass die Kommission insofern gegen ihre Verpflichtungen aus dem EG-Vertrag verstoßen hatte, als keine Entscheidungen zu den Beschwerden des spanischen Rundfunkveranstalters erfolgt waren. Bei Beschwerden, die auf die Beihilferegelungen Bezug nehmen, sei die Kommission verpflichtet, eine Prüfung vorzunehmen und zu beurteilen, ob eine staatliche Maßnahme eine Beihilfe darstellt. Kommt sie zu der Auffassung, dass eine Beihilfe vorliegt, ist zu entscheiden, ob diese mit dem Gemeinsamen Markt vereinbar oder aber ein Verfahren einzuleiten ist. In diesem Zusammenhang betonte das Gericht die ausschließliche Zuständigkeit der Kommission für die Beurteilung der Zulässigkeit staatlicher Beihilfen. Ähnlich fiel ein Jahr später das Urteil des EuG aus, als dieses über eine Untätigkeitsklage des französischen Fernsehsenders TF1 gegen die Kommission zu entscheiden hatte. (Gestevisión Telecinco..., 1998; Télévision française 1..., 1999)

Auf diese Weise unter Druck gesetzt, formulierte die für den Wettbewerb zuständige Generaldirektion IV 1998 ein Diskussionspapier, das helfen sollte, die Finanzierung der öffentlich-rechtlichen Rundfunkanstalten zu beurteilen. Wohl in der Erwartung, dass dieses Papier zu heftigen Reaktionen in den Mitgliedsländern führen würde, betonte Wettbewerbskommissar Karel van Miert bereits einleitend, dass es auf eine Initiative seines Generaldirektorats zurückging und nur als Diskussionsgrundlage dienen sollte und daher nicht die Ansicht der gesamten Kommission repräsentierte (vgl. dazu und im folgenden: Ward, 2003, S. 242-243; Wortlaut der Erklärung..., 1998).

In der Tat enthielt das Papier Zündstoff. Es unterschied drei verschiedene Finanzierungsmodelle für den öffentlichen Rundfunk, nämlich erstens rein gebühren- bzw. staatlich finanzierte Anstalten und zweitens Anstalten mit Mischfinanzierung. Das dritte Modell beschrieb die Möglichkeit der öffentlichen Ausschreibung von Public-Service-Angeboten. Ein solches Modell nimmt die Trennung der bisher üblichen Bindung von Public-Service-Inhalten an eine öffentlich-rechtliche Anstalt vor; das bedeutet, auch andere, nicht öffentliche Rundfunkveranstalter können sich um öffentlich-rechtliche Aufgaben bewerben. Das Papier äußerte eine eindeutige Präferenz zu Gunsten der Einzelfinanzierung und damit der Beschränkung öffentlich-rechtlicher Anstalten auf die ausschließliche Finanzierung durch Gebühren oder staatliche Mittel. In diesem Modell wäre die Finanzierung vereinbar mit Artikel 90 Absatz 2 (heute Artikel 86.2), da diese zur Erfüllung des öffentlich-rechtlichen Auftrages notwendig ist. Die öffentlich-rechtlichen Anstalten stünden insofern nicht im Wettbewerb um Werbeeinnahmen und könnten daher als Unternehmen, die Dienstleistungen von allgemeinem wirtschaftlichem Interesse erbringen, von der Anwendung der

Wettbewerbsbestimmungen des EG-Vertrages ausgenommen werden. Der Entwurf räumte den solchermaßen auf die Gebührenfinanzierung reduzierten öffentlich-rechtlichen Anstalten dennoch die Möglichkeit ein, in den Wettbewerb auf dem Markt einzutreten. Das müsste jedoch über gesonderte Tochterunternehmen erfolgen, die keinerlei Zuschüsse aus der öffentlich-rechtlichen Organisation erhalten dürften.

Probleme sah der Leitlinienentwurf indessen für Mischfinanzierungsmodelle, also Anstalten wie ARD und ZDF, die neben den Gebühren Einnahmen aus der Werbung beziehen. Da solche Anstalten mit dualer Finanzierung auf dem Werbemarkt mit privat-kommerziellen Anbietern konkurrieren, wären auf sie, wenigstens teilweise, die Wettbewerbsregeln anzuwenden. Das Papier der GD IV sah daher vor, dass die Mitgliedstaaten die öffentliche Aufgabe der Rundfunkanstalten präzise definieren; staatliche Finanzierung dürfte sich dann nur auf solche Angebote erstrecken, die im Rahmen dieser öffentlichen Aufgabe erbracht werden. Dabei ging die Kommission jedoch von einer sehr engen Definition von Public Service-Inhalten aus, denn der Entwurf stellte in Frage, dass Unterhaltungs- und Sportprogramme als Public Service-Angebote gelten könnten, sofern sie nicht auf den TV-Schutzlisten der Mitgliedstaaten auftauchen und damit als Ereignisse von großem Interesse für die Öffentlichkeit definiert sind (vgl. hier Kapitel 5.5.2). Sofern die öffentlichen Rundfunkanstalten Sportsendungen ausstrahlten, sollten sie auf diesem Markt aber den kommerziellen Veranstaltern gleichgestellt sein und die Rechte bzw. die Produktion ausschließlich durch ihre Werbeeinnahmen finanzieren. Unterhaltungsprogramme, so argumentierte das Papier, entsprächen nicht der öffentlichen Aufgabe, weil sie "offenkundig" weder demokratische, soziale oder kulturelle Bedürfnisse der Gesellschaft erfüllten, noch der Sicherung der Vielfalt dienten. Das heißt, der Leitlinienentwurf verstand die Verwendung von Rundfunkgebühren oder anderer staatlicher Gelder für derartige potenziell massenattraktive Angebote, die zugleich aus der öffentlichen Aufgabe herausdividiert wurden, als eine Beeinträchtigung des Wettbewerbs. Anders als Anstalten mit Mischfinanzierung sollten indessen komplett aus Gebühren finanzierte Rundfunkanstalten auch solche Angebote aus Gebühren finanzieren dürfen. Damit waren in dem Leitlinienentwurf klare inhaltliche Vorgaben gemacht. Allein das musste in den Mitgliedstaaten, denen die Formulierung des öffentlichen Auftrages der Rundfunkanstalten zusteht, empörte Reaktionen hervorrufen. Wettbewerbskommissar van Miert sah sich dann auch schnell genötigt, die

Bedeutung des Papiers tief zu hängen und abermals dessen Charakter als Diskussionsgrundlage hervorzuheben. Er ließ dabei zugleich erkennen, dass die Kommission in dieser Sache unter Zeitdruck stand, nachdem das Europäische Gericht erster Instanz mit dem Fall *Gestevisión Telecinco* Entscheidungen zu den Beschwerden verschiedener Privatsender angemahnt hatte (Vgl. Diskussionspapier..., 1998; Ward, 2003, S. 242-243; Wortlaut der Erklärung..., 1998; EU sucht..., 1998).

Indessen hatten sich auch bereits die Staats- und Regierungschefs der Problematik angenommen. Bei ihrem Gipfeltreffen in Amsterdam im Juni 1997 beschlossen sie eine Protokollerklärung über den öffentlich-rechtlichen Rundfunk, die dem neuen EG-Vertrag (Vertrag von Amsterdam) beigegeben werden sollte. Beide zusammen wurden im Herbst 1997 unterzeichnet, so dass die Protokollerklärung mit dem neuen EG-Vertrag am 1. Mai 1999 in Kraft trat. Gemäß Artikel 311 des EG-Vertrages gelten im gegenseitigen Einvernehmen formulierte Protokolle als Bestandteil des Vertrages. Das Protokoll, so heißt es einleitend, sei "in der Erwägung [zustande gekommen], daß der öffentlich-rechtliche Rundfunk in den Mitgliedstaaten unmittelbar mit den demokratischen, sozialen und kulturellen Bedürfnissen jeder Gesellschaft sowie mit dem Erfordernis verknüpft ist, den Pluralismus in den Medien zu wahren". Damit wurde hier also festgeschrieben, dass dem öffentlich-rechtlichen Rundfunk eine wichtige und umfassende Aufgabe für die Gesellschaft zukommt, und er wird zugleich als ein Instrument zur Wahrung von Pluralismus bezeichnet.

In Form einer auslegenden Bestimmung bekräftigt das Protokoll dann "die Befugnis der Mitgliedstaaten, den öffentlich-rechtlichen Rundfunk zu finanzieren, sofern die Finanzierung der Rundfunkanstalten dem öffentlich-rechtlichen Auftrag, wie er von den Mitgliedstaaten den Anstalten übertragen, festgelegt und ausgestaltet wird, dient und die Handels- und Wettbewerbsbedingungen in der Gemeinschaft nicht in einem Ausmaß beeinträchtigt, das dem gemeinsamen Interesse zuwiderläuft, wobei den Erfordernissen der Erfüllung des öffentlich-rechtlichen Auftrags Rechnung zu tragen ist". Zwar war mit dieser Erklärung keine Aussage darüber verbunden, ob es sich bei der Finanzierung der öffentlich-rechtlichen Rundfunkanstalten um eine Beihilfe handelt. Sollten die Gebühren jedoch als Beihilfe verstanden werden, ließ sich diese indessen danach nicht mehr so einfach als eine unzulässige Beihilfe bezeichnen, denn die Finanzierung wurde hier in einen Zusammenhang mit dem öffentlich-rechtlichen Auftrag gestellt.

Die Ausführungen im Protokoll über den öffentlichen Rundfunk, die die Entscheidung über dessen Aufgabe und die Finanzierung den Mitgliedstaaten zuweisen, schienen im übrigen ganz auf der Linie des ebenfalls erst mit dem Vertrag von Maastricht neu aufgenommenen Artikels 128 zu liegen. Dieser Artikel (heute Artikel 151) beschränkt die rechtliche Kompetenz der Gemeinschaft im Bereich der Kultur auf fördernde Maßnahmen. Da Absatz 2 den audiovisuellen Sektor ausdrücklich in die Kultur einbezieht, wird dieser Artikel auch als eine Begrenzung der Gemeinschaftskompetenz im Rundfunkbereich ausgelegt (vgl. Dörr, 1999, S. 77).

Am 25. Januar 1999, also noch vor Inkrafttreten des Vertrages von Amsterdam und der zugehörigen Protokollerklärung, bekräftigte der Ministerrat in einer Entschließung über den öffentlich-rechtlichen Rundfunk noch einmal dessen Bedeutung für Demokratie, Pluralismus, sozialen Zusammenhalt, kulturelle und sprachliche Vielfalt in der Europäischen Union. In den Wortlaut lässt sich im Weiteren sogar eine Bestands- und Entwicklungsgarantie für die öffentlich-rechtlichen Rundfunkanstalten hineinlesen. Denn dort heißt es, der öffentlich-rechtliche Rundfunk müsse den technologischen Fortschritt nutzen, "der Öffentlichkeit die Vorteile der neuen audiovisuellen Dienste und Informationsdienste sowie der neuen Technologien nahe[...]bringen" und seine Tätigkeiten auch im digitalen Zeitalter weiterentwickeln und diversifizieren. Außerdem müssten die öffentlich-rechtlichen Anstalten in der Lage sein, "weiterhin ein großes Programmspektrum im Einklang mit ihrem von den Mitgliedstaaten definierten Auftrag bereitzustellen, um die Gesellschaft insgesamt anzusprechen" (Entschließung des Rates..., 1999). In diesem Zusammenhang wird es dann auch als legitim bezeichnet, wenn die öffentlich-rechtlichen Rundfunkanstalten hohe Einschaltquoten anstreben.

Signalwirkung wurde wiederum der Entscheidung der Kommission zu der Beschwerde deutscher Privatsender und des Verbands Privater Rundfunk und Telekommunikation (VPRT) beigemessen, die diese gegen die Einrichtung von *Phoenix* und *Kinderkanal* eingereicht hatten. Die Privatrundfunkveranstalter bezweifelten, dass die Einrichtung von Spartenkanälen durch ARD und ZDF noch zu deren öffentlicher Aufgabe zu rechnen war. Grundversorgung, so argumentierten sie, meine ein umfassendes und daher kein spezialisiertes Angebot. Die Finanzierung von *Phoenix* und *Kinderkanal* durch Gebühren sowie die bevorzugte Einspeisung der beiden Sender ins Kabel würden zur Wettbewerbsverzerrung beitragen, die die privaten Veranstalter benachteiligte. Im Februar 1999 fiel die Entscheidung der Kommission, die die Beschwerde zurückwies. Allerdings, und daher konnten dann beide Seiten mit dem Ergebnis zufrieden sein, bekräftigte die Kommission ihre Auffassung, dass es sich bei der Gebührenfinanzierung der deutschen öffentlich-rechtlichen Anstalten um eine staatliche Beihilfe handele.

Die Kommission bezog sich in ihrer Entscheidung auf das Amsterdamer Protokoll und betonte, dass es Aufgabe der Mitgliedstaaten sei, den Auftrag der öffentlich-rechtlichen Anbieter zu definieren. Es läge also beim deutschen Gesetzgeber zu entscheiden, ob ein Kinderprogramm und ein Ereignis- und Dokumentationskanal zum öffentlich-rechtlichen Auftrag gehörten. Da die Einrichtung von *Kinderkanal* und *Phoenix* auf einen Beschluss der Länder zurückging, konnte kaum in Frage gestellt werden, dass die neuen Angebote in Deutschland als Teil der Grundversorgung gesehen wurden. Ohnehin hätte sich die Kommission, wäre sie auf diese inhaltliche Frage weiter eingestiegen, in eine Diskussion begeben, die die Mitgliedstaaten vehement für sich reklamieren und das in der Protokollerklärung zum Vertrag von Amsterdam auch festgeschrieben haben. Wohl aber musste die Kommission darüber befinden, ob es sich bei der Gebührenfinanzierung um eine unzulässige Beihilfe handelte. Es war also zu prüfen, ob die Finanzierung von *Kinderkanal* und *Phoenix* als leistungsgerecht bezeichnet werden konnte. Die Kommission vertraute hier dem Gebührenfestsetzungsverfahren durch die Kommission für die Ermittlung des Finanzbedarfs der Rundfunkanstalten (KEF), das eine dem Auftrag gemäße Finanzierung sicher stellte. Mit ihrer Entscheidung bezeichnete die Kommission die deutschen Rundfunkgebühren zwar als Beihilfe, befand diese aber entsprechend Artikel 90 Absatz 2 (heute Artikel 86.2) des EG-Vertrages für zulässig. Die bevorzugte Einspeisung der beiden Kanäle ins Kabelnetz wertete die Kommission nicht als Beihilfe. Allerdings blieb zu prüfen, ob die deutschen Regelungen zur Kabelbelegung gegen den Grundsatz des freien Dienstleistungsverkehrs in der Gemeinschaft verstoßen, indem sie ausländische Wettbewerber benachteiligen. (Vgl. Ward, 2003; VPRT bedauert..., 1999; EU-Kommission genehmigt..., 1999)

Ähnlich wie im Fall der deutschen öffentlich-rechtlichen Spartenprogramme entschied die Kommission zu einer Beschwerde des britischen Satellitensenders BSkyB, die sich auf die Einrichtung des Nachrichtenkanals *BBC News 24* durch die öffentlich-rechtliche BBC bezog. Auf Seiten von

BSkyB wurde argumentiert, die Finanzierung des Nachrichtenkanals aus staatlichen Mitteln stelle eine Beihilfe dar, die andere Wettbewerber, darunter speziell den bereits bestehenden Nachrichtenkanal *Sky news*, benachteilige. Damit wäre auch der Handel zwischen den Mitgliedstaaten beeinträchtigt, indem die Entstehung weiterer auf Nachrichten spezialisierter Angebote verhindert würde. Ebenso wie bezüglich *Kinderkanal* und *Phoenix* wertete die Kommission in ihrer Entscheidung die Finanzierung des BBC-Senders als Beihilfe, sah diese aber als leistungsgerecht, zumal auch keine zusätzlichen Finanzmittel zur Verfügung gestellt worden seien. Wohl könne die Einrichtung von *BBC News 24* eine Wettbewerbsverzerrung darstellen und den Markt der Nachrichtenkanäle beeinflussen, das ergebe sich jedoch als unvermeidliche Konsequenz durch ein Angebot von allgemeinem wirtschaftlichem Interesse und müsse daher hingenommen werden. (Vgl. Ward, 2003)

Im Oktober 2001 verabschiedete die Kommission schließlich eine Mitteilung "über die Anwendung der Vorschriften über staatliche Beihilfen auf den öffentlich-rechtlichen Rundfunk" (Mitteilung der Kommission..., 2001). Sie erläuterte damit, nach welchen Grundsätzen zukünftig bei der Anwendung der Artikel 87 (Beihilfen) und 86 Absatz 2 (Wettbewerbsregeln bzgl. öffentlicher Unternehmen) verfahren würde. Schon die Ankündigung dieser Mitteilung hatte bei den deutschen Bundesländern deutlich ablehnende Reaktionen hervorgerufen. In einer "rundfunkfachlichen Stellungnahme" vom Juli 2001 bestritten sie den Bedarf für eine solche Mitteilung und sprachen der Kommission erneut die Kompetenz ab, Auftrag und Finanzierung des öffentlich-rechtlichen Rundfunks vorzuschreiben und diese gemeinschaftsrechtlich zu definieren. Die Argumentation der Stellungnahme stützte sich im Weiteren vorrangig auf den öffentlichen Auftrag sowie die Finanzierung speziell des öffentlich-rechtlichen Rundfunks in Deutschland. Vor diesem Hintergrund widersprach das Länderpapier der Auffassung der Kommission, dass es sich bei der Gebührenfinanzierung um Beihilfen im Sinne des Artikels 87 des EG-Vertrages handele. Die Finanzierung der öffentlich-rechtlichen Rundfunkanstalten korrespondiere mit einem umfassenden Auftrag, für den die Gebühreneinnahmen eine angemessene Gegenleistung darstellten. Damit entfiele das für staatliche Beihilfen konstitutive Merkmal der Einseitigkeit der staatlichen Leistung, womit der Anwendung der Beihilfeartikel des EG-Vertrages auf die deutschen öffentlich-rechtlichen Rundfunkanstalten der Boden entzogen wäre. Folgerichtig verwahrten sich die

Länder dann auch gegen die mit dem Mitteilungsentwurf verbundenen Transparenzanforderungen für Beihilfen, die auf eine Unterscheidung von Tätigkeiten der Rundfunkanstalten im allgemeinem wirtschaftlichem Interesse und andere Tätigkeiten zielten (Antrag des Saarlandes, 2001; "Keine Kompetenz", 2001). Entsprechend äußerte sich zwei Monate später der EU-Ausschuss des Bundesrates, der vor allem auch noch einmal die Gesetzgebungskompetenz der Länder hervorhob und damit nicht nur der Union, sondern unter Hinweis auf das Fernsehurteil des Bundesverfassungsgerichts von 1961 auch der Bundesregierung jegliche Kompetenz in Sachen Rundfunk absprach (Bundesrat..., 2001).

Begrüßt wurde der Mitteilungsentwurf der Kommission indessen von den privaten Rundfunkveranstaltern in Deutschland. In ihrem Interesse musste es sein, dass die Gebührenfinanzierung der öffentlich-rechtlichen Anstalten als staatliche Beihilfe definiert wurde. Denn nur dann ließen sich auch die Beihilfebestimmungen des EG-Vertrages zur Anwendung bringen und eine etwaige Prüfung auf durch die Beihilfen entstehende Wettbewerbsverzerrungen durchsetzen. Der VPRT äußerte sich daher positiv zu dem Vorhaben der Kommission und unterstrich in seiner Stellungnahme vom August 2001 den Beihilfecharakter der deutschen Rundfunkgebühren, die von ARD und ZDF auch für Aktivitäten außerhalb des Grundversorgungsauftrages eingesetzt würden ("Gegen wettbewerbsfeindliche Strategien", 2001).

Die "Mitteilung der Kommission über die Anwendung der Vorschriften über Staatliche Beihilfen auf den öffentlich-rechtlichen Rundfunk" wurde im November 2001 veröffentlicht. Bereits der Titel der Mitteilung sowie deren einleitende Bemerkungen machten klar, dass die Kommission die Diskussion darüber, ob die Finanzierung des öffentlich-rechtlichen Rundfunks als staatliche Beihilfe zu verstehen ist, nicht neu eröffnen wollte. Vielmehr sollte es nur noch darum gehen, ein einheitliches und transparentes Vorgehen zu finden, nach dem geprüft wird, inwieweit diese Beihilfen zulässig bzw. geeignet sind, den Wettbewerb zu verzerren.

Vor diesem Hintergrund wies die Kommission dem öffentlich-rechtlichen Rundfunk eine "klare wirtschaftliche Bedeutung" zu, stellte aber zugleich fest, dass er trotzdem nicht mit öffentlichen Anbietern anderer Wirtschaftszweige zu vergleichen ist. Die Mitteilung bezog sich dazu auf den Bericht der Hochrangigen Expertengruppe für Audiovisuelle Politik aus dem Jahr 1998, der dem öffentlich-rechtlichen Rundfunk eine wichtige Rolle bei der Förderung der kulturellen Vielfalt jedes Mitgliedstaates zugewiesen hatte. Dieses würde gewährleistet, indem der öffentlich-rechtliche Rundfunk "erzieherische und bildende Programme anbietet und die Öffentlichkeit auf objektive Weise ... informiert, die Meinungsvielfalt sichert und auf demokratische und kostenlose Weise qualitativ hochwertige Unterhaltung liefert". Trotz der – scheinbar – klaren Festlegung der Kommission im Titel der Mitteilung und in ihren weiteren Ausführungen zur Finanzierung des öffentlich-rechtlichen Rundfunks blieb eine gewisse Ambivalenz. So fasste die Kommission zwar die verschiedenen Finanzierungssysteme der Mitgliedstaaten – Gebühren, Finanzierung aus dem Staatshaushalt, Kapitalspritzen, Schuldenerlass – pauschal als staatliche Beihilfen, wollte deren Beurteilung aber dennoch der Einzelfallprüfung überlassen und von der spezifischen Natur der Unterstützung abhängig machen.

Inwieweit staatliche Beihilfen für den öffentlich-rechtlichen Rundfunk mit dem Gemeinsamen Markt vereinbar sind und daher nach Artikel 86 Absatz 2 des EG-Vertrages eine Ausnahmegenehmigung erteilt werden kann, macht die Kommission abhängig von bestimmten Bedingungen, die der Europäische Gerichtshof in seiner Rechtsprechung aufgestellt hat. Demnach kann eine Ausnahmegenehmigung (nur) dann erteilt werden, wenn eine Dienstleistung von allgemeinem wirtschaftlichem Interesse vorliegt und vom Mitgliedstaat als solche auch klar definiert ist. Außerdem muss das Unternehmen von dem Mitgliedstaat ausdrücklich mit der Ausführung dieser Dienstleistung beauftragt sein. Schließlich müsste ein Verbot der Beihilfen die Erfüllung dieser Aufgaben verhindern; zugleich darf die Freistellung die Entwicklung des Handels aber nicht derart beeinträchtigen, dass es dem Interesse der Gemeinschaft zuwiderläuft. Für den öffentlich-rechtlichen Rundfunk bedeutet das: Es bedarf einer "amtlichen" Definition des öffentlich-rechtlichen Auftrages durch die Mitgliedstaaten. Als legitim bezeichnet die Kommission hier auch eine "breit gefasste" Definition, die auf ein ausgewogenes und breit gefächertes Programm zielt. Dabei könne der öffentlich-rechtliche Auftrag auch Programme im nicht-traditionellen Sinne wie etwa Online-Informationsdienste umfassen. Der öffentliche Auftrag muss weiter durch eine "förmliche Rechtshandlung" einem oder mehreren Unternehmen übertragen und ergänzt werden durch die Einrichtung einer geeigneten und von den Rundfunkanstalten unabhängigen Aufsichtsstelle, die die Einhaltung des Auftrages überwacht. Die Wahl der Finanzierung der öffentlich-rechtlichen Anstalten bleibt den EU-Mitgliedstaaten überlassen. In Frage kommen sowohl die "Einzelfinanzierung", das heißt ausschließliche Finanzierung aus öffentlichen Mitteln, oder "duale Finanzierung", damit sind die verschiedenen Formen der Mischfinanzierung gemeint. Die Betonung der Transparenzanforderungen als Grundlage für die Beurteilung staatlicher Beihilfen sowie weitere Ausführungen machen deutlich, dass es der Kommission hier vor allem auf die Verhältnismäßigkeitsprüfung ankommt: Die Beihilfe dürfe die Nettokosten des öffentlich-rechtlichen Auftrages nicht überschreiten; eine Überkompensation der gemeinwirtschaftlichen Verpflichtungen beeinträchtige den Wettbewerb. (Mitteilung der Kommission..., 2001)

In Deutschland wurde die Mitteilung der Kommission als eine Klarstellung ihrer Position überwiegend positiv beurteilt, denn schließlich hatte sie die Kompetenz der Mitgliedstaaten, den Auftrag des öffentlich-rechtlichen Rundfunks festzulegen, bestätigt. Dass mit dem Papier auch die Gebührenfinanzierung als staatliche Beihilfe definiert wurde, fand insbesondere die Zustimmung der privaten Rundfunkveranstalter, wurde aber von politischer Seite eher kritisiert. Während die Befürworter eines breiten Auftrages für den öffentlich-rechtlichen Rundfunk begrüßten, dass die Kommission als dessen Aufgabe nun auch die Unterhaltung akzeptierte, was in dem Kommissionspapier von 1998 schon einmal in Zweifel gezogen worden war, pochte der VPRT darauf, dass der öffentlich-rechtliche Auftrag nach Vorgabe der Mitteilung "klar und präzise" zu definieren und dessen Finanzierung auf das "notwendige Maß" zu beschränken sei. (Vgl. EU-Klarstellung..., 2001)

Mit ihrer Mitteilung zur Anwendung der Vorschriften über staatliche Beihilfen betonte die Kommission auch die Transparenzanforderungen, damit zu beurteilen ist, ob es sich bei den Beihilfen um berechtigte Ausgleichszahlungen für die Erfüllung des öffentlich-rechtlichen Auftrages handelt. Sie bezog sich dabei auf die so genannte Transparenzrichtlinie, die bereits von 1980 stammt und heute in der Fassung des Jahres 2000 in Kraft ist. Damit berührte die Kommission ein Thema, das in den letzten Jahren zum Dreh- und Angelpunkt der Auseinandersetzungen um die Finanzierung des öffentlich-rechtlichen Rundfunks geworden ist. Die Transparenzrichtlinie sieht für öffentliche Unternehmen eine getrennte Buchführung vor, die die Finanzsituation bezüglich der Tätigkeiten in allgemeinem wirtschaftlichem Interesse separat von der Finanzsituation bezüglich anderer Tätigkeiten ausweist. Für die Rundfunkanstalten bedeutet diese Vorschrift, sie müssten in ihrer Buchführung Einnahmen und Ausgaben, die mit ihrem öffentlich-rechtlichen Auftrag in Verbindung stehen, getrennt von den Einnahmen und Ausgaben für andere Tätigkeiten aufführen. Die Kommission sieht eine solche getrennte Buchführung als notwendige Grundlage, um feststellen zu können, ob die öffentliche Finanzierung auf die "Nettokosten des öffentlich-rechtlichen Auftrags" begrenzt ist. Das wäre die Voraussetzung dafür, dass von der Anwendung der gemeinschaftlichen Wettbewerbsregeln auf die öffentlich-rechtlichen Rundfunkanstalten abgesehen wird.

Darüber, ob diese Vorgaben der Transparenzrichtlinie auf die öffentlich-rechtlichen Anstalten anzuwenden sind, wird in Deutschland heftig gestritten, obwohl die Erwägungsgründe der EU-Richtlinie, wie sie seit 2000 in Kraft ist (Richtlinie 2000/52/EG..., 2000), die Rundfunkanstalten in ihren Geltungsbereich ausdrücklich einbeziehen. Da die Forderung nach getrennter Buchführung aber voraussetzt, dass es Tätigkeiten gibt, die nicht durch den öffentlich-rechtlichen Auftrag abgedeckt sind und daher die wettbewerbsrechtliche Unbedenklichkeit "staatlicher Beihilfen" in Frage stellen würden, wäre es für die öffentlich-rechtlichen Rundfunkanstalten eine heikle Sache, diesen Transparenzvorschriften nachzukommen. Da die deutschen öffentlich-rechtlichen Rundfunkanstalten mit Grundversorgung und Vielfaltsauflagen einen umfassenden öffentlich-rechtlichen Auftrag haben, dem sie in ihrer Tätigkeit entsprechen müssen, wird hier zu Lande von einigen Juristen bezweifelt, dass die Vorgaben der Transparenzrichtlinie auf ARD und ZDF anzuwenden sind (vgl. z. B. Dörr, 2001). Dem halten andere entgegen, dass die Aufgabe des öffentlich-rechtlichen Rundfunks keineswegs präzise definiert wäre und die Gebühren für das System als Ganzes, aber eben nicht für die Erfüllung eines klar umrissenen Auftrages gezahlt würden (vgl. Selmayr & Kamann, 2004).

Das deutsche Verfahren der Gebührenfestsetzung – so wird in diesem Zusammenhang schließlich auch argumentiert – gewährleiste die bedarfsgerechte und dem Grundsatz der Verhältnismäßigkeit entsprechende Finanzierung (vgl. Eberle, 2001; Dörr, 2001). Die Festlegung der Gebührenhöhe durch eine – staatsferne und von den Rundfunkanstalten unabhängige – Kommission, also die KEF, die die Grundsätze der Wirtschaftlichkeit und Sparsamkeit zu berücksichtigen hat, wird als Garant dafür gesehen, dass den Anstalten einerseits die für die Erfüllung ihres Grundversorgungsauftrages notwendige Finanzierung zur Verfügung steht, es aber andererseits auch nicht zu einer Überkompensation kommt. Dieses Verfahren, wie es in der

Folge des Gebührenurteils des Bundesverfassungsgerichts im Jahr 1994 festgelegt wurde, stelle sicher, dass die öffentlich-rechtlichen Rundfunkanstalten eine ihrer öffentlichen Aufgabe entsprechende Vergütung erhalten.

Diese Argumentation basiert auf Punkt 11 der Erwägungsgründe, die die Kommission der Transparenzrichtlinie vorangestellt hat. Dort heißt es nämlich: "In Fällen, wo der Ausgleich für die Erbringung von Dienstleistungen von allgemeinem wirtschaftlichem Interesse für einen angemessenen Zeitraum im Rahmen eines offenen, transparenten und nicht diskriminierenden Verfahrens festgestellt wurde, ist es gegenwärtig nicht erforderlich, die Führung getrennter Bücher zu verlangen" (Richtlinie 2000/52/EG..., 2000). Das bedeutet, sofern also das deutsche Verfahren zur Festsetzung der Rundfunkgebühren den hier angegebenen Kriterien – für einen angemessenen Zeitraum und in einem offenen, transparenten und nicht diskriminierenden Verfahren festgestellt – entspricht, könnte von einer getrennten Buchführung im Sinne der Transparenzrichtlinie abgesehen werden.

Die privaten Rundfunkveranstalter ziehen dagegen in Zweifel, dass die Gebührenfestsetzung in Deutschland diesen Kriterien entspricht und völlig staatsfern geschieht. Der VPRT sieht den "staatlichen Charakter" des Verfahrens wenigstens insofern gegeben, als nach Vorgabe durch die KEF die Zustimmung zur Erhöhung der Rundfunkgebühren bei den Parlamenten der Bundesländer liegt. In diesem Zusammenhang verweist der VPRT außerdem auf die begrenzte Prüfkompetenz der KEF. Diese prüfe den von ARD und ZDF angemeldeten Bedarf nach den Prinzipien der Wirtschaftlichkeit und Sparsamkeit, sie prüfe aber nicht, in wie weit die mit dem Finanzbedarf verbundenen Vorhaben der Anstalten deren öffentlicher Aufgabe entsprechen ("Gegen wettbewerbsfeindliche Strategien", 2001). Vor diesem Hintergrund gewinnt die Auseinandersetzung über die Gebührenerhöhung im Jahr 2004 weiter reichende Bedeutung: Indem die Ministerpräsidenten bei der Festsetzung der Gebühren von dem Vorschlag der KEF abgewichen sind, haben sie die eigenständige Rolle dieser Kommission in Frage gestellt und denjenigen zugearbeitet, die die Staatsferne des Gebührenfestsetzungsverfahrens in Deutschland anzweifeln.

Im August 2001 hat der Bundestag das Transparenzrichtlinie-Gesetz beschlossen, mit dem die Vorgaben der Transparenzrichtlinie in deutsches Recht übernommen wurden. Bei der Festlegung des Anwendungsbereichs nimmt das deutsche Gesetz Bezug auf Artikel 86 Absatz 1 und Absatz 2 des EG-Vertrages. Das heißt, die Transparenzvorschriften gelten für Unternehmen, denen besondere oder ausschließliche Rechte gewährt werden, und für solche, die mit Dienstleistungen von allgemeinem wirtschaftlichem Interesse betraut sind und dafür staatliche Beihilfen erhalten, die nicht für einen angemessenen Zeitraum im Rahmen eines offenen, transparenten und nicht diskriminierenden Verfahrens festgesetzt werden. Dass dazu auch die öffentlich-rechtlichen Rundfunkanstalten gehören, ist hier nicht explizit gesagt. Die Bundesländer hatten in ihrer Reaktion auf den Mitteilungsentwurf der Kommission zu den Vorschriften für Beihilfen an den öffentlich-rechtlichen Rundfunk bereits bestritten, dass die europäischen Transparenzforderungen auch für die öffentlich-rechtlichen Rundfunkanstalten gelten ("Keine Kompetenz", 2001). In die Rundfunkgesetze der Länder wurden diese Vorschriften daher bislang auch nicht aufgenommen.

Die Verpflichtungen aus dem deutschen Transparenzrichtlinie-Gesetz, also getrennte Buchführung, sind seit dem 1. Januar 2002 zu erfüllen. Im April 2003 hat der VPRT eine Beschwerde bei der EU-Kommission eingereicht, die sich auch auf die "Nichtumsetzung der so genannten Transparenzrichtlinie im Bereich des öffentlich-rechtlichen Rundfunks in Deutschland" bezieht. Das Drängen der Privaten auf Einhaltung der Transparenzvorschriften durch die öffentlich-rechtlichen Rundfunkanstalten steht vor dem Hintergrund andauernder Auseinandersetzungen darüber, was als Grundversorgung zu verstehen ist bzw. welche Aktivitäten von ARD und ZDF außerhalb ihres Grundversorgungsauftrages liegen. In dieser Hinsicht sind den Privaten insbesondere auch die Angebote der öffentlich-rechtlichen Anstalten im Online-Bereich ein Dorn im Auge, auf die sich die genannte Beschwerde in erster Linie bezieht. Ebenso hatten die privaten Rundfunkveranstalter auch argumentiert, als sie bei der Kommission vorstellig wurden, um prüfen zu lassen, ob die Einrichtung der öffentlich-rechtlichen Spartenkanäle *Phoenix* und *Kinderkanal* noch vom Grundversorgungsauftrag gedeckt wäre. Mittlerweile sind neben den Online-Aktivitäten der öffentlich-rechtlichen Anstalten auch deren Beteiligungen an Filmproduktionsgesellschaften sowie die Werbetöchter ins Visier der Kommission geraten.

Welche Folgen die Anwendung der Transparenzvorschriften für die öffentlich-rechtlichen Rundfunkanstalten hat, lässt sich am Beispiel von Dänemark nachvollziehen. Dänemark hat die Vorgaben der europäischen Transparenzrichtlinie in nationales Recht umgesetzt und wendet diese auch auf den öffentlich-rechtlichen Rundfunk an. Im Januar 2003 beschloss die

Europäische Kommission, ein Verfahren nach Artikel 88 Absatz 2 des EG-Vertrages bezüglich der Finanzierung der dänischen öffentlichen Fernsehanstalt TV2 einzuleiten. Dieses Verfahren gründete sich auf die Vermutung, TV2 sei in den vergangenen Jahren durch staatliche Beihilfen überkompensiert worden. Das heißt, die Kommission ging davon aus, der Fernsehanstalt sei vom dänischen Staat mehr Geld zugeflossen, als für die Erfüllung ihres öffentlichen Auftrages notwendig gewesen wäre. Sie vermutete daher, dass die überschüssigen Beträge in kommerzielle Aktivitäten geflossen waren, was zu einer Verzerrung des Wettbewerbs hätte führen können und insofern mit dem Gemeinsamen Markt nicht vereinbar wäre. Im Falle von TV2 prüfte die Kommission etwa auch, ob eine Überkompensation darin liegen könnte, dass der Sender Werbezeiten zu Preisen verkaufte, die gegenüber denjenigen der privaten Wettbewerber deutlich niedriger waren. Das begründete wenigstens den Verdacht einer unzulässigen Quersubventionierung. Im Frühjahr 2004 ordnete die Kommission schließlich an, dass TV2 einen Betrag von über 84 Mio Euro zurückzahlen müsse, weil die staatlichen Beihilfen – neben Gebühren unter anderem zinslose Darlehen, Bürgschaften und Steuerbefreiungen – über das hinausgegangen wären, was für die Erfüllung des öffentlichen Auftrages erforderlich gewesen wäre. (Vgl. Kleist, 2003; Pelny, 2003; 2005)

Ähnlich sieht die Situation für den niederländischen öffentlich-rechtlichen Rundfunk aus. Auch hier untersucht die Kommission, ob die öffentlich-rechtlichen Rundfunkanstalten seit Anfang der neunziger Jahre mehr Geld vom Staat erhalten haben, als für die Finanzierung ihres Auftrages nötig gewesen wäre. Die Kommission will nun prüfen, ob es zu einer Quersubventionierung kommerzieller Aktivitäten gekommen ist. Diese Prüfung bezieht sich indessen nicht auf die regulären staatlichen Zahlungen an den niederländischen Rundfunk, sondern auf darüber hinausgehende Zuschüsse. (Vgl. Brüssel untersucht..., 2004)

Die Diskussion über die Zulässigkeit von Beihilfen und die Anwendbarkeit der Transparenzrichtlinie auf den öffentlich-rechtlichen Rundfunk hat indessen beinahe vergessen lassen, dass die Gleichsetzung der Rundfunkgebühren mit staatlichen Beihilfen in dieser Pauschalität womöglich zu hinterfragen ist. Auf europäischer Ebene schien die Sache entschieden. In seinem Urteil zur Klage der portugiesischen SIC gegen die Entscheidung der Kommission über die Finanzhilfen an die RTP hatte das Europäische Gericht erster Instanz festgestellt, dass es sich bei staatlichen Mittelzuweisungen an einen öffentlichen Fernsehsender um staatliche Beihilfen handelt, wenn dieser auch über Werbeeinnahmen verfügt (EuG..., 2001). Entsprechend ging die Kommission in ihrer Mitteilung über die Anwendung der Vorschriften über staatliche Beihilfen (Mitteilung der Kommission..., 2001) davon aus, dass Rundfunkgebühren als solche anzusehen und daher die einschlägigen Regelungen des Wettbewerbsrechts anzuwenden sind. Diese pauschalen Festlegungen lassen jedoch die unterschiedliche Natur der Rundfunkgebühren in den einzelnen Mitgliedstaaten bzw. des Verfahrens ihrer Festsetzung unberücksichtigt. Allerdings hatte die Kommission in ihrer Entscheidung über die Einrichtung der öffentlich-rechtlichen Spartenkanäle *Kinderkanal* und *Phoenix* auch schon speziell die deutsche Gebührenfinanzierung als staatliche Beihilfe bezeichnet.

Auf deutscher Seite reißt die Diskussion über die Gleichsetzung von Rundfunkgebühren mit Beihilfen jedoch nicht ab. Die Beharrlichkeit derjenigen, die sich gegen diese Gleichstellung wehren, gründet sich auf jüngere Urteile des Europäischen Gerichtshofes, die sich auf andere Wirtschaftsbereiche beziehen, wegen ähnlicher Problematik jedoch auf den Rundfunk übertragen werden. Insbesondere wird dabei das PreussenElektra-Urteil des EuGH herangezogen, das im März 2001 erging. Auch wenn sich dieses Urteil nicht auf den Rundfunkbereich bezieht, werden daraus Argumente abgeleitet, die die Qualifikation der deutschen Rundfunkgebühren als staatliche Beihilfe in Zweifel ziehen (vgl. vor allem: Koenig & Kühling, 2001). Demnach wird eine staatliche Zurechenbarkeit der Rundfunkgebühren in Frage gestellt, weil diese nicht in einen öffentlichen Haushalt fließen. Es wird also davon ausgegangen, dass nicht die gesetzliche Bestimmung der Rundfunkgebühr und die Verpflichtung der Rundfunkteilnehmer zur Entrichtung dieser Gebühr diese zu einer staatlichen Beihilfe machen, sondern dass die Gelder in einen öffentlichen Haushalt gelangen müssten, um als staatliche Beihilfe qualifiziert werden zu können. Ein öffentlicher Haushalt wäre ein staatlicher Haushalt oder auch der Haushalt einer staatlich eingesetzten Einrichtung. Der Blick richtet sich damit nicht mehr nur auf das Festsetzungsverfahren für die deutschen Rundfunkgebühren durch die KEF, sondern auch auf die mit der Verwaltung der Gebühren beauftragte Gebühreneinzugszentrale (GEZ). Da es sich bei der GEZ um eine Gemeinschaftseinrichtung von ARD und ZDF handelt, die die Gebühren an die öffentlich-rechtlichen Anstalten verteilt, könne – so etwa Koenig und Kühling (2001) – nicht von einem öffentlichen Haushalt gesprochen werden, und daher handele es sich bei den deutschen Rundfunkgebühren auch nicht um eine Beihilfe (vgl. auch Eberle, 2001). Dagegen argumentieren andere, bei den deutschen Rundfunkgebühren handele es sich schon deshalb um eine staatliche Beihilfe, weil diese von den Ländern auferlegt werden und in die Kasse einer öffentlichen Institution fließen (z. B. Selmayr & Kamann, 2004; Pelny, 2005).

Der EG-Vertrag selbst enthält keine Definition des Begriffs der Beihilfe. Als Merkmale einer Beihilfe gelten allgemeinhin eine "begünstigende Wirkung" bei dem Unternehmen, das die Beihilfe erhält, sowie eine "fehlende Gegenleistung" des betreffenden Unternehmens (Otten, 1997, S. 792). Der Europäische Gerichtshof hat sich indessen in seiner Rechtsprechung nicht nur bezüglich des Rundfunks mehrmals zum Beihilfebegriff geäußert. Im SIC-Urteil aus dem Jahr 2000 sah das Europäische Gericht erster Instanz den Beihilfecharakter einer staatlichen Maßnahme dann als gegeben, wenn ein Unternehmen eine wirtschaftliche Vergünstigung erhält, die es unter normalen Marktbedingungen nicht erhalten hätte. Das Gericht hob damit in erster Linie auf den Vorteil ab, den ein Unternehmen aus der finanziellen Unterstützung bezieht. Andere Urteile von EuGH und EuG stellen dagegen auf den Ausgleichscharakter für gemeinschaftliche Dienstleistungen ab und liefern damit gewissermaßen eine Negativdefinition von Beihilfen. Demnach wären staatliche Maßnahmen keine Beihilfen, wenn sie als Ausgleich für Gegenleistungen anzusehen sind, die ein Unternehmen zur Erfüllung seiner gemeinschaftlichen Verpflichtung erbringt. Zitiert wird in diesem Zusammenhang vor allem immer wieder das Altmark Trans-Urteil, das sich auf eine Nahverkehrsgesellschaft bezieht, aber dennoch für die Argumentation in Sachen Rundfunkfinanzierung herangezogen wird, weil der EuGH hier die Voraussetzungen deutlich formuliert hat, unter denen eine staatliche Maßnahme nicht als Beihilfe qualifiziert wird. Zu diesen Kriterien, wie sie ähnlich auch schon die Mitteilung der Kommission aus dem Jahr 2001 angeführt hat, gehören: Ein Unternehmen muss mit der Erfüllung gemeinwirtschaftlicher Aufgaben betraut sein; die Parameter zur Berechnung des Ausgleichs müssen zuvor objektiv und transparent aufgestellt worden sein; der Ausgleich darf nicht über das hinausgehen, was zur Erfüllung der gemeinwirtschaftlichen Verpflichtungen erforderlich ist; die Wahl des Unternehmens muss im Rahmen eines Verfahrens zur Vergabe öffentlicher Aufträge erfolgen. (Vgl. Eberle, 2001; Koenig & Haratsch, 2003; Mitteilung der Kommission..., 2001; Selmayr & Kamann, 2004).

Nach der Auseinandersetzung mit dem öffentlichen Rundfunk in weiteren Mitgliedstaaten (Frankreich, Italien, Spanien) hat die Kommission sich mittlerweile auch speziell des deutschen Falls angenommen (vgl. dazu und im folgenden: Mitteilung der Generaldirektion..., 2005). Sie reagiert damit auf mehrere Beschwerden, die ihr seit Oktober 2002 von Seiten privater Rundfunkveranstalter aus Deutschland und des VPRT zugegangen sind. Diese Beschwerden richten sich gegen verschiedene Aktivitäten von ARD und ZDF, die über das Gebührenaufkommen der Anstalten finanziert würden, aber nicht durch ihren Auftrag gedeckt und daher geeignet wären, den Wettbewerb auf dem Rundfunkmarkt zu verzerren. Neben der Klage darüber, dass die öffentlich-rechtlichen Anstalten den Auflagen der Transparenzrichtlinie nicht nachkommen, zielen die Beschwerden auf angebliche Quersubventionierungen der Online-Dienste sowie der Produktionstöchter von ARD und ZDF. Schließlich reklamieren sie weitere Wettbewerbsverzerrungen durch eine besondere Behandlung der öffentlich-rechtlichen Anstalten bei der Körperschaftssteuer und durch den Erwerb und die Finanzierung von Sportrechten. Die Generaldirektion Wettbewerb hat daraufhin in einer umfangreichen Mitteilung der Bundesregierung ihre "vorläufige Auffassung ... hinsichtlich der Vereinbarkeit des bestehenden Systems über die Finanzierung des öffentlichen Rundfunks in Deutschland mit dem Gemeinsamen Markt" übermittelt, die sich mit der Bitte um Auskünfte und Klarstellungen verbindet. Die zahlreichen Bedenken, die die Kommission in dieser Mitteilung gegenüber der Finanzierung von ARD und ZDF äußert, führen sie hier bereits zu "der vorläufigen Auffassung, dass das System zur Finanzierung des öffentlichen Rundfunks in Deutschland nicht mit dem Gemeinsamen Markt vereinbar ist". Daher unterbreitet die Mitteilung zugleich Vorschläge für Maßnahmen, die geeignet wären, "die dargelegten Bedenken auszuräumen" (S. 42).

Die Kommission lässt in ihrer Mitteilung keinen Zweifel daran, dass sie die deutschen Rundfunkgebühren als staatliche Beihilfen versteht, die den öffentlich-rechtlichen Anstalten im öffentlichen Interesse zur Finanzierung der "Gesamtveranstaltung Rundfunk" zugewiesen wird. Die Beurteilung als staatliche Beilhilfe wird nicht zuletzt dadurch begründet, dass die Höhe der Rundfunkgebühr zwar von der KEF vorgeschlagen, aber letztlich von den Ländern bestimmt und im Rundfunkfinanzierungsstaatsvertrag festgeschrieben wird. Weiter gelangt die Kommission zu der Auffassung, dass ARD und ZDF durch die Gebührenfinanzierung ein beihilferelevanter Vorteil entsteht. Die von der Bundesregierung in ihren Stellungnahmen sowie von den Anstalten selbst vorgebrachten Argumente dafür, dass staatliche Maßnahmen nicht als Beihilfe zu klassifizieren sind, wenn sie einen Ausgleich für Leistungen zur Erfüllung gemeinwirtschaftlicher Verpflichtungen darstellen, lässt die Kommission – unter Bezugnahme auf das Altmark-Urteil des EuGH – nur zum Teil gelten. Die notwendige Voraussetzung, die Parameter für die Berechnung des Ausgleichs seien zuvor objektiv und transparent aufzustellen, sieht sie in Deutschland als nicht erfüllt an. Zwar basiere das KEF-Verfahren auf bestimmten Grundsätzen zur Ermittlung des Finanzbedarfs, es gebe aber Zweifel daran, dass diese den Anforderungen des EuGH genügen. Insbesondere gibt es in diesem Zusammenhang Kritik daran, dass keine getrennte Kostenrechnung erfolgt, wie es die Transparenzrichtlinie vorsieht. Ebenfalls nicht erfüllt sei die Voraussetzung, dass die Rundfunkanstalten im Rahmen eines Verfahrens zur Vergabe öffentlicher Aufträge ausgewählt wurden.

Inwieweit nun die als staatliche Beihilfe klassifizierten deutschen Rundfunkgebühren mit dem Gemeinsamen Markt vereinbar sind, prüft die Kommission anhand der in ihrer Mitteilung aus dem Jahr 2001 aufgestellten Kriterien, die aus der einschlägigen Rechtsprechung der EuGH abgeleitet wurden, nämlich "Definition", "Beauftragung" und "Kontrolle" sowie "Verhältnismäßigkeit". "Definition" bezieht sich auf die Aufgabe der Mitgliedstaaten, den öffentlichen Auftrag präzise zu definieren. Das Urteil der Kommission in dieser Hinsicht ist zwiespältig. Zwar sieht sie den Auftrag an die öffentlich-rechtlichen Rundfunkanstalten, zumal nach den entsprechenden Änderungen mit dem Siebten Rundfunkänderungsstaatsvertrag, als ausreichend präzise definiert, stellt aber fest, dass dieser auch kommerzielle Tätigkeiten umfasst, die nicht als Dienstleistungen im allgemeinen wirtschaftlichen Interesse angesehen werden könnten. Eine präzise Definition fehle außerdem für andere Tätigkeiten wie Online-Dienste und digitale Kanäle. Schließlich fragt die Kommission in diesem Zusammenhang nach der "angemessenen Gewichtung" des Sports im Gesamtprogramm. Insofern bleiben also Wünsche an den deutschen Gesetzgeber bezüglich einer präzisen Definition des Auftrages an die öffentlich-rechtlichen Anstalten offen bzw. wird klar, dass die Kommission feste Vorstellungen von diesem Auftrag hat, die sie in ihre Beurteilung einbezieht.

Entsprechend den Prüfkriterien "Beauftragung" und "Kontrolle" wird vorausgesetzt, dass eine Rundfunkanstalt mit der (präzise definierten) Aufgabe durch einen förmlichen Akt betraut sein und die Erfüllung der öffentlichen Aufgabe hinreichender Kontrolle unterliegen muss. Auch in diesen Punkten zeigt sich die Kommission kritisch gegenüber der deutschen Gesetzeslage. Sie sieht zwar grundsätzlich eine Beauftragung und geeignete Kontrollmechanismen als gegeben, äußert dann aber doch "Zweifel, dass die bestehenden Kontrollgremien tatsächlich die Gewähr dafür bieten, dass sich die Rundfunkanstalten im Rahmen des Funktionsnotwendigen halten und ihren Auftrag wie vorgegeben erfüllen" (S. 36). Hinsichtlich der "Verhältnismäßigkeit" der Ausgleichszahlung, die sich auf die Nettokosten des öffentlichen Auftrages beschränken muss, gelangt die Kommission zu dem Schluss, dass diese nicht zu beurteilen sei, weil eine getrennte Buchführung der Rundfunkanstalten nicht vorliegt und eine ausreichende nachträgliche Kontrolle der Aufwendungen nicht stattfinde. Überkompensation und Quersubventionierung seien daher nicht auszuschließen. In diesem Zusammenhang geht die Kommission auch der Frage nach, ob sich die deutschen öffentlich-rechtlichen Anstalten bei ihren kommerziellen Tätigkeiten marktkonform verhalten, und meldet auch dazu Bedenken an. Im einzelnen bezieht sie sich dabei vor allem auf die zahlreichen Tochterunternehmen von ARD und ZDF sowie den Erwerb von Sportrechten, wobei sie in Zweifel zieht, dass der Erwerb exklusiver Sportrechte für die Erfüllung des öffentlichen Auftrages erforderlich sei.

Die Maßnahmen, die die Mitteilung dem deutschen Gesetzgeber nahelegt, um den Bedenken der Kommission zu begegnen und die Verhältnismäßigkeitsprüfung zu ermöglichen, sind aus den einzelnen Kritikpunkten abgeleitet. So fordert die Kommission eine weitere Konkretisierung des öffentlichen Auftrages der Rundfunkanstalten sowie eine klare Beauftragung, insbesondere hinsichtlich neuer Medien- und digitaler Dienste, wobei sie zugleich den Ausschluss "solcher Dienste [erwartet], die nicht als Dienstleistungen von allgemeinem wirtschaftlichen Interesse angesehen werden können". Darüber hinaus bedürfe es einer angemessenen nachträglichen Kontrolle hinsichtlich der Erfüllung des Auftrages. Als unabdingbare Voraussetzung für die Beurteilung der Aktivitäten der Rundfunkanstalten und der Angemessenheit ihrer Finanzierung sieht die Kommission die getrennte Buchführung. Schließlich müsse sicher gestellt werden, dass die Anstalten bei ihren kommerziellen Tätigkeiten marktwirtschaftlichen Grundsätzen folgen. (Vgl. Mitteilung der Generaldirektion..., 2005; dazu auch: Kleist & Scheuer, 2005)

Die deutsche Antwort wurde von den Bundesländern und nach Beratung mit den öffentlich-rechtlichen Rundfunkanstalten erstellt, die gegenüber der EG in traditioneller Allianz auftreten. Sie ging Mitte Mai 2005 nach Brüssel, und zwar in Form einer Mitteilung der Bundesregierung, die hier formal als Ansprechpartner der Kommission fungiert. Generell betonen die Bundesregierung bzw. die Länder in dieser Mitteilung ihre Rechte bezüglich des öffentlich-rechtlichen Rundfunks und verweisen dabei auf das Amsterdamer Protokoll, das als "primärrechtliche Schrankenregelung" zu verstehen sei. Sie bekräftigen außerdem erneut ihre Auffassung, dass die deutschen Rundfunkgebühren keine Beihilfe im Sinne von Artikel 87 Absatz 1 des EG-Vertrages darstellen. Darüber hinaus zeigt sich das Papier jedoch insofern konziliant, als es zahlreiche Präzisierungen und Transparenzvorgaben im Rahmen der staatsvertraglichen Regelung bzw. in den Selbstverpflichtungspapieren von ARD und ZDF in Aussicht stellt und versucht, damit den Monita der Kommission zu begegnen. (Vgl. Mitteilung der Bundesregierung..., 2005)

Vor diesem Hintergrund geht die Diskussion darüber weiter, ob die – von Mitgliedsland zu Mitgliedsland durchaus verschiedene – Finanzierung der öffentlich-rechtlichen Rundfunkanstalten als staatliche Beihilfe zu verstehen ist. Handelt es sich um Beihilfen, ist zu prüfen, ob und inwieweit diese zulässig sind bzw. den Wettbewerb behindern. Damit wiederum verbindet sich der Streit über die Anwendung der Transparenzanforderungen, um die notwendige, dem Auftrag und der Leistung angemessene Finanzierung der öffentlich-rechtlichen Anstalten beurteilen zu können und Überkompensation auszuschließen.

7.1 Kultur versus Ökonomie

Die sich im Verlauf der neunziger Jahre verschärfende Diskussion über die Finanzierung der öffentlichen Rundfunkanstalten lässt auch innerhalb der Gemeinschaft unterschiedliche Positionen erkennen. Während die Kommission, und hier vor allem die für die Wettbewerbspolitik zuständige DG IV, den Vertrag eng im Sinne von Beihilfe-Artikel 87 (früher Artikel 92) auslegt und auf den Dienstleistungscharakter des Rundfunks pocht, betont das Parlament immer wieder die spezifische Funktion des öffentlich-rechtlichen Rundfunks und dessen Rolle als Kulturträger, für den besondere Bedingungen gelten müssten. Die Kommission als "Hüterin der Verträge" sieht offenbar wenig Bewegungsspielraum, zumal seitdem Beschwerden der Privatfunkveranstalter aus verschiedenen Mitgliedsländern sie zum Handeln gezwungen haben. Nicht zuletzt deren Klagen beim Europäischen Gericht erster Instanz wegen Untätigkeit der Kommission führten dazu, dass diese ihre zunächst dilatorische Haltung aufgeben und sich mit den ihr vorgelegten Fällen befassen musste. Die Versuche, allgemeine Leitlinien für die Prüfung der Finanzierung der öffentlichen Rundfunkanstalten in den Mitgliedstaaten aufzustellen, fielen teilweise vage und widersprüchlich aus. Obwohl der Europäische Rat mit dem Amsterdamer Protokoll schließlich die besondere Rolle des öffentlich-rechtlichen Rundfunks festschrieb, blieb die Kommission in ihrer Auseinandersetzung mit den in immer kürzerer Folge eingehenden Beschwerden der Perspektive der Wettbewerbsvorschriften verhaftet und prüft jeweils die Möglichkeit, deren Ausnahmeregeln anzuwenden. Daran hat auch Artikel 151 des EG-Vertrages, dem zu Folge die Gemeinschaft den kulturellen Aspekten bei ihrer Tätigkeit aufgrund anderer Bestimmungen des Vertrages Rechnung zu tragen hat, nichts geändert. Die Mitgliedstaaten, die sensibel über die Wahrung ihrer kulturellen Kompetenz wachen, tragen ihr Teil dazu bei.

Das Europäische Parlament verhält sich in dieser Sache deutlich unbefangener. Seine Entschließungen betonen die spezifische Funktion des öffentlichen Rundfunks und seine kulturellen Leistungen auch für die Gemeinschaft. So kritisierte dann auch das Parlament bereits in seiner Entschließung vom Oktober 1996, "daß die Politik der Kommission in Sachen Informationsgesellschaft allzulange allzu einseitig ökonomisch orientiert" gewesen sei, und verwies darauf, "daß Kulturgüter, vor allem Film- und Fernsehprogramme, privilegierte Medien der Identität, Vielfalt und Integration sind und sich deshalb nicht wie andere Erzeugnisse behandeln" ließen (Europäisches Parlament, 1996b). In seiner ebenfalls vom Oktober 1996 stammenden Entschließung "zur Rolle der öffentlichen Fernsehdienste in einer multimedialen Gesellschaft", die auf den Bericht des Ausschusses für Kultur, Jugend, Bildung und Medien unter Federführung von Carole Tongue zurückging (Committee on Culture..., 1996), forderte das Parlament die Kommission auf, die Ausnahmeregelung in den Wettbewerbsvorschriften (Artikel 87.3) so weit wie möglich zur Legitimierung der nationalen Beihilfesysteme für die Medien zu nutzen. Rundfunkgebühren, so bekräftigte die Entschließung, fielen nicht unter den Artikel 92 (heute 87) des EG-

Vertrages. Die Gewährung öffentlicher Mittel für öffentliche Anstalten stellten so lange keine staatliche Subventionierung dar, wie die Finanzierung insgesamt und einschließlich der Einnahmen aus Werbung dem öffentlichen Auftrag der Anstalt angemessen sei. In diesem Zusammenhang plädierte das Parlament schließlich dafür, auf die Anwendung der Wettbewerbsregeln für die EBU zu verzichten und die Freistellung für den gemeinsamen Rechteerwerb in der *Eurovision* zu erneuern, um eine Zersplitterung des öffentlichen Fernsehens in Europa zu vermeiden. (Vgl. Europäisches Parlament, 1996b)

Unter dem Druck der Beschwerden aus den Reihen der privatkommerziellen Rundfunkveranstalter und der Ermahnung durch das Europäische Gericht erster Instanz hat die Kommission ihre anfängliche Zurückhaltung gegenüber den öffentlich-rechtlichen Veranstaltern aufgegeben und eine aktive Rolle übernommen. Damit scheint sie den Mitgliedstaaten allmählich die Kompetenz aus der Hand zu nehmen, die diese sich selbst in das Amsterdamer Protokoll hineingeschrieben hatten. Gerade am Beispiel der deutschen öffentlich-rechtlichen Rundfunkanstalten lässt sich nachvollziehen, wie dieser Paradigmenwechsel auf Seiten der Kommission ausgesehen und welche Konsequenzen er hat. ARD und ZDF sind – ebenso wie zuvor schon die BBC, die niederländische Rundfunkanstalt NOS und der dänische Sender TV2 – zuerst mit ihren Online-Aktivitäten unter Beschuss geraten. In ihrer Mitteilung aus dem Jahr 2001 hatte die Kommission nicht nur die Kompetenz der Mitgliedstaaten, den Auftrag der öffentlich-rechtlichen Anstalten zu definieren, bestätigt, sondern schien sich nun auch zu einem "Full Portfolio-Modell" zu bekennen, nachdem frühere Papiere eher auf eine Beschneidung der öffentlich-rechtlichen Veranstalter gezielt hatten (vgl. Jakubowicz, 2004). Die Mitteilung von 2001 hatte sogar die Möglichkeit von Programmen im nicht-traditionellen Sinne explizit angesprochen. Ebenso hatte die Entschließung des Ministerrates von 1999 betont, dass die öffentlich-rechtlichen Anbieter ihre Aktivitäten im digitalen Zeitalter entwickeln und diversifizieren müssten. Indessen prüft die Kommission jedoch die Begrenzung der Online-Angebote auf im engeren Sinne programmbegleitende Informationen. Versuche von Seiten der deutschen Bundesregierung, dem entgegenzuwirken und die Online-Aktivitäten als Teil der durch die Mitgliedstaaten festzulegenden öffentlich-rechtlichen Aufgabe zu erklären, sind vorerst ins Leere gelaufen.

Diese Wendung der Kommission wurde offensichtlich in den Entscheidungen der Kommission im Fall *BBC Digital Curriculum* sowie zum dänischen TV2. Bei *BBC Digital Curriculum* ging es um die Zulässigkeit der Finanzierung von Internet-Bildungsangeboten der BBC für Schüler aus Gebühren. In ihrer Beurteilung stellte die Kommission auf die Geschäftserwartungen der Wettbewerber auf dem Internet-Markt ab und zog damit Marktkriterien in ihre Entscheidung ein, nämlich das Kriterium der "klaren Unterscheidbarkeit" von öffentlich-rechtlichen und kommerziellen Angeboten, das Kriterium des nur ergänzenden Angebots sowie die Vorhersehbarkeit, das heißt Kalkulierbarkeit der öffentlich-rechtlichen Angebote. Im Fall des niederländischen NOS führte die Kommission noch aus, Online-Dienste könnten nur dann als Teil der öffentlich-rechtlichen Auftrages definiert werden, wenn ein Bedarf für die Angebote bestehe und ihr besonderer Charakter nachgewiesen sei, sie also nicht auch von kommerziellen Anbietern erbracht würden. (Vgl. Wiedemann, 2004)

Inhaltliche Perspektiven, die die Rolle des öffentlich-rechtlichen Rundfunks für die politische Meinungs- und Willensbildung im Auge haben und die mit einem umfassenden Auftrag versehenen und unter entsprechenden Auflagen arbeitenden Anstalten als einen unerlässlichen Vielfaltsgaranten auf dem kommerzialisierten Rundfunkmarkt betrachten, können auf der europäischen Ebene kaum Berücksichtigung finden. Nicht umsonst wird bis heute in Zweifel gezogen, dass die audiovisuelle Politik der Gemeinschaft diese Bezeichnung tatsächlich verdient. De facto werde der Rundfunk primär über das Telekommunikationsrecht geregelt bzw. sei eigentlich Industriepolitik, so lautet das Verdikt. (vgl. Kaitatzi-Whitlock, 1996; Michalis, 1999; Jakubowicz, 2004).

In Anbetracht des geringen Spielraums, den die Wettbewerbsvorschriften des Vertrages einerseits und die weitgehende Ausgrenzung des kulturellen Sektors aus der Zuständigkeit der Gemeinschaft andererseits lassen, scheint es nur folgerichtig, wenn das Parlament die bisherige Politik kritisiert, die notwendigerweise eine nur ökonomische Perspektive verfolgt und Ausnahmen von der Anwendung der Wettbewerbsregeln als solche zu rechtfertigen hat. Bereits 1996 forderte das Parlament dann auch die Kommission auf, Anpassungen im Vertrag vorzuschlagen, um eine "positive Politik" für die öffentlichen Rundfunkanstalten auf Unionsebene zu ermöglichen, "wobei sie deren entscheidender Bedeutung beim Aufbau der nationalen und europäischen Bürgerschaft Rechnung trägt, statt eine Politik zu verfolgen, die ausschließlich auf Ausnahmen von Vorschriften im Bereich der Wettbewerbs- und Binnenmarktpolitik beruht" (Europäisches Parlament, 1996b). Zwar machte die Entschließung keine weiteren Angaben dazu, wie eine solche Vertragsanpassung aussehen sollte, die Forderung nach einer positiven Politik kann aber nur heißen, dass sich das Parlament eine Regelung vorstellt, die es der Kommission erlauben würde, kulturelle Aspekte bei ihren Entscheidungen zu berücksichtigen.

Vorläufig ist lediglich zu konstatieren, dass die Kommission für die Zukunft des öffentlich-rechtlichen Rundfunks in Europa kein Konzept hat. Ihre letzte Mitteilung zur Politik im audiovisuellen Bereich legt den Schwerpunkt auf die Förderpolitik für audiovisuelle Produktionen und thematisiert den öffentlich-rechtlichen Rundfunk lediglich unter der Perspektive der Wettbewerbsregulierung (Kommission der EG, 2003d). Damit wird indessen ein Modell preisgegeben, das über 50 Jahre lang charakteristisch war für die westeuropäischen Rundfunksysteme und auch als Vorbild bei der Transformation der mittel- und osteuropäischen Rundfunkstrukturen gedient hat.

8 Förderpolitik zur Stärkung der europäischen audiovisuellen Industrie

Die Idee zur Einführung von Quoten für europäische Produktionen, wie sie dann Eingang in die Fernsehrichtlinie fanden, zielte primär auf die Stärkung der europäischen Programmindustrie, auch wenn in der Diskussion durchaus andere Gründe – Abwehr von "Mickey Mouse-" und "Coca-Cola-Kultur" und Förderung der europäischen Identität – eine gewichtige Rolle spielten. Die Kommission jedenfalls musste wiederum die ökonomische Argumentation in den Vordergrund stellen, und selbst damit war sie immer noch dem Vorwurf, Einfluss auf inhaltliche Entscheidungen zu nehmen, ausgesetzt. Von vornherein war aber klar, dass angesichts der strukturellen Nachteile der europäischen Film- und Fernsehproduktion die Quoten allein den erhofften Effekt nicht würden haben können. Daher verband sich die Debatte über die Quoten von Anfang an auch mit dem Aufruf zur finanziellen Förderung der europäischen Programmindustrie.

Indem die Kommission auf ein eigenes Förderprogramm für die Filmindustrie hinarbeitete, das parallel zur Entstehung der Fernsehrichtlinie in der zweiten Hälfte der achtziger Jahre Konturen gewann, vollzog sie wiederum einen Paradigmenwechsel. Mit dem Erlass mehrerer Richtlinien hatte sich die Kommission in den sechziger Jahren zunächst um die Durchsetzung der Marktfreiheiten auch im Bereich der Filmwirtschaft bemüht, stieß allerdings dabei ebenso wie später beim Rundfunk auf Widerstand in den Mitgliedstaaten. Mit den technischen Entwicklungen, die auch die Öffnung der westeuropäischen Rundfunkmärkte für kommerzielle Anbieter bewirkten und die Nachfrage nach Programmen erhöhten, erkannte die Kommission indessen allmählich das ökonomische Potenzial der audiovisuellen Industrie, sah sich aber zugleich mit der andauernden strukturellen Schwäche des europäischen Marktes konfrontiert. Im Laufe der achtziger Jahre verlagerte die Kommission daher ihre Stoßrichtung und setzte in der Folge verstärkt auf die Förderung nicht nur der Filmwirtschaft in der Gemeinschaft, sondern auch neuer Technologien im audiovisuellen Sektor.

8.1 Förderung der audiovisuellen Produktion

Dass die Prinzipien des Gemeinsamen Marktes Schwierigkeiten für die Filmindustrie mit sich bringen könnten, war nicht zuletzt den Betroffenen schnell klar geworden. Schon im April 1957, also noch vor Inkrafttreten der Römischen Verträge, hatten französische, italienische und deutsche Filmproduzenten bei einem Treffen in Mailand eine Deklaration verabschiedet, die betonte, dass Subventionen und andere staatliche Unterstützungsmaßnahmen für die nationalen Filmindustrien unerlässlich seien. Sie plädierten nicht nur für die Beibehaltung der bestehenden Hilfen, sondern auch für die Einführung von Filmförderung in der Bundesrepublik, wo bis dahin solche Unterstützungsmaßnahmen für den Film noch nicht bestanden. Kollisionen mit dem Recht der Wirtschaftsgemeinschaft wurden dann auch in erster Linie hinsichtlich der Wettbewerbsvorschriften vorhergesehen, während die Verwirklichung der Freizügigkeit der Filmschaffenden für weniger problematisch gehalten wurde. (Vgl. Brugger, 1958)

Anders als der Rundfunk geriet der Film daher auch schon relativ früh ins Visier der Kommission. Zwischen 1963 und 1970 erließ die Gemeinschaft vier Richtlinien, die die Verwirklichung der Marktfreiheiten im Bereich der Filmwirtschaft zum Ziel hatten. Die erste Richtlinie vom Oktober 1963 galt der Durchsetzung der Dienstleistungsfreiheit und richtete sich auf die Abschaffung von Kontingentvereinbarungen zwischen den Mitgliedstaaten. Dabei handelte es sich um bilaterale Abkommen über die Einfuhr von Filmen. Frankreich, Italien und die Bundesrepublik Deutschland hoben diese gegenseitigen Kontingentabsprachen auf. Italien und Frankreich schafften außerdem die Spielzeit- und Terminquoten für Filme aus den EG-Mitgliedstaaten ab. Entsprechend verhielten sich später auch Großbritannien und Spanien, als sie der Gemeinschaft beitraten. Die zweite Filmrichtlinie, die im Mai 1965 erlassen wurde, bestätigte noch einmal die Forderung nach Aufhebung der Einfuhr- und Spielzeitquoten und gab den Mitgliedstaaten vor, die Hemmnisse für die Verwirklichung der Niederlassungsfreiheit im Filmtheatersektor zu beseitigen. Die dritte Richtlinie vom Oktober 1968 zielte auf die Niederlassungsfreiheit beim Filmverleih und die vierte schließlich auf die Niederlassungsfreiheit in der Filmproduktion. (Vgl. Degand, 1970; Thiermeyer, 1994, S. 286-287)

Während die Mitgliedstaaten den Vorgaben der EG-Filmrichtlinien nachkamen, entspann sich ein Streit um die nationalen Filmfördersysteme.

Der Film wurde von der Kommission primär als Wirtschaftsgut verstanden und entsprechend musste sie die verschiedenen Maßnahmen der Mitgliedstaaten zur Filmförderung als Subventionen einstufen, die geeignet sind, den Wettbewerb zu verzerren. Ab Anfang der siebziger Jahre nahm die Kommission daher die Filmförderung aufs Korn. Zunächst drängte sie auf die völlige Abschaffung der nationalen Subventionen. Da die wirtschaftlichen Probleme des Filmsektors aber offensichtlich waren, gab die Kommission ihre Bestrebungen nach Beseitigung der Filmförderung schließlich doch auf und verlagerte sich darauf, eine gegenseitige Öffnung der nationalen Fördersysteme herbeizuführen. Das heißt, die Kommission akzeptierte zwar die Filmförderung in den Mitgliedstaaten, wollte aber erreichen, dass die nationalen Fördermaßnahmen nicht mehr an die Nationalität geknüpft wurde, um auch so die Niederlassungsfreiheit der Arbeitnehmer im Filmbereich durchzusetzen. Damit verband sich der Versuch, die nationalen Fördersysteme zu harmonisieren.

Vor diesem Hintergrund nahm die Kommission 1978 eine Bewertung der Kriterien, nach denen die Mitgliedstaaten die Mittel aus der Filmförderung verteilten, vor. In einem Aide-Mémoire unterschied sie Kriterien für die Gewährung von finanziellen Hilfen, die mit dem EWG-Vertrag zu vereinbaren waren, und solchen, die sie für mit dem Vertrag unvereinbar hielt. Keine Bedenken hatte die Kommission gegenüber Beschränkungen, die die Entwicklung der Filmindustrie erleichtern sollten. In diesem Sinne bezeichnete sie es als "eventuell" akzeptabel, wenn die Filmförderung an Bedingungen gekoppelt ist, die sicher stellen sollen, dass die nationale Filmwirtschaft aus der Förderung einen Nutzen zieht. Insofern war die Kommission bereit, gewisse Beschränkungen des freien Verkehrs von Dienstleistungen hinzunehmen, etwa bei der Bindung der mitgliedstaatlichen Förderung an die Auflage, in nationalen Ateliers zu drehen, nationale Kopieranstalten zu nutzen, oder bei der Vorgabe, dass die an der Produktion Beteiligten, die einen Film kulturell prägen, aus dem Kulturbereich des eigenen Landes stammen sollen. Als unvereinbar mit dem EWG-Vertrag nannte die Kommission hingegen Beschränkungen, die auf der Nationalität oder dem Wohn- bzw. Gesellschaftssitz der an der Filmwirtschaft Beteiligten begründet sind. Das heißt, Bestimmungen, die etwa einen bestimmten Anteil von Beschäftigten aus dem fördernden Land vorschreiben oder verlangen, dass der Filmproduzent dort ansässig ist, wollte die Kommission nicht akzeptieren. Zugleich monierte sie den Finanzierungsmodus der Filmförderung in mehreren Mitgliedstaaten. Die Finanzierung der Förderung durch eine Filmabgabe, die mit dem Kauf einer Kinoeintrittskarte erhoben wird, wertete die Kommission als eine parafiskalische Steuer, die eine Wettbewerbverzerrung bewirke. (Vgl. Degand, 1982)

Neben der Bundesrepublik Deutschland waren auch Frankreich, das Vereinigte Königreich, Italien und Dänemark nicht bereit, den Forderungen der Kommission nach Harmonisierung ihrer Filmförderung nachzukommen. Die Bundesregierung bemühte sich, die Nationalitätskriterien wenigstens für den Filmregisseur und möglichst auch für den Drehbauchautor aufrechtzuerhalten. Eine Stellungnahme der Filmförderungsanstalt, die in Deutschland die Filmförderung betreut, wies die Kommission darauf hin, dass gerade die nationale Prägung den Erfolg eines Films in Europa verbürge, und unterstützte damit die Argumentation der Bundesregierung (vgl. Degand, 1982; Behnke-Gürtler, 1982). Ähnlich ablehnend fielen die Reaktionen in den anderen Ländern aus. Die Kommission hielt ihre Forderungen jedoch aufrecht und stellte schließlich im August 1981 eine Klage vor dem Europäischen Gerichtshof gegen die fünf Mitgliedstaaten in Aussicht, zu der es dann auch kam. Erst nachdem sich das Europäische Parlament im März 1982 in einer Entschließung hinter die Mitgliedstaaten gestellt und die Kommission aufgefordert hatte, die Klage beim Gerichtshof zurückzuziehen, entspannte sich die Situation. Ebenso wie die nationalen Parlamente betonte das Europäische Parlament den kulturellen Charakter des Films, den es zu schützen gelte. Allerdings legte das Europäische Parlament den Mitgliedstaaten zugleich nahe, ihre Filmfördersysteme ausgewogener zu gestalten. Die Kommission zog ihre Klage vor dem Europäischen Gerichtshof im Sommer 1982 zurück und teilte mit, die nationalen Filmförderungen in Zukunft zu tolerieren. (Vgl. Behnke-Gürtler, 1982; Thiermeyer, 1994, S. 288-289)

Ohnehin gewann mit den achtziger Jahren die Perspektive eines europäischen audiovisuellen Raums für die Gemeinschaft an Bedeutung. Damit rückten Überlegungen zur Stärkung der Wettbewerbsfähigkeit des europäischen Marktes in den Mittelpunkt. In diesem Zusammenhang sah die Kommission nun auch die Filmförderung in einem neuen Licht. Der wesentliche Anstoß für dieses Umdenken ist in der Öffnung der westeuropäischen Rundfunkmärkte für kommerzielle Anbieter ab der ersten Hälfte der achtziger Jahre zu sehen. Es war zu erwarten, dass innerhalb kurzer Zeit die Nachfrage nach Programmen drastisch steigen und in Anbetracht der offensichtlichen Schwäche des europäischen Marktes damit der Import US-amerikanischer Produktionen noch wachsen würde. Diese Perspektive fand ihren Niederschlag in den Diskussionen über eine Vorgabe von Quoten in der Fernsehrichtlinie und parallel dazu in fördernden Maßnahmen zur Stärkung des europäischen audiovisuellen Marktes.

Noch bevor 1989 die Fernsehrichtlinie mit den Quoten für europäische Werke und Werke unabhängiger Produzenten verabschiedet wurde, waren die ersten Schritte für die Einrichtung eines Förderprogramms gemacht. Die Ansätze dazu lassen sich bis zur ersten Hälfte der achtziger Jahre zurückverfolgen, als mit Zwischenbericht und Grünbuch der Kommission sowie verschiedenen Treffen der für kulturelle Fragen in den Mitgliedstaaten zuständigen Minister die medienpolitischen Aktivitäten der EG ins Rollen kamen. Im Sommer 1984 beschloss der Rat die Entwicklung und Förderung der europäischen Programmindustrie. Bei einer Sitzung des Europäischen Rates Anfang Dezember 1988 auf Rhodos bekräftigten auch die Staats- und Regierungschefs der Mitgliedstaaten ihre Entschlossenheit, den audiovisuellen Markt in Europa zu stärken.

Insbesondere von französischer Seite wurde neben der Fixierung von Quoten für aus der Gemeinschaft stammende Werke auch die Idee zur Einrichtung eines Gemeinschaftsfonds für die Filmproduktion lanciert. Ein Vorschlag der Kommission für die Schaffung eines Fonds zur Förderung von Koproduktionen, der Ende 1985 auf dem Tisch des Rates lag, fand allerdings dort keine Zustimmung. Dass die europäische Filmförderung schließlich Ende der achtziger Jahre realisiert und 1989 in Form des MEDIA-Programms installiert wurde, bezeichnet Wagner als eine "wirkungsvolle Koinzidenz aus taktischem Geschick der Kommission, Unermüdlichkeit der Franzosen und günstigen Makrobedingungen in Gestalt des [...] erheblichen Handlungsdrucks für alle Mitgliedstaaten" (1998, S. 183). Das "taktische Geschick" der Kommission lag in ihrem Vorgehen bei der Konzeptionalisierung des Förderprogramms von unten nach oben, nämlich über die Mobilisierung der Filmschaffenden selbst. Deren Aktivitäten sowie das Drängen Frankreichs, das dafür in besonderer Weise auch noch seine EG-Ratspräsidentschaft in der zweiten Hälfte des Jahres 1989 nutzte, führten schließlich 1988 zum Start eines Pilotprogramms. Erschwert wurde die konkrete Ausgestaltung der Filmförderung durch eine unzulängliche Datengrundlage, so dass zu den Vorbereitungen der Förderprogramms auch Studien zur Situation des europäischen Filmsektors gehörten. Eine solche Studie über die Strukturen der Filmwirtschaft in Europa wurde von einem Projektteam erarbeitet, das aus dem 1986 in Hamburg veranstalteten und von der EG unterstützten *Low Budget Film Forum* hervorgegangen war. Aus der Analyse des Filmmarktes in den EG-Staaten wurde ein konkretes Fördermodell entwickelt, das "vier Essentials" enthielt: Es war vorgesehen, nur den Vertrieb von Low Budget-Filmen zu fördern; als solche definierte man Filme, die nicht mehr als 4.5 Mio DM kosteten. Zudem wurde insbesondere der Vertrieb von Filmen aus den so genannten kleineren Mitgliedstaaten als notwendig erachtet. Entscheidungen über Förderung sollten automatisch nach einem festen Kriterien- und Prioritätensystem erfolgen, um willkürliche Geschmacksurteile zu vermeiden. Schließlich wurde keine Vollsubventionierung durch die Filmförderung empfohlen, sondern lediglich die Minderung des Marktrisikos, um so die vorhandenen Strukturen auszunutzen. (Vgl. Kosslick, 1989)

Eine Folge dieser Aktivitäten war die Gründung eines internationalen Vereins nach deutschem Recht: Mit Mitteln der EG wurde 1988 EFDO eingerichtet, die Abkürzung steht für European Film Distribution Office – Europäisches Filmbüro. EFDO, das sich auf die Vertriebsförderung konzentrierte, wurde zu einer Keimzelle des MEDIA-Programms. Zur Voraussetzung für die Förderung machte EFDO, dass mindestens drei Verleiher aus drei verschiedenen Ländern die Filme auswerteten; höchste Priorität bekam der Film, der die meisten Verleiher auf sich vereinigen konnte. Die Förderung bis zu einer Höchstsumme von 150.000.- DM erfolgte jeweils unter der Bedingung, dass die Verleiher 50 Prozent der Verleihkosten eines Films selbst aufbrachten. Bis 1989 hatte EFDO bereits vier Mio DM an 17 Filme und fast 70 Verleiher vergeben. (Kosslick, 1989, S. 301)

Ähnlich wie bei EFDO verlief die Einrichtung mehrerer anderer Projekte, aus denen heraus das MEDIA-Programm entstand. Mit Unterstützung von Vertretern der Filmwirtschaft und der belgischen Regierung entstanden in Brüssel die Projekte CARTOON, EURO-AIM und EAVE. In London konstituierte sich SCRIPT. Das MEDIA-Programm – MEDIA steht für Mesures pour encourager le développement de l'industrie audiovisuelle – fasste diese Initiativen zusammen. Es ging 1988 als Pilotprojekt an den Start, zunächst finanziert durch die Kommission und noch ohne formelle Zustimmung der Mitgliedstaaten. Das Programm war auf drei Jahre angelegt und mit insgesamt 50 Mio DM ausgestattet. (Vgl. Wagner, 1998)

Frankreich sah die finanzielle Ausstattung des Programms als ungenügend an und propagierte zunächst weiterhin die Einrichtung eines zentral organisierten Filmförderprogramms mit einer deutlich besseren finanziellen Grundlage. Um diesen Plan voranzutreiben, nutzten Kulturminister Jack Lang und Präsident François Mitterrand die französische Ratspräsidentschaft und beriefen für Anfang Oktober 1989 eine Europäische Audiovisuelle Konferenz nach Paris ein, an der die großen europäischen Filmverbände teilnahmen. Indessen gelang es den Repräsentanten der bis dahin bestehenden MEDIA-Programme, den damaligen Präsidenten der Europäischen Kommission, Jacques Delors, von ihrem Konzept, an dem die Kommission mitgewirkt hatte, zu überzeugen. Delors machte sich dieses zu Eigen und sprach sich in seiner Rede zum Abschluss der Pariser Konferenz für die Überführung des Pilotprojektes in ein reguläres EG-Programm aus. Dem stimmten die Mitgliedstaaten in der Sitzung des Kulturministerrates im Dezember 1990 schließlich zu und richteten damit das Programm MEDIA I ein. (Vgl. Wagner, 1998)

Aus der Konferenz in Paris ging mit EUREKA-Audiovision eine weitere Organisation hervor, die den audiovisuellen Sektor unterstützen sollte. EUREKA-Audiovision wurde durch eine "Gemeinsame Erklärung" ins Leben gerufen und stellt eine intergouvernementale Plattform dar, deren Aufgabe es ist, die Zusammenarbeit bei der Durchführung grenzüberschreitender Vorhaben zu erleichtern. Sie verfügt allerdings über keine eigenen Mittel, sondern steht für solche Projekte zur Verfügung, die Mittel aus der Gemeinschaft erhalten.

EUREKA-Audiovision beschränkte sich von Anfang an nicht auf nur die EG-Mitgliedstaaten; an der Gemeinsamen Erklärung vom 2. Oktober 1989 waren Vertreter von 26 Staaten und der Präsident der EG-Kommission beteiligt. Aus EUREKA heraus und auf formalen Beschluss des Ministerkomitees des Europarates kam es Ende 1992 zur Gründung des Observatoire Européen de l'Audiovisuel (OEA); das Abkommen wurde von 33 Staaten und der EG-Kommission unterzeichnet. Aufgabe der Europäischen Audiovisuellen Informationsstelle, die ihren Sitz in Straßburg hat, ist es, "den Informationsfluß innerhalb der audiovisuellen Industrie zu verbessern und den Überblick über den Markt sowie dessen Transparenz zu fördern". Für eine Pilotphase von drei Jahren, nach deren Ablauf eine Evaluation der Tätigkeit vorgesehen war, sollte der Jahreshaushalt der Informationsstelle maximal zwei Mio ECU betragen. Bereits nach zwei Jahren legte das Observatoire zum ersten Mal das Statistische Jahrbuch über "Filmindustrie, Fernsehen, Video und neue Medien in Europa" vor, das seitdem jährlich einschlägige Daten für die beteiligten Staaten liefert und mittlerweile zu einem fünfbändigen Werk angewachsen ist (vgl. Observatoire Européen de l'Audiovisuel, 1994).

Bei der Sitzung des Europäischen Rates Anfang Dezember 1989 in Straßburg sprachen sich die Staats- und Regierungschefs schließlich dafür aus, das MEDIA-Programm zu installieren, ihm die notwendige finanzielle Unterstützung zu geben und die erforderlichen Synergiemaßnahmen mit EUREKA-Audiovision zu gewährleisten.

Im Februar 1990 legte die Kommission in einer Mitteilung die künftigen Schwerpunkte der Gemeinschaftspolitik im audiovisuellen Bereich dar, die sich vor allem auf Maßnahmen zum Ausbau der audiovisuellen Kapazitäten und der Wettbewerbsfähigkeit des europäischen Marktes richteten (Kommission der EG, 1990). Da mit der Fernsehrichtlinie der freie Austausch von Programmen bereits gewährleistet war, sollten zukünftige Maßnahmen auf die Schaffung eines Finanzrahmens zur Aufteilung des Investitionsrisikos auf der europäischen Ebene, der Förderung der Programmindustrie sowie den Einsatz der neuen Technologien zielen. Hinsichtlich des Aktionsprogramms MEDIA zur Förderung der audiovisuellen Industrie, das sich zu diesem Zeitpunkt noch in der Pilotphase befand, empfahl die Kommission, zur Hauptphase überzugehen, wie es auch der Europäische Rat in Straßburg vorgeschlagen hatte. Daher enthielt die Mitteilung Leitlinien für die Gestaltung des Programms in der Hauptphase. So sollten die Projekte des Programms nicht in den Produktionsbereich eingreifen, sondern im gesamten Umfeld des Produktionsprozesses angesiedelt sein. Das betraf die Förderung von Maßnahmen in den Bereichen Vertrieb, Vorproduktion, Ausbildung, Forschung und Entwicklung, Mehrsprachigkeit sowie den Bereich der finanziellen und technischen Planung. Generell war vorgesehen, die Fördergelder als rückzahlbare Vorschüsse zu vergeben. Vorrang galt den kleineren und mittleren Unternehmen, die den europäischen audiovisuellen Markt kennzeichnen. Außerdem zielte das Programm auf die Stärkung des Gleichgewichts zwischen kleinen und großen Ländern und Märkten. (Vgl. Kommission der EG, 1990)

Am 21. Dezember 1990 beschloss der Rat formal die Durchführung des "Aktionsprogramms zur Förderung der Entwicklung der europäischen audiovisuellen Industrie" unter dem Namen MEDIA. Das Programm war auf fünf Jahre (1991 bis 1995) angelegt, der Beschluss des Rates sprach von einem Finanzbedarf von 84 Mio ECU. Als Ziele des Förderprogramms nannte der Rat: die Schaffung eines günstigen Umfelds für die Unternehmen der Gemeinschaft; Stimulierung und Steigerung der wettbewerbsfähigen Angebotskapazität europäischer audiovisueller Produkte unter besonderer Berücksichtigung kleiner und mittlerer Unternehmen; verstärkter Austausch von Filmen und audiovisuellen Programmen in Europa; Verbesserung der Stellung der europäischen Produktions- und Vertriebsfirmen auf den Weltmärkten; Förderung des Zugangs zu neuen, insbesondere europäischen Kommunikationstechnologien; Komplementarität der europäischen gegenüber den einzelstaatlichen Maßnahmen; Verbesserung der Management- und Marketingkenntnisse der im Mediensektor Tätigen (Kommission der EG, 1990). Die Kommission übernahm die Verantwortung für die Ausführung des Förderprogramms. Zu ihrer Unterstützung wurde ein Beratender Ausschuss eingesetzt, dem Vertreter der Mitgliedstaaten und ein Vertreter der Kommission angehörten. Damit sicherten sich die Mitgliedstaaten eine Mitsprachemöglichkeit bei den allgemeinen Leitlinien für das Förderprogramm sowie die Verteilung der Mittel. Der Ratsbeschluss sah auch die Vorlage eines Berichts der Kommission nach zwei Jahren Programmlaufzeit vor; dieser sollte die bis dahin erzielten Ergebnisse bewerten und gegebenenfalls neue Vorschläge unterbreiten.

Entgegen den Bemühungen vor allem von französischer Seite blieb es also bei einem dezentralen Modell für das MEDIA-Programm, das fast 20 Projekte an verschiedenen Standorten umfasste. Während der Laufzeit von 1991 bis 1995 wurden schließlich rund 200 Mio ECU aufgewendet, wobei das Gros der Mittel auf die Vertriebsförderung entfiel. Tabelle 8.1 gibt einen Überblick über die Projekte des ersten MEDIA-Programms.

Schon die Halbzeitbewertung des MEDIA-Programms fiel positiv aus, plädierte aber zugleich für seine Aufstockung, eine "Konzentrierung der Aktivitäten" auf Ausbildung, Vorproduktion sowie den Bereich Verleih, Vertrieb und Marketing sowie eine intensivierte Kontrolle von Tätigkeit und Verwaltung der einzelnen Projekte (Kommission der EG, 1993b).

Etwa zur gleichen Zeit, als sich in der Europäischen Gemeinschaft die Pläne für ein Filmförderprogramm konkretisierten, wurde auch der Europarat in ähnlicher Weise aktiv. Aufgrund einer Entschließung des Ministerrates vom 26. Oktober 1988 wurde mit *Eurimages* ein Fonds eingerichtet, der sich

Tabelle 8.1: Struktur von MEDIA I (nach Wagner, 1998)

Förderkategorie	Projekt	Förderinhalt
Vertrieb, Marketing, Werbung	EFDO (European Film Distribution Office), Hamburg	Vertrieb europäischer Filme
	MEDIA-Salles, Mailand Europa Cinemas, Paris	Unterstützung von Kinos mit hauptsächlich europäischem Programm
	EVE (Espace Video Européen), Dublin	Verbreitung europäischer Werke
	EURO-AIM (European Organisation for the Audiovisual Independent Market), Brüssel	Zuschüsse für unabhängige Produzenten beim internationalen Verkauf durch Organisation von Messen und Einzelwerbung
	GRECO (Groupement Européen pour la Circulation des Œuvres), München	Vertrieb und Produktion von Fernsehspielen, Mehrteilern und Serien (europäische Koproduktionen)
Pre- und Post-Produktion	European SCRIPT FUND (Support for Creative Independent Produktion Talent), London	Projektentwicklung vor dem ersten Drehtag; Produzenten- und Drehbuchautorenförderung
	Documentary, Kopenhagen	Entwicklung und Promotion des künstlerischen Dokumentarfilms
	CARTOON, Brüssel	Förderung der Koproduktion und Ausbildung von Animationsfilmen
	MAP-TV (Mémoire-Archive-Programmes), Straßburg	Produktionen aus Archivmaterial
	LUMIÈRE, Lissabon	Restauration und Sicherung des europäischen Filmerbes
	Club d'Investissement MEDIA, Brysur-Marne, Paris	Vereinigung audiovisueller Unternehmen zur Entwicklungs- und Ausbildungsförderung für neue Technologien
	EMG (Euro Media Guarantees)	Kreditgarantien für Zwischenkredite

Tabelle 8.1: Struktur von MEDIA I (Fortsetzung)

Förderkategorie	Projekt	Förderinhalt
Aus- und Weiterbildung	EFA (European Film Academy)	Meisterklassen, Seminare, Treffpunkt prominenter Filmemacher, *FELIX*-Verleihung
	SOURCES (Stimulating Outstanding Resources for Creative European Scriptwriting), Amsterdam	Weiterbildung Autoren
	EAVE (European Audiovisual Entrepreneurs), Brüssel	Europa- und koproduktionsspezifische Ausbildung unabhängiger Produzenten
	Media Business School, Madrid	Ausbildung, Forschung und Entwicklung von Nachwuchsprojekten
Förderung von Ländern mit geringer audiovisueller Kapazität	BABEL (Broadcasting Across the Barriers of European Language), Genf	Kultureller Austausch durch Mitfinanzierung von Synchronisation, Untertitelung oder Voice-Over
	SCALE (Small Countries Improve their Audiovisual Level in Europa), Lissabon	Transversales Projekt, das die Bedürfnisse der unabhängigen Produzenten kleiner Staaten innerhalb von MEDIA durchsetzt; spezifische Programme zur Beseitigung von Marktanteilen

auf die Förderung von Koproduktionen bei Film und Fernsehen sowie den Verleih und Vertrieb audiovisueller Werke in den Teilnehmerländern richtet. Bei *Eurimages* handelt es sich um ein Teilabkommen des Europarates. Teilabkommen begründen eine besondere Form der Zusammenarbeit, die Mitgliedschaft ist freiwillig und wird durch Erklärung erworben. Die erste Vereinbarung über das Förderprogramm wurde von zwölf Europaratsmitgliedern geschlossen, bis auf Cypern alles Staaten, die damals auch schon der EG angehörten (Conseil de l'Europe, 1988). Mittlerweile sind mehr als 30 Staaten an *Eurimages* beteiligt.

Förderberechtigt sind hier europäische Filme. Was ein europäischer Film ist, wird nach einem Punktesystem definiert, das der Europarat in seinem Übereinkommen vom Oktober 1992 über die Gemeinschaftsproduktion von Filmen niedergelegt hat. Dieses Übereinkommen, das nach Ratifizierung durch fünf Staaten 1994 in Kraft treten konnte, zielt auf die Förderung und Vereinheitlichung von Koproduktionen. Demnach handelt es sich um einen europäischen Film, wenn nach dieser Einstufung mindestens 15 von maximal 19 Punkten erreicht werden. Punkte werden vergeben für die europäischen Bestandteile im schöpferischen (Regisseur, Drehbuchautor, Komponist), darstellenden (erste, zweite, dritte Filmrolle) und im technischen Bereich (Bild, Ton, Schnitt usw.), wobei die höchste Punktzahl und damit das stärkste Gewicht bei der Regie, dem Verfassen des Drehbuches sowie der Besetzung der ersten Filmrolle liegt (Europarat, 1992; vgl. Deckert & Lilienthal, 1996). Die Förderung durch *Eurimages* setzt voraus, dass Regisseur, Hauptdarsteller, Drehbuchautor und die wesentlich an der Herstellung Beteiligten Europäer sind und dass die Hauptsprache die Sprache eines Mitgliedstaates ist.

Der überwiegende Teil der Mittel von *Eurimages* (rund 90 Prozent), die von den Mitgliedern eingezahlt werden oder aus Rückzahlungen stammen, geht in die Förderung von Koproduktionen bei Spiel- und Zeichentrickfilmen sowie Dokumentationen. Die Förderung von Vertrieb und Kinos ist nur für Antragsteller aus Ländern vorgesehen, die nicht am MEDIA-Programm partizipieren. Nachdem die *Eurimages*-Förderung von Koproduktionen zunächst die Beteiligung von Antragstellern aus mindestens drei Mitgliedsländern vorausgesetzt hatte, werden seit 1998 auch Vorhaben von nur zwei Antragstellern akzeptiert. Der Anteil eines Koproduzenten darf nicht über 70 Prozent der Herstellungskosten liegen und ein Minderheitspartner muss mindestens 10 Prozent der Kosten tragen. Nichtmitglieder können sich bei bilateralen Koproduktionen zu maximal 20 Prozent, bei trilateralen Koproduktionen zu maximal 30 Prozent beteiligen. Der Anteil von Koproduzenten aus Nicht-Mitgliedstaaten des Europarates ist auf maximal 30 Prozent beschränkt. Die Förderung von Koproduktionen erfolgt als zinsloses Darlehen.

Seit dem Jahr 2000 unterscheidet die *Eurimages*-Förderung zwischen Projekten mit kommerziellem Auswertungspotenzial und künstlerisch wertvollen Projekten. Das zur Verfügung stehende Fördergeld wird zwischen diesen beiden Kategorien je zur Hälfte aufgeteilt. Bei Projekten, die in den kommerziellen Bereich fallen, muss der Hauptproduzent bei Antrag mindestens 75 Prozent seines Finanzierungsanteils nachweisen, ein Koproduzent

50 Prozent der finanziellen Beteiligung. Die maximale Fördersumme beträgt 600.000 Euro bei Herstellungskosten bis zu etwa 5.3 Mio Euro und 750.000 Euro für Projekte, deren Kosten diese Grenze übersteigen. Bei künstlerisch wertvollen Projekten sind je 50 Prozent des Finanzierungsanteils der Koproduzenten nachzuweisen. Bei Projekten mit Herstellungskosten unter etwa 3 Mio Euro gibt es bis zu 375.000 Euro, zur Förderung teurerer Projekte werden rund 450.000 Euro vergeben. Ein Antragsteller entscheidet selbst, für welchen Bereich er sein Projekt einreicht. Die Vertriebsförderung, die für Werbung zu verwenden ist, wird als nicht rückzahlbarer Zuschuss gewährt. Filme, die in der Produktion Unterstützung durch *Eurimages* erhalten haben, werden dabei bevorzugt. Die Filmtheater-Förderung steht nur für Kinos in solchen Ländern zur Verfügung, die nicht an MEDIA Plus beteiligt sind. Voraussetzung für die Förderung ist, dass ein Kino zu mehr als 50 Prozent europäische Produktionen zeigt. (Vgl. KPMG, 2002, S. 49-55)

Seit Ende der achtziger Jahre stehen also mit dem MEDIA-Programm und *Eurimages* auf der europäischen Ebene Förderprogramme für die audiovisuelle Produktion und den Vertrieb zur Verfügung. Deren Möglichkeiten blieben allerdings wegen der begrenzten finanziellen Ausstattung begrenzt. Die Europäische Kommission zeigte daher anhaltende Besorgnis über die Wettbewerbsfähigkeit der europäischen audiovisuellen Industrie. Das wurde abermals deutlich in ihrem Grünbuch "Strategische Optionen für die Stärkung der Programmindustrie im Rahmen der audiovisuellen Politik der Europäischen Union", das 1994 vorgelegt wurde (Kommission der EG, 1994d). Dieses knüpfte an das im Dezember 1993 verabschiedete Weißbuch zu "Wachstum, Wettbewerbsfähigkeit, Beschäftigung" an, das insbesondere dem audiovisuellen Sektor ein großes Potenzial für das wirtschaftliche Wachstum und die Schaffung von Arbeitsplätzen zugeschrieben hatte. Als Ziele der europäischen Politik für die Programmindustrie nannte das Grünbuch daher die Öffnung der nationalen Märkte, um den Größeneffekt des europäischen Marktes zu nutzen, die Förderung dieses Wirtschaftssektors sowie die Sicherung seiner Rentabilität.

Neben dem Aktionsplan zur Einführung fortgeschrittener Fernsehdienste in Europa bezeichnete das Grünbuch das MEDIA-Programm als das wichtigste Instrument der Gemeinschaft zur Förderung des audiovisuellen Sektors. Obwohl zu diesem Zeitpunkt das erste MEDIA-Programm noch nicht abgeschlossen war, zog die Kommission eine positive Bilanz hinsichtlich der Schaffung neuer Strukturen im Bereich der audiovisuellen Medien und wegen eines beachtlichen Katalysatoreffektes, da der Anteil der Förderung am gesamten Finanzvolumen der durch die Vorhaben initiierten Aktivitäten nicht mehr als 24 Prozent betrüge. Zugleich beklagte die Kommission jedoch eine ungenügende Finanzausstattung. Aufgrund der bisherigen Erfahrungen machte sie vier vorrangige Bereiche aus, auf die sich zukünftige Maßnahmen richten sollten: Ausbildung, Vorproduktion und Entwicklung von Vorhaben, Verleih/Vertrieb/Marketing sowie die Schaffung von Anreizen für private Investitionen. (Kommission der EG, 1994d)

Mit dem Grünbuch – ebenso wie in der zur gleichen Zeit entstandenen Mitteilung zu "Europas Weg in die Informationsgesellschaft" (Kommission der EG, 1994a), die dem so genannten Bangemann-Bericht folgte – brachte die Kommission aber auch die Frage nach der Notwendigkeit einer Konvergenz der nationalen Fördersysteme wieder auf. Zwar betont das Grünbuch die Bedeutung dieser Fördersysteme, auch wenn sie ausschließlich nationale Interessen verfolgen, regt aber dennoch einen "Gedankenaustausch" über eine Gesamtstrategie und "im Hinblick auf die Optimierung der globalen Effizienz der nationalen Fördersysteme" an. Konkret benennt die Kommission Überlegungen zu einer Konvergenz der Prioritäten der nationalen Fördersysteme sowie bei deren Finanzierung. Hinsichtlich der Prioritäten bei der Förderung verweist die Kommission darauf, dass der Erfolg einer nationalen Programmindustrie von ihrer Fähigkeit abhängig sei, umfassende Programmkataloge aufzubauen, die sich auf einer Vielzahl von Märkten verwerten lassen. Das Hauptproblem dabei sei nicht die Produktion selber, sondern die der Produktion und ihrer Verwertung zu Grunde liegenden Bedingungen. Es müsse deshalb über die Marktausrichtung bereits in der Entwicklungsphase von Projekten nachgedacht werden. Das schließe den Austausch über die Leitlinien und über eine Lockerung der Kriterien für die Vergabe von Fördermitteln ein. Die Konvergenz der nationalen Systeme in dieser Hinsicht könne helfen, länderübergreifende Koproduktions- und Verleihvereinbarungen zu erleichtern. Bezüglich der Konvergenz bei der Finanzierung der nationalen Fördersysteme regt das Grünbuch an zu prüfen, ob ein System der Umschichtung von Einnahmen innerhalb des audiovisuellen Sektors, wie es mehrere Mitgliedstaaten praktizieren, für die Union übernommen werden könnte. Gemeint ist die Erhebung von steuerähnlichen Abgaben in bestimmten Phasen der audiovisuellen Produktions- und Verwertungskette oder von bestimmten Marktteilnehmern (zum Beispiel

Abgaben auf Kinoeintrittskarten, Abgaben von Fernsehanstalten), die zur Schaffung von Anreizen im europäischen audiovisuellen Sektor umverteilt werden. (Kommission der EG, 1994d)

Die mit der Einrichtung von MEDIA vorgesehene Evaluation bewertete zwar das Programm sehr positiv, griff aber dennoch einige kritische Punkte auf, die zwischenzeitlich in die Diskussion gekommen waren. Die Monita galten insbesondere der starken Zersplitterung, denn aus den annähernd 20 Projekten waren zahlreiche Unterprojekte hervorgegangen. Das System wurde damit unübersichtlich, zumal es zwischen den einzelnen Projekten auch noch Überschneidungen gab. Die Antragsteller beklagten sich außerdem über den großen bürokratischen Aufwand. Auch der Europäische Rechnungshof listete einige Kritikpunkte auf, darunter die vage Vertragssituation zwischen der Kommission und den 19 dezentral verwalteten Projekten, hohe Verwaltungskosten sowie mangelnde Kontrollmöglichkeiten der Kommission (vgl. Keidel, 1998). Mit der Vorbereitung von MEDIA II wurde daher eine Umstrukturierung des Programms ins Auge gefasst, wie sie sich auch schon aus dem Grünbuch von 1994 hatte ablesen lassen. Diese zielte im Wesentlichen auf eine Konzentration der Mittel.

Zur Diskussion der Fragen, die das Grünbuch aufgeworfen hatte, und in der Überlegung, ein Nachfolgeprogramm zu MEDIA aufzulegen, veranstaltete die Kommission im Sommer 1994 wiederum eine Europäische Audiovisuelle Konferenz. Aus dem, was bei dieser Konferenz vorgetragen wurde, leitete sie ein nachhaltiges Interesse an einem erweiterten Förderprogramm ab, das sich vorrangig auf die Entwicklung und den Vertrieb richten sollte. Unterstützung kam vom Europäischen Rat, der die Kommission bei seinem Treffen im Dezember 1994 in Essen aufforderte, Vorschläge für eine neues Programm zu unterbreiten.

Die Kommission legte ihren Entwurf für MEDIA II im Februar 1995 vor. Abgesehen von den immer wieder beklagten strukturellen Schwächen, diagnostizierte die Kommission zu diesem Zeitpunkt eine weitere Verschlechterung der Wettbewerbssituation für die europäische Programmindustrie. Als einen Grund nannte sie den massiven Rückgang der Kinobesuche in Europa. Außerdem hatte sich der durch die wachsende Zahl der Fernsehsender erhoffte Effekt nicht eingestellt: Trotz Verdoppelung der Fernsehsendezeiten seit 1988 hätte die Produktion europäischer Werke nicht entsprechend zugenommen, und das nicht zuletzt deshalb, weil amerikanische Programme mitunter zu zehnmal geringeren Preisen angeboten würden als die europäischen. Das Handelsdefizit der Gemeinschaft gegenüber den USA lag nun bei 3.6 Mrd Dollar. (Vgl. Kommission der EG, 1995d, S. 6)

Nachdem sich Frankreich bei der Konzeption des ersten MEDIA-Programms mit seinen Vorstellungen nicht hatte durchsetzen können, gelang das bei MEDIA II wesentlich besser. Da Frankreich auch bei den Quoten der Fernsehrichtlinie hatte zurückstecken müssen, waren die anderen Mitgliedstaaten nun eher bereit, gegenüber den Franzosen nachzugeben. MEDIA II erhielt daher eine neue Struktur, die dezentral arbeitenden Projekte wurden scheinbar aufgelöst, viele bestanden aber de facto und zum Teil unter anderem Namen weiter. Das Programm fiel stärker marktorientiert aus, und es wurde finanziell besser ausgestattet als der Vorgänger. (Vgl. Wagner, 1998)

Mit seinem Beschluss vom 10. Juli 1995 verabschiedete der Rat das neue Förderprogramm Dieses lief von 1996 bis Ende 2000 und war mit einem Etat von 265 Mio ECU ausgestattet. Strukturell war MEDIA II geprägt durch vier *Intermediary Organisations*, die die Förderung in den Bereichen Projektentwicklung, Vertrieb und berufliche Aus- und Fortbildung betreuten. Die vierte intermediäre Organisation bildete eine Verwaltungseinheit, zuständig für die Auszahlung und Rückzahlung der Fördergelder. Tabelle 8.2 zeigt diese Aufgliederung in der Übersicht. Mehr noch als beim ersten MEDIA-Programm lag der Schwerpunkt von MEDIA II in der Vertriebsförderung, um die grenzüberschreitende Verbreitung von Filmen zu unterstützen. Neu war neben der Vergabe von rückzahlbaren Darlehen eine automatische Verleihförderung. Da diese automatische Förderung dann eintrat, wenn ein Film einen bestimmten Betrag eingespielt hatte – in den großen Ländern mehr, in den kleinen Ländern weniger – kamen die Mittel auch den großen Verleihfirmen zu Gute. Das bedeutete einen Abschied vom Prinzip des MEDIA-Programms, das gerade für die Förderung der kleinen und mittleren Unternehmen im audiovisuellen Sektor gedacht gewesen war, und insofern auch im Filmsektor eine gewisse Kommerzialisierung. Der Kritik an mangelnder Transparenz und Kontrolle trug das Programm insofern Rechnung, als die Kommission nun stärker in die Auswahl der Projekte, die Fördermittel erhalten sollten, involviert war. Über die EU-Mitgliedstaaten hinaus wurde MEDIA II auch für die assoziierten Länder Mittel-

Tabelle 8.2: Struktur von MEDIA II (nach Wagner, 1998)

Förderkategorie	Projekt	Förderinhalt
Ausbildung	Intermediary Organisation Media Research and Consultancy (MRC), Madrid	Co-Finanzierung von längerfristigen Ausbildungs- und kurzfristigen Trainingsprojekten (Management, neue Technologien, Drehbuch)
Pre- und Post-Produktion	Intermediary Organisation European Media Development Agency (EMDA), London	Projektentwicklung, strukturelle Verbesserungen
	Industrial Platforms	
	Cartoon, Brüssel	ähnlich CARTOON/ MEDIA I
	Multimedia Investments, Paris	ähnlich Club d'Investissements/MEDIA I
	Europa Cinémas, Paris	ähnlich Europa Cinémas/MEDIA I
	Euro Kids Network, Mailand	ähnlich Media Salles/ MEDIA I, Schwerpunkt Kinderfilmprogramm
Verleih, Vertrieb, Marketing	Intermediary Organisation D&S Media Service GmbH, Brüssel	
	Kino, Brüssel	wie EFDO/MEDIA I plus Firmenförderung von Eigenkapital
	Fernsehen, München	ähnlich GRECO/MEDIA I
	Video, Dublin	ähnlich EVE/MEDIA I
	Promotion, Brüssel	ähnlich EURO-AIM/MEDIA I
Aus- und Rückzahlung	Intermediary Organisation MEDIA Assistance, Brüssel	

und Osteuropas geöffnet, außerdem für Zypern und Malta sowie die EFTA-Staaten, die Mitglieder des EWR-Abkommens sind (vgl. Beschluss des Rates..., 1995a). Ergänzend verabschiedete der Rat am 22. Dezember 1995 einen Beschluss zur Einrichtung eines Ausbildungsprogramms für die im audiovisuellen Sektor Tätigen. Dieses Programm richtete sich auf die Vermittlung von Know How und Fertigkeiten vor allem in den Bereichen ökonomisches Management, Anwendung der neuen Technologien in der Produktion von audiovisuellen Programmen sowie Verfassen von Drehbüchern. Die Gemeinschaft plante dafür 45 Mio ECU ein. (Vgl. Beschluss des Rates..., 1995b)

Noch bevor die Halbzeitbewertung von MEDIA II auf dem Tisch lag, äußerte sich die Kommission zufrieden über die Erfolge der europäischen Filmförderung. In ihrer Mitteilung zum künftigen Vorgehen der Gemeinschaft im audiovisuellen Bereich vom Juli 1998, die insbesondere die Ergebnisse der Konferenz über audiovisuelle Medien in Birmingham auswertete, verwies die Kommission auf das schnell wachsende Handelsdefizit bei Filmen, Fernsehprogrammen und Video zwischen der Union und den USA und mahnte für Europa eine stärker vertriebsorientierte Produktionsstrategie an. In diesem Zusammenhang griff die Kommission die Idee für die Organisation öffentlichkeitswirksamer Veranstaltungen nach dem Vorbild der Oscar- und Emmy-Verleihungen in den USA auf; diesen Vorschlag hatte auch Kommissionspräsident Jacques Santer bei seiner Rede zur Eröffnung der Konferenz in Birmingham unterstützt. Generell bekräftigte die Mitteilung die Notwendigkeit zur Fortführung und zum Ausbau des Förderprogramms, wobei die Kommission nun vor allem für den Ausbau der automatischen Förderung plädierte und Überlegungen für ein neues Finanzierungsinstrument anstellte. (Vgl. Kommission der EG, 1998a)

Die abschließende Evaluation von MEDIA II kam wiederum zu einem positiven Urteil, machte aber zugleich die Notwendigkeit weiterer Bemühungen zur Stärkung des audiovisuellen Sektors deutlich. So konnte berichtet werden, dass die Zahl europäischer Filme, die über das Land ihrer Herkunft hinaus verbreitet wurden, im Zeitraum von 1996 bis 2000 zwar um 20 Prozent von 400 auf 500 Filme zugenommen hatte, der Export europäischer Filme nach außerhalb der EU jedoch nicht nennenswert angestiegen war. Die Organisation des Förderprogramms wurde als überwiegend klar und effizient bezeichnet, und auch die Arbeit der dezentralen MEDIA *Desks* und *Antennas*, über die die Antragstellung lief, erhielt eine positive Bewertung.

Indessen nannte der Bericht die Bearbeitungszeiten zu lang. Die Gemeinschaft wendete insgesamt 279 Mio Euro für die MEDIA II-Projekte auf. In den Filmvertrieb gingen 30 Prozent dieser Summe. Auf die Entwicklung entfielen 26 Prozent, auf die Förderung von Promotionaktivitäten 19 Prozent. Fernsehprogramme wurden mit 12 Prozent gefördert und weitere 12 Prozent in das Ausbildungsprogramm investiert. (Vgl. Final evaluation..., o. J.; Kommission der EG, 2003a)

Während der fünfjährigen Laufzeit von MEDIA II wurden insgesamt 1.690 Filme und 281 Unternehmen bei der Produktion unterstützt. Förderung für Promotion und Vertrieb ging an 400 Filme. Außerdem profitierten 275 Fernsehsendungen sowie 350 Kinos von MEDIA II. Bei der Ausbildung im audiovisuellen Sektor arbeitete das Programm mit 400 Institutionen in 17 Ländern zusammen und unterstützte pro Jahr im Schnitt 145 Ausbildungsinitiativen, wobei Angebote im Bereich des Managements und der neuen Technologien auf die größte Nachfrage stießen. (Vgl. Jäckel, 2003, S. 73-74)

Ungeachtet etwaiger organisatorischer Unzulänglichkeiten wurden die MEDIA-Programme jeweils als Schritt in die richtige Richtung gewertet, jedoch immer auch mit dem gleich bleibenden Befund, dass der europäische audiovisuelle Sektor weiterhin zu schwach ist und nachhaltiger Stärkung bedarf. Das von der Kommission 1997 vorgelegte "Grünbuch zur Konvergenz der Branchen Telekommunikation, Medien und Informationstechnologie und ihre ordnungspolitischen Auswirkungen" sprach obendrein von der Gefahr, dass sich ein Mangel an hochwertigen Inhalten für das digitale und analoge Fernsehen ergeben könnte (Kommission der EG, 1997). Vor dem Hintergrund der technologischen Entwicklung wird die Förderung der audiovisuellen Produktion daher zu einem Dauerthema der Gemeinschaft. Als das zweite MEDIA-Programm auslief, wurde dann auch die Fortführung durch das Programm MEDIA PLUS, ergänzt wiederum durch MEDIA-Fortbildung, beschlossen.

Dieses dritte MEDIA-Programm ist ähnlich strukturiert wie sein Vorgänger und bezieht sich auf die Bereiche Entwicklung, Vertrieb, Öffentlichkeitsarbeit sowie die Fortbildung "für die Fachkreise der europäischen audiovisuellen Programmindustrie" (Beschluss des Rates..., 2000; Beschluss Nr. 163/2001/EG). Neben den 15 alten und den 10 neuen EU-Mitgliedern nehmen am MEDIA-Programm auch Bulgarien, Island, Liechtenstein und Norwegen teil, so dass es derzeit von insgesamt 29 Ländern getragen wird.

Schaubild 8.1 zeigt die Organisation von MEDIA PLUS und MEDIA-Fortbildung in der Übersicht. Wie die ersten MEDIA-Programme war MEDIA PLUS auf fünf Jahre ausgelegt und sollte bis 2005 laufen, wurde aber bis Ende 2006 verlängert.

Nach einer Anpassung des Budgets in Hinsicht auf die Erweiterung der Gemeinschaft sowie die Verlängerung des Programms stehen für MEDIA PLUS mehr als 450 Mio Euro zur Verfügung, wovon gut 50 Mio Euro auf MEDIA-Fortbildung entfallen. Die Schwerpunkte der Förderung ähneln denen von MEDIA II. Neu gegenüber dem Vorgängerprogramm sind bei MEDIA PLUS aber Pilotprojekte, die zum Ziel haben, den Zugang zu europäischen audiovisuellen Inhalten zu verbessern. Hier geht es um die Sicherung des Filmerbes und den Aufbau von Archiven insbesondere durch Digitalisierung und unter Einsatz digitaler Vertriebsmethoden. Explizit be-

Abbildung 8.1: Struktur von MEDIA PLUS

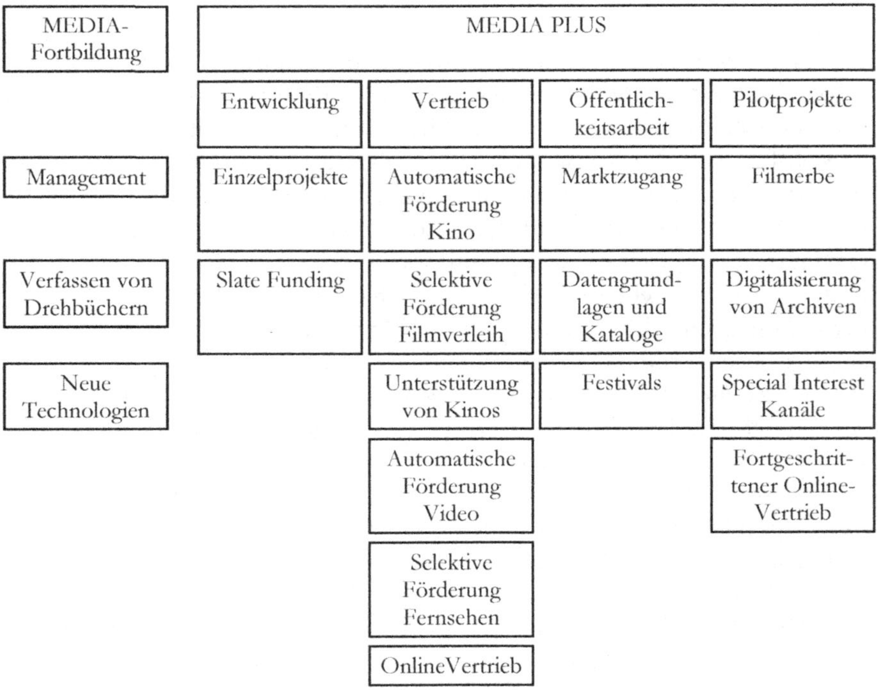

(nach Media Plus, o. J.)

nennt der Beschluss nun auch die Öffnung des Programms für die Unterzeichnerstaaten der Konvention des Europarates über grenzüberschreitendes Fernsehen. Die Evaluation zur Halbzeit des Programms nannte die beiden Programme "höchst effektiv" und den Bedürfnissen der Branche angemessen. Zugleich wird deutlich, dass der audiovisuelle Sektor von der Gemeinschaftsförderung abhängig ist und die Mittel der MEDIA-Programme offenbar zu einer festen Größe in der Kalkulation des audiovisuellen Sektors geworden sind. (Vgl. Media Consulting Group/Secor/APRIL, o. J.)

Zu den Bemühungen um die Unterstützung des europäischen audiovisuellen Sektors gehörte von Anfang an auch die Idee zur Einrichtung eines Garantiefonds, die insbesondere von Frankreich und außerdem der Filmwirtschaft selbst vertreten wurde. Mitte der neunziger Jahre hatte sich auch das Europäische Parlament das Vorhaben zu Eigen gemacht. Wegen des Widerstandes aus einigen Mitgliedstaaten, darunter auch Deutschland, kam es jedoch zu keiner Einigung im Rat. Erst nach dem Treffen des Europäischen Rates im März 2000 in Lissabon, der die Lissabon-Strategie formulierte, kam mit dem i2i-Programm zu einer neuen Initiative, die auch realisiert wurde. Mit der Lissabon-Strategie hat sich der Europäische Rat vorgenommen, die Union innerhalb von zehn Jahren zum "wettbewerbsfähigsten und dynamischsten wissensbasierten Wirtschaftsraum der Welt" zu machen, wobei die Entwicklung der Informationsgesellschaft eine zentrale Rolle spielt. Auf dieser Linie liegt die Einrichtung von i2i – das Kürzel steht für *Innovation 2000 Initiative* – durch die "EIB-Gruppe", die die Europäische Investitionsbank und den Europäischen Investitionsfonds umfasst. Teil dieses Programms ist *i2iAudiovisual*, das dem europäischen audiovisuellen Sektor insbesondere als Katalysator für die Unterstützung aus dem Finanzbereich dienen soll, um dessen globale Wettbewerbsfähigkeit zu steigern und die Anpassung an neue Technologien zu erleichtern. Der Halbzeitbericht der Kommission über MEDIA Plus bewertete die ersten Erfahrungen mit *i2iAudiovisual* positiv und schlug eine Integration in das MEDIA-Programm vor (Kommission der EG, 2003b). Im Sommer 2004 schrieb die Kommission eine neue Initiative unter der Bezeichnung "Growth and Audiovisual: i2i Audiovisual" aus.

Im Zusammenhang mit der Förderung des audiovisuellen Sektors und im Einklang mit der damit verbundenen primär kulturellen Perspektive stehen Bemühungen der EU – und gleichzeitig des Europarates – um den

Schutz des Filmerbes, das als ein wesentlicher Bestandteil des europäischen Kulturerbes gesehen wird. Im Juni 2000 verabschiedete der Rat eine Entschließung "zur Erhaltung und Erschließung des europäischen Filmerbes", mit der die Mitgliedstaaten aufgefordert wurden, bei der Restaurierung und Erhaltung von Filmen zusammenzuarbeiten und den Aufbau von Datenbanknetzwerken zu fördern (Rat, 2000b). Eine Entschließung des Rates vom November 2003 zur Hinterlegung von Kinofilmen forderte die Mitgliedstaaten auf, wirksame Systeme für die Hinterlegung und Erhaltung von Kinofilmen in ihren nationalen Archiven und Filminstituten einzurichten, sofern solche noch nicht bestanden (Entschließung des Rates..., 2003). Parallel dazu verabschiedete der Europarat im November 2001 eine "Europäische Konvention zum Schutz des audiovisuellen Erbes", das durch ein Protokoll zum Schutz von Fernsehprduktionen ergänzt wurde (Council of Europe, 2001a; b). Die Mitgliedstaaten, die die Konvention unterzeichnen, verpflichten sich damit, Bewegtbildmaterial, das in ihrem Land produziert wurde, in nationalen Archiven zu hinterlegen. Bis Mitte 2005 hatten allerdings erst drei der für das Inkrafttreten erforderlichen fünf Staaten das Übereinkommen und nur zwei Staaten das Protokoll ratifiziert.

Um in allen EU-Mitgliedstaaten die systematische Erfassung und Hinterlegung von Kinofilmen zu erreichen, legte die Kommission im März 2004 den Entwurf für eine Empfehlung des Europäischen Parlaments und des Rates "zum Erbe und zur Wettbewerbsfähigkeit der einschlägigen Industriezweige" vor. Die Kommission musste hier zum Instrument der eher unverbindlichen Empfehlung greifen, weil ihre Kompetenz in der Industrie- und Kulturpolitik nicht die Harmonisierung von Rechtsvorschriften der Mitgliedstaaten umfasst. Mit der Empfehlung soll den Mitgliedstaaten nahe gelegt werden, verbindliche Maßnahmen zu ergreifen, die die Erfassung, Hinterlegung, Bewahrung und Restaurierung von Kinofilmen sicher stellen. Außerdem spricht sich die Empfehlung für die Katalogisierung von Filmen und eine entsprechende Einrichtung von Datenbanken aus. (Kommission der EG, 2004c)

Mit ihrer Mitteilung unter dem Titel "Aktive Bürgerschaft konkret verwirklichen", die ebenfalls im März 2004 präsentiert wurde, bindet die Kommission ihre Förderpolitik im audiovisuellen Bereich dezidiert in den Kontext einer intensivierten Kulturpolitik ein. Die Argumente, die hier vorgebracht werden, erinnern an die Anfänge der europäischen Medienpolitik, die ihre Hoffnungen auf die Integrationsfunktion des Fernsehens setzte, wenn der audiovisuelle Sektor als "eine außergewöhnliche Plattform für den interkulturellen Dialog und um gegenseitiges Kennenlernen und Verständnis zu fördern" bezeichnet wird. Die neuen Förderprogramme sollten daher darauf abzielen, Bedingungen zu schaffen, die den Europäern ermöglichen, Geschichten, Dokumentarfilme and andere Werke zu sehen, die ihr Leben und ihre Geschichte sowie das Leben und die Geschichte ihrer Nachbarn widerspiegeln." (Kommission der EG, 2004a, S. 3)

Die Konturen für die Schwerpunkte und Organisation des neuen Förderprogramms, das für die Jahre 2007 bis 2011 eingerichtet werden soll, hat die Kommission in ihrer Mitteilung vom Juli 2004 beschrieben. Anders als die Vorläuferprogramme soll MEDIA 2007 als ein integriertes Programm eingerichtet werden und so zu einer Vereinfachung der Abläufe führen. Wie bisher konzentriert sich die europäische Förderung auf die Vor- und Postproduktion, während die Unterstützung der Produktionsphase den Mitgliedstaaten überlassen bleibt. In der Vorproduktion zielt MEDIA 2007 auf Erwerb und Vertiefung von kreativen und Managementkompetenzen im audiovisuellen Sektor sowie auf Anreize für unabhängige kleine und mittlere Unternehmen, bereits bei der Entwicklung von Projekten internationale Marketingstrategien auszuarbeiten. Wie in den bisherigen MEDIA-Programmen liegt der Hauptakzent von MEDIA 2007 in der Postproduktion bei der Unterstützung des transnationalen Vertriebs, die nun auch Maßnahmen für die Digitalisierung europäischer Produktionen umfasst. Wie zuvor sind in dem neuen Programm wiederum Pilotprojekte vorgesehen, die vorrangig im Bereich der neuen Informations- und Kommunikationstechnologien angesiedelt sein sollen. Über die bisher schon weit gefasste Gruppe von Teilnehmerstaaten hinaus wird das Förderprogramm nun auch für nicht-europäische Drittstaaten geöffnet in der Hoffnung, so den Markt für europäische audiovisuelle Produkte zu erweitern. Der mit der Mitteilung formulierte Vorschlag für einen Beschluss von Parlament und Rat sieht einen Finanzrahmen für MEDIA 2007 von 1.055 Mio Euro vor. (Kommission der EG, 2004d)

Obwohl die Kommission stets die Doppelnatur audiovisueller Werke und insbesondere die wichtige kulturelle Funktion des Spielfilms betont hat, bleiben die nationalen Filmförderungen unter Beilhilfeverdacht. Ebenso wie in der Diskussion um die Gebührenfinanzierung des öffentlich-rechtlichen Rundfunks spielt auch hier Artikel 87 Absatz 3 Buchstabe d des EG-Vertrages, nach dem staatliche Beihilfen zur Förderung der Kultur zulässig sein können, eine entscheidende Rolle. Nachdem die Kommission sich Ende der neunziger Jahre mit einer Beschwerde zur französischen Filmförderung zu beschäftigen hatte, stellte sie Kriterien auf, nach denen die Berechtigung zur Anwendung der "Kultur-Ausnahmeregelung" zukünftig zu beurteilen sein sollte. Die Beschwerde zur französischen Förderung von Kinoproduktionen war von einem belgischen Studiobetreiber an die Kommission herangetragen worden. Sie richtete sich gegen die darin enthaltene so genannte Territorialisierung, weil diese Produzenten anderer Mitgliedstaaten benachteilige. Gemeint ist damit die regionale Bindung von Fördergeldern, wie sie die nationalen Regelungen üblicherweise vorsehen. In ihrer Entscheidung über die französische Filmförderung entschied die Kommission 1998, dass die Regionalbindung nur an den Förderbetrag gebunden sein darf und nicht an das Gesamtbudget einer Produktion. Auch bei kumulierter Förderung dürfen demnach nicht mehr als 80 Prozent des Gesamtbudgets der regionalen Bindung unterliegen. Generell legte die Kommission in diesem Zusammenhang fest, dass staatliche Förderung als wettbewerbsverfälschend einzustufen und daher unzulässig ist, sofern der Förderbetrag mehr als 50 Prozent der Herstellungskosten eines Films ausmacht (vgl. Schaefer, Kreile & Gerlach, 2002, S. 182). Frankreich änderte daraufhin seine Regelungen zur Filmförderung. Die Kommission genehmigte die neue Regelung und formulierte bei dieser Gelegenheit vier Vereinbarkeitskriterien, die für die Beurteilung der Anwendbarkeit von Artikel 87 Absatz 3 des EG-Vertrages herangezogen werden sollen. Zugleich nahm sie diesen Fall zum Anlass, sich erneut mit den nationalen Filmförderungen zu beschäftigen und auf ihre Vereinbarkeit mit den Prinzipien des Gemeinsamen Marktes zu prüfen.

Nach der grundsätzlichen Feststellung zur allgemeinen Rechtmäßigkeit der mitgliedstaatlichen Filmförderprogramme (das heißt: kein Verstoß gegen andere Bestimmungen des EG-Vertrages) folgt die Kommission für die Beurteilung der Zulässigkeit derartiger Beihilfen den folgenden vier Kriterien: Die Beihilfen müssen einem kulturellen Produkt zu Gute kommen; der Produzent muss mindestens 20 Prozent des Filmbudgets in anderen Mitgliedstaaten ausgeben dürfen; die Höhe der Beihilfe soll auf 50 Prozent des Produktionsbudgets beschränkt sein; zusätzliche Beihilfen für besondere Filmarbeiten wie etwa die Postproduktion werden nicht genehmigt. Nach dem Grundsatz der Subsidiarität liegt es jeweils bei den Mitgliedstaaten sicher zu stellen, dass die Förderung nur Produktionen mit kulturellem Inhalt gewährt wird. Dazu sind überprüfbare nationale Kriterien heranzuziehen. Eine Territorialisierung – also die Auflage, einen bestimmten Teil des Produktionsbudgets im fördernden Mitgliedstaat auszugeben – wird akzeptiert, jedoch bis höchstens 80 Prozent. Mit der Beschränkung der Förderung auf maximal 50 Prozent des Produktionsbudgets will die Kommission gewährleisten, dass der Wettbewerb nicht völlig ausgeschaltet wird. Diese Obergrenze wird allerdings nicht für "schwierige und mit knappen Mitteln erstellte Produktionen" angewendet, wobei es wiederum bei den Mitgliedstaaten liegt, nach nationalen Kriterien zu bestimmen, wann diese Bedingungen zutreffen. Sind diese Kriterien erfüllt, gilt die nationale Förderung als zulässig entsprechend der in Artikel 87 Absatz 3 Buchstabe d des EG-Vertrages festgelegten Ausnahmeregelung für die Kultur. (Vgl. Kommission der EG, 2002)

Nach der Entscheidung über die französische Filmförderung hat sich die Kommission daran gemacht, auch die Regelungen anderer Mitgliedstaaten (u. a. Frankreich, Deutschland, Niederlande) zu überprüfen und einzeln zu genehmigen. In diesem Zusammenhang beklagte sie, dass viele Regelungen Vorschriften enthalten, die als nicht rechtmäßig anzusehen sind, und sie verwies wiederum auf die Unterschiedlichkeit der Regelungen sowohl nach Art wie auch nach Umfang der Förderungen. Bei einer grundsätzlichen Sympathie gegenüber der Förderung von Kino- und Fernsehproduktionen äußert die Kommission jedoch nach wir vor Bedenken gegenüber Territorialisierungsauflagen. Diese könnten zu einer Zersplitterung des Marktes und zu Wettbewerbsverzerrungen beitragen und müssten noch eingehender geprüft werden. (Vgl. Kommission der EG, 2002)

Die in der Auseinandersetzung mit der französischen Filmförderung 1998 aufgestellten Zulässigkeitskriterien und die darauf basierende Genehmigung der nationalen Förderregelungen sollten zunächst bis zum Juni 2004 Gültigkeit haben. Mit ihrer Mitteilung vom 16. März 2004 kündigte die Kommission eine Verlängerung der Genehmigungen bis Mitte 2007 an. In der Begründung beruft sie sich auf die Ergebnisse einer Konsultation mit den Mitgliedstaaten, Beitrittsländern und Fachkreisen. Diese hätten sich in Anbetracht der angespannten Situation der europäischen Filmwirtschaft und der Abhängigkeit von Unterstützung für die Beibehaltung der bisherigen Regelungen ausgesprochen. (Vgl. Kommission der EG, 2004c)

Auch wenn hier jeweils von befristeten Genehmigungen die Rede ist, so stellt die Kommission jedoch die Beihilfen der Mitgliedstaaten für die

Filmwirtschaft niemals ganz in Frage. Da diese sich auf die Unterstützung der Kultur richteten, seien sie mit dem Vertrag vereinbar und werden im übrigen – neben dem eigenen Förderprogramm – als notwendiger Beitrag zur Stärkung der Wettbewerbsfähigkeit des europäischen audiovisuellen Sektors angesehen. In ihrer Mitteilung vom März 2004 bekräftigt die Kommission sogar ihre Bereitschaft, angesichts des großen Drucks, dem die Filmwirtschaft ausgesetzt ist, in Zukunft höhere Beihilfebeträge zuzulassen. Der auch ökonomische Charakter des Filmsektors, der die Anwendung der Prinzipien des Binnenmarktes verlangen würde, kommt lediglich in den immer wieder betonten Bedenken der Kommission gegenüber den Territorialisierungsklauseln zum Ausdruck. Aber auch in dieser Hinsicht gibt sich die Kommission kompromissbereit und findet eine Begründung, die die Anwendung der im EG-Vertrag vorgesehenen Ausnahmeregelung für die Kultur erlaubt, wenn sie nämlich betont, "dass Territorialisierungsklauseln in gewissen Umständen und in den Schranken der Mitteilung gerechtfertigt sein können, um diejenigen Kulturschaffenden im Land zu halten, die über die notwendigen Fähigkeiten und Fachkenntnisse verfügen" (Kommission der EG, 2004c).

Vergleicht man die Beträge, die auf europäischer und auf nationaler Ebene für die Förderung der Filmindustrie zur Verfügung gestellt werden, nimmt sich der Beitrag der Gemeinschaft gering aus. Für die beiden Programme im Rahmen von MEDIA II waren bei einer fünfjährigen Laufzeit 450 Mio Euro angesetzt, für das ebenfalls auf fünf Jahre angelegte Nachfolgeprogramm MEDIA 2007 hat die Kommission eine Ausstattung mit 1.055 Mio Euro vorgeschlagen. Dagegen wendeten die 15 Mitgliedstaaten im Rahmen ihrer nationalen Förderung allein im Jahr 2002 gut 1.100 Mio Euro auf, wobei etwa in Frankreich, Deutschland und Großbritannien ein großer Teil aus regionalen und lokalen Einrichtungen stammt (Observatoire Européen de l'Audiovisuel, 2003d, S. 94). In ihrem Ziel, den europäischen audiovisuellen Sektor zu stärken, ist die Gemeinschaft also auf die nationale Förderung der Mitgliedstaaten angewiesen, und die Kommission würde sich ins eigene Fleisch schneiden, wenn sie Barrieren für die nationalen Beihilfen errichtete.

Allerdings ist abzusehen, dass die Filmförderung ebenso wie nationale und europäische Quotenregelungen zum Gegenstand der neu anlaufenden WTO-Verhandlungen werden wird. Während die EU-Länder bei der Uruguay-Runde das Drängen insbesondere der USA auf eine Einbeziehung des audiovisuellen Sektors in das GATS-Übereinkommen noch weitgehend abwehren konnten, zeichnet sich bereits jetzt ab, dass der kulturpolitischen Argumentation auf dieser Ebene der Boden entzogen wird (vgl. Pauwels & Loisen, 2004). Was die einen als Fördermaßnahmen zur Bewahrung von kultureller Vielfalt verteidigen, bezeichnen die anderen als Subventionen und Protektionismus, die der Liberalisierung des Handels entgegenstehen und den Wettbewerb verzerren.

8.2 Der europäische audiovisuelle Sektor

Trotz guter Noten für die MEDIA-Programme ist die mangelnde Wettbewerbsfähigkeit des europäischen audiovisuellen Sektors zum Dauerthema geworden. Die Zufriedenheit mit dem Förderprogramm steht im Gegensatz zum ständig wachsenden Handelsdefizit der EU gegenüber den USA. Zwar ist die Nachfrage nach Fernsehprogrammen in den europäischen Ländern mit der starken Vermehrung der Sender deutlich angestiegen, das hat sich aber nicht in erhofftem Umfang für die europäische Produktion ausgewirkt. Mittlerweile liegt das Defizit gegenüber den USA bei mehr als acht Mio Euro (vgl. Henning & Alpar, 2005). Das Problem der EU-Länder liegt in einer strukturellen Schwäche, für die Faktoren verantwortlich sind, die sich nicht so einfach und schon gar nicht kurzfristig beeinflussen lassen. Nach anfänglichen Harmonisierungsbestrebungen bezüglich der nationalen Filmförderung und dem Drängen auf deren Öffnung hat sogar die Kommission einsehen müssen, dass die Filmbranche nicht ein Markt ist wie jeder andere und der Film mindestens ebenso sehr – wenn nicht mehr – Kultur- wie Wirtschaftsgut ist.

Die Diagnosen über den europäischen audiovisuellen Markt, wenn man ihn überhaupt als einen solchen bezeichnen kann, lauten seit Jahrzehnten gleich: Zersplitterung und mangelnde Marktorientierung. Zersplitterung bezieht sich zuerst auf die Vielzahl der Sprach- und Kulturräume in Europa. In der europäischen Rhetorik wird dieses Charakteristikum gern positiv und als Vielfalt (der Kulturen) gewendet, das kann jedoch nicht darüber hinweg täuschen, dass die unterschiedlichen Sprachen und kulturellen Eigenheiten den Export von Film- und Fernsehproduktionen von einem Mitgliedstaat zum anderen erheblich erschweren. Die Zahlen, die in den Bilanzen zu den MEDIA-Programmen präsentiert wurden, lassen diese Barrieren für den innereuropäischen Austausch nach wie vor deutlich erkennen. Zersplitterung gilt aber auch für die Unternehmensstruktur. Die Produktionsmärkte der EU-Mitgliedstaaten sind gekennzeichnet durch eine Vielzahl kleiner und mittlerer Unternehmen; in diesem Sektor bestehen in Europa nur wenige große Unternehmen mit einer Finanzkraft, die es ihnen erlaubt, im internationalen Wettbewerb mitzuhalten. Das zweite Handicap des europäischen Marktes stellt die mangelnde Marktorientierung hiesiger Produktionen dar. Vor allem in Europa gilt der Film als primär kulturelles Produkt, bei dessen Entwicklung der wirtschaftliche Erfolg zu wenig berücksichtigt wird. Entsprechend fehlt es dann auch an den Vermarktungsstrategien, die die Verbreitung eines Films jenseits der Grenzen des Ursprungslandes und außerhalb Europas fördern könnten.

Die Dominanz der US-amerikanischen Filmproduktion auf dem europäischen Markt ist auf einige gewichtige Vorteile zurückzuführen. Generell gilt, dass audiovisuelles Material aus den USA wesentlich preiswerter angeboten werden kann, weil die Produktionen auf dem großen heimischen Markt meist ihre Kosten schon eingespielt haben, bevor sie in den Export gelangen. Ihr großes Plus ist jedoch die durchgängige Marktorientierung des Angebots. Filme sind auf ökonomischen Erfolg angelegt, das wird in allen Phasen der Produktion berücksichtigt; kulturelle Ambitionen müssen dahinter zurücktreten. Als weitere Vorteile gelten die relativ wenig ausgeprägte vertikale Integration des audiovisuellen Sektors in den USA sowie die regionale Konzentration auf den Standort Los Angeles bzw. Hollywood. Vertikale Integration bedeutet, dass die vor- und nachgelagerten Produktionsstufen in einer Hand liegen. Damit geht eine weitgehende Bindung an bestimmte Anbieter auf den einzelnen Stufen der Produktion einher, Wettbewerb wird reduziert. Liegt nur geringe vertikale Integration vor, erhöht das den Wettbewerb und öffnet den Zugang für spezialisierte Anbieter, die bestimmte Aufgaben in der Produktion übernehmen. Eine Voraussetzung dafür, dass die Tendenz zur vertikalen Integration in der US-Filmindustrie schwach ausgeprägt ist, ist die Konzentration der Produktion auf die Region Los Angeles. Alle Anbieter, nicht zuletzt das Personal, sind auf diese Weise stets leicht verfügbar. (Vgl. Kruse, 1994)

Das wesentliche Problem des europäischen audiovisuellen Angebots liegt im so genannten Cultural Discount. Dieser Begriff bezeichnet das Phänomen, dass ein Film deshalb in anderen Ländern wenig Erfolg hat, weil dem Publikum die Identifikation mit Handlungsorten, Inhalten und Personen schwer fällt oder ganz fehlt. Der weltweite Erfolg US-amerikanischer Film- und Fernsehproduktionen ist auch darauf zurückzuführen, dass der kulturelle Discount gering ist. US-Produktionen müssen bereits im eigenen Land ein heterogenes Publikum ansprechen. Nachfrageorientierung bedeutet hier also auch, dass Filme kulturübergreifend angelegt und kulturelle Bindungen der Inhalte weitgehend vermieden werden. Die Sprache wirkt sich außerdem zu Gunsten der Angebote aus den USA aus, da über den großen englischen Sprachraum hinaus auch in vielen nicht-englischsprachigen Ländern Filme im Original gezeigt werden. (Vgl. Kruse, 1994)

Aufgrund der strukturellen Nachteile des europäischen audiovisuellen Marktes und aktueller Entwicklungen spricht die EU-Kommission selbst von einer "Spirale des Defizits", in der sich die europäische Kinoindustrie bewegt. Diese ergibt sich aus steigenden Produktionskosten bei gleichzeitig fehlenden Möglichkeiten der Nutzung der vorhandenen Märkte (Kommission der EG, 1994d). Aktuelle wirtschaftliche Entwicklungen verschärfen die Situation für die europäische Produktion. Der Defizitspirale wäre nur beizukommen, wenn sich der Absatz der audiovisuellen Produktion auf dem europäischen Markt beträchtlich verbessern ließe; das ist indessen nicht nur ein ökonomisches Problem.

Das Ungleichgewicht zwischen den Anteilen von US- und heimischen Produktionen auf dem europäischen Markt hält sich seit Jahrzehnten. Filme nationaler Produktion verzeichnen zwar gewisse Erfolge im eigenen Land, haben aber Schwierigkeiten in anderen europäischen Ländern und erst recht in den USA, so dass ein erhebliches Defizit im Programmaustausch zwischen Europa und den USA besteht. Lediglich britische Produktionen haben einen nennenswerten Anteil auf dem nordamerikanischen Markt, auf sie entfallen jeweils rund vier Fünftel der Einnahmen, die europäische Unternehmen in Nordamerika erzielen. Tabelle 8.3 zeigt die Entwicklung des Programmaustausches zwischen den EU-Mitgliedstaaten und Nordamerika.

Der Anteil, den europäische Filme 2002 auf dem US-amerikanischen Markt verzeichneten, betrug rund 4.4 Prozent. Amerikanische Filme dagegen erzielten 2002 einen Anteil von etwa 70.5 Prozent am EU-Markt. Europäische Produktionen kamen außerhalb ihres jeweiligen heimischen Marktes auf einen Anteil von zusammengenommen 9.9 Prozent (Observatoire Européen de l'Audiovisuel, 2003d, S. 35). Tabelle 8.4 stellt für die fünf großen EU-Mitgliedstaaten Deutschland, Frankreich, Großbritannien, Italien und

Tabelle 8.3: Programmaustausch zwischen den EU-Staaten und Nordamerika (1996-2000; in Mio US-Dollar)

	1996	1997	1998	1999	2000
Einnahmen amerikanischer Unternehmen auf dem EU-Markt (ohne Rundfunkveranstalter)	6.262	6.645	7.313	8.042	9.031
Einnahmen europäischer Unternehmen in Nordamerika	614	668	706	853	827
– davon: britische Unternehmen	499	536	550	705	691
Saldo der Einnahmen EU/Nordamerika	-5.648	-5.997	-6.607	-7.190	-8.204

(Observatoire Européen de l'Audiovisuel, 2003a, S. 36)

Spanien nebeneinander, welche Marktanteile die nationalen und die US-Produktionen jeweils in diesen Ländern haben.

In allen Fällen liegt der Marktanteil von Filmen aus den USA deutlich über demjenigen heimischer Produktionen. Allerdings zeigen sich auch deutliche Unterschiede zwischen den europäischen Ländern. Französische Filme kommen im eigenen Land immerhin auf einen Anteil von 35 Prozent, was als ein Erfolg der massiven französischen Filmförderpolitik gewertet werden kann. Am ungünstigsten sieht das Verhältnis heimischer Produktionen zu US-Importen in Deutschland aus; der deutsche Markt wird deutlich von Filmen aus den USA beherrscht. Deren Anteil ist zwar in Großbritannien fast ebenso hoch, dort ist jedoch die nationale Produktion immerhin noch etwas erfolgreicher als deutsche Filme in Deutschland. In Italien und Spanien liegt der Anteil, den US-Filme erzielen, deutlich niedriger als in Deutschland, auch wenn die nationalen Produktionen ebenfalls nicht übermäßig gut ankommen. Hier wirkt sich aus, dass in beiden Ländern französische und britische Produktionen mit nennenswerten Anteilen vertreten sind, während in Deutschland Filme aus anderen europäischen Ländern keine große Rolle spielen.

Die Zahl der in Europa produzierten Spielfilme ist indessen im Laufe der Jahre immer weiter angestiegen. In den 15 EU-Mitgliedstaaten wurden im Jahr 2002 634 Spielfilme produziert. Damit liegt die EU um rund 200 Titel über der Spielfilmproduktion in den USA. Allerdings sind die durchschnittlichen Kosten pro Spielfilm in den USA weitaus höher als in den europäischen Ländern: Für einen von den US-Majors produzierten Film wur-

Tabelle 8.4: Marktanteile der nationalen und der US-Filme in den großen EU-Staaten (2002; in Prozent)

	nationale Produktionen	**US-Produktionen**
Deutschland	9.5	83.0
Frankreich	35.0	49.9
Großbritannien	15.7	82.5
Italien	22.2	60.2
Spanien	13.5	66.5

(Observatoire Européen de l'Audiovisuel, 2003c, S. 42-44)

den 2002 im Schnitt 58.8 Mio Dollar aufgewendet, britische Produktionen zum Beispiel, die im europäischen Vergleich noch relativ gut finanziert sind, mussten sich dagegen mit durchschnittlich 8.8. Mio Dollar begnügen (Observatoire Européen de l'Audiovisuel, 2003c, S. 12). Die Forschung hat gezeigt, dass das Produktionsbudget eines Films einen positiven Zusammenhang mit dessen Box-Office-Erfolg (Umsatz) aufweist. Das gilt ebenso für das Werbebudget, das heißt: Je mehr in die Werbung investiert wird, desto größer ist die Wahrscheinlichkeit, dass ein Film auch ein Kassenerfolg wird. Der Box-Office-Erfolg ist der zentrale Faktor, der in einer Wechselwirkung mit der Anzahl der Screens, das heißt: der Anzahl der Leinwände, auf denen ein Film gezeigt wird, steht. Das wiederum verweist auch auf die Relevanz der Marketingmaßnahmen für einen Film. (Vgl. Clement, 2004)

In Anbetracht der Charakteristika des europäischen Marktes und der Nachteile gegenüber US-Produktionen muss die Frage gestellt werden, ob die Förderprogramme der EU den richtigen Ansatz aufweisen, um den audiovisuellen Sektor wettbewerbsfähig zu machen und das Handelsdefizit gegenüber den USA abzubauen. Tatsächlich kommt eine Analyse des derzeit laufenden MEDIA-Programms zu dem Schluss, dass die Maßnahmen wohl kaum geeignet sind, diese Ziele zu erreichen, und womöglich sogar kontraproduktiv sind. Wenn die Verbesserung der Konkurrenzfähigkeit das Ziel sein soll, empfehlen die Autoren daher ein kommerzielleres Vorgehen: Statt sich auf kleinere und mittlere Unternehmen zu konzentrieren, die zwar für Vielfalt stehen, aber nicht effizient arbeiten können, wäre es sinnvoller, europäische Majors aufzubauen, die in der Produktion und im Vertrieb Größenvorteile erreichen und mit den US-Unternehmen zu konkurrieren vermögen (Henning & Alpar, 2005). Insofern zeigt sich innerhalb des MEDIA-Programms das Spannungsverhältnis zwischen kulturellen und marktorientierten Zielen, das mit Blick auf die Intention der Förderprogramme zu lösen ist.

8.3 Auf dem Weg in die Informationsgesellschaft

Seit der ersten Hälfte der neunziger Jahre haben die neuen technologischen Entwicklungen, das Heraufziehen der "Informationsgesellschaft" und des "digitalen Zeitalters" sowie die sich abzeichnende Konvergenz der Informationstechnologie mit den klassischen Medien auch in der Europäischen Gemeinschaft zahlreiche Aktivitäten ausgelöst. Das Vorhaben, die globale Wettbewerbsfähigkeit der europäischen audiovisuellen Industrie zu stärken, verknüpfte daher bald die Unterstützung der Produktion europäischer Inhalte mit der Förderung neuer Informations- und Kommunikationstechnologien.

Anders als die audiovisuelle Politik, bei der zumindest die Mitgliedstaaten kulturelle Aspekte hochhalten, waren die Maßnahmen der europäischen Institutionen im Telekommunikationssektor getragen vom Geist der Deregulierung und der Liberalisierung. Bestehende Monopole sollten aufgebrochen und die Binnenmarktfreiheiten realisiert werden mit dem Ziel, einen leistungsfähigen europäischen Markt zu schaffen, der auch in der internationalen Konkurrenz bestehen kann. In der gleichen Weise, wie Telekommunikations- und Informationstechnologie sowie die klassischen Medien allmählich zusammenwachsen, laufen auch in der Politik verschiedene Stränge neben- und ineinander. Was in der Union schließlich unter dem Stichwort Informationsgesellschaft zusammengeführt wird, verbindet Industrie-, Handels-, Wettbewerbs- und audiovisuelle Politik, die sich auf verschiedene technische Ebenen (Übertragungswege, Netze, Endgeräte), Marktregulierung, inhaltliche Vorgaben sowie die Sicherung der Interessen von Nutzern und Konsumenten richtet. Diese Politik löste zahlreiche Aktivitäten aus und führte zu einer Vielzahl von Berichten, Entscheidungen, Entschließungen, Mitteilungen und Richtlinien, die diesen Bereich auch zunehmend unübersichtlich machten.

Die Telekommunikationspolitik der Gemeinschaft nahm ihren Ausgang im Jahr 1984 mit einer Empfehlung des Rates, die auf die Harmonisierung des Telekommunikationssektors zielte, 1987 gefolgt von einem Grünbuch der Kommission, das 1988 vom Rat angenommen wurde und die Liberalisierung des Marktes von Telekommunikationsdiensten, Geräten und Infrastruktur einleitete. Nachdem die Mitgliedstaaten ihren anfänglichen Widerstand aufgegeben hatten, wurde schließlich 1998 auch die Liberalisierung des Telefonsektors durchgesetzt. Teil dieser Politik, die ganz auf die Marktkräfte setzte, waren auch Bemühungen um einheitliche technische Standards, um der wettbewerbshinderlichen Fragmentierung des Marktes entgegenzuwirken. (Vgl. z. B. Rollet, 2001; Roy, 2002)

Mit Beginn der neunziger Jahre setzte sich in der Politik der europäischen Institutionen die Vision von der Informationsgesellschaft durch, und der Kommunikationssektor wird als Zukunftsmarkt entdeckt. Bereits das Weißbuch zu "Wachstum, Wettbewerbsfähigkeit, Beschäftigung – Herausforderungen der Gegenwart und Wege ins 21. Jahrhundert", das die Kommission 1993 vorlegte, bekräftigte deren Überzeugung, dass die Entwicklung zur Informationsgesellschaft Chancen für die Verbesserung der Beschäftigungslage und die Steigerung der Wettbewerbsfähigkeit böte und die forcierte Auseinandersetzung mit den neuen Technologien daher geraten sei (Kommission der EG, 1993d). Nachdem der Europäische Rat sich auf seiner Sitzung im Dezember 1993 in Brüssel mit dem Weißbuch befasst hatte, beauftragte er eine Gruppe hochrangiger Persönlichkeiten unter dem Vorsitz des damals für Binnenmarkt und Industrie zuständigen Kommissars Martin Bangemann mit der Erstellung eines Berichts über die Informationsgesellschaft, der auch konkrete Handlungsempfehlungen für ein gemeinschaftliches Vorgehen enthalten sollte. Dieser Bericht wurde im Mai 1994 unter dem Titel "Europa und die globale Informationsgesellschaft" vorgelegt, so dass der Europäische Rat ihn bereits auf seiner folgenden Sitzung im Juni 1994 auf Korfu diskutieren konnte. In Anbetracht der "neuen industriellen Revolution" mahnte die Expertengruppe zur Eile und beklagte zugleich, dass das Interesse der Öffentlichkeit an den Technologien bisher zu gering gewesen sei und das Problem auch bei Politikern nur sporadisch Aufmerksamkeit gefunden hätte. Die "Vision von der Informationsgesellschaft", die der Bangemann-Bericht lieferte, war gekennzeichnet durch das Plädoyer für den Abbau von Reglementierungen und die Schaffung eines neuen ordnungspolitischen Rahmens, der auf den Markt setzt und ungehinderten Wettbewerb zulässt. (Vgl. Europa..., 1994)

Das Weißbuch, dessen zentrales Thema die Beschäftigungspolitik war, ebenso wie die Empfehlungen des Expertengremiums zielten vorrangig auf den Telekommunikationssektor. Diese konzentrierten sich auf Anwendungen der neuen Technologien und Dienste im öffentlichen und im privaten Sektor und enthielten Vorschläge für deren Einsatz zum Beispiel für die Telearbeit, den Einsatz in den Kommunen, im Gesundheitswesen oder im Bildungsbereich. Die Bangemann-Gruppe baute hier insbesondere auf die Beteiligung privater Unternehmen und damit auf die Marktkräfte. Mit der Betonung der Schlüsselrolle der Wettbewerbspolitik schien der Bangemann-Bericht jedoch auch ein Zeichen für die Medienpolitik der Gemeinschaft insgesamt zu setzen. Tatsächlich bezog die auf das Treffen des Europäischen Rates folgende Mitteilung der Kommission den audiovisuellen Sektor dann auch explizit in die Überlegungen zu "Europas Weg in die Informationsgesellschaft" mit ein. Die Kommission (1994a) betonte hier, "engagiert ihre Rolle bei der Anwendung der Wettbewerbsregeln auf den Kommunikationssektor" übernehmen zu wollen. Ansonsten konkretisierte der Aktionsplan das weitere Vorgehen der Gemeinschaft und listete detailliert laufende und geplante Maßnahmen zur Neugestaltung des ordnungspolitischen und rechtlichen Rahmens sowie bezüglich der "Netze, Grunddienste, Anwendungen und Informationsinhalte" auf. Um die "gesellschaftlichen und kulturellen Aspekte" zu behandeln und hier entsprechende Maßnahmen zu entwickeln, stellte die Kommission wiederum die Berufung einer hochrangigen Expertengruppe in Aussicht. Schließlich nahm sich die Kommission vor, die gesellschaftlichen Aspekte der Entwicklung mit allen Wirtschaftsteilnehmern im Rahmen eines Kolloquiums über die Informationsgesellschaft zu behandeln. (Kommission der EG, 1994a)

Ebenfalls seit Mitte der achtziger Jahre liefen in der Europäischen Gemeinschaft die Bemühungen um einheitliche technische Normen bei der Satellitenübertragung sowie in Hinblick auf die Entwicklung des hochauflösenden Fernsehens, dem strategische Bedeutung für die europäische Film- und Fernsehindustrie beigemessen wurde. 1986 legte die Kommission ihren Vorschlag für die "Mac-Pakete-Richtlinie" vor, die zur Einführung eines gemeinsamen Standards für Satellitendirektübertragungen führen sollte

(Kommission der EG, 1986b). Zugleich waren Maßnahmen für die Einführung hochauflösenden Fernsehens (HDTV) in Vorbereitung. Bei seiner Sitzung Anfang Dezember 1988 auf Rhodos hatte schon der Europäische Rat die Förderung des europäischen HDTV-Systems in den Zusammenhang der Bemühungen um die Stärkung des audiovisuellen Marktes in Europa gestellt. Im April 1989 bekräftigte ein Beschluss des Rates über das hochauflösende Fernsehen die Entschlossenheit der Mitgliedstaaten, auf eine baldige Einführung und weitgehende Verwendung des europäischen HDTV-Systems hinzuwirken (Beschluß des Rates..., 1989). Unter dem Titel *Eureka 95* lief in der zweiten Hälfte der achtziger Jahre ein Projekt, in dessen Rahmen der HDTV-Produktionsstandard erprobt wurde. Für die zweite Phase des Projektes zu Beginn der neunziger Jahre war die Einführung der Dienste vorgesehen. 1995 sollten schließlich überall in Europa HDTV-Dienste zur Verfügung stehen. (Vgl. Kommission der EG, 1990)

Im Mai 1992 erließ der Rat eine Richtlinie "über die Annahme von Normen für die Satellitenausstrahlung von Fernsehsignalen", die zwar den Bedarf an gemeinsamen Satellitenübertragungsnormen beschwor, aber noch verschiedene Normen zuließ (Rat, 1992; vgl. dazu auch Kleinsteuber, 1991). Mit seiner Entschließung vom Juni 1993 entwarf der Rat schließlich einen "Aktionsplan zur Einführung fortgeschrittener Fernsehdienste in Europa", der die strategische Bedeutung des hochauflösenden Fernsehens für die europäische Unterhaltungselektronikindustrie sowie den audiovisuellen Sektor betonte und den schnellen Ausbau des Marktes vorantreiben sollte. Mit diesem Beschluss setzte der Rat auf das 16:9-Bildformat. Der auf vier Jahre angelegte Aktionsplan sollte den Rundfunksendern und Programmproduzenten finanzielle Anreize zur Einführung des Breitbildformates bieten. Zu seiner Umsetzung waren 405 Mio ECU angesetzt, die EG selbst beteiligte sich mit 228 Mio und erwartete darüber hinaus die finanzielle Beteiligung von Rundfunksendern und weiterer Marktteilnehmer wie Gerätehersteller oder Satellitenbetreiber. Außerdem erteilte die Entschließung der Kommission den Auftrag, einen Bericht über das Digitalfernsehen zu erstellen. (Vgl. Rat, 1993a)

Bereits im November reagierte die Kommission auf die Entschließung des Rates und präsentierte den Vorschlag für eine neue Richtlinie "über die Anwendung von Normen für die Ausstrahlung von Fernsehsignalen", mit dem der Festlegung auf das 16:9-Format Rechnung getragen wurde (Kommission der EG, 1993c). Damit sollte die Richtlinie von 1992 aufgehoben werden, die sich noch nicht auf eine einheitliche Norm festgelegt hatte. Gleichzeitig kam die Kommission dem Auftrag des Rates mit einer Mitteilung und dem Entwurf für eine Entschließung des Rates zu einem Orientierungsrahmen für die Gemeinschaftspolitik im Bereich des Digitalfernsehens nach. Der darin ebenfalls enthaltene Vergleich der europäischen Aktivitäten mit denjenigen der USA und Japan machte noch einmal augenfällig, wo die Konkurrenten auch im Bereich der neuen Technologien gesehen wurden. Nicht zuletzt wegen dieser Konkurrenz mahnte die Kommission dann auch dringend ein koordiniertes Vorgehen an. Zur Entwicklung einer Gemeinschaftspolitik im Bereich des Digitalfernsehens empfahl die Kommission ein systematisches Konzept mit einer langfristigen Perspektive. Die Schritte, die sie dabei für nötig hielt, waren in dem Entwurf für eine Entschließung des Rates enthalten. Als wesentliche Voraussetzungen wurden demnach zunächst gemeinsame Normen sowie die Zugangsberechtigung gesehen, wobei die Gemeinschaft einen lauteren, offenen Wettbewerb gewährleisten sollte. Konkret sprach sich der Entschließungsentwurf dafür aus zu vermeiden, dass der Zuschauer mehrere Decoder-Boxen erwerben müsse, um verschiedene Dienste in Anspruch nehmen zu können. Die Kommission setzte mit ihrem Vorschlag auf einen Konsens aller betroffenen Marktteilnehmer und freiwillige Vereinbarungen, erklärte aber zugleich ihre Entschlossenheit, regulierend tätig zu werden, wenn sich ein solcher Konsens nicht herbeiführen ließe oder der Wettbewerb, der Verbraucherschutz oder sonstige Interessen der Öffentlichkeit es erforderten. (Vgl. Kommission der EG, 1993a)

Nur wenig später präsentierte die Kommission mit einem neuerlichen Grünbuch "strategische Optionen für die Stärkung der Programmindustrie" (1994d). Dieses zielte primär auf den audiovisuellen Sektor, indem es die allgemeinen Rahmenbedingungen für die Programmindustrie thematisierte und neben dem MEDIA-Programm auch auf den Aktionsplan zur Einführung fortgeschrittener Fernsehdienste Bezug nahm. Das Grünbuch war aber doch zugleich auch der Entwurf für ein umfassenderes Vorgehen auf dem Weg zu einer europäischen Kommunikationsordnung, bei der allmählich Inhalte und Technik sowie Massen- und Individualkommunikation verschwimmen. Die "Spielregeln", die die Kommission dafür aufstellte, bezogen sich zum einen auf die Programmförderung, zum anderen auf die Entwicklung des Marktes durch Schaffung der Infrastrukturen für die fortgeschrittenen Informationstechniken, die Liberalisierung der Dienste, welche diese Infrastrukturen nutzen sollen, durch Normung sowie die Harmonisierung der Zugangssysteme (Kommission der EG, 1994c, S. 33).

Da die technische Entwicklung auf den verschiedenen Ebenen zahlreiche Aktivitäten ausgelöst hatte, die auch eine Zersplitterung der Maßnahmen befürchten ließ, bemühte sich die Kommission, ein koordiniertes Vorgehen der Gemeinschaft insbesondere bei den rechtlichen Regelungen durchzusetzen. In diese Richtung zielte eine Mitteilung der Kommission vom August 1996, die die "gesetzgeberische Transparenz im Binnenmarkt für die Dienste der Informationsgesellschaft" zu ihrem Thema machte. Diese Richtlinie, die im Juni 1998 verabschiedet wurde, erweiterte den Geltungsbereich einer entsprechenden Richtlinie aus dem Jahr 1983, die das Informationsverfahren für das Gebiet der Normen und technischen Vorschriften festgelegt hatte. Der Veränderungsvorschlag hatte zwar vorrangig die Telekommunikationsdienste im Blick und schloss den Anwendungsbereich der Fernsehrichtlinie aus, es wurde aber bereits klar, dass auch hier Anpassungen notwendig werden würden. (Vgl. Kommission der EG, 1996e)

Ganz auf der Linie des Bangemann-Berichtes lag wiederum das zweibändige "Grünbuch über die Liberalisierung der Telekommunikationsinfrastruktur und der Kabelfernsehnetze", das die Kommission 1994 und 1995 vorlegte (Kommission der EG, 1994b; 1995b). Teil I stellte die allgemeinen Grundsätze und den zeitlichen Rahmen vor, Teil II präsentierte das Konzept für die Entwicklung der Infrastruktur im Telekommunikationssektor. Dessen Liberalisierung und die Öffnung für den Wettbewerb sowie die Sicherung eines universellen Dienstes (d. h. Bereitstellung eines bestimmten Mindestangebots für alle Nutzer zu einem erschwinglichen Preis) waren die Hauptziele des Grünbuches. Wiederum wird auch hier deutlich, dass der Rundfunk von den Veränderungen des Telekommunikationssektors nicht unberührt bleiben würde. So bekräftigte die Kommission, dass "ein neuer gesetzlicher Rahmen nötig [wäre], der sich auf die Konvergenz der Telekommunikation und des Rundfunks bezieht", denn die "Unterschiede *zwischen* den Mitgliedstaaten in Bezug auf ihre Vorschriften für Kabelfernsehen und Rundfunk und die Unterschiede *innerhalb* der Mitgliedstaaten bezüglich der Behandlung des Rundfunks und der Telekommunikation drohen die Entwicklung und Verteilung fortschrittlicher Informations-/Kommunikationsdienste zu behindern" (Kommission der EG, 1995b, S. 8; Hervorhebung im Original). Damit stellte die Kommission also auch weitere Regelungen im Bereich des Rundfunks in Aussicht, für die sie Kompetenz im Interesse der Telekommunikationspolitik beanspruchte.

Mit dem Ziel, die Nachfrage nach Multimedia-Inhalten und ihre Nutzung anzuregen und ein günstiges Umfeld für die Entwicklung der Industrie für Informationsinhalte zu schaffen, legte die Gemeinschaft 1996 das Programm INFO 2000 auf, das über vier Jahre laufen sollte. Die Entscheidung des Rates, mit der das Programm eingerichtet wurde, sah vier Aktionsbereiche vor: Da sollten neue Märkte erschlossen werden durch europaweite Sensibilisierung spezifischer Benutzergruppen und Förderung europaweiter Benutzergruppen. Der zweite Aktionsbereich richtete sich auf die Nutzbarmachung der Informationen des öffentlichen Sektors. Über den dritten Aktionsbereich sollte das Multimedia-Potenzial Europas aktiviert und sich daraus ergebende Urheberrechtsfragen geklärt werden; der vierte umfasste flankierende Maßnahmen wie die Beobachtung des Marktes, die Anwendung von Normen für Multimedia-Inhalte. Für das Programm war ein Finanzbedarf von 65 Mio Euro kalkuliert. (Vgl. Entscheidung des Rates..., 1996)

Beinahe zeitgleich mit einer Mitteilung der Kommission über "Die Informationsgesellschaft: Von Korfu bis Dublin – Neue Prioritäten" (Kommission der EG, 1996f) fasste der Rat im November 1996 ebenfalls seine "neuen politischen Prioritäten im Hinblick auf die Informationsgesellschaft" in einer Entschließung zusammen. Diese bündelte die bereits begonnenen Aktivitäten und unterstrich insbesondere die Notwendigkeit, die Liberalisierung des Telekommunikationssektors abzuschließen, sowie die Rolle des Wettbewerbs in der Gemeinschaft, um die europäische Informations- und Kommunikationstechnologie zu einem Sektor zu entwickeln, der auch in der weltweiten Konkurrenz bestehen kann (vgl. Rat, 1996). Die Entschließung stellte fest, dass sich die Informationsgesellschaft "aus der technologischen Konvergenz der Bereiche audiovisuelle Medien, Datenverarbeitung und Telekommunikation entwickelt" habe und es Aufgabe des Rates sei, die erforderlichen ordnungspolitischen und rechtlichen Maßnahmen zu ergreifen. Rund ein Jahr später lag dann auch das Konvergenz-Grünbuch vor. Erarbeitet wurde es von der Generaldirektion für Binnenmarkt und Industrie unter Martin Bangemann gemeinsam mit der unter anderem für Kultur und audiovisuelle Politik zuständigen Generaldirektion unter Kommissar Marcelino Oreja. In der Definition der Kommission, die an verschiedenen Stellen herausgestrichen wurde, bedeutet Konvergenz, dass ein und derselbe

Dienst über verschiedene Übertragungswege angeboten werden kann. Deutlicher noch als die bisherigen Papiere zeigte dann auch das Grünbuch, dass die Kommission den Regelungsbedarf für die neuen Technologien zum Anlass nehmen würde, die bisherige Regulierung des Rundfunks ebenfalls zu überprüfen und womöglich zu differenzieren. (Vgl. Kommission der EG, 1997)

Im Oktober 1998 legte die von der Kommission eingesetzte Hochrangige Gruppe für Audiovisuelle Politik ihren Bericht vor. Unter britischer EU-Präsidentschaft hatte vorbereitend dazu im April des gleichen Jahres in Birmingham eine Konferenz über die audiovisuelle Politik unter dem Titel "Herausforderungen und Chancen des digitalen Zeitalters" stattgefunden. Der Bericht der Hochrangigen Gruppe unter Vorsitz von Kommissar Marcelino Oreja konzentrierte sich jedoch auf den Sektor der klassischen Medien und die gesellschaftlichen Auswirkungen der technologischen Entwicklungen. Im Gegensatz zum Bericht der Bangemann-Gruppe und auch anderen Vorlagen der Kommission setzte dieser Bericht insofern einen etwas anderen Akzent, als hervorgehoben wurde, dass den Medien eine besondere Rolle in der Gesellschaft zukommt und "ein ausgewogenes Verhältnis zwischen dem Wirken der Kräfte des freien Marktes und der Wahrung des allgemeinen öffentlichen Interesses zu gewährleisten ist". In diesem Zusammenhang verwiesen die Ausführungen dann auch auf die wichtige Rolle des öffentlich-rechtlichen Rundfunks in Europa. Ansonsten bekräftigten die Empfehlungen der Hochrangigen Gruppe die Notwendigkeit weiterer Fördermaßnahmen, damit Europa im globalen Wettbewerb bestehen könne. Damit sprach sie sich für die Stärkung des MEDIA II-Programms aus und regte außerdem die Einführung eines Mechanismus zur Gewinnung von mehr Investitionen für die audiovisuelle Produktion an. Ausdrücklich wurde aber hier auch anerkannt, dass die europäischen Rundfunkveranstalter eine "Triebkraft für audiovisuelle Produktionen" seien, was die Förderpolitik der Gemeinschaft berücksichtigen sollte. Schließlich machten die Empfehlungen deutlich, dass angesichts der Entwicklung neuer Dienste über die Weiterentwicklung des rechtlichen Rahmens nachzudenken und eine verstärkte Kooperation der nationalen Aufsichtsinstitutionen wünschenswert wäre, um ein gewisses Maß an Übereinstimmung herzustellen. Als ein Essential für die Entwicklung der Branche nannte der Bericht das "richtige Urheberrechtssystem". (Vgl. Das digitale Zeitalter, 1998)

Beinahe zeitgleich mit der Präsentation ihrer "Grundsätze und Leitlinien für die audiovisuelle Politik der Gemeinschaft im digitalen Zeitalter" (Kommission der EG, 1999c) leitete die Kommission mit ihrem Kommunikationsbericht 1999 eine umfangreiche Revision des ordnungspolitischen Rahmens für die elektronische Kommunikation ein (Kommission der EG, 1999b). Der Bericht machte Vorschläge für neue rechtliche Regelungen, die die gesamte Kommunikationsinfrastruktur und zugehörige Dienste abdecken und Wettbewerb in allen Marktsegmenten, vor allem auch auf der lokalen Ebene, sichern sollten. Er zielte damit auf einen gemeinsamen Rechtsrahmen für die Regulierung zur Begrenzung von Marktmacht, des freien Netzzugangs sowie des Kundenschutzes im Bereich von Telekommunikation, Internet und Rundfunk. So sehr die Gemeinschaft sonst auf die Marktkräfte setzt, konnte sie auf eine Regulierung dennoch nicht völlig verzichten, um das Gemeinwohl (flächendeckende Versorgung, Universaldienst, Verbraucherschutz) zu wahren (vgl. auch Beese & Merkt, 2000). In Folge der Konvergenz kam es der Kommission insbesondere darauf an, eine technologieneutrale Regulierung – das heißt: einen einheitlichen Rahmen für alle Infrastrukturen – zu schaffen. Daraus entstand unter anderem 2002 die so genannte Rahmenrichtlinie (Richtlinie 2002/21/EG..., 2002). Diese gibt einen gemeinsamen Rechtsrahmen für elektronische Kommununikationsnetze und -dienste vor. Sie regelt die Zuteilung von Frequenzen durch die nationalen Behörden, Genehmigungen für Anbieter elektronischer Kommunikationsnetze und -dienste, Übertragungsverpflichtungen sowie Zugangsberechtigungen. Die Zugangs- und Zusammenschaltungsrichtlinie erlaubt Auflagen für Unternehmen mit beträchtlicher Marktmacht und sichert allen Netzbetreibern gleiche Konditionen (Richtlinie 2002/19/EG..., 2002). Ebenfalls 2002 wurde die Universaldienstrichtlinie verabschiedet, die für alle Geräte, die in der Union für den Empfang von digitalen Fernsehsendungen verkauft werden, eine einheitliche Norm vorschreibt, um die Interoperabilität zu gewährleisten (Richtlinie 2002/22/EG..., 2002).

Die Kommission setzte nun ganz auf die Weiterentwicklung und Förderung der Informations- und Kommunikationstechnologien. Ende 1999 entwarf sie die Initiative *eEurope*, die der Europäische Rat bei seinem Treffen im Juni 2000 in Feira annahm. *eEurope* wurde zu einem wichtigen Baustein der Lissabonner Strategie. Ziel des Aktionsplans *eEurope 2002* war es, noch mehr Bürger, Unternehmen und Institutionen an das Internet heranzuführen. Dazu sollte auch die Schaffung eines förderlichen rechtlichen Rahmens für die elektronische Kommunikation gehören. Nach positiver Bewertung, die feststellte, dass sich die Zahl der Haushalte mit Internetanschluss schnell und deutlich erhöht hatte und fast alle Schulen und Unternehmen mittlerweile über Internetzugang verfügen, beschloss der Europäische Rat bei seinem Treffen in Sevilla im Juni 2002 die Neuauflage des Aktionsplans als *eEurope 2005*. War es vorrangiges Ziel des ersten Aktionsplanes gewesen, den Netzzugang für alle Teile der Gesellschaft zu schaffen, zielt das Folgeprogramm nun auf die effektive und sichere Nutzung des Internet und die Vermittlung entsprechender Fähigkeiten bzw. Entwicklung attraktiver Inhalte. Außerdem benennt der Aktionsplan die Förderung der Infrastrukturentwicklung sowie des elektronischen Handels. Beide Aktionspläne umfassten allerdings keine finanzielle Förderung, sondern setzten politische Ziele, die mitgliedstaatliche und private Initiativen anregen sollten. Die EU selbst betreibt darüber hinaus vorrangig die rechtliche Regulierung.

Aus diesem Zusammenhang heraus entstanden verschiedene Richtlinien und zahlreiche Initiativen. So verabschiedete der Rat im Dezember 2000 ein "Gemeinschaftsprogramm zur Unterstützung der Entwicklung und Nutzung europäischer digitaler Inhalte in globalen Netzen und zur Förderung der Sprachenvielfalt in der Informationsgesellschaft", das mit *eContent* bezeichnet wurde (Rat, 2000a). Dieses auf vier Jahre angelegte Programm wurde mit 100 Mio. Euro ausgestattet. Ziel von *eContent* war es, den Zugang und die Nutzung des Internet durch die Steigerung des Angebots von europäischen digitalen Inhalten zu fördern. Das Programm lief von 2001 bis 2004; im Februar 2004 schlug die Kommission ein Anschlussprogramm unter der Bezeichnung *eContentplus* vor. Nach Zustimmung des Parlaments nahm der Rat dieses Programm im Februar 2005 an, es soll bis 2008 laufen, dafür sind 149 Mio Euro angesetzt.

Daneben setzte die Kommission ihre Bemühungen um eine schnelle Einführung von digitalem Fernsehen in der EU fort. In einem umfangreichen Überblick zum Stand der Entwicklung in den Mitgliedstaaten hatte die Kommission 1999 (vgl. Kommission der EG, 1999a) feststellen müssen, dass die Umsetzung ihrer Richtlinie vom November 1995, die für eine rasche Einführung der Digitaltechnik und einheitliche Normen hatte sorgen sollen (Richtlinie 95/47/EG..., 1995), in den Mitgliedstaaten nur schleppend erfolgte. Den vorgesehenen Umsetzungstermin im August 1996 hatte kein Land eingehalten, und die Gesetze, die schließlich die Umsetzung vollziehen sollten, waren zum Teil mangelhaft. Die Zukunftsaussichten für digitales

Fernsehen in den einzelnen Mitgliedstaaten wurden außerdem sehr unterschiedlich beurteilt. Die Kommission verwies in ihrer Mitteilung auf einen deutlichen Zusammenhang zwischen der Verbreitung von Pay TV und der Ausbreitung des digitalen Fernsehens, wobei die Erfolgschancen von Pay TV wiederum von der jeweiligen Struktur des Fernsehmarktes, also dem Free TV-Angebot, abhingen. Daher wurde zum Beispiel die Entwicklung des digitalen Fernsehens in Spanien und Frankreich positiv beurteilt, während sie in Deutschland "weitaus weniger spektakulär" verlaufe. In Deutschland – ebenso wie in Italien – sei es wegen der Anzahl und der Stärke der frei empfänglichen Programme und der daraus folgenden Schwierigkeiten für die Ausbreitung von Pay TV zur Gründung mächtiger Unternehmen gekommen, die ein hohes Risiko der Marktabschottung mit sich brächten und daher von den Wettbewerbsbehörden nicht akzeptiert werden konnten. Hier könne der Markt auf Sicht durch ausländische Investoren angeregt werden. An verschiedenen Stellen verwies die Kommission zugleich auf die Notwendigkeit, die Tätigkeiten der öffentlich-rechtlichen Fernsehsender in diesem Bereich im Auge zu behalten. Ihre Beteiligung an Pay TV-Plattformen dürfe nicht durch staatliche Beihilfen quersubventioniert werden. Damit zeichneten sich also auch hier Probleme für den öffentlich-rechtlichen Rundfunk und ihre Beteiligung an neuen Märkten ab. Die Stellungnahme des Europäischen Parlaments zu der Mitteilung der Kommission betonte vor allem die Notwendigkeit, den offenen Zugang zum digitalen Fernsehen – ähnlich dem offenen Netzzugang – zu gewährleisten und Must-carry-Verpflichtungen insbesondere für die Kanäle der öffentlichen Rundfunkbetreiber aufrecht zu erhalten (vgl. Entschließung..., 2001).

Um eine verbraucherfreundliche Umstellung vom analogen zum digitalen Rundfunk zu gewährleisten, gab die Kommission 2003 in einer Mitteilung entsprechende Leitlinien für den "digitalen Übergang" und eine Checkliste für die Umstellungspläne der Mitgliedstaaten vor (Kommission der EG, 2003e). Bei der Verabschiedung des Aktionsplans *eEurope 2005* waren die Mitgliedstaaten bereits aufgefordert worden, bis Ende 2003 Umstellungspläne vorzulegen und womöglich einen Termin für die Abschaltung des Analogbetriebes zu benennen. Damit sollte insbesondere die rechtzeitige und umfassende Unterrichtung der Bevölkerungen über die Konsequenzen der Umstellung erreicht werden. Da die Bedingungen für digitales Fernsehen in den einzelnen Mitgliedstaaten unterschiedlich sind, wollte die Kommission jedoch keinen einheitlichen Termin für die Analogabschaltung festsetzen.

Dass die guten Vorsätze der Lissabon-Strategie nicht unbedingt auch zu entsprechenden Anstrengungen in den Mitgliedsländern geführt haben, machte der im November 2004 vorgelegte Bericht einer hochrangigen Gruppe unter dem Vorsitz des ehemaligen niederländischen Ministerpräsidenten Wim Kok deutlich. Die damit verbundene Evaluation des Lissabon-Prozesses fiel insgesamt nicht sehr positiv aus, und das gilt auch für den Bereich der Wissensgesellschaft, zu dem der Aktionsplan *eEurope 2005* gehört. Die Expertengruppe forderte hier eine umfassende Strategie, um das Wachstum im Bereich der Informations- und Kommunikationstechnologien zu beschleunigen. Top-Priorität habe die volle Implementierung des Aktionsplanes und Maßnahmen im Bereich von e-Commerce (elektronischer Handel), e-Government (elektronische Behördendienste) und e-Learning (computergestütztes Lernen). Außerdem gelte es, dafür zu sorgen, dass der Internet-Zugang über Breitband ausgedehnt wird und die Verfügbarkeit bis zum Jahr 2010 auf etwa 50 Prozent angehoben wird. (Vgl. Facing the challenge, 2004)

Mit Blick auf das Auslaufen von *eEurope 2005* zum Jahresende 2005 zog die Kommission im November 2004 erste Bilanz und bemühte sich damit, eine Diskussion über die weitere Strategie für die Informationsgesellschaft anzustoßen. Als relevante Themen benennt sie hier die Förderung der Entwicklung attraktiver Inhalte und Dienste sowie den Abbau von rechtlichen Hemmnissen und die Bewältigung technischer Probleme. Außerdem gelte es, alle Menschen in die Informationsgesellschaft zu integrieren ("eInclusion") und die dafür notwendige "digitale Kompetenz" zu vermitteln. Die Mitteilung wirbt weiter für einen verstärkten Einsatz der Informations- und Kommunikationstechnologien (IKT) im Bereich der öffentlichen Dienste, nicht zuletzt als grenzüberschreitende Angebote. Aus- und Weiterbildung für die Tätigkeiten im IKT-Sektor müssten verbessert werden, um das Beschäftigungspotenzial in diesem Schlüsselsektor ausschöpfen zu können. Schließlich seien die Interoperabilität der IKT-Anwendungen und die Sicherheit des Internet zu gewährleisten. Eine besondere Herausforderung des europäischen Marktes liege in einer hohen Zahl kleiner und mittlerer Unternehmen, die bislang nur zögernd und wenig in die IKT investierten. (Vgl. Kommission der EG, 2004b)

Mit der Entwicklung der Technologien stellten sich neue Fragen für das Urheberrecht. Seit Beginn der neunziger Jahre wurden durch mehrere Richtlinien die Schutzbereiche ständig erweitert. Zunächst waren eher Spezialbereiche betroffen, bis schließlich Harmonisierungsmaßnahmen auch für den Kernbereich des Urheberrechts, die zentralen Verwertungsrechte, vorgenommen wurden (vgl. auch Schippan, 2001). 1991 fixierte eine Richtlinie den Schutz für Computerprogramme, 1992 folgte eine Regelung für das Verleih- und Vermietrecht zum Beispiel von Tonträgern und Filmen (Richtlinie 91/250/EWG; Richtlinie 92/100/EWG). 1993 sorgten eine "Richtlinie zur Koordinierung bestimmter urheber- und leistungsschutzrechtlicher Vorschriften betreffend Satellitenrundfunk und Kabelweiterverbreitung" sowie eine Richtlinie zur Schutzdauer für eine Harmonisierung des Urheberrechtsschutzes in der Union (Richtlinie 93/83/EWG; Richtlinie 93/98/EWG). Mit einem Grünbuch zum Urheberrecht griff die Kommission diesen Problembereich 1995 wieder auf, um den Veränderungen durch die Entwicklung der Informationsgesellschaft Rechnung zu tragen (Kommission der EG, 1995c). Daraus entstand Anfang 1998 der Vorschlag der Kommission für eine Richtlinie, die einen harmonisierten Rechtsrahmen in allen Mitgliedstaaten herbeiführen sollte. Damit wollte die Union auch ihren Verpflichtungen nachkommen, die sich aus den Verträgen der Weltorganisation für geistiges Eigentum (WIPO) ergeben hatten. Auf einer Konferenz im Dezember 1996 waren ein WIPO-Urheberrechtsvertrag sowie ein WIPO-Vertrag über Darbietungen und Tonträger angenommen worden, die den Schutz der Urheber sowie der ausübenden Künstler und Tonträgerhersteller zum Gegenstand hatten. Diese Verträge waren von der Gemeinschaft und von den meisten Mitgliedstaaten unterzeichnet worden, so dass diesen auch in EU-Regelungen Rechnung zu tragen war. Nach Stellungnahmen des Parlaments und der Ausschüsse präsentierte die Kommission im Mai 1999 einen geänderten Richtlinienvorschlag; im Mai 2001 wurde schließlich eine Richtlinie erlassen, die das Internet einbezieht und das Vervielfältigungs-, das Wiedergabe- und das Verbreitungsrecht in der Union vereinheitlicht (Richtlinie, 2001). Wegen der Berücksichtigung der neuen Technologien ist auch die Rede von "Multimediarichtlinie". Sie wurde 2004 ergänzt durch den Erlass einer Richtlinie "zur Durchsetzung der Rechte des geistigen Eigentums" (Richtlinie, 2004).

Mit ihrer i2010-Initiative, die im Juni 2005 eingeläutet wurde, hat die Kommission einen neuen strategischen Rahmen für ihre Aktivitäten im Bereich der Informationsgesellschaft skizziert. Dazu gehört die Überarbeitung der Fernsehrichtlinie bis zum Ende des Jahres 2005, die Analyse und bis Ende 2007 daraus folgend Vorschläge für die Anpassung des Gemeinschaftsrechts für die Dienste der Informationsgesellschaft und der Mediendienste sowie dessen Durchsetzung. Auch das umfasst wiederum die anhaltende Förderung der Produktion und Distribution europäischer Inhalte. (Kommission der EG, 2005)

Die Fülle der Aktivitäten, die die EU mit Blick auf die "Informationsgesellschaft" entwickelt hat, bis hin zur entsprechenden Benennung einer Generaldirektion innerhalb der Kommission macht deutlich, dass die Gemeinschaft auf diesen Sektor besondere Hoffnungen für die Zukunft setzt. Ihre Kompetenz gründet sich hier insbesondere auf den Binnenmarkt und das Wettbewerbsrecht, weitere Legitimation kann sie aus der Lissabonner Strategie ziehen, auf die sich die Staats- und Regierungschefs im Jahr 2000 eingeschworen haben. Der gute Vorsatz, die EU bis zum Jahr 2010 zum "wettbewerbsfähigsten und dynamischsten wissensbasierten Wirtschaftsraum der Welt" zu machen, verbindet sich mit der Überzeugung, sich hier in einem Markt zu bewegen, der Arbeitsplätze schaffen und das wirtschaftliche Wachstum ankurbeln könnte. Allerdings investiert die Union nur bedingt eigene Mittel in die Verwirklichung der Ziele von Lissabon und der Informationsgesellschaft, sondern sie macht im Wesentlichen politische Vorgaben, um entsprechende Aktivitäten in den Mitgliedstaaten und private Initiativen anzuregen.

Entschließungen, Mitteilungen, Richtlinien – nicht nur die Zahl der europäischen Maßnahmen macht dieses Feld fast unüberschaubar, sondern die verschiedenen Stränge gehen auch ineinander über und verflechten sich. Die Konvergenz der Technik hat dazu geführt, dass Regelungen auch sektorübergreifend vorgenommen werden müssen. Aufgrund dieser Entwicklung sind auch die klassischen audiovisuellen Medien mittlerweile von den Aktivitäten der Kommission in Sachen Informationsgesellschaft betroffen. Die Problematik lässt sich am Beispiel der digitalen Fernsehangebote zeigen: Strahlen die Sender das frei empfangbare Fernsehen digital aus, so bedeutet das lediglich die Nutzung einer anderen Technik für ein Angebot an die Allgemeinheit und ist rundfunkrechtlich zu regeln; digitales und interaktives Bezahlfernsehen dagegen, das sich an den einzelnen richtet, ließe sich dem e-Commerce zurechnen. Durch diese Nähe gerät auch der Rundfunk in den Sog der Ideologie des freien Marktes und des Wettbewerbs, die zumindest in einem Spannungsverhältnis zu dessen kultureller Seite steht, was erst recht Probleme für den mit entsprechenden Auflagen versehenen öffentlich-rechtlichen Rundfunk macht. Mit der Konvergenz ist der Gemeinschaft ein weiteres Argument zugewachsen, was ihre Kompetenz im audiovisuellen Sektor anbetrifft. Das wird es den Mitgliedstaaten in Zukunft wahrscheinlich noch schwerer machen, diesen Bereich für sich zu reklamieren oder wenigstens mitzureden. Aus der Mitteilung der Kommission zu ihrer i2010-Initiative ist deutlich ablesen, wohin der Weg führt: Wenn es dort heißt, die digitale Konkurrenz mache ein einheitliches Regelwerk für die Informationsgesellschaft und die Medien erforderlich und verlange nach politischer Konvergenz (Kommission der EG, 2005; vgl. auch Europäische Kommission, 2005f), so scheint das nicht nur die weitere Zentralisierung der Aktivitäten zu begründen, sondern auch die Überzeugung der Kommission, die Medien für die Allgemeinheit und die Individualdienste ließen sich in einen Topf werfen.

9 Europäische Medienpolitik im Dienste europäischer Öffentlichkeit?

Seit Anfang der achtziger Jahre lassen sich medienbezogene Aktivitäten der EG-Institutionen ausmachen, es ist schwer zu entscheiden, was als eigentlicher Anfangspunkt einer europäischen Medienpolitik zu bezeichnen ist. Betrachtet man die ersten Berichte und Entschließungen des Parlaments, die dann auch Aufforderungen an die Kommission enthielten und diese schließlich zum Handeln veranlassten, als Beginn einer mehr oder weniger kontinuierlichen Beschäftigung der europäischen Institutionen mit den Medien, so sind heute auf rund 25 Jahre europäischer Medienpolitik zurückzublicken. Die Gegenstände haben im Laufe der Zeit gewechselt, das Betätigungsfeld hat sich ausgedehnt, eine systematische Politik auf dem Gebiet der Medien ist jedoch nicht auszumachen, so dass die Frage zu stellen ist, ob die sich auf die Medien richtenden Aktivitäten der EG-Institutionen tatsächlich als Medienpolitik zu bezeichnen sind. Schließlich gilt es zu diskutieren, ob diese medienpolitischen Aktivitäten einen Beitrag zur Lösung eines der großen Probleme Gemeinschaft, nämlich der gar nicht oder nur schwach ausgebildeten europäischen Öffentlichkeit, leisten und den nunmehr 25 Mitgliedstaaten mit 450 Millionen Menschen zu einer gemeinsamen europäischen Identität verhelfen können.

9.1 25 Jahre Medienpolitik für Europa

Europäische Identität durch europäische Öffentlichkeit – diese Hoffnung richtete Anfang der achtziger Jahre den Blick des Europäischen Parlaments auf die Medien und insbesondere auf das Fernsehen. Die erste Direktwahl des Parlaments im Jahr 1979 hatte zwar ein neues Symbol für das vereinte Europa geschaffen, das den Bürgerinnen und Bürgern in den Mitgliedsländern der Europäischen Gemeinschaft scheinbar Mitsprache im europäischen Miteinander einräumte. Zugleich war sich gerade das Parlament aber der Defizite in den Kenntnissen der Wählerschaft über dieses Europa und in seinem eigenen Image bewusst geworden. Die Etablierung eines europäischen Fernsehraumes – gewissermaßen eines Forums, auf dem sich die europäische Vielfalt präsentieren würde – schien der geeignete Weg, um gegenseitiges Verständnis, Integration und schließlich eine europäische Identität zu schaffen. Aufgrund der technologischen Entwicklung, die die Übertragung per Kabel und Satellit ermöglichte, bot sich das Fernsehen an für eine solche grenzüberschreitende Vermittlungsleistung und stand daher von Anfang an im Zentrum europäischer medienpolitischer Bemühungen.

Die Versuche mit europäischem Fernsehen, *Europa TV* und *Eurikon*, zeigten indessen nicht nur, dass das Fehlen einer gemeinsamen Sprache in den EG-Mitgliedstaaten ein kaum zu überwindendes Problem für die Herausbildung eines solchen europäischen Fernsehraumes darstellt. Darüber hinaus wurde nämlich deutlich, dass ein europäisches Fernsehprogramm mehr sein musste als eine Addition von Angeboten aus den Mitgliedsländern und daher nicht nur von Zulieferungen der nationalen Rundfunkanstalten leben konnte. Es bedurfte vielmehr eines originär europäischen Angebots, das sich von der jeweils nationalen Perspektive löste und stattdessen europäische Themen definierte und auf die Tagesordnung setzte. Die Konstruktion der Versuchsprogramme als Kooperation nationaler Sender und ihre – vor allem durch finanzielle Probleme bedingte – Kurzlebigkeit erlaubten es dann auch kaum herauszufinden, was solche europäischen Angebote sein könnten und wie sie beschaffen sein müssten. Ob ein europäisches Fernsehprogramm schließlich geeignet wäre, über die Grenzen hinweg ein Publikum anzusprechen und zu binden, ließ sich unter diesen Bedingungen erst recht nicht sagen. Es blieb also offen, wie europäischer Journalismus aussehen sollte und ob ein solcher auch ein europäisches Publikum konstituieren könnte.

Während die ersten medienpolitischen Initiativen vom Europäischen Parlament ausgingen und eher die Integrationsfunktion der Medien im Auge hatten, verlagerte sich die Aktivität bald auf die Kommission, hervorgerufen durch technische Entwicklungen, die die grenzüberschreitende Abstrahlung von Rundfunksendungen möglich machten. Mit dem Argument, dass auf einem transnationalen Rundfunkmarkt gleiche Bedingungen für alle Akteure bestehen müssten, erkannte die Kommission hier gemeinschaftlichen Regelungsbedarf. Die Errichtung des europäischen Binnenmarktes nach den Prinzipien der Verkehrsfreiheit von Waren, Dienstleistungen, Kapital und

Arbeitskräften spielte der Kommission dabei in die Hände. Ihre Kompetenz, im Bereich des Rundfunks tätig zu werden und diesen in ihre Binnenmarktpolitik einzubeziehen, leitete sie von der bereits rund zehn Jahre zuvor getroffenen Feststellung des Europäischen Gerichtshofes, bei Rundfunk handele es sich um eine Dienstleistung, ab. Da die Kommission jedoch nur auf der Basis der Verträge tätig werden kann, die zudem klar geprägt sind durch die Entstehung der EG als Wirtschaftsgemeinschaft, verschob sich mit diesen medienbezogenen Aktivitäten zugleich die Perspektive auf die Medien. Dadurch dass die Kommission im Bereich der Wettbewerbspolitik ausschließliche Kompetenz und auch direkte Handlungsmöglichkeiten besitzt, gründete sie ihr Vorgehen bevorzugt auf die entsprechenden Regelungen des EG-Vertrages. Die Veränderungen der Rundfunkmärkte durch den Zutritt privat-kommerzieller Anbieter boten der Kommission eine zusätzliche Legitimation für ihre Regelungsmaßnahmen, ließ sich doch nun erst recht argumentieren, dass es sich bei Rundfunkanstalten um Wirtschaftsunternehmen und bei ihren Angeboten um Dienstleistungen handelte. Die "Philosophie der Liberalisierung" (Harcourt, 2002, S. 739), die die Einheitliche Europäische Akte und die Errichtung des Binnenmarktes prägte, nahm ihren Einfluss auch auf die rundfunkpolitischen Maßnahmen der Kommission. Von Rundfunk als einem besonderen Produkt konnte in diesem Kontext kaum noch die Rede sein. Nicht zuletzt deshalb ließ sich auch die Sicherung von Vielfalt niemals so recht auf der europäischen medienpolitischen Tagesordnung etablieren und verschwand schließlich ganz aus dem Blickfeld der Kommission. Es entbehrt nicht einer gewissen Ironie, dass der Verzicht auf gemeinschaftliche Aktivitäten zu Gunsten der Vielfaltssicherung mit der Verschiedenartigkeit entsprechender nationaler Regelungen begründet wurde, während der Erlass der Fernsehrichtlinie explizit darauf zielte, unterschiedlichen nationalen Regelungen entgegen zu wirken.

Mit Blick auf die problematische Entwicklung der Arbeitsmärkte in den Mitgliedstaaten entdeckte die Kommission endlich auch das wirtschaftliche Potenzial des Mediensektors und ergänzte ihre regelnde Tätigkeit durch eine Förderpolitik. Die integrierende Kraft der Medien gerade auch im Sinne der Selbstbeobachtung des Systems trat damit aus dem Blickfeld europäischer Politik und wird, wenn überhaupt, in den Papieren zur Medienpolitik heute nur noch eher pflichtgemäß mitgeführt.

Ökonomische Argumente beherrschen daher auch die auf den audiovisuellen Sektor gerichteten Fördermaßnahmen der Gemeinschaft. Diese richten sich zunächst vorrangig auf die Stärkung der europäischen Produktion gegenüber der US-amerikanischen Filmindustrie. Die anhaltende Dominanz amerikanischer Produktionen im europäischen Fernsehen verweist indessen nicht nur auf die wirtschaftliche Schwäche des europäischen Marktes, sondern mehr noch auf die Probleme des Austausches von Filmen zwischen den Mitgliedstaaten. Hier spiegeln sich zwar auch die Schwierigkeiten mit der Sprache, die sich allerdings bei Kino- und Fernsehfilmen etwas leichter überwinden lassen als bei aktuellen Produktionen; gravierender wirken sich wohl die kulturelle Vielfalt bzw. die nationalen Eigenheiten aus, die die Vermarktung von Filmen innerhalb von Europa erschweren. US-Produktionen, die schon auf dem heimischen Markt ein kulturell heterogenes Publikum ansprechen müssen, haben es in dieser Hinsicht auf dem europäischen Markt leichter; die Stärken des US-Filmvertriebs tun ein übriges. Die Maßnahmen, die den europäischen audiovisuellen Sektor fördern sollen, dienen indessen nicht nur der Steigerung der internationalen Wettbewerbsfähigkeit des audiovisuellen Marktes, sondern – unter dem eifrigen Bemühen, die kulturelle Vielfalt Europas als Pfund zu preisen, mit dem zu wuchern wäre – mittlerweile auch explizit der Stärkung der europäischen Kultur. Die Aufnahme von Artikel 128 in den Vertrag von Maastricht (heute Artikel 151) erleichterte der Kommission entsprechende Aktivitäten im ansonsten ihrer Kompetenz entzogenen kulturellen Bereich. Allerdings, auch wenn die Förderprogramme von Seiten der Kommission stets als wirksam bewertet werden, zeigen die Zahlen zum Export und zum innereuropäischen Austausch von audiovisuellen Produktionen jedoch, dass sich die Erfolge sehr in Grenzen halten und die Europäisierung des audiovisuellen Sektors nur schwer vorankommt. Das Handelsdefizit der EU gegenüber den USA wächst weiter und liegt mittlerweile bei mehr als acht Milliarden Euro.

Die audiovisuelle Förderpolitik der Gemeinschaft, zum einen in Form der Quoten für europäische Produktionen in der Fernsehrichtlinie, zum anderen in Form der MEDIA-Programme, wird primär mit dem Ziel der Stärkung der europäischen Programmproduktion begründet. Diese Argumentationsweise erlaubt es, die Förderung ebenfalls als wirtschafts- und handelspolitische Maßnahme zu rechtfertigen, obwohl hier immer auch die Identitätsfrage mitschwingt und damit wenigstens teilweise mediale Inhalte und insofern die Programmautonomie der Fernsehanbieter berührt sind.

Allerdings zwingen gerade die Auseinandersetzungen der EU-Staaten mit den USA und Japan im Rahmen der WTO-Verhandlungen dazu, nun wieder verstärkt die kulturelle Dimension von Film und Fernsehen hervorzuheben. Wenn der audiovisuelle Sektor in das Dienstleistungsübereinkommen GATS einbezogen wird und Fördermaßnahmen daraufhin überprüft werden, ob sie dem freien Welthandel im Wege stehen, helfen nur noch auf kulturelle Ziele verweisende Argumente, um Ausnahmen zu erreichen. Die EU würde damit beinahe in eine paradoxe Situation geraten, wenn sie nämlich auf der globalen Ebene den kulturellen Charakter audiovisueller Angebote verteidigen muss, gegenüber den Mitgliedstaaten dagegen immer primär ökonomische Argumente im Munde führt.

Mit der Weiterentwicklung der Informations- und Kommunikationstechnologien, der Verbreitung der Online-Kommunikation und der Hoffnung auf einen Zukunftsmarkt, der Arbeitsplätze bieten könnte, hat die EU ihre Aufmerksamkeit der "Informationsgesellschaft" zugewandt. Die Verabschiedung der Lissabonner Strategie im Jahr 2000 hat diesen Sektor schließlich zu einem Eckpfeiler gemacht in Hinblick auf den guten Vorsatz, Europa innerhalb von zehn Jahren zum " wettbewerbsfähigsten und dynamischsten wissensbasierten Wirtschaftsraum der Welt" zu machen. Die EU investiert hier allerdings nur bedingt eigene Mittel, sondern hofft vielmehr auf mitgliedstaatliche und private Initiativen. Von der Telekommunikation über die Dienste der Informationsgesellschaft bis hin zur Konvergenz von Individual- und Massenkommunikation hat es gewissermaßen einen Spill-over-Effekt von der europäischen Telekommunikationspolitik zu den gemeinschaftlichen Maßnahmen im audiovisuellen Sektor gegeben. Die Kommission hat hier nicht zuletzt neue Argumente gefunden, mit denen sich ihre Aktivitäten in diesem Bereich rechtfertigen lassen.

Während die Kommission Medienpolitik – notwendigerweise – primär unter ökonomischer Perspektive betreibt, lässt sich in der Rhetorik des Europäischen Parlaments nach wie vor eine gewisse Hoffnung auf die identitätsstiftende Kraft der Medien ausmachen. An der Kommission scheinen die entsprechenden Entschließungen des Parlaments indessen vorbei zu gehen. Das zeigt sich nicht zuletzt in der Diskrepanz zwischen den Äußerungen des Parlaments zum Stellenwert des öffentlich-rechtlichen Rundfunks und den Aktivitäten der Kommission, die diesen nur mehr unter Wettbewerbsgesichtspunkten behandelt.

Gerade am Beispiel des öffentlich-rechtlichen Rundfunks lässt sich auch erkennen, dass die Kommission medienpolitisch auf dem Vormarsch ist und die Mitgliedstaaten unterdessen deutliche Einbußen in ihrer medienpolitischen Kompetenz hinnehmen müssen. Obwohl diese sich mit dem Amsterdamer Protokoll die wesentlichen Entscheidungen über den öffentlich-rechtlichen Rundfunk vorbehalten hatten, hat die Kommission unter dem Druck der kommerziellen Anbieter, die den Umweg über Europa zur Einflussnahme auf die nationale Medienpolitik für sich entdeckt haben, mittlerweile eine aktive Rolle in dieser Sache übernommen und die Mitgliedstaaten in die Defensive gedrängt. Indem die kommerziellen Veranstalter bei der Kommission vorstellig wurden, boten sie dieser zusätzlich Legitimation für ihre medienpolitischen Aktivitäten und bestärkten die ökonomische Sichtweise auf den Rundfunk. Die Befassung der Kommission mit der Finanzierung der öffentlichen-rechtlichen Anstalten, die sich auf die Wettbewerbsartikel des EG-Vertrages gründet, berührt dennoch – indem sie zum Beispiel Vorgaben macht für die Online-Dienste oder nach dem Anteil des Sports im Programm fragt und Exklusiveinkäufe in Frage stellt – inhaltliche Aspekte und nimmt damit den Mitgliedstaaten die Aufgabendefinition für den öffentlich-rechtlichen Rundfunk wenigstens teilweise aus der Hand.

Der Umgang der Kommission mit dem öffentlich-rechtlichen Rundfunk macht zugleich deutlich, wie sich mit der Kommerzialisierung des Rundfunks auch die Medienpolitik kommerzialisiert hat. Ökonomische Kriterien bestimmen die Angebote ebenso wie die Regulierung des Marktes. Diese zielt auf die Freiheit der Marktkräfte, wobei die Gemeinwohlverpflichtung, die dem Social Responsibility-Modell des europäischen öffentlich-rechtlichen Rundfunks zu Grunde liegt, auf der Strecke bleibt. Auf dem Weg über Europa ist damit ein tiefgreifender Wandel der Rundfunkmärkte in den Mitgliedstaaten eingeleitet worden.

Ebenfalls zu Gunsten der Marktkräfte gingen die Bemühungen um spezifische Regelungen zur Medienkonzentration aus. Bis heute hat sich das Europäische Parlament, und dort insbesondere sein Ausschuss für Kultur, Jugend, Bildung und Medien, immer wieder für vielfaltssichernde Maßnahmen im Medienbereich stark gemacht, war aber auch in dieser Hinsicht bei der Kommission wenig erfolgreich. Mitte der neunziger Jahre sah es kurzzeitig so aus, als ob die Kommission mit einer Richtlinie Vorgaben für Maßnahmen gegen die Medienkonzentration machen würde. Ihre Entscheidungen auf der Basis der Fusionskontrollverordnung, die vor allem auch die deutschen Mediengroßunternehmen ausbremste, sprachen ebenfalls für die Entschlossenheit der Kommission, marktbeherrschende Stellungen im Mediensektor zu verhindern. Die Entwürfe für eine Konzentrationsrichtlinie kamen jedoch kaum aus den Kommissionsschubladen heraus. Auch bei der Anwendung der Fusionskontrollverordnung scheint sich längst ein Paradigmenwechsel vollzogen zu haben, denn die Entscheidungen der letzten Jahre kamen den Vorhaben der Unternehmen eher entgegen, und zwar sowohl im Bereich der Rundfunk- wie auch der Pressemedien (Altes, 2000; Nehl, 2004), so dass vorläufig mit vielfaltssichernden Maßnahmen auf europäischer Ebene nicht mehr zu rechnen ist. Die EU-Grundrechtecharta, die in Artikel 11 die Pluralität der Medien zwar erwähnt, diese aber nicht gewährleistet, sondern lediglich achtet und damit der Gemeinschaft kaum die Möglichkeit zu einer aktiven Sicherung von Vielfalt einräumt, lässt ebenfalls kaum ein Anknüpfen an die früheren Initiativen erwarten.

Die Konvergenz der Technik, die Individual- und Massenkommunikation zusammenwachsen lässt und die Unterscheidung medialer Angebote nach verschiedenen technischen Übertragungswegen schwierig macht, hat der EU bzw. der Kommission ebenfalls in die Hände gespielt. Nicht nur, dass durch Aktivitäten im Bereich der Individualkommunikation, die sich zunächst eher auf Infrastrukturmaßnahmen und die Entwicklung gemeinsamer technischer Standards richtete, mittlerweile auch Fragen der Massenkommunikation berührt sind und der Kommission damit ein weiteres Argument zur Rechtfertigung von Aktivitäten auch in diesem Bereich gegeben ist. Darüber hinaus hat der Geist der Liberalisierung, der die Sicht auf den Telekommunikationssektor prägt, auch seine Spuren in der Haltung der Kommission gegenüber dem Rundfunksektor hinterlassen und damit die Dominanz des Kommerzes gegenüber der Kultur weiter unterstützt.

Betrachtet man die Entwicklung der europäischen Medienpolitik, von Europäischer Gemeinschaft einerseits und Europarat andererseits, so zeigt sich nicht nur, dass der Europarat stets andere Akzente gesetzt hat, sondern auch, dass dieser der Gemeinschaft in Medienfragen stets einen Schritt voraus war. Noch bevor die EG den Programmaustausch in Europa, die Förderung der europäischen audiovisuellen Produktion, das Urheberrecht und schließlich grenzüberschreitendes Fernsehen zu ihren Themen machte und sich zum Handeln entschließen konnte, hatte der Europarat deren Diskussion schon begonnen und Entschließungen dazu vorgelegt. Für den an Menschenrechten, Grundfreiheiten und Kultur orientierten Europarat entwickelten sich die Medien schnell zu einem zentralen Feld seiner Aktivitäten und dieser Hintergrund führte auch dazu, dass der Europarat die Medien unter einer anderen Perspektive betrachtet als die aus der Wirtschaftsgemeinschaft heraus entstandene Union. Entsprechende Aktivitäten des Europarates werden allerdings auch dadurch erleichtert, dass dieser, anders als die EU, nicht unmittelbar Recht setzt, sondern den Mitgliedstaaten der Beitritt zu den Übereinkommen des Europarates meist freigestellt ist. Dennoch spielt der Europarat eine wichtige und womöglich oft unterschätzte Rolle als "moralische Instanz" (Krewel, 2005) in der europäischen Medienpolitik. Diese Rolle wird nicht zuletzt dadurch gestützt, dass auch Mitgliedstaaten der EU den medienpolitischen Aktivitäten des Europarates Bedeutung zuweisen und sich hier engagieren. Wiederum am Beispiel des öffentlich-rechtlichen Rundfunks lässt sich zeigen, dass der Europarat nicht nur andere Akzente setzt als die Union, sondern sogar Positionen vertritt, die zu deren Haltung konträr sind. Indem gerade die kleineren EU-Mitgliedstaaten wie auch andere Akteure der Medienpolitik den Europarat für ihre Interessen nutzen, weil sie sich dort besser vertreten fühlen, stärken sie dessen Rolle erst recht gegenüber der Union. Schließlich ist nicht zu vernachlässigen, dass der Europarat bei derzeit 46 Mitgliedern fast ganz Europa umfasst und auch dadurch zu einem bedeutsamen Akteur wird.

So zeigt auch die *European Broadcasting Union* eine deutlich engere Bindung an den Europarat als an die EU. Als Verbund der öffentlich-rechtlichen Rundfunkanstalten Europas, die ungeachtet ihrer Aufgabe und Zielsetzung in den ökonomischen Wettbewerb geraten sind, hat die EBU naturgemäß eine größere Nähe zum Europarat, der stets die kulturelle Bedeutung und die Vielfalt fördernde Wirkung des öffentlich-rechtlichen Rundfunks betont. Die Beziehung der EBU zur EU hat sich indessen abgekühlt. War die EBU anfangs noch Kooperationspartner bei den europäischen Fernsehversuchsprogrammen, ist sie mittlerweile selbst zum Gegenstand medienpolitischer Auseinandersetzungen mit der Europäischen Kommission geworden. Ebenso wie die nationalen öffentlich-rechtlichen Rundfunkanstalten ist deren Tätigkeit im Verbund der EBU ins Visier der Kommission geraten, nachdem sich privat-kommerzielle Rundfunkanbieter über kartellähnliches Verhalten der EBU beschwert hatten. Die Probleme, die sich daraus für die EBU abzeichnen, hat wiederum das Europäische Parlament veranlasst, in seinen Entschließungen für den Erhalt dieser Kooperation zu plädieren.

Auch wenn die Kompetenz der EG für medienpolitische Maßnahmen immer wieder umstritten war, ist dennoch eine deutliche Europäisierung nationalen Rechts zu erkennen. Diese lässt sich in Deutschland konkret am

Rundfunkstaatsvertrag und in der Folge an den Landesgesetzen für den Rundfunk ablesen. Der Rundfunkstaatsvertrag geht zu großen Teilen auf die Fernsehrichtlinie zurück und wird nur noch sehr bedingt durch den deutschen Gesetzgeber, also die Bundesländer, bestimmt. Diese setzen vielmehr das um, was ihnen von der europäischen Ebene verbindlich auferlegt wird. Werbe-, Sponsoring- und Teleshoppingregelungen, Jugendschutz, Gegendarstellungsrecht, Kurzberichterstattung, die Listenregelung für Ereignisse von erheblicher gesellschaftlicher Bedeutung und die Quoten für europäische Produktionen leiten sich unmittelbar aus den europäischen Vorgaben ab. Was nicht zufriedenstellend ausfällt, wird von der Kommission und unter Umständen vom Europäischen Gerichtshof sanktioniert. Auch ohne eine gesamteuropäische Vereinbarung hat die Kommission darüber hinaus Einfluss genommen auf die Neuregelung der Konzentrationskontrolle für das kommerzielle Fernsehen in Deutschland, wie sie 1997 mit dem Rundfunkänderungsstaatsvertrag eingeführt wurde. Schließlich greifen auch Entscheidungen der Kommission auf der Basis der Fusionskontrollverordnung, seien sie negativ oder permissiv, in die nationale Medienpolitik ein (vgl. Harcourt, 2002, S. 741). Mit den Auseinandersetzungen über die Finanzierung der öffentlich-rechtlichen Rundfunkanstalten erobert sich die Kommission ein weiteres Betätigungsfeld und greift auf diesem Weg nachhaltig in die Rundfunksysteme der Mitgliedstaaten ein und macht damit erst recht deutlich, wie weit der nationale Gesetzgeber in der Medienpolitik bereits zurückgedrängt wurde.

9.2 Europäische Medienpolitik?

Der Blick auf Entwicklung und Gegenstände der die Medien betreffenden Maßnahmen wirft die Frage auf, ob es gerechtfertigt ist, bezogen auf die EU überhaupt von Medienpolitik zu sprechen. Die einschlägige Literatur, so zum Beispiel das von Werner Weidenfeld herausgegebene *Europa-Handbuch* (2002) oder die Einführung in Geschichte, Institutionen und Prozesse der Europäischen Union von Frank R. Pfetsch (2001), listet Medienpolitik nicht unter den Politikfeldern der Gemeinschaft auf. Seit Amtsantritt der Kommission unter Präsident José Manuel Barroso am 1. November 2004 findet sich unter den Generaldirektionen der Europäischen Kommission, die für die verschiedenen Politikfelder stehen, eine Generaldirektion Informationsgesellschaft und Medien, der Viviane Reding als Kommissarin mit gleichlautendem Geschäftsbereich vorsteht. Sie war bereits Kommissarin unter Präsident Romano Prodi, allerdings mit Zuständigkeit für Bildung und Kultur und betreute von dort aus die audiovisuelle Politik. Während die spezifische Bezeichnung der neuen Generaldirektion die wachsende Bedeutung signalisiert, die die Kommission diesem Politikfeld zuweist und damit zugleich ihren Kompetenzanspruch deutlich macht, wird dieser Schritt noch nicht zu einer Neuordnung im Sinne einer Bündelung der Zuständigkeiten führen. Denn die bisherige Entwicklung hat gezeigt, dass die medienbezogenen Aktivitäten immer in entscheidender Weise von anderen Generaldirektionen beeinflusst wurden, die diese als Teil ihrer Binnenmarkt-, Wettbewerbs- oder Industriepolitik betrieben haben.

Wenn Medienpolitik – oder im weiteren Sinne Kommunikationspolitik, die auch die Individualkommunikation einbezieht – verstanden wird als Gesamtheit der Maßnahmen des politisch-administrativen Systems, die sich direkt oder indirekt auf die gesamte Medienstruktur oder auf die Rechtsstellung, Organisation und Funktionsweise einzelner Medien beziehen (Jarren, 1994), so ergeben sich Schwierigkeiten, eine solche Definition auf die europäischen Aktivitäten anzuwenden. Ebenso wie es schwerfällt, das politische System Europa mit den herkömmlichen, nämlich an den Nationalstaaten orientierten Kategorien zu erfassen, fehlt auch für eine derart definierte Medienpolitik der entsprechende Bezugspunkt sowohl auf der einen wie auf der anderen Seite, den Akteuren wie dem Objekt der Medienpolitik.

Die EU wird heute üblicherweise als ein dynamisches Mehrebenensystem beschrieben, das eine Mischstruktur aus intergouvernementalen und supranationalen Institutionen und Verfahren aufweist. Die Fragmentierung dieses Systems, seine Dynamik sowie das Fehlen eines konsistenten politischen Zentrums bringen es mit sich, dass Entscheidungsprozesse nur mühsam nachzuvollziehen sind. Dieses Mehrebenensystem verschränkt eine intergouvernementale Ebene, auf der die Mitgliedstaaten die Entscheidungen treffen, mit der supranationalen Ebene, die von den europäischen Institutionen geprägt wird. Für die Beschreibung der Policy-Ebene wird indessen mittlerweile auf Netzwerktheorien zurückgegriffen, die die Vielzahl der jeweils mit- und gegeneinander agierenden europäischen und aus den Mitgliedstaaten stammenden Akteure am besten abzubilden scheinen. Diese Netzwerke stellen Problemlösungskoalitionen dar, die je nach Politikfeld eine wechselnde Zusammensetzung aufweisen. Hier treffen sich Vertreter der europäischen Institutionen mit nationalen und europäischen Interessengruppen, Experten sowie Medien (Sturm & Pehle, 2001, S. 21; vgl. auch Jachtenfuchs & Kohler-Koch, 1996; Schmidt, 2002).

Diesem politischen Mehrebenensystem fehlt auf der anderen Seite eine zusammenhängende europäische Medienstruktur, auf die eine gesamthafte Medienpolitik zielen könnte. Vielmehr beziehen sich medienbezogene Maßnahmen auf die nationalen Medienstrukturen der Mitgliedstaaten. Deren unterschiedliche Ausprägungen und Traditionen, erst recht im nach Osten erweiterten Europa, machen Verhandlungen nicht nur auf der intergouvernementalen Ebene außerordentlich kompliziert. Darüber hinaus treffen unterschiedliche Philosophien der europäischen bzw. nationaler und europäischer Institutionen aufeinander.

Allerdings wird mittlerweile auch für die Medienpolitik auf der Ebene der Nationalstaaten die Auflösung der Kopplung an eine hierarchische Struktur diagnostiziert und Medienpolitik stattdessen als ein Ergebnis der Interaktion verschiedener politischer Interessen gesehen (Vowe, 2003). Medienpolitik in diesem Sinne nimmt damit gegenüber dem traditionellen Modell der Steuerung von Seiten des politisch-administrativen Systems einen Aushandlungscharakter an, der für die Analyse der Interaktionen auf der europäischen Ebene dann auch besser geeignet scheint. Dieser Aushandlungs- bzw. Netzwerkcharakter wird von der Kommission geradezu forciert, indem diese regelmäßig interessierte Gruppen zu Stellungnahmen und Vorschlägen auffordert oder Experten aus den Mitgliedstaaten in ihre Entscheidungsfindung einbindet.

Ein kohärentes Politikfeld Medien ist in der Gemeinschaft nicht auszumachen. Dafür bedürfte es nicht nur entsprechender Akteure mit einer klaren Zuordnung, sondern erst recht auch klarer Kompetenzen. Medienpolitik, so hat sich gezeigt, wird in der EU weitgehend – aber eben nicht nur – der Binnenmarktpolitik untergeordnet. Ebensowenig lassen sich die medienpolitischen Maßnahmen der europäischen Ebene den Regulierungsfeldern zuordnen, die im Bereich der Medienpolitik auszumachen sind. Demnach zielen solche Regulierungen auf die Publizistik, das meint die Beziehungen zwischen der Politik und den Medien und betrifft insofern insbesondere die politische Meinungsbildung. Auf die Publizistik bezogene Regulierung gibt der Politik zwar grundsätzlich Einfluss auf die Medien, setzt ihr aber auch deutliche Grenzen, die aus der Pressefreiheit erwachsen. Regulierungen betreffen außerdem den Bereich der Wirtschaft und machen damit

Vorgaben für die Beziehungen auf den ökonomischen Märkten, also den Wettbewerb. Schließlich richten sich Regulierungen auf den Sektor Arbeit, der für die Beziehungen innerhalb von Medienorganisationen steht und damit das Verhältnis von Arbeitgebern und Arbeitnehmern betrifft. (Vgl. Vowe, 2003)

Während etwa für die deutsche Rundfunkpolitik ein Schwerpunkt im Bereich der Publizistik (Sicherung der Unabhängigkeit vom Staat; Sicherung von Meinungsvielfalt) festzustellen ist, lässt die Zusammenschau der auf die Medien bezogenen Maßnahmen, die von den Organen der Europäischen Gemeinschaft ausgingen, erkennen, dass diese sich bislang nur auf dem Regulierungsfeld Wirtschaft bewegt haben. Das Argument Herstellung und Absicherung des Binnenmarktes ebenso wie das Ziel der Stärkung europäischer Industrien für den internationalen Wettbewerb bieten den europäischen Institutionen nicht nur eine Rechtfertigung bei ihren medienpolitischen Aktivitäten, sondern verengen zugleich ihren Aktionsradius auf das Regulierungsfeld Wirtschaft. Ausstrahlungseffekte auf die beiden anderen Regulierungsfelder, insbesondere das der Publizistik, sind indessen nicht auszuschließen und sehr wohl auch zu erkennen, wie sich am Beispiel der Quoten für europäische Produktionen und des öffentlich-rechtlichen Rundfunks zeigt oder wie sie sich durch vielfaltssichernde Maßnahmen ergeben würden.

Europäische Medienpolitik, wenn man die Maßnahmen der Union, die die Medien betreffen, dennoch so nennen will, ist durch eine Dominanz des Rechts gekennzeichnet. Das hat zu einer weitgehenden Deckungsgleichheit von Medienpolitik und Rechtsetzung geführt. Der Erlass von Richtlinien, die die Mitgliedstaaten binden, geschieht zwar letztlich immer auf der intergouvernementalen Ebene, also durch den Rat; die einzelnen Mitgliedstaaten haben hier allerdings durch die Zurücknahme des Einstimmigkeitsprinzips an Einfluss eingebüßt. Außerdem ist es schließlich doch die Kommission, die die Richtlinienvorgaben interpretiert und über deren Einhaltung auf der nationalen Ebene wacht und zuweilen bei den Mitgliedstaaten einklagt. Durch Anwendung des Wettbewerbsrechts greift die Kommission direkt in die Mitgliedstaaten ein, ohne dass diese hier noch mitzureden haben. Schließlich sind viele Streitigkeiten auch vor dem EuGH ausgetragen worden, dessen Entscheidungen die Mitgliedstaaten binden.

Unter den klassischen Massenmedien richten sich die europäischen Maßnahmen bislang fast nur auf den Rundfunk oder präziser: auf das Fernsehen, weil dessen grenzüberschreitender Charakter Aktivitäten auf der supranationalen Ebene herausfordert und damit eine Legitimation für ein Eingreifen abgibt. Im Bereich des Fernsehens ist dann auch eine weitgehende Europäisierung nationalen Rechts zu verzeichnen, die den Spielraum der Mitgliedstaaten deutlich einengt. Andere Medien werden, wenn überhaupt, bestenfalls durch indirekte Maßnahmen erreicht. Von einer umfassenden, die gesamte Medienstruktur oder alle Regelungsbereiche betreffenden Medienpolitik kann daher auf der europäischen Ebene nicht gesprochen werden. Ebenso fragmentiert wie die Regelungen und Bezugsobjekte sind die Akteure der europäischen Maßnahmen, da ein einheitliches Politikfeld Medien nicht existiert und das Fernsehen von verschiedenen Regelungen des EG-Vertrages betroffen ist, die wiederum verschiedenen Politikfeldern zuzurechnen sind. Obendrein macht die Netzwerkstruktur die Entscheidungsfindung unübersichtlich und erschwert deren Zurechenbarkeit. Ungeachtet dieser Zersplitterung in ihrem Zustandekommen haben die medienbezogenen Maßnahmen durch ihre rechtsetzende Kraft jedoch weitgehende Wirkungen auf die nationale Medienpolitik der EU-Mitgliedstaaten, so dass dennoch auch auf der europäischen Ebene von Medienpolitik in Sinne der Hervorbringung verbindlicher Entscheidungen für die Medien gesprochen werden kann.

Als problematisch in diesem Zusammenhang erweist sich jedoch das allseits beklagte Demokratiedefizit der EU, zumal im Bereich von Medienpolitik, die regelmäßig mit der Grundrechtsfrage verknüpft ist. Die EU setzt für die Medien in den Mitgliedstaaten Recht und übt insofern Herrschaft aus, ohne dass dem entsprechende demokratische Prozeduren zu Grunde lägen. Wo Entscheidungen über den Rat fallen, ist wenigstens von einer indirekten Legitimation zu sprechen, die die Vertreter der Mitgliedstaaten im Rat aus der demokratischen Legitimation der nationalen Regierungen beziehen. Für die Kommission und damit für diejenigen Entscheidungen, die von der Kommission mit unmittelbarer Bindung für die Mitgliedstaaten getroffen werden, ist die demokratische Legitimation indessen nicht mehr zu erkennen. Der Einfluss des Parlaments, das immerhin durch die Direktwahl seiner Abgeordneten legitimiert ist, bleibt indessen nach wie vor eher gering.

Da staatliche Medienpolitik angesichts der verfassungsrechtlich garantierten Pressefreiheit im Sinne der Freiheit der Medien vom Staat stets mit eben diesem Grundrecht konfrontiert ist und daher immer die Wanderung auf einem schmalen Grat darstellt, muss sich auch europäische Medienpolitik die Frage nach ihrem grundrechtlichen Rahmen gefallen lassen. In Anbetracht des Fehlens eines entsprechenden Grundrechtekatalogs in der EU hat sich der Europäische Gerichtshof in seinen Entscheidungen bislang hilfsweise auf Artikel 10 der Europäischen Menschenrechtskonvention und auf die nationalen Verfassungstraditionen berufen. Aber erst mit der in Nizza proklamierten Grundrechtecharta, die Teil des europäischen Verfassungsvertrages werden soll, erhält die EU eine eigene Grundlage, die einen Bezugspunkt auch für medienpolitische Maßnahmen abgeben und so zu deren Legitimation beitragen kann, auch wenn weiterhin demokratische Prozeduren fehlen. Nicht zuletzt auf Drängen der deutschen Bundesländer, die eine ausstrahlende Wirkung eines Gewährleistungsauftrages an die Gemeinschaft befürchteten und daher um ihre medienpolitische Kompetenz bangten, ist allerdings Artikel 11 der EU-Grundrechtecharta – gemessen an Artikel 5 Grundgesetz – schwach ausgefallen, da er sich im Wesentlichen auf das klassische Abwehrrecht beschränkt. Auch wenn dort Medienfreiheit und die Pluralität der Medien explizit angesprochen werden, begründet die Grundrechtecharta kaum die Möglichkeit aktiver Sicherungsmaßnahmen.

9.3 Beitrag zu europäischer Öffentlichkeit?

In ihrer Rolle als Medium und Faktor für die Herausbildung einer europäischen Identität, wie sie vor allem das Europäische Parlament immer wieder thematisiert hat, aber auch die Kommission in ihren Begründungen für medienbezogene Aktivitäten mitführt, sind die Medien dann auch Gegenstand der politikwissenschaftlichen Diskussion, die das Demokratiedefizit der EU beklagt und die Demokratisierung in einen Zusammenhang mit dem Entstehen einer europäischen Öffentlichkeit und eben einer europäischen Identität stellt. In dieser Diskussion, und damit auch bezüglich der Leistungskraft der Medien, haben sich verschiedene Positionen herausgeschält, die sich einer optimistischen und einer pessimistischen Variante zuordnen lassen.

Die eher pessimistische Position konstatiert das Fehlen einer europäischen Öffentlichkeit und sieht aufgrund der mangelnden strukturellen Voraussetzungen auch keine Chancen für die Entstehung einer solchen. Öffentlichkeit wird hier weitgehend mit einer Medienöffentlichkeit gleichgesetzt. Zwar werden auch andere intermediäre Strukturen wie Parteien oder Verbände berücksichtigt, allerdings ist auch deren Durchsetzungskraft zu großen Teilen an die Medien gekoppelt. Europäische Öffentlichkeit meint also europäische Medienöffentlichkeit. Da es aber keine europäischen Medien gibt, die Europa ein Forum und den Europäern einen *common meeting ground* bieten und so die wechselseitige Vermittlungsleistung zwischen Union und Bevölkerung erbringen, kann sich auch keine europäische Öffentlichkeit entwickeln. Dreh- und Angelpunkt dieser Argumentation ist das Sprachproblem. Das Fehlen einer gemeinsamen Sprache verhindert das Entstehen bzw. die Teilhabe an einer gemeinsamen Medienöffentlichkeit, so dass deren identitätsstiftende Funktion entfällt. Der politische Diskurs bleibt vielmehr auf die nationalen Öffentlichkeiten bzw. Sprachräume begrenzt. Da Sprachgemeinschaften zugleich als Erfahrungs- und Deutungsgemeinschaften gelten, fehlen die Gemeinsamkeiten in der Wahrnehmung der Realität. Die Akzeptanz europäischer Medienangebote – wenn sie sich denn entwickelten – wird außerdem durch eingefahrene Konsumgewohnheiten des Publikums erschwert sowie durch die Kulturgebundenheit von Medieninhalten bzw. feste Erwartungen des Publikums an die medialen Inhalte. Da das Sprachproblem nicht zu lösen und dem zu Folge das Entstehen einer europäischen Öffentlichkeit aussichtslos ist, diese aber die Voraussetzung für die Herausbildung einer europäischen Identität wäre, kann sich auch kein Wir-Bewusstsein entwickeln. In Hinblick auf das eben nicht nur strukturell bedingte Demokratiedefizit der Gemeinschaft, das aufgrund der ausbleibenden Rückbindung der Politik an das Volk auch ein Legitimitätsdefizit umfasst, tut sich insofern ein Dilemma auf. Wenn ein europäischer, die Mitgliedstaaten übergreifender politischer Diskurs nicht zu Stande kommen kann, der eine europäische Öffentlichkeit ausmachen würde, und wenn sich (daher) kein europäisches Kollektivbewusstsein zu entwickeln vermag, das zu einer europäischen Identität gehört, sind Demokratie- und Legitimitätsdefizit schwerlich abzubauen. Erst der die Sprachräume überwindende und nicht auf die Nationalstaaten begrenzte politische Diskurs könnte europäische Politik zur Sache der Allgemeinheit machen, Identifikation bieten und die Voraussetzung für die Zuerkennung von Legitimität schaffen. Das Defizit, wo immer man in diesem Wechselwirkungsprozess ansetzt, wird zum Dilemma, weil es sich als unlösbar erweist. (Vgl. dazu insbesondere Grimm, 1995; außerdem Gerhards, 1993; Glotz, 1995; Kielmannsegg, 1996; 2003; Saxer, 1990; Scharpf, 1995)

Wenn das Entstehen einer solchermaßen verfassten europäischen Öffentlichkeit also als wenig realistisch eingeschätzt wird, stellt sich die Frage, ob eine europäisierte Öffentlichkeit diese ersetzen und annähernd gleiches leisten könnte. Anders als die europäische Öffentlichkeit, die neben die nationalen Öffentlichkeiten tritt, diese gewissermaßen überwölbt, aber eben mehr darstellt als nur deren Summe, meint europäisierte Öffentlichkeit die Europäisierung nationaler Öffentlichkeiten. Diese wird herbeigeführt durch die (verstärkte) Behandlung europäischer Themen sowie die Bewertung von Themen unter einer europäischen Perspektive (Gerhards, 1993). Die Vertreter der oben genannten Dilemma-These beurteilen allerdings ein solches nur europäisiertes Kommunikationssystem als unzulänglich, weil es sich jeweils an ein nationales Publikum richtet und nationalen Sichtweisen verhaftet bleibt. Ein wirklich europäischer Diskurs könne so nicht begründet werden (Grimm, 1995).

Ohnehin wird sogar die Europäisierung nationaler Öffentlichkeiten durch "Trägheitsmomente" (Gerhards) retardiert. Als solche erweisen sich hier zum einen die Strukturen und Prozesse der EU und zum anderen die Strukturen und Arbeitsweisen der Medien. Einerseits fehlen dem europäischen Entscheidungshandeln, das sich größtenteils im Arkanbereich von Kommission und Ausschüssen vollzieht, diejenigen Merkmale, die üblicherweise Medienaufmerksamkeit generieren und europäischen Themen zu öffentlicher Resonanz verhelfen könnten. Andererseits sind die aus Brüssel für Medien in den Mitgliedstaaten berichtenden Journalisten in der Regel Auslandskorrespondenten, die im Wettbewerb mit ihren Kollegen und deren Themen mit einem oftmals höheren Nachrichtenwert stehen. Bislang dominiert (daher) in der Berichterstattung aus und über Europa die nationale Perspektive, die einem Thema den europäischen Bezugsrahmen nimmt und europäische Themen dann doch wieder zu nationalen Themen werden lässt. (Vgl. Gerhards, 1993)

In eine ähnliche Richtung, wenn auch nicht nur auf die Medien bezogen, zielen Forderungen nach einer besseren Verdeutlichung der interdependenten Strukturen zwischen der europäischen und der nationalen Ebene, die den Kenntnisstand über Europa hebt und damit ein Relevanzbewusstsein für Europa schafft. Voraussetzung dafür, dass das gelingen kann, ist die Transparenz der europäischen Entscheidungsstrukturen und -prozesse (vgl. Beierwaltes, 2000, S. 240-241). Dieses Modell einer europäisierten Öffentlichkeit steht letztlich auch im Hintergrund von zahlreichen Aktivitäten, die sich auf die Förderung der Journalistenaus- und -weiterbildung beziehen und die Entwicklung eines *Eurojournalismus* im Auge haben (vgl. Kopper, 2003). Schließlich dient solche Forschung, die die Präsenz und die Bewertung europäischer Themen in den Medien der Mitgliedstaaten und so deren Europäisierungsgrad erhebt (vgl. z. B. neuerdings Díez Medrano, 2003; Kevin, 2001; Peter, Semetko & de Vreese, 2003; Trenz, 2004), durch die damit erfolgende Defizitanalyse ebenfalls dem Ziel der Europäisierung der nationalen Medienöffentlichkeiten.

Der Entwurf einer solchen europäisierten Öffentlichkeit, der auf die Verbesserung des gegenseitigen Verständnisses und der Relevanzstrukturen setzt, umgeht das Sprachproblem, das weitgehend unüberwindbar scheint und das Entstehen einer eigenständigen europäischen Öffentlichkeit verhindert. Zwar werden auch hinsichtlich der Europäisierung der nationalen Medienöffentlichkeiten noch Desiderata ausgemacht, die jedoch auf Sicht als behebbar gelten. Es bleibt indessen die Skepsis, ob eine nur europäisierte Medienöffentlichkeit die europäische Öffentlichkeit ersetzen kann und ausreicht, um über nationale Öffentlichkeiten eine europäische Identität und ein europäisches Kollektivbewusstsein zu schaffen.

Schließlich besteht Uneinigkeit darüber, ob europäische Identität tatsächlich als Folge von Öffentlichkeit anzusehen ist oder ob die Identität nicht umgekehrt die Voraussetzung für das Entstehen einer europäischen Öffentlichkeit darstellt. In diesem Zusammenhang wird dann auch die Frage aufgeworfen, ob es jenseits des Vermittlungsdefizits in diesem Europa überhaupt das Gemeinsame gibt, das die Grundlage für eine europäische Identität bilden könnte. Vor dem Hintergrund des Ziels einer Aussöhnung der europäischen Staaten und im Gegensatz zur Entstehung der Nationalstaaten ist die Europäische Union aufgrund politischer Entscheidungen als eine ökonomische Einheit entstanden, begleitet von der Hoffnung darauf, dass sich aus der ökonomischen auch eine kulturelle Gemeinschaft entwickeln würde. Seit der Aufnahme des Kulturartikels in den Vertrag von Maastricht (zunächst Artikel 128, heute 151) beruft sich auch die Kommission verstärkt auf die integrierende Kraft von Kunst und Kultur und betont deren Beitrag "zur Durchsetzung und Lebensfähigkeit des europäischen Gesellschaftsmodells wie auch zur Ausstrahlung der Gemeinschaft im Weltmaßstab" (Beschluss Nr. 508/2000/EG..., S. 1). Kunst und Kultur, so heißt es weiter im Beschluss von Parlament und Rat zur Einrichtung des Programms "Kultur 2000", seien sowohl ein Faktor der sozialen wie auch der staatsbürgerlichen Integration, aber: "Um die volle Zustimmung und Beteiligung der Bürger am europäischen Aufbauwerk zu gewährleisten, bedarf es einer stärkeren Hervorhebung ihrer gemeinsamen kulturellen Werte und Wurzeln als Schlüsselelement ihrer Identität und ihrer Zugehörigkeit zu einer Gesellschaft, die sich auf Freiheit, Demokratie, Toleranz und Solidarität gründet" (Beschluss Nr. 508/2000/EG..., S. 1). Entsprechende Begründungen finden sich auch in den Beschlüssen zur Einrichtung der MEDIA-Programme. Da die Beschwörung der gemeinsamen europäischen Kultur in den Mitgliedsländern immer auch Befürchtungen bezüglich einer Homogenisierung hervorruft, beeilen sich die europäischen Institutionen, stets zugleich ihre Entschlossenheit zur Wahrung der nationalen und regionalen Vielfalt hervorzuheben, wie sie dann auch in der Kurzformel "Einheit in Vielfalt" ihren Ausdruck findet, aber ebenso die Ambivalenz der Identitätsfrage aufzeigt.

Allerdings treten auch in der Beurteilung europäischer Gemeinsamkeiten unterschiedliche Positionen auf. Die einen melden Zweifel an und verweisen auf die europäische Geschichte, die eher geprägt ist von Auseinandersetzungen zwischen den Staaten Europas, und auf die regionale Zersplitterung, die es schwer macht, von einer gemeinsamen Basis zu sprechen und daraus Hoffnungen auf die Entwicklung einer kollektiven europäischen Identität abzuleiten. Die anderen heben übereinstimmende Wertüberzeugungen und kulturelle Gemeinsamkeiten hervor, die eine Grundlage für die Herausbildung einer europäischen Identität bilden könnten. Die Staats- und Regierungschefs der damals noch neun Staaten umfassenden EG haben bereits im Dezember 1973 bei ihrem Treffen in Kopenhagen eine Deklaration über die Europäische Identität verabschiedet. Unter Hinweis auf die "reiche Vielfalt ihrer nationalen Kulturen" betonte diese Deklaration: "Sharing as they do the same attitudes to life, based on a determination to build a society which measures up to the needs of the individual, they are determined to defend the principles of representative democracy, of the rule of law, of social justice – which is the ultimate goal of economic progress – and of respect for human rights" (Declaration on..., 1973, S. 119). Heute finden sich solche Formeln besonders im Zusammenhang der neuen Kulturpolitik, die die "gemeinsamen kulturellen Werte und Wurzeln" der Mitgliedstaaten betont und diese als das "Schlüsselelement ihrer Identität und ihrer Zugehörigkeit zu einer Gesellschaft, die sich auf Freiheit, Demokratie, Toleranz und Solidarität gründet", bezeichnet (Beschluss Nr. 508, 2000). Was genau die gemeinsame Wertebasis ausmacht und wie weit sie trägt, bleibt jedoch durchaus umstritten. Verträge und Sekundärrecht der Union geben dazu bislang nur bedingt Auskunft. Mit der Verfassung, die den Beitritt der Union zur Europäischen Menschenrechtskonvention vorsieht und auch damit Zeichen setzt, sollen nun aber Werte und Ziele der EU festgeschrieben werden.

Diese Diskussion über europäische Gemeinsamkeiten, die immer auch die Fragen der Grenzziehung und damit von Inklusion und Exklusion berührt, verbindet sich aktuell zum Beispiel mit der EU-Verfassung sowie mit einem möglichen EU-Beitritt der Türkei. In der Medienpolitik der Gemeinschaft kam die Identitätsproblematik unter verschiedenen Perspektiven zum Tragen. Die Bemühungen um ein europäisches Fernsehprogramm zielten auf die Bekräftigung der europäischen Identität und insofern auf Inklusion, mussten dabei aber wenigstens in einem gewissen Umfang die gemeinsame Basis bereits voraussetzen. Fernsehen, so lautete die Annahme, könnte für Europa eine gemeinsame Deutungskultur hervorbringen, die die Basis für eine europäische Identität bietet. Dagegen richteten sich die aus der Sorge um eine Zunahme von Importen aus den USA geborene Quotenpolitik und die Förderung der europäischen audiovisuellen Produktion sowie deren Austausch unter den Mitgliedstaaten primär auf Abgrenzung, die dann ebenfalls auf das europäische Bewusstsein zurückwirken soll (vgl. auch Theiler, 2001).

Aus der Kritik an den Prämissen, die dem Modell der europäischen Öffentlichkeit als einer notwendigen, aber wegen des Fehlens einer gemeinsamen Sprache nicht zu erfüllenden Voraussetzung für die Herausbildung einer europäischen Identität zu Grunde liegen, hat sich indessen ein Gegenmodell und damit eine weniger pessimistische Position entwickelt. Diese fußt vor allem auf einem differenzierten Öffentlichkeitsbegriff, der über die Gleichsetzung von Öffentlichkeit mit einer (europäischen) Medienöffentlichkeit hinausreicht und sich von der Vorstellung einer homogenen Öffentlichkeit löst. Zum einen wird hier darauf verwiesen, dass die Entstehung der supranationalen Institutionen aus einem anderen Zusammenhang heraus erfolgt ist als die Entstehung der Nationalstaaten. Weil die Gemeinschaft in ihrer Struktur und ihren Prozessen nicht mit diesen zu vergleichen ist, sondern ein Gebilde *sui generis* darstellt, leite auch der Abgleich der europäischen Öffentlichkeit mit einem nationalen, eben am Nationalstaat orientierten Öffentlichkeitsbegriff in die Irre. Zum anderen wird mit dem Verzicht auf die Konzeptionalisierung einer einheitlichen europäischen Öffentlichkeit der Tatsache Rechnung getragen, dass längst auch auf der nationalen Ebene kaum mehr von einer homogenen Öffentlichkeit die Rede sein kann, sondern auch dort eher eine Vielzahl von Teilöffentlichkeiten nebeneinander besteht (vgl. insbesondere Eder, Hellmann & Trenz, 1998; Eder & Kantner, 2000; Schlesinger, 1999; Schlesinger & Kevin, 2000). Öffentlichkeit wird daher als ein komplexer Kommunikationszusammenhang entworfen, der sich – zumindest in einigen Entwürfen – nicht so sehr auf die Massenmedien stützt, sondern vielmehr andere intermediäre Strukturen in den Blick nimmt.

Solche Teilöffentlichkeiten konstituieren und artikulieren sich über gemeinsame Themen. Die Rede ist dann auch von *issue publics* (Peters, 1999). Diese entstammen wenigstens zum Teil einem transnationalen (europäischen) Kontext, entweder weil Probleme grenzüberschreitenden Charakter haben oder weil Themen aus den supranationalen Strukturen und Prozessen heraus gesetzt werden. Damit werden die supranationalen Institutionen schließlich auch zum Adressaten der Interessenartikulation. In diesem Sinne haben Eder, Hellmann und Trenz die Herausbildung von transnationalen Kommunikationsnetzwerken nachvollzogen, die sie als "interorganisationelle Settings [definieren], in denen Kommunikationszusammenhänge zwischen den an einem Issue interessierten Organisationen hergestellt werden" (1998, S. 325). Deren Ansprüche und Interessen werden jedoch nicht durch die Massenmedien vermittelt, denn sie fehlen in diesem übernationalen Zusammenhang. Als funktionales Äquivalent der massenmedial hergestellten Öffentlichkeit setzen Eder, Hellmann und Trenz stattdessen auf partizipative und/oder deliberative Verfahren, wie sie in Lobbystrukturen und Expertendiskussionen zu finden sind. (Vgl. auch Eder & Kantner, 2000)

Diese Konzeption von europäischer Öffentlichkeit als einer Vielzahl sich über Themen konstituierender Teilöffentlichkeiten versucht zunächst, sich von den Massenmedien unabhängig zu machen und baut primär auf andere Wege des Austausches und der Einflussnahme auf den europäischen politischen Prozess. Damit verkennt sie indessen die zentrale und insofern auch unverzichtbare Rolle der Massenmedien in der Vermittlung zwischen gesellschaftlichen Teilsystemen und gerade auch in ihren Leistungen für das politische System, das – auf der europäischen mehr noch als auf der nationalen Ebene – dem unmittelbaren Erfahrungsbereich der Bürgerinnen und Bürger weitgehend entzogen ist. Auch Teilöffentlichkeiten sind auf die Massenmedien angewiesen, um sich Resonanz zu verschaffen, selbst wenn ihnen darüber hinaus andere Wege der Themensetzung zur Verfügung stehen. Politikfeldspezifische Teilöffentlichkeiten ohne die massenmediale Vermittlungsleistung bleiben Eliteöffentlichkeiten, die weder der demokratischen Legitimationsbeschaffung noch der allgemeinen Willensbildung des Systems Europa dienen können, und sie bleiben inputorientiert.

Wiewohl ebenfalls kritisch gegenüber der Gleichsetzung von Öffentlichkeit mit Medienöffentlichkeit und insbesondere der normativen Orientierung am Öffentlichkeitsmodell des Nationalstaats bringt van de Steeg mit ihrem Konzept der *public sphere* die Medien zurück in die Diskussion um die europäische Öffentlichkeit. Sie setzt auf das Konzept des *public discourse* und definiert diesen als die "Texte", die aus der öffentlichen Debatte hervorgehen. Diese sind dem empirischen Zugriff durch Inhaltsanalyse zugänglich Sie ersetzen nicht die Öffentlichkeit, diese bleibt allerdings "im Hintergrund". Die Analyse der öffentlichen Diskurse zu einem Thema, das heißt von Medien in verschiedenen Ländern, gibt Aufschluss darüber, inwieweit gleiche Bedeutungssysteme eingesetzt werden bzw. wie weit sie sich unterscheiden. In ihrer eigenen Analyse der Auseinandersetzung mit der EU-Erweiterung in Nachrichtenmagazinen aus vier Ländern kann sie zeigen, dass hier durchaus ein gemeinsamer europäischer Bezugsrahmen besteht und in einem gewissen Umfang auch gleiche Bedeutungssysteme zum Zuge kommen. *Public discourse* dient insofern als Indikator für das Bestehen einer Diskursgemeinschaft. Anhand dessen ist zu zeigen, dass die Gemeinsamkeiten der Diskurse durchaus eine europäische öffentliche Meinung entstehen lassen, obwohl die Meinungsbildung auf die nationale Ebene beschränkt bleibt. (Vgl. van de Steeg, 2002)

Einen ähnlichen Ausgangspunkt hat Trenz (2004), wenn er die "transnationale Resonanz der politischen Kommunikation in Europa" anhand einer Analyse der Berichterstattung von Qualitätszeitungen in sechs europäischen Ländern untersucht. Absolute Resonanz definiert er als die Sichtbarkeit der europäischen politischen Kommunikation, als Indikator dafür dient die Häufigkeit der Berichterstattung. Reziproke Resonanz ist dagegen ein qualitativer Indikator, der für die Konvergenz und Synchronität der Kommunikation verschiedener Medien und insofern für Konnektivität steht. Die Untersuchung befindet auf einen hohen Europäisierungsgrad der Qualitätszeitungen, wobei der weit überwiegende Teil der Berichterstattung ein instrumentelles Framing erkennen lässt, während normative Referenzen und erst recht Interpretationsmuster entlang der Identitätsdimension deutlich seltener vorkommen. Schließlich zeigt die Rhetorik der Berichterstattung, dass Europa zur Selbstverständlichkeit geworden ist, indem nämlich Bezüge zu Europa quasi routinemäßig in die alltäglichen Bedeutungszuweisungen aufgenommen werden. Daher kommt die Studie zu dem Schluss, dass Europa nicht nur eine hohe Sichtbarkeit in den Medien aufweist, also absolute Resonanz findet, sondern dass darüber hinaus transnationale reziproke Resonanz besteht, die sich in einem gemeinsamen Themenhaushalt und ähnlichen Bedeutungsmustern ausdrückt. Damit begründet die europäische Qualitätspresse eine spezifische mediale *public sphere*, die zwischen die politischen Entscheidungsträger und eine unbekannte Zahl von (aufmerksamen) Öffentlichkeiten tritt. (Trenz, 2004)

Gerade diese letztgenannten Studien, in denen transnationale Teilöffentlichkeiten mit transnationalen Thematisierungen gemeinsamer Probleme durch die nationalen Medien in Verbindung gebracht werden, lassen erkennen, dass auch hinter diesem Modell letztlich das Konzept der europäisierten Öffentlichkeit steht, die auf die Medien angewiesen ist. Andere Zugänge, die versuchen, der Problematik des Fehlens eines europäischen Mediensystems aus dem Weg zu gehen, indem sie die Medien außen vor lassen, ignorieren dagegen die notwendigen, Öffentlichkeit konstituierenden Vermittlungsleistungen der Medien.

Ebenso wie im nationalen Zusammenhang sind es auch auf der europäischen Ebene letztlich immer die Medien, die die Themen für die öffentliche Diskussion sammeln und selektieren. Diese Themen stammen aus allen gesellschaftlichen Teilsystemen. Indem das Mediensystem diese Themen aufgreift, ermöglicht es die Verständigung der Teilsysteme und die Selbstbeobachtung der Gesellschaft und vollbringt damit zugleich eine Integrationsleistung für die differenzierte Gesellschaft. Unabhängig davon, wie seine Strukturen aussehen, ist es Aufgabe des politischen Systems, anstehende Probleme einer Lösung zuzuführen und allgemeinverbindliche Entscheidungen zu treffen. Das gilt auch für die Europäische Union, an die die Mitgliedstaaten Hoheitsrechte abgegeben haben. Für die Entscheidungsfindung ist das politische System auf die Selektionsleistung der Medien gegenüber den Teilsystemen angewiesen und braucht die Medien wiederum, wenn es darum geht, Entscheidungen bekannt zu machen und zur Durchsetzung zu verhelfen. Indem die Medien Themen in die öffentliche Diskussion bringen, stehen sie im Dienste der Artikulation von gesellschaftlichen Problemen gegenüber dem politischen System. Da Politik in der Demokratie gegenüber dem politischen Souverän, dem Volk, begründungspflichtig ist, trägt das Mediensystem mit der Bekanntmachung und Diskussion von Entscheidungen zur Legitimation politischen Handelns bei. Sowohl in der Selektion von Themen, hinter denen Interessen und Erwartungen gegenüber dem politischen System stehen, wie auch in der Vermittlung von Entscheidungen vom politischen System gegenüber dem Volk liegt die Integrationsleistung der Massenmedien.

In einer Weiterentwicklung früherer Überlegungen hat Trenz (2002) einen Entwurf vorgelegt, der diesen Anforderungen an Öffentlichkeit Rechnung trägt, dabei aber von einem Strukturwandel politischer Öffentlichkeit ausgeht, der durch die Anpassung an die strukturellen und funktionalen Charakteristika der Europäischen Union als einem dynamischen Mehrebenensystem ausgeht. Das heißt, weil Europa ein System eigener Art darstellt, das mit den Nationalstaaten nicht zu vergleichen ist, muss auch europäische Öffentlichkeit anders gedacht werden als die dem Nationalstaat adäquate nationale Öffentlichkeit. Europäische Öffentlichkeit konstituiert sich vielmehr in Form sektoraler transnationaler Öffentlichkeiten, die die Legitimationsfunktion übernehmen. Diese entstehen durch gemeinsame Diskurse und bilden also die schon genannten *issue publics*, die mit den Themen variieren. Die Motivation, in solche themen- oder politikfeldspezifischen Teilöffentlichkeiten einzutreten, wird durch transnationale Betroffenheit von Entscheidungen der europäischen Institutionen ausgelöst. Insofern ist die Entstehung solcher sektoralen Öffentlichkeiten die Folge der Herausbildung einer europäischen Herrschaftsordnung. Umgekehrt führt unter den – legitimationsbedürftigen – Herrschaftsträgern die Gewissheit, beobachtet und Objekt von Erwartungen zu werden, dazu, die Beobachter ins Kalkül zu ziehen und die Selbstdarstellung zu inszenieren: "Dies ist der entscheidende Moment von Öffentlichkeit. Mit der Erfahrbarkeit politischer Herrschaft und der Erfahrbarkeit der Beobachtung von Herrschaft entsteht ein gemeinsamer Raum zwischen den beobachteten und beobachtenden Herrschaftsträgern und ihrem gleichermaßen beobachteten und beobachtenden Publikum" (Trenz, 2002, S. 29). Aus diesem Zusammenhang heraus kommt es zur Ausdifferenzierung eines Systems der öffentlichen Kommunikation, "das sowohl für die institutionellen Operationsweisen und Selbstdarstellungen des politischen Systems als auch für außerinstitutionelle Gegendarstellungen, diffuse Themen und Meinungen anschlussfähig ist" (Trenz, 2002, S.

30). Aufgrund des bekannten Öffentlichkeitsdefizits müsse dieses wechselseitige Beobachtungsverhältnis zunächst ohne die Unterstützung der Massenmedien auskommen. Dennoch spreche die Logik der Legitimation suchenden und sich daher selbstdarstellenden Herrschaft dafür, dass sich die mediale Kommunikation intensiviert, die ihrerseits die Legitimation aus dem Publikum heraus vermittelt.

Als problematisch erweist sich indessen immer noch die Kopplung der verschiedenen Teilöffentlichkeiten sowie deren Beschränkung auf ein Elitepublikum. Das Laienpublikum bleibt aufgrund mangelnden Interesses bzw. nicht wahrgenommener Betroffenheit außen vor. Von einer europäischen politischen Öffentlichkeit könnte erst gesprochen werden, wenn "europaweite Bürgerkommunikation über politische Entscheidungen [stattfindet], die in der Union auf der Tagesordnung stehen" (Meyer, 2004, S. 170). Voraussetzung dafür ist das Gefühl, von den Entscheidungen der Union betroffen zu sein und daher mitreden zu müssen. Eine solche Mobilisierung wiederum ist abhängig von der Politisierung der Institutionen und der europäischen Entscheidungsprozesse, was allerdings ein "Verhältnis zirkulärer Kausalität" entstehen lässt: "Denn erst im Maße, wie Differenzen, Konflikte und Alternativen bei den wirklich wichtigen Entscheidungen in der Gemeinschaft sichtbar werden, verbunden mit realen Chancen der Einmischung, werden die Nachrichtenwerte erfüllt, die dann wieder ein großes Publikum erreichen und unter Umständen auch fesseln mögen" (Meyer, 2004, S. 173).

Allerdings erschöpft sich eine derartige Mobilisierung nicht in der Erhöhung des Kenntnisstandes und in der Einsicht in die Betroffenheit eigener Interessen, sondern verlangt auch nach einer affektiven Komponente, wie sie im Konzept der politischen Kultur enthalten ist (vgl. z. B. Habermas, 2001). Hier setzen Strategien der Integration durch Gemeinsamkeitssymbole an wie die europäische Fahne und die Europahymne, die Einführung der Direktwahl des Europäischen Parlaments, die Einführung des Euro als gemeinsamer Währung und die Verabschiedung einer europäischen Verfassung, die auf Identifikation bauen, aus der heraus sich Interesse, Gemeinschaftsgefühl und Solidarität entwickeln sollen. In diese Richtung zielen auch verschiedene Maßnahmen der Kulturpolitik wie zum Beispiel die alljährliche Wahl einer europäischen Kulturhauptstadt oder Austauschprogramme für die Hochschulen (vgl. Sassatelli, 2002).

In Anbetracht des weiterhin bestehenden Öffentlichkeitsdefizits der Gemeinschaft, das sich auch durch die Existenz von zahlreichen Elitenetzwerken nicht wegdiskutieren lässt, ist mit Blick auf die Medienpolitik der Gemeinschaft zu prüfen, welchen Beitrag diese leistet bzw. leisten kann, um die essentiellen demokratischen Funktionen, die die Medien erbringen, auch auf der europäischen Ebene zu sichern. Die Entwicklung der europäischen Medienpolitik hat indessen gezeigt, dass diese wenn überhaupt, dann nur sehr bedingt auf den Aufbau oder die Stärkung einer europäischen oder europäisierten Öffentlichkeit zielt. Das liegt nicht zuletzt daran, dass die Medien betreffende Maßnahmen der europäischen Ebene in der Regel reaktiv sind, wenn sie in die bestehenden Medienordnungen der Mitgliedstaaten eingreifen. Europäische Medienpolitik vollzieht sich nicht im Sinne einer positiven Koordination, kann sie allerdings auch nicht, weil der Gemeinschaft entsprechende Rechte nicht übertragen wurden. Die Phase, in der sich europäische Medienpolitik auf den Aufbau eines europäischen Fernsehprogramms und damit Identitätsbildung richtete, war nur kurz und in ihren Ergebnissen eher ernüchternd. Sie war allemal vorüber, als die Identitätsfrage an Dringlichkeit gewann, nämlich mit dem Vertrag von Maastricht und dem Beschluss, die Wirtschaftsgemeinschaft zu einer politischen Gemeinschaft auszubauen. Seitdem sich Medienpolitik zur Wirtschaftspolitik entwickelt hat und sogar die Quotenvorgaben der Fernsehrichtlinie zum Gegenstand der Handelspolitik geworden sind, der längst auch im Zusammenhang von WTO bzw. GATT und GATS thematisiert wird, ist auf eine Wirkung zu Gunsten einer europäischen Öffentlichkeit jedoch kaum zu hoffen. Die Förderung audiovisueller Produktionen bildet daneben die einzige auf Inhalte bezogene Maßnahme, die zu einer Europäisierung der Märkte beitragen soll. Darüber hinaus bleibt Identitätspolitik Sache der nach innen gerichteten Öffentlichkeitsarbeit der Gemeinschaft, die dann jedoch auf die nationalen Medien angewiesen ist.

Die Union hat – insbesondere in ihrer ersten Säule – einen hohen Integrationsgrad erreicht. Der Maastrichter Vertrag hat aus der ehemaligen Wirtschaftsgemeinschaft auch ein politisches Projekt gemacht. Die Bevölkerungen der Mitgliedstaaten sind dabei allerdings auf der Strecke geblieben. An den Eurobarometer-Umfragen ist zu verfolgen, wie sich gerade Anfang der neunziger Jahre die Haltung der Bürgerinnen und Bürger gegenüber der Gemeinschaft verschlechtert hat. Heute bezeichnen deutlich weniger Europäer die EG/EU als eine "gute Sache", als das kurz vor Maastricht der Fall war. Es ist offenbar nicht gelungen, die Bevölkerungen bei der Integration "mitzunehmen".

In dem Maße, wie die Entscheidungsbefugnisse der Mitgliedstaaten abnehmen, wächst aber der Legitimationsbedarf der EU und kann nicht mehr allein indirekt über die nationalen Regierungen gedeckt werden. Zu lange hat man darauf vertraut, dass sich aus der Institutionalisierung Europas auch eine politische Kultur entwickeln und sich damit eine affektive Bindung der Bürgerinnen und Bürger einstellen würde. Hier läge eine entscheidende Aufgabe der Medien, zu der die marktorientierten medienpolitischen Aktivitäten der Gemeinschaft bislang wenig beigetragen haben. Nicht umsonst gehört wohl Jean Monnet zu den meistzitierten Europäern mit seinem Credo: "Si c'était à refaire, je commencerais par la culture".

10 Literatur

Ablasser, A. (1998). *Medienmarkt und Fusionskontrolle. Die Anwendung der Europäischen Fusionskontrollverordnung auf den Mediensektor.* Köln: Carl Heymanns.

Altes, B. (2000). Paradigmenwechsel in der europäischen Fusionskontrolle? Steigende Medienkonzentration in Deutschland und Europa: Gefahr für den Pluralismus. *Media Perspektiven,* 482-490.

Antrag des Saarlandes. Entschließung des Bundesrates zum Entwurf einer Mitteilung der Europäischen Kommission über die Anwendung der Vorschriften über staatliche Beihilfen auf den öffentlich-rechtlichen Rundfunk. (2001). Bundesrat. Drucksache 663/01.

Audience measurement in the EC. Internal report. (1993, September). Prepared for DG XV, E/5 by the GAH Group. o.O.

Baratta, M. von (Hrsg.) (2001). *Der Fischer Weltalmanach 2002.* Frankfurt am Main: Fischer.

Barton, D. M. (1994). EU-Richtlinie über die Einrichtung "Europäischer Betriebsräte" und Tendenzschutz. *Archiv für Presserecht, 25,* 261-264.

Bauer, H.-J. (2000). *Der Europarat nach der Zeitenwende 1989-1999. Zur Rolle Straßburgs im gesamteuropäischen Integrationsprozeß.* Münster: LIT.

Beese, D., & Merkt, U. (2000). Europäische Union zwischen Konvergenz und Re-Regulierung. Die neuen Richtlinienentwürfe der Kommission. *Multimedia & Recht, 3,* 532-537.

Behnke-Gürtler, M. (1982). Filmförderung in europäischen Ländern. Versuch einer aktuellen Bestandsaufnahme. *Media Perspektiven,* 491-500.

Beierwaltes, A. (2000). *Demokratie und Medien. Der Begriff der Öffentlichkeit und seine Bedeutung für die Demokratie in Europa.* Baden-Baden: Nomos.

Bekanntmachung der Kommission über die Definition des relevanten Marktes im Sinne des Wettbewerbsrechts der Gemeinschaft. (1997, 9. Dezember). *Amtsblatt der Europäischen Gemeinschaften,* (C 372), S. 5-13.

Berg, K. (1985). Rechtsprobleme des grenzüberschreitenden Fernsehens – Stellungnahme zum Grünbuch der EG-Kommission aus der Sicht der öffentlich-rechtlichen Rundfunkanstalten –. In J. Schwarze (Hrsg.), *Fernsehen ohne Grenzen. Die Errichtung des Gemeinsamen Marktes für den Rundfunk, insbesondere über Satellit und Kabel* (S. 197-204). Baden-Baden: Nomos.

Berger, F. (2000). Jugendmedienschutz als Gegenstand europäischer Politik und Rechtsetzung – Voraussetzungen, Chancen und Grenzen. In C. Büttner, C. Crans, J. von Gottberg & V. Metze-Mangold (Hrsg.), *Jugendmedienschutz in Europa* (S. 221-235). Gießen: Psychosozial-Verlag.

Bergmann, K. (2002). Integrationstheorien. In D. Nohlen & R.-O. Schultze (Hrsg.), *Lexikon der Politikwissenschaft, Band 1, 2* (S. 361-363). München: C. H. Beck.

Bericht der Bundesregierung über die Lage der Medien in der Bundesrepublik Deutschland 1985. Medienbericht '85. (1986). Bonn: Presse- und Informationsamt der Bundesregierung.

Bericht des Ausschusses für Kultur, Jugend, Bildung und Medien zum Grünbuch der Kommission der EG "Pluralismus und Medienkonzentration im Binnenmarkt". (1994). Straßburg: Europäisches Parlament. (A3-0435/93) (PE 204.759/def)

Berichtigung der Richtlinie 89/552/EWG vom 3. Oktober 1989 zur Koordinierung bestimmter Rechts- und Verwaltungsvorschriften der Mitgliedstaaten über die Ausübung der Fernsehtätigkeit. (1989, 16. November). *Amtsblatt der Europäischen Gemeinschaften,* (L 331), S. 51-52.

Beschluß betreffend den Gemeinsamen Standpunkt des Rates im Hinblick auf den Erlaß der Richtlinie des Europäischen Parlaments und des Rates zur Änderung der Richtlinie 89/552/EWG des Rates zur Koordinierung bestimmter Rechts- und Verwaltungsvorschriften der Mitgliedstaaten über die Ausübung der Fernsehtätigkeit (C4-0380/96 - 95/0074 (COD)). (1996, 1. Dezember). *Amtsblatt der Europäischen Gemeinschaften,* (C 362), S. 56-64.

Beschluß des Bundesrates zum Grünbuch über die Errichtung des Gemeinsamen Marktes für den Rundfunk, insbesondere über Satellit und Kabel. (1985). *Rundfunk und Fernsehen, 33*, 547-550.

Beschluß des Bundesrates zum Vorschlag einer EG-Rundfunkrichtlinie. (1987). *Media Perspektiven Dokumentation,* (II), 143-144.

Beschluß des Rates vom 27. April 1989 über das hochauflösende Fernsehen. (1989, 25. Mai). *Amtsblatt der Europäischen Gemeinschaften,* (L 142), S. 1-2.

Beschluss des Rates vom 21. Dezember 1990 über die Durchführung eines Aktionsprogramms zur Förderung der Entwicklung der europäischen audiovisuellen Industrie (MEDIA) (1991-1995). (1990, 31. Dezember). *Amtsblatt der Europäischen Gemeinschaften,* (L 380). S. 37-40.

Beschluss des Rates vom 10. Juli 1995 über ein Programm zur Förderung der Projektentwicklung und des Vertriebs europäischer audiovisueller Werke (MEDIA II – Projektentwicklung und Vertrieb) (1996-2000). (1995a, 30. Dezember). *Amtsblatt der Europäischen Gemeinschaften,* (L 321), S. 25-32.

Beschluss des Rates vom 22. Dezember 1995 zur Durchführung eines Fortbildungsprogramms für die Fachkreise der europäischen audiovisuellen Programmindustrie (MEDIA II – Fortbildung). (1995b, 30. Dezember). *Amtsblatt der Europäischen Gemeinschaften,* (L 321), S. 33-38.

Beschluss des Rates vom 20. Dezember 2000 zur Durchführung eines Programms zur Förderung von Entwicklung, Vertrieb und Öffentlichkeitsarbeit hinsichtlich europäischer audiovisueller Werke (MEDIA PLUS – Entwicklung, Vertrieb und Öffentlichkeitsarbeit) (2001-2005). (2001, 17. Januar). *Amtsblatt der Europäischen Gemeinschaften*, (L 13), S. 35-43.

Beschluss Nr. 163/2001/EG des Europäischen Parlaments und des Rates vom 19. Januar 2001 zur Durchführung eines Fortbildungsprogramms für die Fachkreise der europäischen audiovisuellen Programmindustrie (MEDIA-Fortbildung) (2001-2005). (2001, 27. Januar). *Amtsblatt der Europäischen Gemeinschaften*, (L 26), S. 1-9.

Beschluss Nr. 508/2000/EG des Europäischen Parlaments und des Rates vom 14. Februar 2000 über das Programm "Kultur 2000". *Amtsblatt der Europäischen Gemeinschaften*, (L 63), S. 1-9.

Betz, J. (1989). Die EG-Fernsehrichtlinie – Ein Schritt zum europäischen Fernsehen? *Media Perspektiven*, 677-688.

Binnenmarkt-Kommissar Monti hält an Pluralismus-Ziel fest. (1998, 10. Juni). *epd medien*, S. 25.

Bismarck, K. von (1980, 19. Januar). Für ein europäisches Gemeinschaftsprogramm. Neue Medientechniken und die Aufgaben auswärtiger Kulturpolitik. *epd/Kirche und Rundfunk*, S. I-III.

Blumler, J. G. (Hrsg.) (1983). *Communicating to voters. Television in the first European parliamentary elections*. London: Sage.

Börner, B. (1985). Kompetenz der EG zur Regelung einer Rundfunkordnung. *Zeitschrift für Urheber- und Medienrecht, 29*, 577-587.

Bogdandy, A. von (1992). Europäischer Protektionismus im Medienbereich. Zu Inhalt und Rechtsmäßigkeit der Quotenregelungen in der Fernsehrichtlinie. *Europäische Zeitschrift für Wirtschaftsrecht, 3*, 9-17.

Braunschweig, S., & Keidel, H. (1991). Strukturen der europäischen Film- und Fernsehproduktion. Eine Analyse der Situation in Deutschland, Frankreich, Großbritannien und Italien. *Media Perspektiven*, 777-793.

Brinkmann, T. (1998). Die Sicherung der freien Berichterstattung von Sportveranstaltungen und anderen öffentlichen Ereignissen. Zum Urteil des Bundesverfassungsgerichts zur Fernsehkurzberichterstattung. *Media Perspektiven*, 98-105.

Bröcker, K. T., & Neun, A. (1998). Fußballweltmeisterschaft zwingend im Free-TV? Rechtsprobleme der gesetzlichen Gewährleistung uneingeschränkter Fernsehempfänglichkeit von bestimmten Ereignissen mit erheblicher gesellschaftlicher Bedeutung. *Zeitschrift für Urheber- und Medienrecht, 42*, 766-779.

Brüssel untersucht Rundfunk-Finanzierung in den Niederlanden. (2004, 7. Februar). *epd medien*, S. 22.

Brugger, G. (1958). Die Europäische Wirtschaftsgemeinschaft. Ihre rechtliche Bedeutung für die deutsche Filmwirtschaft. *Film und Recht, 2*, 4-9.

»Bruttoprinzip« bei Fernsehwerbung. Urteil des Gerichtshofs der Europäischen Gemeinschaften vom 28. Oktober 1999 – C6/98. (2000). *Zeitschrift für Urheber- und Medienrecht, 44*, 58-61.

BT [Boest, R.]. (2003). Mitentscheidungsverfahren. In R. von Borries & C. Zacker (Hrsg.), *Europarecht von A-Z. Das Recht der Europäischen Union nach dem Vertrag von Nizza* (S. 464-467). München: dtv.

Bullinger, M. (1990). Werbung und Quotenregelung zwischen nationalem und europäischem Rundfunkrecht. In K. Stern, G. Rambow, J. E. Schwartz, P. Schiwy, R. Krumsiek, S. Magiera, H. H. Rupp & M. Bullinger, *Eine Rundfunkordnung für Europa – Chancen und Risiken* (S. 85-100). München: C. H. Beck'sche Verlagsbuchhandlung.

Bundesrat. (1989). Empfehlung der Ausschüsse zu Verfahren vor dem Bundesverfassungsgericht. *Media Perspektiven Dokumentation*, (II), 117-126.

Bundesrat: EU darf öffentlich-rechtlichen Rundfunk nicht prüfen. (2001, 19. September). *epd medien*, S. 12-13.

Bundesverfassungsgericht. (1995). 2 BvG 1/89. *Media Perspektiven Dokumentation*, (I), 1-29.

Bundesverfassungsgericht – Pressestelle. (2004, 19. Oktober). *Zur Berücksichtigung der Entscheidungen des Europäischen Gerichtshofs für Menschenrechte durch innerstaatliche Organe, insbesondere deutsche Gerichte. Pressemitteilung (92).* Abgerufen am 24. April 2005 von http://www.bundesverfassungsgericht.de/cgi-bin/link.pl?entscheidungen

Bundschuh, A. (1998/99). *Fernsehen und Jugendschutz in Europa. Eine Politikfeldanalyse zum Verhältnis von staatlicher Regulierung und Selbstkontrolle.* Baden-Baden: Nomos.

Clement, M. (2004). Erfolgsfaktoren von Spielfilmen im Kino. Eine Übersicht der empirischen betriebswirtschaftlichen Literatur. *Medien und Kommunikationswissenschaft, 52*, 250-271.

Collins, R. (1994). *Broadcasting and audio-visual policy in the European single market.* London: John Libbey.

Commission of the European Communities. (2004). *Annex to the Sixth Communication of the Commission to the Council and the European Parliament on the application of Articles 4 and 5 of Directive 89/552/EEC "Television without Frontiers", as amended by Directive 97/36/EC, for the period 2001-2002.* Brüssel: EG. (SEC(2004) 1016)

Committee on Culture, Youth, Education and the Media. (1996). *The future of public service television in a multi-channel digital age.* Abgerufen am 20. September 2004 von http://www.poptel.org.uk/carole-tongue/pubs/psb_b.html

Conseil de l'Europe. (1988). *Résolution instituant un fonds européen de soutien à la coproduction et à la diffusion des oeuvres de création cinématographiques et audiovisuelles: "Eurimages" ((88)15).* Straßburg: Conseil de l' Europe

Council of Europe. Steering Committee of the Mass Media (CDMM). (1992). *Study on media concentrations in Europe. Secretariat memorandum prepared by the Directorate of Human Rights.* Straßburg: Council of Europe. (CDMM (92) 8)

Council of Europe. Committee of Ministers. (1994). *Recommendation No. R (94) 13 of the Committee of Ministers to Member States on measures to promote media transparency.* Straßburg: Council of Europe.

Council of Europe. Committee of Experts on Media Concentration and Pluralism. (1997). *Report on media concentration and pluralism in Europe (revised version).* Straßburg: Council of Europe.

Council of Europe. (1998). *Protocol amending the European Convention on Transfrontier Television.* Straßburg: Council of Europe. http://www.coe.int.

Council of Europe. Committee of Ministers. (1999). *Recommendation No. R (99) 1 of the Committee of Ministers to Member States on measures to promote media pluralism.* Straßburg: Council of Europe.

Council of Europe. (2000). *Report on media pluralism in the digital environment (adopted by the Steering Committee on the Mass Media in October 2000).* Straßburg: Council of Europe.

Council of Europe. (2001a). *European Convention for the protection of the audiovisual heritage.* Abgerufen am 19. September 2004 von http://conventions.coe.int/Treaty/en/Treaties/Html/183.htm

Council of Europe. (2001b). *Protocol to the European Convention for the protection of the audiovisual heritage, on the protection of television productions.* Abgerufen am 19. September 2004 von http://conventions.coe.int/Treaty/en/Treaties/Html/184.htm

Council of Europe. (2005). *7th European Ministerial Conference on Mass Media Policy. Integration and diversity: the new frontiers of European media and communications policy.* Abgerufen am 29. Juli 2005 von http://www.coe.int/T/E/Human_Rights/media/1_Intergovernmental_Cooperation/Min_Conf/MCM%282005%29005_en.asp#TopOfPage

Das digitale Zeitalter: Europäische Audiovisuelle Politik. Bericht der Hochrangigen Expertengruppe für Audiovisuelle Politik. (1998). Brüssel: Europäische Kommission.

DA/WE [Dauses, M., & Wernicke, S.] (2003). Vorabentscheidungsverfahren. In R. von Borries & C. Zacker (Hrsg.), *Europarecht von A-Z. Das Recht der Europäischen Union nach dem Vertrag von Nizza* (3. Auflage; S. 678-682). München: dtv.

Deckert, M. R., & Lilienthal, N. (1996). Der europäische Film in rechtsvergleichender Sicht. *Zeitschrift für Urheber- und Medienrecht, 40*, 26-44.

Declaration on European Identity (1973). *Bulletin of the European Communities*, (12), 118-122.

Degand, C. (1970). Der Film im Europa von heute und morgen. Tatsachen und Schlüsse. *Film und Recht, 14*, 1-5.

Degand, C. (1982). Nationale Filmförderungssysteme in Widerstreit zum Gemeinschaftsrecht. Europäische Kommission klagt gegen die Bundesrepublik Deutschland und vier weitere EG-Mitgliedstaaten. *Film und Recht, 26*, 231-237.

Delbrück, J. (1981). Direkter Satellitenrundfunk und nationaler Regelungsvorbehalt. Umfang und Grenzen des transnationalen freien Informationsflusses nach Völkerrecht, dem Recht der Europäischen Gemeinschaften und dem Grundgesetz der Bundesrepublik Deutschland. *Media Perspektiven*, 668-673.

Der Traum vom europäischen Fernsehprogramm. Ein epd-Interview mit dem Europa-Parlamentarier Wilhelm Hahn. (1983, 5. November). *epd/Kirche und Rundfunk*, S. 3-5.

Deringer, A. (1995). Pyrrhussieg der Länder. Anmerkung zum Urteil des Bundesverfassungsgerichts vom 22. März 1995 in der Rechtssache 2 BvG 1/89 in dem Verfahren Fernsehrichtlinie. *Zeitschrift für Urheber- und Medienrecht, 39*, 316-318.

Die EU-Fernsehrichtlinie soll revidiert werden. Eine Rede der Kulturkommissarin Viviane Reding. (2002, 27. März). *epd medien*, S. 28.

Díez Medrano, J. (2003). Qualitätspresse und europäische Integration. In A. Klein, R. Koopmanns. H.-J. Trenz, L. Klein, C. Lahusen & D. Rucht (Hrsg.), *Bürgerschaft, Öffentlichkeit und Demokratie in Europa* (S. 191-212). Opladen: Leske + Budrich.

Dill, R. (1989). Europa-TV – zu Tode geliebt. In W. Gellner (Hrsg.), *Europäisches Fernsehen – American Blend? Fernsehmedien zwischen Amerikanisierung und Europäisierung* (S. 135-141). Berlin: Vistas.

Diskussionspapier der EU-Generaldirektion IV zur Rundfunkfinanzierung. Anwendung der Artikel 90 Absatz 2, 92 und 93 EG-Vertrag im Rundfunksektor. (1998). *Medien Dialog, 12*(9), 21-29.

Dittl, S. (2001). Die Umsetzung der Free-TV-Schutzliste der TV-Richtlinie in den EU-Mitgliedstaaten. *Archiv für Presserecht, 32*, 98-101.

Dörr, D. (1995). Die Maastricht-Entscheidung des Bundesverfassungsgerichtes und ihre Auswirkungen auf die Medienpolitik. *Zeitschrift für Urheber- und Medienrecht, 39*, 14-20.

Dörr, D. (1999). Europäische Medienordnung und -politik. In Hans-Bredow-Institut (Hrsg.), *Internationales Handbuch für Hörfunk- und Fernsehen 98/99* (S. 71-93). Baden-Baden: Nomos.

Dörr, D. (2001a, 10. November). "Auch eine Wertegemeinschaft". Von der EG-Fernsehrichtlinie zur Content-Richtlinie. *epd medien*, S. 3-6.

Dörr, D. (2001b). Öffentlich-rechtlicher Rundfunk und Gebührenregelung unter dem Druck des Gemeinschaftsrechts. *Kommunikation & Recht, 4*, 233-238.

Dörr, D. (2002). Die europäische Medienordnung. In Hans-Bredow-Institut (Hrsg.), *Internationales Handbuch Medien 2002/2003* (S. 37-74). Baden-Baden: Nomos.

Dörr, D. (2004). Die europäische Medienordnung. In Hans-Bredow-Institut (Hrsg.), *Internationales Handbuch Medien 2004/2005* (S. 40-77). Baden-Baden: Nomos.

Dupagne, M. (1992). EC policymaking: The case of the "Television Without Frontiers" directive. *Gazette, 49*, 99-120.

Eberle, C.-E. (2001). Die Rundfunkgebühr auf dem EU-Prüfstand. *Archiv für Presserecht, 32*, 477-481.

Eder, K., Hellmann, K.-U., & Trenz, H.-J. (1998). Regieren in Europa jenseits öffentlicher Legitimation? Eine Untersuchung zur Rolle von politischer Öffentlichkeit in Europa. In B. Kohler-Koch (Hrsg.), *Regieren in entgrenzten Räumen* (= Sonderheft 29 der Politischen Vierteljahresschrift; S. 321-344). Opladen: Westdeutscher Verlag.

Eder, K., & Kantner, C. (2000). Transnationale Resonanzstrukturen in Europa. Eine Kritik der Rede vom Öffentlichkeitsdefizit. In M. Bach (Hrsg.), *Die Europäisierung nationaler Ge-*

sellschaften (= Sonderheft 40 der Kölner Zeitschrift für Soziologie und Sozialpsychologie; S. 306-331). Opladen: Westdeutscher Verlag.

Eilders, C., & Voltmer, K. (2003). Zwischen Deutschland und Europa. Eine empirische Untersuchung zum Grad von Europäisierung und Europa-Unterstützung der meinungsführenden deutschen Tageszeitungen. *Medien & Kommunikationswissenschaft, 51*, 250-270.

Empfehlung der Kommission vom 11. Februar 2003 über relevante Produkt- und Dienstmärkte des elektronischen Kommunikationssektors, die aufgrund der Richtlinie 2002/21/EG des Europäischen Parlaments und des Rates über einen gemeinsamen Rechtsrahmen für elektronische Kommunikationsnetze und -dienste für eine Vorabregulierung in Betracht kommen. (2003, 8. Mai). *Amtsblatt der Europäischen Gemeinschaften*, (L 114), S. 45-49.

Empfehlung des Rates vom 24. September 1998 zur Steigerung der Wettbewerbsfähigkeit des europäischen Industriezweigs der audiovisuellen Dienste und Informationsdienste durch die Förderung nationaler Rahmenbedingungen für die Verwirklichung eines vergleichbaren Niveaus in bezug auf den Jugendschutz und den Schutz der Menschenwürde. (1998, 7. Oktober). *Amtsblatt der Europäischen Gemeinschaften*, (L 270), S. 48-55.

Engels-Weber, M. (1986, 21. November). Aus für Europa TV? Die Träger von Europa TV beraten in Hilversum über ausweglose Zukunft. *Funk-Korrespondenz*, S. 2-4.

Entscheidung der Kommission vom 15. September 1989 betreffend ein Verfahren gemäß Artikel 85 EWG-Vertrag (IV/31.734 – Filmeinkauf deutscher Fernsehanstalten). (1989, 3. Oktober). *Amtsblatt der Europäischen Gemeinschaften*, (L 284), S. 36-44.

Entscheidung der Kommission vom 9. November 1994 in einem Verfahren nach der Verordnung (EWG) Nr. 4064/89 des Rates (Sache Nr. IV/M.469-MSG Media Service). (1994, 31. Dezember). *Amtsblatt der Europäischen Gemeinschaften*, (L 364), S. 1-20.

Entscheidung der Kommission vom 20. September 1995 in einem Verfahren nach der Verordnung (EWG) Nr. 4064/89 des Rates (IV/M.553 – RTL/Veronica/Endemol). (1996, 5. Juni). *Amtsblatt der Europäischen Gemeinschaften*, (L 134), S. 32-52.

Entscheidung der Kommission vom 27. Mai 1998 in einem Verfahren nach der Verordnung (EWG) Nr. 4064/89 des Rates (Sache IV/M.993 – Bertelsmann/Kirch/Premiere). (1999a), 27. Februar). *Amtsblatt der Europäischen Gemeinschaften*, (L 53). S. 1-30.

Entscheidung der Kommission vom 27. Mai 1998 in einem Verfahren nach der Verordnung (EWG) Nr. 4064/89 des Rates (Sache IV/M.1027 – Deutsche Telekom/BetaResearch). (1999b, 27. Februar). *Amtsblatt der Europäischen Gemeinschaften*, (L 53). S. 31-45.

Entscheidung der Kommission vom 10. Mai 2000 in einem Verfahren nach Artikel 81 EG-Vertrag (Sache Nr. IV/32.150 – Eurovision). (2000, 24. Juni). *Amtsblatt der Europäischen Gemeinschaften*, (L 151), S. 18-36.

Entscheidung des Rates vom 20. Mai 1996 über ein mehrjähriges Gemeinschaftsprogramm zur Anregung der Entwicklung einer europäischen Industrie für Multimedia-Inhalte und zur Förderung der Benutzung von Multimedia-Inhalten in der entstehenden Informationsgesellschaft (INFO 2000). (1996, 30. Mai). *Amtsblatt der Europäischen Gemeinschaften*, (L 129), S. 24 -34.

Entschließung des Bundesrates zur Revision der Richtlinie des Rates 89/552/EWG vom 3. Oktober 1989 in der Fassung der Änderungsrichtlinie vom 19. Juni 1997 zur Koordinierung bestimmter Rechts- und Verwaltungsvorschriften der Mitgliedstaaten über die Ausübung der Fernsehtätigkeit ("Fernsehrichtlinie"). (2002). Bundesrat Drucksache 116/02.

Entschließung des Bundesrates zu einer Überarbeitung der Fernsehrichtlinie des Rates 89/552/EWG vom 3. Oktober 1989 in der Fassung der Änderungsrichtlinie vom 19. Juni 1997 zur Koordinierung bestimmter Rechts- und Verwaltungsvorschriften der Mitgliedstaaten über die Ausübung der Fernsehtätigkeit ("Fernsehrichtlinie"). (2003). Bundesrat Drucksache 332/03.

Entschließung des Europäischen Parlaments zu der Mitteilung der Kommission an das Europäische Parlament, den Rat, den Wirtschafts- und Sozialausschuß und den Ausschuß der Regionen "Die Entwicklung des Marktes für digitales Fernsehen in der Europäischen Union – Bericht im Zusammenhang mit der Richtlinie 95/47/EG des Europäischen Parlaments und des Rates vom 24. Oktober 1995 über die Anwendung von Normen für die Übertragung von Fernsehsignalen" (KOM(1999) 540 – C5-0114/2000 – 2000/2074(COS)). (2001, 1. März). *Amtsblatt der Europäischen Gemeinschaften*, (C 67), S. 50-53.

Entschließung des Europäischen Parlaments zur Medienkonzentration. (2004, 29. Januar). *Amtsblatt der Europäischen Union*, (C 25E), S. 205-207.

Entschließung des Rates und der im Rat vereinigten Vertreter der Regierungen der Mitgliedstaaten vom 25. Januar 1999 über den öffentlich-rechtlichen Rundfunk. (1999, 5. Februar). *Amtsblatt der Europäischen Gemeinschaften*, (C 30), S. 1.

Entschließung des Rates vom 24. November 2003 zur Hinterlegung von Kinofilmen in der Europäischen Union. (2003, 5. Dezember). *Amtsblatt der Europäischen Gemeinschaften*, (L 295), S. 5-6.

Entschließung zu Pluralismus und Medienkonzentration. (1995, 3. Juli). *Amtsblatt der Europäischen Gemeinschaften*, (C 166), S. 133-134.

Ereignisse von erheblicher gesellschaftlicher Bedeutung. (2001). *Iris*, (3), 4-7.

Erklärungen für das Ratsprotokoll vom 19. Dezember 1989. (1990). *Wirtschaft und Wettbewerb*, *40*, 240-245.

EU sucht Kommissionspapier zurückhaltend zu interpretieren. (1998, 7. Oktober). *epd medien*, S. 20.

EU verzichtet auf Pluralismus-Richtlinie. (1998, 6. Juni). *epd medien*, S. 15.

EuG: Finanzierung öffentlicher Fernsehkanäle [mit Anmerkung von Gabriela von Wallenberg]. (2001). *MultiMedia und Recht*, *4*, 98-105.

EuG: Fusion im Fernsehbereich [mit Anmerkung von Andreas Bartosch]. (1999). *Europäische Zeitschrift für Wirtschaftsrecht*, *10*, 600-608.

EU-Klarstellung zum Rundfunk trifft auf positives Echo. (2001, 27. Oktober). *epd medien*, S. 14-15.

EU-Kommission genehmigt Kinderkanal und Phoenix. (1999, 27. Februar). *epd medien*, S. 11-12.

Eugster, E. (1983). *Television programming across national boundaries: The EBU and OIRT experience.* Dedham, MA: Artech House.

Europäische Kommission. (1998). *Bericht der Hochrangigen Gruppe für Audiovisuelle Politik. Unter dem Vorsitz von Marcelino Oreja.* Luxemburg: Amt für amtliche Veröffentlichungen der Europäischen Gemeinschaften.

Europäische Kommission. (2005a). *Themenpapier für die Liverpooler Konferenz zur audiovisuellen Politik. Jugendschutz und Schutz der Menschenwürde, Recht auf Gegendarstellung.* Abgerufen am 23. Juli 2005 von http://www.europa.eu.int/comm/avpolicy/revision-tvwf2005/ispa_minors_de.pdf

Europäische Kommission. (2005b). *Themenpapier für die Liverpooler Konferenz zur audiovisuellen Politik. Kommerzielle Kommunikation.* Abgerufen am 23. Juli 2005 von http://www.europa.eu.int/comm/avpolicy/revision-tvwf2005/ispa_advertising_de.pdf

Europäische Kommission. (2005c). *Themenpapier für die Liverpooler Konferenz zur audiovisuellen Politik. Kulturelle Vielfalt und Förderung von europäischen und unabhängigen audiovisuellen Produktionen.* Abgerufen am 23. Juli 2005 von http://www.europa.eu.int/comm/avpolicy/revision-tvwf2005/ispa_cultdiv_de.pdf

Europäische Kommission. (2005d). *Themenpapier für die Liverpooler Konferenz zur audiovisuellen Politik. Medienvielfalt – Welche Rolle sollte die Europäische Union spielen?* Abgerufen am 23. Juli 2005 von http://www.europa.eu.int/comm/avpolicy/revision-tvwf2005/ispa_mediapluralism_de.pdf

Europäische Kommission. (2005e). *Themenpapier für die Liverpooler Konferenz zur audiovisuellen Politik. Recht auf Information und Recht auf Kurzberichterstattung.* Abgerufen am 23. Juli 2005 von http://www.europa.eu.int/comm/avpolicy/revision-tvwf2005/ispa_shortreport_de.pdf

Europäische Kommission. (2005f). *Themenpapier für die Liverpooler Konferenz zur audiovisuellen Politik. Regeln für audiovisuelle Inhaltsdienste.* Abgerufen am 23. Juli 2005 von http://www.europa.eu.int/comm/avpolicy/revision-tvwf2005/ispa_scope_de.pdf

Europäisches Parlament. (1981, 9. Februar). Entschließung zur Informationspolitik der Europäischen Gemeinschaft, der Kommission der Europäischen Gemeinschaften und des Europäischen Parlaments. *Amtsblatt der Europäischen Gemeinschaften*, (C 28), S. 74-81.

Europäisches Parlament. (1982, 12. März). Entschließung zu Rundfunk und Fernsehen in der Europäischen Gemeinschaft. *Amtsblatt der Europäischen Gemeinschaften*, (C 87), S. 110-112.

Europäisches Parlament. (1984a, 30. April). Entschließung zu einer Politik im Sinne der neuen Trends im europäischen Fernsehen. *Amtsblatt der Europäischen Gemeinschaften*, (C 117), S. 201-204.

Europäisches Parlament (1984b, 30. April). Entschließung zu Rundfunk und Fernsehen in der Europäischen Gemeinschaft (Gefährdung der Meinungsvielfalt durch die Kommerzialisierung neuer Medien). *Amtsblatt der Europäischen Gemeinschaften*, (C 117), S. 198-200.

Europäisches Parlament. (1985a). *Bericht im Namen des Ausschusses für Jugend, Kultur, Bildung, Information und Sport über eine Rahmenordnung für eine europäische Medienpolitik auf der Grundlage des Grünbuchs der Kommission über die Errichtung des gemeinsamen Marktes für den Rundfunk, insbesondere über Satellit und Kabel (KOM(84) 300 endg.).* Brüssel: EG. (PE 92.783/endg.)

Europäisches Parlament. (1985b). *Bericht im Namen des Ausschusses für Wirtschaft, Währung und Industriepolitik über die wirtschaftlichen Aspekte des Gemeinsamen Marktes für den Rundfunk (KOM(84) 300 endg.).* Brüssel: EG. (PE 98.359/endg.)

Europäisches Parlament. (1985c, 11. November). Entschließung zu den wirtschaftlichen Aspekten des Gemeinsamen Marktes für den Rundfunk in der Europäischen Gemeinschaft. *Amtsblatt der Europäischen Gemeinschaften,* (C 288), S. 119-122.

Europäisches Parlament. (1985d, 11. November). Entschließung zu einer Rahmenordnung für eine europäische Medienpolitik auf der Grundlage des Grünbuchs der Kommission der Europäischen Gemeinschaften über die Errichtung des gemeinsamen Marktes für Rundfunk, insbesondere über Satellit und Kabel. *Amtsblatt der Europäischen Gemeinschaften,* (C 288), S. 113-118.

Europäisches Parlament. (1988, 20. Januar). Ausübung der Rundfunktätigkeit. Vorschlag für eine Richtlinie KOM(86) 146 endg. *Amtsblatt der Europäischen Gemeinschaften,* (C 49), S. 53-64.

Europäisches Parlament. (1990, 19. März). Entschließung zur Konzentration im Medienbereich. *Amtsblatt der Europäischen Gemeinschaften,* (C 68), S. 137-138.

Europäisches Parlament. (1992a). *Bericht des Ausschusses für Kultur, Jugend, Bildung und Medien über Medienkonzentration und Meinungsvielfalt.* Straßburg: Europäisches Parlament. (PE 152. 265/endg.)

Europäisches Parlament. (1992b, 2. November). Entschließung zur Medienkonzentration und Meinungsvielfalt. *Amtsblatt der Europäischen Gemeinschaften,* (C 284), S. 44-49.

Europäisches Parlament. (1994a, 20. Januar). Entschließung zum Grünbuch der Kommission "Pluralismus und Medienkonzentration im Binnenmarkt". *Amtsblatt der Europäischen Gemeinschaften,* (C 44), S. 177-179.

Europäisches Parlament. (1994b, 21. November). Entschließung zu Medienkonzentration und Pluralismus. *Amtsblatt der Europäischen Gemeinschaften,* (C 323), S. 157-158.

Europäisches Parlament. (1996a, 28. Oktober). Entschließung zu der Empfehlung an den Europäischen Rat "Europa und die globale Informationsgesellschaft" und zu der Mitteilung der Kommission "Europas Weg in die Informationsgesellschaft: Ein Aktionsplan" (KOM(94)0347). *Amtsblatt der Europäischen Gemeinschaften,* (C 320), S. 164-177.

Europäisches Parlament. (1996b, 28. Oktober). Entschließung zur Rolle der öffentlichen Fernsehdienste in einer multimedialen Gesellschaft. *Amtsblatt der Europäischen Gemeinschaften,* (C 320), S. 180-187.

Europäisches Parlament. (1996c, 4. März). Vorschlag für eine Richtlinie des Europäischen Parlaments und des Rates zur Änderung der Richtlinie 89/552/EWG des Rates zur Koordinierung bestimmter Rechts- und Verwaltungsvorschriften der Mitgliedstaaten über die Ausübung der Fernsehtätigkeit (KOM(95) 0086 – C4-0200/95 – 95/0074 (COD)). *Amtsblatt der Europäischen Gemeinschaften*, (C 65), S. 96-113.

Europäisches Parlament. (1998, 22. Oktober). Entschließung zur Mitteilung der Kommission: Grünbuch zur Konvergenz der Branchen Telekommunikation, Medien und Informationstechnologie und ihren ordnungspolitischen Auswirkungen (KOM(97) 0623 – C4-0664/97). *Amtsblatt der Europäischen Gemeinschaften*, (C 341), S. 136-140.

Europarat. (1975a). Bericht des Sachverständigenausschusses für Fragen der Pressekonzentration (Straßburg Dezember 1974). *Publizistik, 20*, 683-736.

Europarat. (1975b). Empfehlung 747 (1975) der parlamentarischen Versammlung des Europarates zur Pressekonzentration vom 23. Januar 1975. *Publizistik, 20*, 739-742.

Europarat. (1975c). Entschließung (74)43 zur Pressekonzentration, angenommen vom Ministerausschuß am 16. Dezember 1974. *Publizistik, 20*, 737-738.

Europarat. (1989). *Europäisches Übereinkommen über das grenzüberschreitende Fernsehen.* Straßburg: Europarat.

Europarat. (1992). *Europäisches Übereinkommen über die Gemeinschaftsproduktion von Kinofilmen.* Straßburg: Europarat.

Europa-Recht. (2005). (20. Auflage). München: Beck.

Europa und die globale Informationsgesellschaft. Empfehlungen für den Europäischen Rat. (1994). Brüssel: o. A.

European Commission. (2004). *Eurobarometer Spring 2004. Public Opinion in the European Union.* Abgerufen am 20. September 2004 von http://europa eu.int/comm/public_opinion/archives/eb/eb61/eb61_en.htm

European Commission. (2005). *Eurobarometer 63. Public Opinion in the European Union. First results.* Abgerufen am 31. Juli 2005 von http://europa.eu.int/comm/public_opinion/archives/eb/eb63/eb63.4_en_first.pdf

Facing the challenge. The Lisbon strategy for growth and employment. Report from the High Level Group chaired by Wim Kok. (2004). Luxemburg: Amt für amtliche Veröffentlichungen der Europäischen Gemeinschaften.

Farda, C. (2000). *Europäische Medienpolitik. Eine Policy-Analyse der Fernseh- und der Antikonzentrationsrichtlinie.* Wiesbaden: Deutscher Universitäts-Verlag.

Feasibility of using audience measures to assess pluralism. Position paper. (1994, November). Prepared for DG XV, E/5 by the GAH Group.

Fernseh-Exklusivrechtegesetz (FERG). (2001). Abgerufen am 18. Mai 2004 von http://www.rtr.at/web.nsf/deutsch/Rundfunk_Rundfunk...

Final evaluation of the MEDIA II Programme. Final Report. A BIPE-Report for the European Commission. (o. J.). Boulogne Billancourt: BIPE. Abgerufen am 20. September 2004 von http://www.europa.eu.int/comm/avpolicy/media/results/med2_pdf

Frey, D. (1998). Die europäische Fusionskontrolle und die Medienvielfalt. *Zeitschrift für Urheber- und Medienrecht, 42*, 985-1001.

Fröhlinger, M. (1993). EG-Wettbewerbsrecht und Fernsehen. *Rundfunk und Fernsehen, 41*, 59-65.

Frohne, R. (1989). Die Quotenregelungen im nationalen und im europäischen Recht. *Zeitschrift für Urheber- und Medienrecht, 33*, 390-396.

Gangloff, T. P. (2001). *Ich sehe was, was du nicht siehst. Medien in Europa: Perspektiven des Jugendschutzes.* Berlin: Vistas.

"Gegen wettbewerbsfeindliche Strategien". Transparenzrichtlinie: Der VPRT will Prüfung von ARD/ZDF durch EU-Kommission. (2001, 5. September). *epd medien,* S. 25-31.

Gemeinsame Stellungnahme der Arbeitsgemeinschaft der öffentlich-rechtlichen Rundfunkanstalten der Bundesrepublik Deutschland (ARD) und des Zweiten Deutschen Fernsehens (ZDF) zur Anpassung der EG-Fernsehrichtlinie. (1995). *Media Perspektiven Dokumentation,* (I), 30-35.

Gerhards, J. (1993). Westeuropäische Integration und die Schwierigkeiten der Entstehung einer europäischen Öffentlichkeit. *Zeitschrift für Soziologie,* 22, 96-110.

Gestevisión Telecinco SA gegen Kommission der Europäischen Gemeinschaften. Rechtssache T-95/96. (1998) In *Sammlung der Rechtsprechung des Gerichtshofes und des Gerichts erster Instanz Teil II. Gericht erster Instanz* (S. 3407-3435). Luxemburg: Gerichtshof der Europäischen Gemeinschaften.

Giuseppe Sacchi (Ersuchen um Vorabscheidung, vorgelegt vom Tribunale di Biella).Rechtssache 155/73. (1974). In *Sammlung der Rechtsprechung des Gerichtshofes* (Zweiter Teil, S. 409-447). Luxemburg: Gerichtshof der Europäischen Gemeinschaften.

Glotz, P. (1995). Integration und Eigensinn: Kommunikationsraum Europa – eine Chimäre? In L. Erbring (Hrsg.), *Kommunikationsraum Europa* (S. 17-26). Konstanz: UVK Medien/Ölschläger.

Gottberg, J. von (2003). Flickenteppich oder gemeinsame Lösung? Unterschiedliche Positionen zur Zusammenarbeit der Filmprüfung in Europa. *tv diskurs,* (23), 30-33.

Graham, D. and Associates Limited. (2005). *Impact study of measures (Community and national) concerning the promotion of distribution and production of TV programmes provided for under Article 25(a) of the TV Without Frontiers Directive. Final report.* Abgerufen am 23. Juli 2005 von http://europa.eu.int/comm/avpolicy/stat/studi_en.htm#3

Grimm, D. (1995). Braucht Europa eine Verfassung? *Juristen Zeitung, 50*, 581-591.

Große Peclum, M.-L. (1990). Gibt es den europäischen Zuschauer? – Fernsehnutzung in einem internationalen Programmangebot. *Zeitschrift für Kulturaustausch, 40*, 185-194.

Gruber, B. (1995). *Medienpolitik der EG.* Konstanz: UVK.

Habermas, J. (2001). Braucht Europa eine Verfassung? In Habermas, J., *Zeit der Übergänge. Kleine politische Schriften IX* (S. 104-129). Frankfurt am Main: Suhrkamp.

Hallenberger, G. (1992). Paneuropäische Satellitensender und die verschlungenen Wege der televisionären Integration Europas. *Zeitschrift für Literaturwissenschaft und Linguistik,* (87/88), 221-228.

Harcourt, A. (2002). Engineering Europeanization: the role of the European institutions in shaping national media regulation. *Journal of European Public Policy, 9*, 736-755.

Hasselblatt, F. U. D. (2002). *Die vergleichende Werbung in der Europäischen Gemeinschaft für die Zeit nach Maastricht und Amsterdam.* Köln: Carl Heymanns Verlag.

Helberger, N. (2002). Brot und Spiele – Die Umsetzung der Listenregelung des Art. 3a der Fernsehrichtlinie. *Archiv für Presserecht, 33*, 292-298.

Henle, V. (1995). Erfahrungsbericht der Landesmedienanstalten zur Sicherung der Veranstalter- und Beteiligungsvielfalt im bundesweit verbreiteten Rundfunk (DLM-Konzentrationsbericht). In Die Landesmedienanstalten (Hrsg.), *Die Sicherung der Meinungsvielfalt. Berichte, Gutachten und Vorschläge zur Fortentwicklung des Rechts der Medienkonzentrationskontrolle vom Herbst 1994.* (S. 9-125). Berlin: Vistas.

Henle, V. (1998). Europäisierung der Medienordnungen und der Medienunternehmen. In Victor Henle (Hrsg.), *Fernsehen in Europa. Strukturen, Programme und Hintergründe* (S. 9-79). München: KoPäd.

Henning, V., & Alpar, A. (2005). Public aid mechanisms in feature film production: The EU MEDIA Plus programme. *Media, Culture & Society, 27*, 229-250.

Herdegen, M. (2002). *Europarecht* (4. Auflage). München: C. H. Beck.

Herdegen, M. (2004). *Europarecht* (6. Auflage). München: C. H. Beck.

Herrmann, G. (1985). Europa und die Medien. Bericht Bundesrepublik Deutschland. *Zeitschrift für Urheber- und Medienrecht, 29*, 175-190.

Höfling, H. (1987). Chancen für die deutsche und europäische Medienpolitik aus der Sicht der Bundesregierung. In Arbeitskreis Werbefernsehen der deutschen Wirtschaft (Hrsg.), *Europafernsehen und Werbung. Chancen für die deutsche und europäische Medienpolitik. Fachtagung am 24./25. September 1986 in Haus Rissen/Hamburg* (S. 47-52). Baden-Baden: Nomos.

Holoubek, M. (2003). Medienfreiheit in der Europäischen Menschenrechtskonvention. *Archiv für Presserecht, 33*, 193-201.

Holtz, U. (2000). Fünfzig Jahre Europarat – Eine Einführung. In U. Holtz (Hrsg.), *50 Jahre Europarat* (S. 11-36). Baden-Baden: Nomos.

Holtz-Bacha, C. (Hrsg.) (im Druck). *Die Massenmedien im Europawahlkampf.* Wiesbaden: VS Verlag für Sozialwissenschaften.

Jachtenfuchs, M., & Kohler-Koch, B. (1996). Regieren im dynamischen Mehrebenensystem. In M. Jachtenfuchs & B. Kohler-Koch (Hrsg.), *Europäische Integration* (S. 15-44). Opladen: Leske + Budrich.

Jäckel, A. (2003). *European film industries.* London: British Film Institute.

Jakubowicz, K. (2004). A square peg in a round hole: The EU's policy on public service broadcasting. In I. Bjondebjerg & P. Golding (Eds.), *European culture and the media* (S. 277-301). Bristol: Intellect.

Jarren, O. (1994). Medien- und Kommunikationspolitik in Deutschland. Eine Einführung anhand ausgewählter Problembereiche. In O. Jarren (Hrsg.), *Medien und Journalismus 1. Eine Einführung* (S. 108-143). Opladen: Westdeutscher Verlag.

Kaitatzi-Whitlock, S. (1996). Pluralism and media concentration in Europe. Media policy as industrial policy. *European Journal of Communication, 11*, 453-483.

Kammann, U. (1982, 1. Dezember). Ein weites Feld. Zur Euro-Satelliten-Versuchswoche in Baden-Baden. *epd/Kirche und Rundfunk*, 1-3.

Keidel, H. (1998). MEDIA und Eurimages – Stärkung des europäischen Films? Filmförderungsinitiativen von Europäischer Union und Europarat. *Media Perspektiven*, 19-29.

Keine Einwände gegen einen angemeldeten Zusammenschluß (Sache Nr. IV/M.423 – Newspaper Publishing). *Amtsblatt der Europäischen Gemeinschaften*, (C 85), S. 6.

"Keine Kompetenz". Gebühren als Beihilfe? Die Bundesländer widersprechen der EU-Kommission. (2001, 25. Juli). *epd medien*, S. 20-23.

Keller, H. (1999). *Werte statt Grenzen. Der Europarat – Wegbereiter und Vordenker.* Rheinbreitbach: Neue Darmstädter Verlagsanstalt.

Kevin, D. (2001). Coverage of the European Parliament elections of 1999: National public spheres and European debates. *Javnost – the public, 8*, 21-38.

Kevin, D. (2003). *Europe in the media: A comparison of reporting, representation, and rhetoric in national media systems in Europe.* Mahwah, NJ: Lawrence Erlbaum.

Kielmannsegg, P. Graf (1996). Integration und Demokratie. In M. Jachtenfuchs & B. Kohler-Koch (Hrsg.), *Europäische Integration* (S. 47-71). Opladen: Leske + Budrich.

Kielmannsegg, P. Graf (2003). Integration und Demokratie (mit Nachwort zur 2. Auflage). In M. Jachtenfuchs & B. Kohler-Koch (Hrsg.), *Europäische Integration* (2. Auflage; S. 49-83). Opladen: Leske + Budrich.

Kleinsteuber, H.-J. (1990). Unfaire Handelspraktiken oder Kulturpolitik? Die Reaktion in den USA auf die Eigenproduktionsquote der EG-Fernsehrichtlinie. *Media Perspektiven*, 549-557.

Kleinsteuber, H.-J. (1991). Kabel und Satellit in der westeuropäischen Technologie- und Medienpolitik. Chancen, Grenzen und Folgen der Neuen Medien. *Rundfunk und Fernsehen, 39*, 506-526.

Kleinsteuber, H.-J. (1994). HDTV-Politik. Die Entstehung des hochauflösenden Fernsehtechnik im High-Tech-Dreieck Japan, Europa, USA.. *Rundfunk und Fernsehen, 42*, 5-23

Kleist, T. (2003, 12. November). Höchst uneinheitlich. Gemeinschaftsrecht und Gebühr: ungewisse Beziehung. *epd medien*, S. 6-11.

Kleist, T., & Scheuer, A. (2005, 11. März). Klärung von Grundsatzfragen. Die EU überprüft die Finanzierung des öffentlich-rechtlichen Rundfunks. *Funkkorrespondenz*, S. 3-8.

Kloepfer, M. (1996). *"Innere Pressefreiheit" und Tendenzschutz im Lichte des Artikels 10 der Europäischen Konvention zum Schutze der Menschenrechte und Grundfreiheiten.* Berlin: Duncker & Humblot.

Knothe, M., & Bashayan, H. (1997). Die Revision der EG-Fernsehrichtlinie. Ein europäischer Entscheidungsprozeß im Lichte nationaler Kompetenzen. *Archiv für Presserecht, 28*, 849-857.

König, A. (2002). Die EU-Fernseh-Richtlinie – Revision oder Abschied? *Zeitschrift für Urheber- und Medienrecht, 46*, 803-815.

Koenig, C., & Haratsch, A. (2003). Die Rundfunkgebühren auf dem Prüfstand des Altmark Trans-Urteils des Europäischen Gerichtshofs. *Zeitschrift für Urheber- und Medienrecht, 47*, 804-812.

Koenig, C., & Kühling, J. (2001). How to cut a long story short: Das PreussenElektra-Urteil des EuGH und die EG-Beihilfenkontrolle über das deutsche Rundfunkgebührensystem. *Zeitschrift für Urheber- und Medienrecht, 45*, 537-546.

Kommission der Europäischen Gemeinschaften. (1983). *Zwischenbericht über Realität und Tendenzen des Fernsehens in Europa. Perspektiven und Optionen.* Brüssel: EG. (KOM(83) 229 endg.)

Kommission der Europäischen Gemeinschaften. (1984a). *Fernsehen ohne Grenzen. Grünbuch über die Errichtung des Gemeinsamen Marktes für den Rundfunk, insbesondere über Satellit und Kabel.* Brüssel: EG. (KOM(84) 300 endg.)

Kommission der Europäischen Gemeinschaften (1984b). *Fernsehen ohne Grenzen: Grünbuch über die Errichtung des Gemeinsamen Marktes für den Rundfunk, insbesondere über Satellit und Kabel/Grundlinien (Mitteilung der Kommission an den Rat).* Brüssel: EG. (KOM(84) 300 endg./2)

Kommission der Europäischen Gemeinschaften. (1985). *Vollendung des Binnenmarktes. Weißbuch der Kommission an den Europäischen Rat.* Luxemburg: Amt für amtliche Veröffentlichungen der Europäischen Gemeinschaften.

Kommission der Europäischen Gemeinschaften. (1986a). Vorschlag einer Richtlinie des Rates über die Koordinierung bestimmter Rechts- und Verwaltungsvorschriften der Mitgliedstaaten über die Ausübung der Rundfunktätigkeit (KOM(86) 146 endg.). *Media Perspektiven Dokumentation*, (II), 67-76.

Kommission der Europäischen Gemeinschaften. (1986b). Vorschlag für eine Richtlinie des Rates über die Annahme gemeinsamer technischer Spezifikationen der MAC/Pakete-Normenfamilie für die direkte Übertragung der Fernsehsendungen über Satelliten (KOM(86) 1 endg.). *Media Perspektiven Dokumentation*, (II), 77-81.

Kommission der Europäischen Gemeinschaften. (1988a, 27. April). Geänderter Vorschlag für eine Richtlinie des Rates zur Koordinierung bestimmter Rechts- und Verwaltungsvorschriften der Mitgliedstaaten über die Ausübung der Rundfunktätigkeit. *Amtsblatt der Europäischen Gemeinschaften*, (C 110), S. 3-21. (KOM(88) 154 endg.)

Kommission der Europäischen Gemeinschaften. (1988b). *Geänderter Vorschlag für eine Richtlinie des Rates zur Koordinierung bestimmter Rechts- und Verwaltungsvorschriften der Mitgliedstaaten über die Ausübung der Rundfunktätigkeit.* Brüssel: EG. (KOM(88) 154 endg. – SYN 52)

Kommission der Europäischen Gemeinschaften. (1990). *Mitteilung der Kommission an den Rat und das Parlament über die Politik im audiovisuellen Bereich.* Brüssel: EG. (KOM(90) 78 endg.)

Kommission der Europäischen Gemeinschaften. (1992). *Pluralismus und Medienkonzentration im Binnenmarkt. Bewertung der Notwendigkeit einer Gemeinschaftsaktion. Grünbuch der Kommission.* Brüssel: EG. (KOM(92) 480 endg.)

Kommission der Europäischen Gemeinschaften. (1993a). *Mitteilung der Kommission an den Rat und das Europäische Parlament. Digitalfernsehen. Ein Orientierungsrahmen für die Gemeinschaftspolitik. Entwurf für eine Entschliessung des Rates zu einem Orientierungsrahmen für die Gemeinschaftspolitik im Bereich des Digitalfernsehens.* Brüssel: EG. (KOM(93) 557 endg.)

Kommission der Europäischen Gemeinschaften. (1993b). *Mitteilung der Kommission über die Bewertung des Aktionsprogramms zur Förderung der Entwicklung der europäischen audiovisuellen Industrie "MEDIA" 1991-1995 mit ersten Kommentaren.* Brüssel: EG. (KOM(93) 364 endg.)

Kommission der Europäischen Gemeinschaften. (1993c). *Vorschlag für eine Richtlinie des Europäischen Parlaments und des Rates über die Anwendung von Normen für die Ausstrahlung von Fernsehsignalen.* Brüssel: EG (KOM(93) 556 endg.)

Kommission der Europäischen Gemeinschaften. (1993d). *Weißbuch zu "Wachstum, Wettbewerbsfähigkeit, Beschäftigung – Herausforderungen der Gegenwart und Wege ins 21. Jahrhundert".* Brüssel: EG. (KOM(93) 700 endg.)

Kommission der Europäischen Gemeinschaften. (1994a). *Europas Weg in die Informationsgesellschaft. Ein Aktionsplan. Mitteilung der Kommission an den Rat und das Europäische Parlament sowie an den Wirtschafts- und Sozialausschuss und den Ausschuss der Regionen.* Brüssel: EG. (KOM(94) 347 endg.)

Kommission der Europäischen Gemeinschaften. (1994b). *Grünbuch über die Liberalisierung der Telekommunikationsinfrastruktur und der Kabelfernsehnetze: Teil I. Grundsätze und Zeitrahmen.* Brüssel: EG. (KOM(94) 440 endg.)

Kommission der Europäischen Gemeinschaften. (1994c). *Mitteilung der Kommission an den Rat und das Europäische Parlament. Reaktionen auf den Konsultationsprozess zum Grünbuch "Pluralismus und Medienkonzentration im Binnenmarkt – Bewertung der Notwendigkeit einer Gemeinschaftsaktion".* Brüssel: EG. (KOM(94) 353 endg.)

Kommission der Europäischen Gemeinschaften. (1994d). *Strategische Optionen für die Stärkung der Programmindustrie im Rahmen der audiovisuellen Politik der Europäischen Union. Grünbuch.* Brüssel: EG. (KOM(94) 96 endg.)

Kommission der Europäischen Gemeinschaften. (1995a). *Bericht über die Anwendung der Richtlinie 89/552/EWG und Vorschlag für eine Richtlinie des Europäischen Parlaments und des Rates zur Änderung der Richtlinie 89/552/EWG des Rates zur Koordinierung bestimmter Rechts- und Verwaltungsvorschriften der Mitgliedstaaten über die Ausübung der Fernsehtätigkeit.* Brüssel: EG. (KOM(95) 86 endg.)

Kommission der Europäischen Gemeinschaften. (1995b). *Grünbuch über die Liberalisierung der Telekommunikationsinfrastruktur und der Kabelfernsehnetze: Teil II. Ein gemeinsames Konzept zur Bereitstellung einer Infrastruktur für Telekommunikation in der Europäischen Union.* Brüssel: EG. (KOM(94) 682 endg.)

Kommission der Europäischen Gemeinschaften. (1995c). *Grünbuch Urheberrecht und verwandte Schutzrechte in der Informationsgesellschaft.* Brüssel: EG. (KOM (95) 382 endg.)

Kommission der Europäischen Gemeinschaften. (1995d). *Mitteilung der Kommission. Politik im Bereich der audiovisuellen Medien. Ein wachstumsförderndes Umfeld für die Unternehmen der europäischen Programmindustrie (MEDIA II – 1996-2000).* Brüssel: EG. (KOM(94) 523 endg.)

Kommission der Europäischen Gemeinschaften. (1996a). *Fusionskontrolle der Gemeinschaft: Grünbuch über die Revision der Fusionskontrollverordnung.* Brüssel: EG. (KOM(96) 19 endg.)

Kommission der Europäischen Gemeinschaften. (1996b, 30. Juli). Geänderter Vorschlag für eine Richtlinie des Europäischen Parlaments und des Rates zur Änderung der Richtlinie 89/552/EWG des Rates zur Koordinierung bestimmter Rechts- und Verwaltungsvorschriften der Mitgliedstaaten über die Ausübung der Fernsehtätigkeit. *Amtsblatt der Europäischen Gemeinschaften*, (C 221), S. 10-30.

Kommission der Europäischen Gemeinschaften. (1996c). *Grünbuch über den Jugendschutz und den Schutz der Menschenwürde in den audiovisuellen und den Informationsdiensten.* Brüssel: EG. (KOM(96) 483 endg.)

Kommission der Europäischen Gemeinschaften. (1996d). *Kommerzielle Kommunikationen im Binnenmarkt.* Brüssel: EG.

Kommission der Europäischen Gemeinschaften. (1996e). *Mitteilung der Kommission an den Rat, das Europäische Parlament und den Wirtschafts- und Sozialausschuss. Die gesetzgeberische Transparenz im Binnenmarkt für die Dienste der Informationsgesellschaft. Vorschlag für eine Richtlinie des Europäischen Parlaments und des Rates zu dritten Änderung der Richtlinie 83/189/EWG über ein Informationsverfahren auf dem Gebiet der Normen und technischen Vorschriften.* Brüssel: EG. (KOM(96) 392 endg.)

Kommission der Europäischen Gemeinschaften. (1996f). *Mitteilung der Kommission an den Rat, das Europäische Parlament, den Wirtschafts- und Sozialausschuss und den Ausschuss der Regionen. Die Informationsgesellschaft: Von Korfu bis Dublin – Neue Prioritäten.* Brüssel: EG. (KOM(96) 395 endg.)

Kommission der Europäischen Gemeinschaften. (1996g). *Stellungnahme der Kommission gemäß Artikel 189b, Absatz 2, Buchstabe d) des EG-Vertrages, zu den Abänderungen des Europäischen Parlaments des gemeinsamen Standpunkts des Rates betreffend den Vorschlag für eine Richtlinie des Europäischen Parlaments und des Rates zur Änderung der Richtlinie 89/552/EWG des Rates zur Koordinierung bestimmter Rechts- und Verwaltungsvorschriften der Mitgliedstaaten über die Ausübung der Fernsehtätigkeit.* Brüssel: EG. (KOM(96) 626 endg.)

Kommission der Europäischen Gemeinschaften. (1997). *Grünbuch zur Konvergenz der Branchen Telekommunikation, Medien und Informationstechnologie und ihren ordnungspolitischen Auswirkungen. Ein Schritt in Richtung Informationsgesellschaft.* Brüssel: EG. (KOM(97) 623)

Kommission der Europäischen Gemeinschaften. (1998a). *Mitteilung der Kommission an das Europäische Parlament und den Ministerrat "Die Politik der Gemeinschaft im audiovisuellen Bereich: Künftiges Vorgehen".* Brüssel: EG. (KOM (1998) 446 endg.)

Kommission der Europäischen Gemeinschaften. (1998b, 7. April). Vorschlag für eine Richtlinie des Europäischen Parlaments und des Rates zur Harmonisierung bestimmter Aspekte des Urheberrechts und der verwandten Schutzrechte in der Informationsgesellschaft. *Amtsblatt der Europäischen Gemeinschaften*, (C 108), S. 6-13.

Kommission der Europäischen Gemeinschaften. (1999a). *Die Entwicklung des Marktes für digitales Fernsehen in der Europäischen Union. Bericht im Zusammenhang mit der Richtlinie 95/47/EG des Europäischen Parlamentes und des Rates vom 24. Oktober 1995 über die Anwendung von Normen für die Übertragung von Fernsehsignalen. Mitteilung der Kommission an das Europäische Parlament, den Rat, den Wirtschafts- und Sozialausschuß und den Ausschuß der Regionen.* Brüssel: EG. (KOM(1999) 540 endg.)

Kommission der Europäischen Gemeinschaften. (1999b). *Mitteilung der Kommission an den Rat, das Europäische Parlament, den Wirtschafts- und Sozialausschuss und den Ausschuss der Regionen: Entwicklung neuer Rahmenbedingungen für elektronische Kommunikationsinfrastrukturen und zugehörige Dienste. Kommunikationsbericht 1999.* (KOM (1999) 539 endgültig)

Kommission der Europäischen Gemeinschaften. (1999c). *Mitteilung der Kommission an den Rat, das Europäische Parlament, den Wirtschafts- und Sozialausschuss und den Ausschuss der Regionen. Grundsätze und Leitlinien für die audiovisuelle Politik der Gemeinschaft im digitalen Zeitalter.* Brüssel: EG. (KOM(1999) 657 endgültig)

Kommission der Europäischen Gemeinschaften. (2000a). *Mitteilung der Kommission. Leistungen der Daseinsvorsorge in Europa.* Brüssel: EG. (KOM(2000) 580 endgültig)

Kommission der Europäischen Gemeinschaften. (2000b). *Vierte Mitteilung der Kommission an den Rat und das Europäische Parlament über die Durchführung der Artikel 4 und 5 der Richtlinie 89/552/EWG "Fernsehen ohne Grenzen" für den Zeitraum 1997 und 1998.* Brüssel: EG. (KOM(2000) 442 endgültig)

Kommission der Europäischen Gemeinschaften. (2001a). *Dritter Bericht der Kommission an den Rat, das Europäische Parlament und den Wirtschafts- und Sozialausschuss über die Anwendung der Richtlinie 89/552/EWG "Fernsehen ohne Grenzen".* Brüssel: EG. (KOM(2001) 9 endgültig)

Kommission der Europäischen Gemeinschaften. (2001b). *Evaluierungsbericht der Kommission an den Rat und das Europäische Parlament zur Anwendung der Empfehlung des Rates vom 24. September 1998 in bezug auf den Jugendschutz und den Schutz der Menschenwürde.* Brüssel: EG. (KOM(2001) 106 endgültig)

Kommission der Europäischen Gemeinschaften. (2001c). *Grünbuch über die Revision der Verordnung (EWG) Nr. 4064/89 des Rates.* Brüssel: EG. (KOM(2001) 745 endgültig)

Kommission der Europäischen Gemeinschaften. (2002). *Fünfte Mitteilung der Kommission an den Rat und das Europäische Parlament über die Durchführung der Artikel 4 und 5 der Richtlinie 89/552/EWG "Fernsehen ohne Grenzen" – in der geänderten Fassung der Richtlinie 97/36/EG – im Zeitraum 1999-2000.* Brüssel: EG. (KOM(2002) 612 endgültig)

Kommission der Europäischen Gemeinschaften. (2003a). *Bericht der Kommission an den Rat, das Europäische Parlament, den Wirtschafts- und Sozialausschuss und den Ausschuss der Regionen. Bericht über die Durchführung und die Ergebnisse des Programms MEDIA II (1996-2000).* Brüssel: EG. (KOM(2003) 802 endgültig)

Kommission der Europäischen Gemeinschaften. (2003b). *Bericht der Kommission an den Rat, das Europäische Parlament, den Europäischen Wirtschafts- und Sozialausschuss und den Ausschuss der*

Regionen. Bericht über die Durchführung und die Ergebnisse nach Ablauf der ersten Hälfte der Laufzeit der Programme MEDIA Plus und MEDIA Fortbildung (2001-2005) sowie die Ergebnisse der vorbereitenden Maßnahme "Wachstum und audiovisuelle Medien: i2iAudiovisual". Brüssel: EG. (KOM(2003) 725 endgültig)

Kommission der Europäischen Gemeinschaften. (2003c). *Grünbuch zu Dienstleistungen von allgemeinem Interesse*. Brüssel: EG. (KOM(2003) 270 endgültig)

Kommission der Europäischen Gemeinschaften. (2003d). *Mitteilung der Kommission an den Rat, das Europäische Parlament, den Europäischen Wirtschafts- und Sozialausschuss und den Ausschuss der Regionen über den Übergang vom analogen zum digitalen Rundfunk (digitaler Übergang und Analogabschaltung)*. Brüssel: EG. (KOM(2003) 541 endgültig)

Kommission der Europäischen Gemeinschaften. (2003e). *Mitteilung der Kommission an den Rat, das Europäische Parlament, den Europäischen Wirtschafts- und Sozialausschuss und den Ausschuss der Regionen über die Zukunft der europäischen Regierungspolitik im audiovisuellen Bereich*. Brüssel: EG. (KOM(2003) 784 endgültig)

Kommission der Europäischen Gemeinschaften. (2003f). *Vierter Bericht der Kommission an den Europäischen Rat, das Europäische Parlament, den Europäischen Wirtschafts- und Sozialausschuss und den Ausschuss der Regionen über die Anwendung der Richtlinie 89/552/EWG "Fernsehen ohne Grenzen"*. Brüssel: EG. (KOM(2002) 778 endgültig)

Kommission der Europäischen Gemeinschaften. (2003g). *Zweiter Evaluierungsbericht der Kommission an den Rat und das Europäische Parlament zur Anwendung der Empfehlung des Rates vom 24. September 1998 in Bezug auf den Jugendschutz und den Schutz der Menschenwürde*. Brüssel: EG. (KOM(2003) 776 endgültig)

Kommission der Europäischen Gemeinschaften. (2004a). *Mitteilung der Kommission. Aktive Bürgerschaft konkret verwirklichen: Förderung der europäischen Kultur und Vielfalt durch Programme im Bereich Jugend, Bürgerbeteiligung, Kultur und audiovisuelle Medien*. Brüssel: EG. (KOM(2004) 154 endgültig)

Kommission der Europäischen Gemeinschaften. (2004b). *Mitteilung der Kommission an den Rat, das Europäische Parlament, den Europäischen Wirtschafts- und Sozialausschuss und den Ausschuss der Regionen. Herausforderungen für die europäische Informationsgesellschaft ab 2005*. Brüssel: EG. (KOM(2004) 757 endgültig)

Kommission der Europäischen Gemeinschaften. (2004c). *Mitteilung der Kommission an den Rat, das Europäische Parlament, den Europäischen Wirtschafts- und Sozialausschuss und den Ausschuss der Regionen über Folgemaßnahmen zur Mitteilung der Kommission zu bestimmten Rechtsfragen im Zusammenhang mit Kinofilmen und anderen audiovisuellen Werken (Mitteilung zur Filmwirtschaft) vom 26.9.2001 (veröffentlicht im ABl. C 43 vom 16.2.2002). Vorschlag für eine Empfehlung des Europäischen Parlaments und des Rates zum Filmerbe und zur Wettbewerbsfähigkeit der einschlägigen Industriezweige*. Brüssel: EG. http://europa.eu.int/eur-lex/de/com/pdf/2004/com2004_0171de01.pdf

Kommission der Europäischen Gemeinschaften. (2004d). *Mitteilung der Kommission an den Rat, das Europäische Parlament, den Wirtschafts- und Sozialausschuss und den Ausschuss der Regionen. Vorschlag für ein Fördeprogramm für den europäischen audiovisuellen Sektor (MEDIA 2007). Vorschlag für einen Beschluss des Europäischen Parlaments und des Rates über die Umsetzung eines För-*

derprogramms für den europäischen audiovisuellen Sektor (MEDIA 2007). Brüssel: EG. (COM(2004) 470)

Kommission der Europäischen Gemeinschaften. (2004e). *Mitteilung der Kommission an den Rat und an das Europäische Parlament über die Anwendung von Artikel 4 und 5 der Richtlinie 89/552/EWG "Fernsehen ohne Grenzen" – in der geänderten Fassung der Richtlinie 97/36/EG – im Zeitraum 2001-2002.* (KOM(2004) 524)

Kommission der Europäischen Gemeinschaften. (2004f). *Mitteilung der Kommission zu Auslegungsfragen in Bezug auf bestimmte Aspekte der Bestimmungen der Richtlinie "Fernsehen ohne Grenzen" über die Fernsehwerbung.* Brüssel: EG. (K(2004) 1450)

Kommission der Europäischen Gemeinschaften. (2004g). *Vorschlag für eine Empfehlung des Europäischen Parlaments und des Rates zum Schutz von Jugendlichen, der Menschenwürde und dem Recht auf Gegendarstellung hinsichtlich der Wettbewerbsfähigkeit der europäischen Medien und der europäischen Informationsdiensteindustrie.* Brüssel: EG. (KOM(2004) 341 endgültig)

Kommission der Europäischen Gemeinschaften. (2005). *Mitteilung der Kommission an den Rat, das Europäische Parlament, den Wirtschafts- und Sozialausschuss und den Ausschuss der Regionen. "i2010 – Eine europäische Informationsgesellschaft für Wachstum und Beschäftigung".* Brüssel: EG.

Konferenz in Wien beschließt Maßnahmen für europäische Medienentwicklung. (1986, 19. Dezember). *Funk-Korrespondenz*, S. 12.

Konrad, W. (1985). Ein kulturell akzentuiertes Programm des deutschen Sprachraums: 3SAT. *Media Perspektiven*, 874-878.

Kopper, G. G. (2003). Eurojournalism: Aims and programs for future European journalists. In R. Fröhlich & C. Holtz-Bacha (Hrsg.), *Journalism education in Europe and North America. An international comparison* (S. 285-306). Cresskill, NJ: Hampton Press.

Kosslick, D. (1989). "efdo" – das Europäische Filmbüro in Hamburg. Eine europäische Filmförderung. *Rundfunk und Fernsehen, 37*, 298-304.

KPMG. (2002). *Filmförderung in Deutschland und der EU 2002* (5. aktualisierte Auflage). Berlin: Verlag für Wirtschaftskommunikation.

Kresse, H., & Heinze, M. (1995). Der Rundfunk: Das »jedenfalls auch kulturelle Phänomen«. – Ein Pyrrhus-Sieg der Länder? – Eine Kurzanalyse der Urteils des Bundesverfassungsgerichts zur EU-Fernsehrichtlinie. *Zeitschrift für Urheber- und Medienrecht, 39*, 394-397.

Krewel, M. (2005). *Die Rundfunkpolitik des Europarates.* Mainz: Unveröffentlichte Magisterarbeit, Institut für Publizistik, Johannes Gutenberg-Universität Mainz.

Kruse, J. (1994). Die amerikanische Dominanz bei Film- und Fernseh-Produktionen. *Rundfunk und Fernsehen, 42*, 184-199.

Kühling, J. (1999). *Die Kommunikationsfreiheit als europäisches Gemeinschaftsgrundrecht.* Berlin: Duncker & Humblot.

Kühn, M. (1986). Harmonisierung des Rundfunkrechts in Europa. Zum Entwurf der Richtlinie der EG-Kommission. *Zeitschrift für Urheber- und Medienrecht, 30*, 585-588.

Kull, E. (1993). Das europäische Recht und die Presse. *Archiv für Presserecht, 24*, 430-435.

Kull, E. (1995). "Freedom within the media". Von deutschen Anfängen zu europäischen Weiterungen. *Archiv für Presserecht, 26*, 551-559.

Lauf, E., & Peter, J. (2004). EU-Repräsentanten in Fernsehnachrichten. Eine Analyse ihrer Präsenz in 13 EU-Mitgliedstaaten vor der Europawahl 1999. In L. M. Hagen (Hrsg.), *Europäische Union und mediale Öffentlichkeit. Theoretische Perspektiven und empirische Befunde zur Rolle der Medien im europäischen Einigungsprozess* (S. 162-194). Köln: Herbert von Halem.

Leitlinien der Kommission zur Marktanalyse und Ermittlung beträchtlicher Marktmacht nach dem gemeinsamen Rechtsrahmen für elektronische Kommunikationsnetze und -dienste. (2002). *Amtsblatt der Europäischen Gemeinschaften*, (C 165), S. 6-31.

Lercara, A., & Scheuer, A. (1999). Im Prinzip »brutto«? Zur Auslegung des Begriffs der »programmierten Sendezeit« nach der Fernseh-Richtlinie. *Zeitschrift für Urheber- und Medienrecht, 43*, 719-729.

Limbach, J. (2000). *Die Kooperation der Gerichte in der zukünftigen europäischen Grundrechtsarchitektur. Ein Beitrag zur Bestimmung des Verhältnisses von Bundesverfassungsgericht, Europäischem Gerichtshof und Europäischem Gerichtshof für Menschenrechte.* Abgerufen am 22. April 2005 von http://www.rewi.hu-berlin.de/WHI/deutsch/fce/fce700/limbach.htm

Loon, A. van (2001, 5. Dezember). Europäische Union. "Rechtskorpus". EU-Engagement bei nationalem Fernsehbesitz und Kontrollpolitik sowie -verfahren. *epd medien*, S. 3-18.

Luedtke, A., & Schmittmann, M. (2001). Rundfunkgebühren als staatliche Beihilfen auf dem Prüfstand der Kommission. *Archiv für Presserecht, 32*, 373-375.

Machill, M. (1997). *Frankreich Quotenreich. Nationale Medienpolitik und europäische Kommunikationspolitik im Kontext nationaler Identität.* Berlin: Vistas.

Martín-Pérez de Nanclares, J. (1995). *Die EG-Fernsehrichtlinie. Rechtsgrundlage, Kommentierung und Umsetzung in das Recht der EG-Mitgliedstaaten sowie Österreichs und der Schweiz.* Frankfurt am Main: Peter Lang.

Meckel, M. (1994). *Fernsehen ohne Grenzen? Europas Fernsehen zwischen Integration und Segmentierung.* Opladen: Westdeutscher Verlag.

Media Consulting Group/Secor/APRIL. (o.J.). *Mid-term evaluation of the MEDIA PLUS and MEDIA TRAINING programmes.* Paris: APRIL.

Métropole télévision SA u. a. gegen Kommission der Europäischen Gemeinschaften. Verbundene Rechtssachen T-528/93, T-542/93, T-543/93 und T-546/93. (1996). In *Sammlung der Rechtsprechung des Gerichtshofes und des Gerichts erster Instanz. Teil II, Gericht erster Instanz* (S. 649-694). Luxemburg: Gerichtshof der Europäischen Gemeinschaften.

Meyer, T. (2004). *Die Identität Europas. Der EU eine Seele?* Frankfurt am Main: Suhrkamp.

Michalis, M. (1999). European Union broadcasting and telecoms: Towards a convergent regulatory regime? *European Journal of Communication, 14*, 147-171.

Ministerpräsidenten gegen Rundfunkrichtlinie der EG-Kommission. (1986, 17. Oktober). *Funk-Korrespondenz*, S. 5-6.

Mitteilung der Bundesregierung an die Europäische Kommission. Staatliche Beihilfen E 3/2005 (ex CP 232/2002, CP 2/2003, CP 43/2003, CP 195/2004 und CP 234/2004). Die Finanzierung

der öffentlich-rechtlichen Rundfunkanstalten – Deutschland. (2005). Abgerufen am 7. Juli 2005 von http://www.bundesregierung.de/Anlage828775/Pressefassung+-+%F6ffentlich-rechtliche-Rundfunkanstalten+.pdf

Mitteilung der Generaldirektion Wettbewerb der EU-Kommission zur Finanzierung des öffentlich-rechtlichen Rundfunks in Deutschland. (2005, 11. März). *Funkkorrespondenz*, S. 9-47.

Mitteilung der Kommission über die Anwendung der Vorschriften über Staatliche Beihilfen auf den öffentlich-rechtlichen Rundfunk. (2001, 15. November). *Amtsblatt der Europäischen Gemeinschaften*, (C 320), S. 5-11.

Monopolkommission. (1996). *Hauptgutachten 1994/1995. Wettbewerbspolitik in Zeiten des Umbruchs.* Baden-Baden: Nomos.

Müller-Graff, P.-C. (2002). Die Kompetenzen in der Europäischen Union. In W. Weidenfeld (Hrsg.), *Europa-Handbuch* (S. 374-392). Bonn: Bundeszentrale für politische Bildung.

Nehl, H. P. (2004). Europäische Pressemärkte im Lichte des EG-Wettbewerbsrechts. In B. Schneider & W. Schütz (Hrsg.), *Europäische Pressemärkte. Annäherungen an eine länderübergreifende Zeitungsstatistik* (= Relation N.F. 1; S. 115-127). Wien: Österreichische Akademie der Wissenschaften.

Nicolaysen, G. (2002). Die Europäische Union als Rechtsgemeinschaft. In W. Weidenfeld (Hrsg.), *Europa-Handbuch* (S. 348-360). Bonn: Bundeszentrale für politische Bildung.

Observatoire Européen de l'Audiovisuel/European Audiovisual Observatory/Europäische Audiovisuelle Informationsstelle. (1994). *Statistisches Jahrbuch 1994-1995. Filmindustrie, Fernsehen, Video und neue Medien in Europa.* Straßburg: Europäisches Audiovisuelle Informationsstelle.

Observatoire Européen de l'Audiovisuel/European Audiovisual Observatory/Europäische Audiovisuelle Informationsstelle. (2003a). *2003 Yearbook. Annuaire. Jahrbuch. Volume/Band 1: Economy of the European Audiovisual Industry. Economie du secteur audiovisuel européen. Die Wirtschaftslage des audiovisuellen Sektors in Europa.* Straßburg: Europäische Audiovisuelle Informationsstelle.

Observatoire Européen de l'Audiovisuel/European Audiovisual Observatory/Europäische Audiovisuelle Informationsstelle. (2003b). *2003 Yearbook. Annuaire. Jahrbuch. Volume/Band 2: Household Audiovisual Equipment – Transmission – Television Audiences. Equipment audiovisuel des ménages – Transmission – Audience de la télévision. Audiovisuelle Ausstattung der Haushalte – Übertragungswege – Fernsehreichweiten.* Straßburg: Europäische Audiovisuelle Informationsstelle.

Observatoire Européen de l'Audiovisuel/European Audiovisual Observatory/Europäische Audiovisuelle Informationsstelle. (2003c). *2003 Yearbook. Annuaire. Jahrbuch. Volume/Band 3: Film and Home Video. Cinéma – Video. Film und Videoindustrie.* Straßburg: Europäische Audiovisuelle Informationsstelle.

Otten, R. G. (1997). Die Gebührenfinanzierung der öffentlich-rechtlichen Rundfunkanstalten im Rahmen des Art. 92 EGV. *Zeitschrift für Urheber- und Medienrecht, 41*, 790-800.

Palzer, C. (2004). Marktdefinition im Bereich der audiovisuellen Medien nach dem Wettbewerbsrecht der Europäischen Gemeinschaft. *Zeitschrift für Urheber- und Medienrecht, 48*, 279-290.

Pauwels, C., & Loisen, J. (2004). Von GATT zu GATS und darüber hinaus. Die Bedeutung der WTO für die audiovisuelle Politik. *Media Perspektiven*, 489-499.

Pelny, S. (2003). Das Verfahren der EU-Kommission gegen Dänemark: Ein Menetekel für die Länderregierungschefs in Deutschland? *Zeitschrift für Urheber- und Medienrecht, 47*, 643-653.

Pelny, S. (2005). Das Verfahren der EU-Kommission gegen Dänemark: Ein Menetekel für die Länderregierungschefs in Deutschland? Ein Nachtrag. *Zeitschrift für Urheber- und Medienrecht, 49*, 22-29.

Peter, J. (2003). *Why European TV news matters. A cross-nationally comparative analysis of TV news about European Union and its effect.* Doctoral dissertation. University of Amsterdam.

Peter, J. (2004). Kaum vorhanden, thematisch homogen und eher negativ – Die alltägliche Fernsehberichterstattung über die Europäische Union im internationalen Vergleich. In L. M. Hagen (Hrsg.), *Europäische Union und mediale Öffentlichkeit: Theoretische Perspektiven und empirische Befunde zur Rolle der Medien im Europäischen Einigungsprozess* (S. 146-161). Köln: Herbert von Halem.

Peter, J., Semetko, H. A., & de Vreese, C. (2003). EU politics on television. A cross-national comparative study. *European Union Politics, 4*, 305-327.

Peters, B. (1999). Nationale und transnationale Öffentlichkeiten – Eine Problemskizze. In C. Honegger, S. Hradil & F. Traxler (Hrsg.), *Grenzenlose Gesellschaft? Verhandlungen des 29. Kongresses der Deutschen Gesellschaft für Soziologie, des 16. Kongresses der Österreichischen Gesellschaft für Soziologie, des 11. Kongresses der Schweizerischen Gesellschaft für Soziologie in Freiburg i. Br. 1998. Teil 1* (S. 661-674). Opladen: Leske + Budrich.

Pfetsch, F. R. (2001). *Die Europäische Union. Eine Einführung* (2. Auflage). München: W. Fink.

Rat. (1992, 20. Mai). Richtlinie 92/38/EWG des Rates vom 11. Mai 1992 über die Annahme von Normen für die Satellitenausstrahlung von Fernsehsignalen. *Amtsblatt der Europäischen Gemeinschaften*, (L 137), S. 17-20.

Rat. (1993, 5. August). Beschluss des Rates vom 22. Juli 1993 über einen Aktionsplan zur Einführung fortgeschrittener Fernsehdienste in Europa. *Amtsblatt der Europäischen Gemeinschaften*, (L 196), S. 48-54.

Rat. (1996, 12. Dezember). Entschließung des Rates vom 21. November 1996 über die neuen politischen Prioritäten im Hinblick auf die Informationsgesellschaft. *Amtsblatt der Europäischen Gemeinschaften*, (C 376), S. 1-5.

Rat. (2000a, 22. Dezember). Entscheidung des Rates vom 22. Dezember 2000 über ein mehrjähriges Gemeinschaftsprogramm zur Unterstützung der Entwicklung und Nutzung europäischer digitaler Inhalte in globalen Netzen und zur Förderung der Sprachenvielfalt in der Informationsgesellschaft. *Amtsblatt der Europäischen Gemeinschaften*, (L 14), S. 32-40.

Rat. (2000b, 11. Juli). Entschließung des Rates vom 26. Juni 2000 zur Erhaltung und Erschließung des europäischen Filmerbes. *Amtsblatt der Europäischen Gemeinschaften*, (L 193), S. 1-2.

Reding, V. (2002, 2. November). "Eine Fülle von Chancen". Herausforderungen für eine zukünftige EU-Medienordnung. *epd medien*, S. 23-30.

Reif, K., & Schmitt, H. (1980). Nine second order national elections: A conceptual framework for the analysis of European election results. *European Journal of Political Research*, *8*, 3-44.

Reiser, S. (1994). *Parteienkampagne und Medienberichterstattung im Europa-Wahlkampf 1989. Eine Untersuchung zu Dependenz und Autonomieverlust im Verhältnis von Massenmedien und Politik.* Konstanz: UVK Medien/Ölschläger.

Ress, G., & Bröhmer, J. (1998). *Europäische Gemeinschaft und Medienvielfalt. Die Kompetenzen der Europäischen Gemeinschaft zur Sicherung des Pluralismus im Medienbereich. European Community and media pluralism. The powers of the European Community to protect pluralism in the media.* Frankfurt am Main: Institut für Medienentwicklung und Kommunikation.

Richtlinie 84/450/EWG des Rates vom 10. September 1984 zur Angleichung der Rechts- und Verwaltungsvorschriften der Mitgliedstaaten über irreführende Werbung. (1984, 19. September). *Amtsblatt der Europäischen Gemeinschaften*, (L 250), S. 17-20.

Richtlinie des Rates vom 3. Oktober 1989 zur Koordinierung bestimmter Rechts- und Verwaltungsvorschriften der Mitgliedstaaten über die Ausübung der Fernsehtätigkeit (89/552/EWG). (1989, 17. Oktober). *Amtsblatt der Europäischen Gemeinschaften*, (L 298), S. 23-30.

Richtlinie 91/250/EWG des Rates vom 14. Mai 1991 über den Rechtsschutz von Computerprogrammen. (1991, 17. Mai). *Amtsblatt der Europäischen Gemeinschaften*, (L 122), S. 42-46.

Richtlinie 92/100/EWG des Rates vom 19. November 1992 zum Vermietrecht und Verleihrecht sowie zu bestimmten dem Urheberrecht verwandten Schutzrechten im Bereich des geistigen Eigentums. (1992, 27. November). *Amtsblatt der Europäischen Gemeinschaften*, (L 346), S. 61-66.

Richtlinie 93/83/EWG des Rates vom 27. September 1993 zur Koordinierung bestimmter urheber- und leistungsschutzrechtlicher Vorschriften betreffend Satellitenrundfunk und Kabelweiterverbreitung. (1993, 6. Oktober). *Amtsblatt der Europäischen Gemeinschaften*, (L 248), S. 15-21.

Richtlinie 93/98/EWG des Rates vom 29. Oktober 1993 zur Harmonisierung der Schutzdauer des Urheberrechts und bestimmter verwandter Schutzrechte. (1993, 24. November). *Amtsblatt der Europäischen Gemeinschaften*, (L 290), S. 9-13.

Richtlinie 94/95/EG des Rates vom 22. September 1994 über die Einsetzung eines Europäischen Betriebsrates oder die Schaffung eines Verfahrens zur Unterrichtung und Anhörung der Arbeitnehmer in gemeinschaftsweit operierenden Unternehmen und Unternehmensgruppen. (1994, 30. September). *Amtsblatt der Europäischen Gemeinschaften*, (L 254), S. 64-70.

Richtlinie 95/47/EG des Europäischen Parlaments und des Rates vom 24. Oktober 1995 über die Anwendung von Normen für die Übertragung von Fernsehsignalen. (1995, 23. November). *Amtsblatt der Europäischen Gemeinschaften*, (L 281), S. 51-54.

Richtlinie 97/36/EG des Europäischen Parlaments und des Rates vom 19. Juni 1997 zur Änderung der Richtlinie 89/552/EWG des Rates zur Koordinierung bestimmter Rechts- und Verwaltungsvorschriften der Mitgliedstaaten über die Ausübung der Fernsehtätigkeit. (1997a, 30. Juni). *Amtsblatt der Europäischen Gemeinschaften*, (L 202), S. 60-70.

Richtlinie 97/55/EG des Europäischen Parlaments und des Rates vom 6. Oktober 1997 zur Änderung der Richtlinie 84/450/EWG über irreführende Werbung zwecks Einbeziehung der vergleichenden Werbung. (1997b, 23. Oktober). *Amtsblatt der Europäischen Gemeinschaften*, (L 290), S. 18-23.

Richtlinie 98/43/EG des Europäischen Parlaments und des Rates vom 6. Juli 1998 zur Angleichung der Rechts- und Verwaltungsvorschriften der Mitgliedstaaten über Werbung und Sponsoring zugunsten von Tabakerzeugnissen. (1998, 30. Juli). *Amtsblatt der Europäischen Gemeinschaften*, (L 213), S. 9-12.

Richtlinie 2000/52/EG der Kommission vom 26. Juli 2000 zur Änderung der Richtlinie 80/723/EWG über die Transparenz der finanziellen Beziehungen zwischen den Mitgliedstaaten und den öffentlichen Unternehmen. (2000, 29. Juli). *Amtsblatt der Europäischen Gemeinschaften*, (L 193), S. 75-78.

Richtlinie 2001/29/EG des Europäischen Parlaments und des Rates vom 22. Mai 2001 zur Harmonisierung bestimmter Aspekte des Urheberrechts und der verwandten Schutzrechte in der Informationsgesellschaft. (2001, 22. Juni). *Amtsblatt der Europäischen Gemeinschaften*, (L 167), S. 10-19.

Richtlinie 2002/14/EG des Europäischen Parlaments und des Rates vom 11. März 2002 zur Festlegung eines allgemeinen Rahmens für die Unterrichtung und Anhörung der Arbeitnehmer in der Europäischen Gemeinschaft – Gemeinsame Erklärung des Europäischen Parlaments, des Rates und der Kommission zur Vertretung der Arbeitnehmer. (2002, 23. März). *Amtsblatt der Europäischen Gemeinschaften*, (L 080), S. 29-34.

Richtlinie 2002/19/EG des Europäischen Parlaments und des Rates vom 7. März 2002 über den Zugang zu elektronischen Kommunikationsnetzen und zugehörigen Einrichtungen sowie deren Zusammenschaltung (Zugangsrichtlinie). (2002, 24. April). *Amtsblatt der Europäischen Gemeinschaften*, (L 108), S. 7-20.

Richtlinie 2002/21/EG des Europäischen Parlaments und des Rates vom 7. März 2002 über einen gemeinsamen Rechtsrahmen für elektronische Kommunikationsnetze und -dienste (Rahmenrichtlinie) (2002, 24. April). *Amtsblatt der Europäischen Gemeinschaften*, (L 108), S. 33-50.

Richtlinie 2002/22/EG des Europäischen Parlaments und des Rates vom 7. März 2002 über den Universaldienst und Nutzerrechte bei elektronischen Kommunikationsnetzen und -diensten (Universaldienstrichtlinie). *Amtsblatt der Europäischen Gemeinschaften*, (L 108), S. 51-77.

Richtlinie 2003/33/EG des Europäischen Parlaments und des Rates vom 26. Mai 2003 zur Angleichung der Rechts- und Verwaltungsvorschriften der Mitgliedstaaten über Werbung und Sponsoring zugunsten von Tabakerzeugnissen. (2003, 20. Juni). *Amtsblatt der Europäischen Gemeinschaften*, (L 152), S. 16-19.

Richtlinie 2004/48/EG des Europäischen Parlaments und des Rates vom 29. April 2004 zur Durchsetzung der Rechte des geistigen Eigentums. (2004, 2. Juni). *Amtsblatt der Europäischen Union*, (L 195), S. 16-25.

Rollet, E. (2001). Connecting to the information age. A challenge for the European Union. *Gazette, 63*, 371-386.

Rossmann, T. (1995). Kleinstaatliche Entwicklung im gemeinsamen europäischen Fernsehmarkt. Das Beispiel Dänemark. In L. Erbring (Hrsg.), *Kommunikationsraum Europa* (S. 64-73). Konstanz: UVK.

Roy, S. (2002). Telecommunications policy in the European Union. *Convergence, 8*, 100-113.

Rundfunk ist keine Ware. Stellungnahme und Forderungen der Gewerkschaften im Medienbereich zur geplanten EG-Richtlinie. (1987). *Media Perspektiven Dokumentation*, (IV), 229.

Rundfunkpolitik 1985. (1986). In Arbeitsgemeinschaft der öffentlich-rechtlichen Rundfunkanstalten der Bundesrepublik Deutschland (Hrsg.), *ARD-Jahrbuch 86* (S. 141-153). Hamburg: Hans-Bredow-Institut.

Rundfunkpolitik 1986. (1987). In Arbeitsgemeinschaft der öffentlich-rechtlichen Rundfunkanstalten der Bundesrepublik Deutschland (Hrsg.), *ARD-Jahrbuch 87* (S. 112-123). Hamburg: Hans-Bredow-Institut.

Sassatelli, M. (2002). Imagined Europe. The shaping of a European cultural identity through EU cultural policy. *European Journal of Social Theory, 5*, 435-451.

Saxer, U. (1990). Sprachenbabel in Europas Medien. *Media Perspektiven*, 651-660.

Saxer, U. (1998). System, Systemwandel und politische Kommunikation. In O. Jarren, U. Sarcinelli & U. Saxer (Hrsg.), *Politische Kommunikation in der demokratischen Gesellschaft. Ein Handbuch* (S. 21-64). Opladen: Westdeutscher Verlag.

Scharpf, F. W. (1995). Föderalismus und Demokratie in der transnationalen Ökonomie. In K. von Beyme & C. Offe (Hrsg.), *Politische Theorien in der Ära der Transformation* (PVS Sonderheft 26; S. 211-235). Opladen. Westdeutscher Verlag.

SCH/BT [SCH/Boest, R.]. (2003). Zusammenarbeitsverfahren. In R. von Borries & C. Zacker (Hrsg.), *Europarecht von A-Z. Das Recht der Europäischen Union nach dem Vertrag von Nizza* (S. 718). München: dtv.

Scheuer, A. (2002, 4. Dezember). Doppelt virtuell = real? Europäische Medienpolitik: Diskussionen und Visionen. *epd medien*, S. 6-12.

Schippan, M. (2001). Harmonisierung oder Wahrung der nationalen Kulturhoheit? – Die wundersame Vermehrung der Schrankenbestimmungen in Art. 5 der »Multimedia-Richtlinie«. *Zeitschrift für Urheber- und Medienrecht, 45*, 116-128.

Schlesinger, P. (1999). Changing spaces of political communication: The case of the European Union. *Political Communication, 16*, 263-279.

Schlesinger, P., & Kevin, D. (2000). Can the European Union become a sphere of publics? In E. O. Eriksen & J. E. Fossum (Hrsg.), *Democracy in the European Union. Integration through deliberation?* (S. 206-229). London: Routledge.

Schmidt, S. (2002). Die Europäische Union in der Vergleichenden Politikwissenschaft. In H.-J. Lauth (Hrsg.), *Vergleichende Regierungslehre. Eine Einführung* (S. 156-180). Wiesbaden: Westdeutscher Verlag.

Schmittmann, M., & Vries, I. de (1996). Blick nach Brüssel. *Archiv für Presserecht, 27*, 120-125.

Schriftliche Anfrage Nr. 758/89 von Herrn Kenneth Collins (S) an die Kommission der Europäischen Gemeinschaften. (1990, 17. April). *Amtsblatt der Europäischen Gemeinschaften*, (C 97), S. 21-22.

Schuler, T. (1996), 13./14. Juli). Ein Grundrecht auf Fußball? *Süddeutsche Zeitung*, S. 16.

Schulz, W. (2002, 17. April). Baukastensystem. Wie konvergente Inhalte reguliert werden könnten. *epd medien*, S. 8-10.

Schulz, W. (2003). Konzeptionelle Vorüberlegungen zu einer europäischen "Content without Frontiers Directive". Zur Fortentwicklung von E-Commerce- und Fernseh-Richtlinie angesichts der Veränderung der Dienste und vor dem Hintergrund nationaler und internationaler Grundrechtsverbürgerungen. *Kommunikation & Recht, 6*, 577-582.

Schwanda, H. (2003). Harmonisierung in Europa – Realität oder Utopie? *tv diskurs*, (23), 39-41.

Schwartz, I. E. (1985). *Rundfunk und EWG-Vertrag. In J. Schwarze (Hrsg.), Fernsehen ohne Grenzen. Die Errichtung des Gemeinsamen Marktes für den Rundfunk, insbesondere über Satellit und Kabel* (S. 45-119). Baden-Baden: Nomos.

Schwartz, I. E. (1986). Zur Debatte über das Grünbuch: Weitere Aktionen der Kommission. In J. Schwarze (Hrsg.), *Rundfunk und Fernsehen im Lichte der Entwicklung des nationalen und internationalen Rechts* (S. 99-118). Baden-Baden: Nomos.

Schwartz, I. E. (1993). Subsidiarität und EG-Kompetenzen. Der neue Titel "Kultur". Medienvielfalt und Binnenmarkt. *Archiv für Presserecht, 24*, 409-421.

Schwarze, J. (Hrsg.) (1985a). *Fernsehen ohne Grenzen. Die Errichtung des Gemeinsamen Marktes für den Rundfunk, insbesondere über Satellit und Kabel.* Baden-Baden: Nomos.

Schwarze, J. (1985b). Rundfunk und Fernsehen in der Europäischen Gemeinschaft – Europarechtliche, staatsrechtliche und völkerrechtliche Grundlagen –. In J. Schwarze (Hrsg.), *Fernsehen ohne Grenzen* (S. 11-44). Baden-Baden: Nomos.

Schwarze, J. (1986a). Die Medien im Spannungsfeld von Wirtschaft und Kultur – Zur Einordnung und Beurteilung der Medien in der jüngsten Rechtsprechung des Europäischen Gerichtshofes –. In J. Schwarze (Hrsg.), *Rundfunk und Fernsehen im Lichte der Entwicklung des nationalen und internationalen Rechts* (S. 119-148). Baden-Baden: Nomos.

Schwarze, J. (Hrsg.) (1986b). *Rundfunk und Fernsehen im Lichte der Entwicklung des nationalen und internationalen Rechts.* Baden-Baden: Nomos.

Schwarze, J. (2003). Die Medien in der europäischen Verfassungsreform. *Archiv für Presserecht, 33*, 209-217.

Schwarzkopf, D. (1986). Eins Plus und Europa Television. *Media Perspektiven*, 74-80.

Selmayr, M., & Kamann, H.-G. (2004). Public broadcasting and EC state aid law: No "carte blanche" after Altmark Trans. *Kommunikation & Recht, 7*, 49-58.

Selmer, P., & Gersdorf, H. (1994). *Die Finanzierung des Rundfunks in der Bundesrepublik Deutschland auf dem Prüfstand des EG-Beihilferegimes.* Berlin: Duncker & Humblot.

Semetko, H. A., & Valkenburg, P. M. (2000). Framing European politics: A content analysis of press and television news. *Journal of Communication, 50*(2), 93-109.

Siebenhaar, H.-P. (1994). *Europa als audiovisueller Raum. Ordnungspolitik des grenzüberschreitenden Fernsehens.* Opladen: Leske + Budrich.

Sievert, H. (1998). *Europäischer Journalismus. Theorie und Empirie aktueller Medienkommunikation in der Europäischen Union.* Opladen: Westdeutscher Verlag.

Sporn, S. (2000). Das Grundrecht der Meinungs- und Informationsfreiheit in einer europäischen Grundrechtscharta. *Zeitschrift für Urheber- und Medienrecht, 44*, 537-544.

Staatsvertrag über den Rundfunk im vereinten Deutschland. (1991). *Media Perspektiven Dokumentation*, (IIIa), 105-172.

Staatsvertrag über den Rundfunk im vereinten Deutschland in der Fassung des sechsten Rundfunkänderungsstaatsvertrages zur Änderung des Rundfunkstaatsvertrages, des Rundfunkfinanzierungsstaatsvertrages und des Mediendienste-Staatsvertrages (Sechster Rundfunkänderungsstaatsvertrag) in Kraft seit 1. Juli 2002. (2002). *Media Perspektiven Dokumentation*, (I), 2-60.

Steeg, M. van de (2002). Rethinking the conditions for a public sphere in the European Union. *European Journal of Social Theory, 5*, 499-519.

Stellungnahme (Artikel 120 der Geschäftsordnung) des Ausschusses für Recht und Bürgerrechte für den Ausschuß für Kultur, Jugend, Bildung und Medien. (1994a). In *Bericht des Ausschusses für Kultur, Jugend, Bildung und Medien zum Grünbuch der Kommission der EG "Pluralismus und Medienkonzentration im Binnenmarkt".* (S. 17-20). Straßburg: Europäisches Parlament.

Stellungnahme (Artikel 120 der Geschäftsordnung) des Ausschusses für Wirtschaft, Währung und Industriepolitik für den Ausschuss für Kultur, Jugend, Bildung und Medien. (1994b). In *Bericht des Ausschusses für Kultur, Jugend, Bildung und Medien zum Grünbuch der Kommission der EG "Pluralismus und Medienkonzentration im Binnenmarkt".* (S. 21-28). Straßburg: Europäisches Parlament.

Stellungnahme der Bundesregierung vom 8. März 1989 zur Position des Bundesrates über eine EG-Rundfunkrichtlinie. (1989, 7. April). *Funk-Korrespondenz*, S. 31-32.

Stellungnahme des AKW zum Vorschlag einer EG-Richtlinie zur grenzüberschreitenden Rundfunkwerbung. In Arbeitskreis Werbefernsehen der deutschen Wirtschaft (Hrsg.) (1987), *Europafernsehen und Werbung. Chancen für die deutsche und europäische Medienpolitik. Fachtagung am 24./25. September 1986 in Haus Rissen/Hamburg* (S. 143-146). Baden-Baden: Nomos.

Stellungnahme des Wirtschafts- und Sozialausschusses zu der Mitteilung der Kommission an den Rat und das Europäische Parlament: Reaktionen auf den Konsultationsprozeß zum Grünbuch: "Pluralismus und Medienkonzentration im Binnenmarkt – Bewertung der Notwendigkeit einer Gemeinschaftsaktion". (1995, 2. Mai). *Amtsblatt der Europäischen Gemeinschaften*, (C 110), S. 53-54.

Stellungnahme des Wirtschafts- und Sozialausschusses zum Thema "Pluralismus und Medienkonzentration". (2000, 18. Mai). *Amtsblatt der Europäischen Gemeinschaften*, (C 140), S. 19-23.

Stellungnahme von ARD und ZDF zum Vorschlag der Kommission der Europäischen Gemeinschaften für eine Richtlinie des Rates über die Ausübung der Rundfunktätigkeit. (1986). *Media Perspektiven Dokumentation*, (III), 121-124.

Stellungnahme von ARD und ZDF zu den beim Bundesverfassungsgericht anhängigen Verfahren der Bayerischen Staatsregierung gegen die Bundesregierung zur EG-Rundfunkrichtlinie. (1989). *Media Perspektiven*, 724-727.

Stellungnahme von ARD und ZDF zu dem beim Bundesverfassungsgericht anhängigen Verfahren der Bayerischen Staatsregierung und weiterer Landesregeriungen gegen die Bundesregierung zur EG-Fernsehrichtlinie. (1991). *Media Perspektiven Dokumentation*, (II), 74-94.

Stellungnahme zu der Mitteilung der Kommission an den Rat und das Europäische Parlament: "Reaktionen auf den Konsultationsprozeß zum Grünbuch 'Pluralismus und Medienkonzentration im Binnenmarkt – Bewertung der Notwendigkeit einer Gemeinschaftsaktion'". (1996, 2. April). *Amtsblatt der Europäischen Gemeinschaften*, (C 100), S. 48-57.

Stellungnahme zu dem Vorschlag für eine Richtlinie des Europäischen Parlaments und des Rates zur Änderung der Richtlinie 89/552/EWG vom 3. Oktober 1989 zur Koordinierung bestimmter Rechts- und Verwaltungsvorschriften der Mitgliedstaaten über die Ausübung der Fernsehtätigkeit. (1995, 13. November). *Amtsblatt der Europäischen Gemeinschaften*, (C 301), S. 35-41.

Stellungnahme zu dem Vorschlag für eine Richtlinie des Rates zur Koordinierung der Rechts- und Verwaltungsvorschriften der Mitgliedstaaten für die Ausübung der Rundfunktätigkeit. (1987, 31. August). *Amtsblatt der Europäischen Gemeinschaften*, (C232), S. 29-33.

Stock, M. (2001). EU-Medienfreiheit – Kommunikationsgrundrecht oder Unternehmerfreiheit? *Kommunikation & Recht, 4*, 289-302.

Stock, M. (2004). EU-Medienfreiheit – ein Grundrecht im Werden. Zum Gang der Dinge im Grundrechtskonvent (2000) und im Verfassungskonvent (2002/03). In L. M. Hagen (Hrsg.), *Europäische Union und mediale Öffentlichkeit. Theoretische Perspektiven und empirische Befunde zur Rolle der Medien im europäischen Einigungsprozess* (S. 77-128). Köln: Herbert von Halem.

Stoop, P. (1986a, 9. April). Arche Noah vor der Flut. Das "Europa TV" in seiner "präoperationalen Phase". *epd/Kirche und Rundfunk*, 3-6.

Stoop, P. (1986b, 4. Juni). Wenig Geld und große Pläne. Zum Programm von "Europa TV". *epd/Kirche und Rundfunk*, 4-6.

Sturm, R., & Pehle, H. (2001). *Das neue deutsche Regierungssystem.* Opladen: Leske + Budrich.

Télévision française 1 SA (TF1) gegen Kommission der Europäischen Gemeinschaften. Rechtssache T-17/96. (1999) In *Sammlung der Rechtsprechung des Gerichtshofes und des Gerichts erster Instanz Teil II. Gericht erster Instanz* (S. 1757-1796). Luxemburg: Gerichtshof der Europäischen Gemeinschaften.

Theiler, T. (2001). Why the European Union failed to europeanize its audiovisual policy. In L.-E. Cederman (Hrsg.), *Constructing Europe's identity. The external dimension* (S. 115-137). Boulder, CO: Lynne Rienner.

Thiermeyer, M. (1994). *Internationalisierung von Film und Filmwirtschaft.* Köln: Böhlau.

Trenz, H.-J. (2002). *Zur Konstitution politischer Öffentlichkeit in der Europäischen Union. Zivilgesellschaftliche Subpolitik oder schaupolitische Inszenierung?* Baden-Baden: Nomos.

Trenz, H.-J. (2004). Media coverage on European governance. Exploring the European public sphere in national quality newspapers. *European Journal of Communication, 19*, 291-319.

Uwer, D. (1998). *Medienkonzentration und Pluralismussicherung im Lichte des europäischen Menschenrechts der Pressefreiheit.* Berlin: Arno Spitz/Baden-Baden: Nomos.

Überlegungen zu einem Europa-Programm des ZDF über Satellit (I). (1981a, 25. März). *epd/Kirche und Rundfunk*, I-X.

Überlegungen zu einem Europa-Programm des ZDF über Satellit (II). (1981b, 28. März). *epd/Kirche und Rundfunk*, I-XI.

Urteil des Bundesverfassungsgerichts zur Regelung der Kurzberichterstattung im Fernsehen über öffentliche Veranstaltungen und Ereignisse vom 17. Februar 1998 – 1 BvF 1/91 – . (1998). *Media Perspektiven Dokumentation*, (I), 1-31.

Verordnung (EG) Nr. 1310/97 des Rates vom 30. Juni 1997 zur Änderung der Verordnung (EWG) Nr. 4064/89 des Rates über die Kontrolle von Unternehmenszusammenschlüssen. (1997, 9. Juli). *Amtsblatt der Europäischen Gemeinschaften*, (L 180), S. 1-6.

Verordnung (EWG) Nr. 4064/89 des Rates vom 21. Dezember 1989 über die Kontrolle von Unternehmenszusammenschlüssen. Berichtigung. (1989, 30. Dezember). *Amtsblatt der Europäischen Gemeinschaften*, (L 395), S. 1-12.

Verordnung (EWG) Nr. 4064/89 des Rates vom 21. Dezember 1989 über die Kontrolle von Unternehmenszusammenschlüssen. (1990, 21. September). *Amtsblatt der Europäischen Gemeinschaften*, (L 257), S. 14-25.

Verordnung (EG) Nr. 139/2004 des Rates vom 20. Januar 2004 über die Kontrolle von Unternehmenszusammenschlüssen (2004, 29. Januar). *Amtsblatt der Europäischen Union*, (L 24), S. 1-22.

Verordnung über Ereignisse von erheblicher gesellschaftlicher Bedeutung. (2001). Abgerufen am 18. Mai 2004 von http://www.rtr.at/web.nsf/deutsch/Rundfunk_Rundfunk...

"Von höchster Bedeutung". ARD, ZDF, RTL und ACT zur Fernsehrichtlinie: Anhörung vor Europaparlament. (1995, 5. Juli). *epd/Kirche und Rundfunk*, S. 18-24.

Vowe, G. (2003). Medienpolitik – Regulierung der medialen öffentlichen Kommunikation. In Bentele, G., Brosius, H.-B., & Jarren, O. (Hrsg.), *Öffentliche Kommunikation. Handbuch Kommunikations- und Medienwissenschaft* (S. 210-227). Wiesbaden: Westdeutscher Verlag.

VPRT bedauert Spartenentscheidung der EU. (1999, 27. Februar). *epd medien*, S. 14-15.

Wagner, C. (1992). Konzentrationskontrolle im Medien-Binnenmarkt der EG. Wettbewerbsrechtliche und medienspezifische Ansätze. *Archiv für Presserecht, 23*, 1-12.

Wagner, C. (1998). The MEDIA-Game: Europäische Filmförderpolitik. Ordnungspolitische Machtspiele im Akteursnetz der EU-Medienpolitik. In W. Hofmann (Hrsg.), *Visuelle Politik: Filmpolitik und die visuelle Konstruktion des Politischen* (S. 170-195). Baden-Baden: Nomos.

Wallace, H. (2000). The institutional setting. Five variations on a theme. In H. Wallace & W. Wallace (Hrsg.), *Policy-making in the European Union* (4. Auflage) (S. 3-37). Oxford: Oxford University Press.

Wallander, E. (2003). Harmonisierung in Europa – Realität oder Utopie? *tv diskurs*, (23), 34-38.

Wallenberg, G. von (2001). EuG: Finanzierung öffentlicher Fernsehkanäle. *MultiMedia und Recht, 4*, 98-105.

Wankell, S. (1986, 5. September). Kennen Sie Europa TV? Ein Programm mit hohem Anspruch und wenig Zuschauern. *Funk-Korrespondenz*, S. P1-P4.

Ward, D. (2003). State aid or band aid? An evaluation of the European Commission's approach to public service broadcasting. *Media, Culture & Society, 25*, 233-250.

Weidenfeld, W. (Hrsg.) (2002). *Europa-Handbuch*. Bonn: Bundeszentrale für politische Bildung.

Wessels, W. (2002). Das politische System der EU. In W. Weidenfeld (Hrsg.), *Europa-Handbuch* (S. 329-347). Bonn: Bundeszentrale für politische Bildung.

Wiedemann, V. (2004, 1. September). "Geschäftserwartungen der Wettbewerber". Wendungen der EU-Rundfunkpolitik. *epd-medien*, S. 3-12.

"...wird im Kreise der Länder unterschiedlich beurteilt". Länder-Bericht zu Fernsehübertragungen wichtiger Sportereignisse. (1997, 26. März). *epd medien*, S. 26-35.

Wortlaut der Erklärung der EU-Kommission-Pressestelle. (1998, 7. Oktober). *epd medien*, S. 20-21.

Wright, M. (1983). Eurikon reviewed. *EBU Review. Programmes, Administration, Law, XXXIV*(4), 31-38.

Zeitungsverleger sind gegen EU-Barrieren für Rundfunk-Beteiligung. (1997, 19. Februar). *epd medien*, S. 14-15.

Zeller, R. (1999). *Die EBU. Union Européenne de Radio-Télévision (UER). European Broadcasting Union (EBU). Internationale Rundfunkkooperation im Wandel.* Baden-Baden: Nomos.

Anhang

Richtlinie 97/36/EG des Europäischen Parlaments und des Rates vom 30. Juni 1997: *Amtsblatt der Europäischen Gemeinschaften*, (L 202) vom 30. Juli 1997. Abgerufen am 29. Oktober 2005 von http://europa.eu.int/eur-lex/de/consleg/pdf/1989/de_1989L0552_do_001.pdf. Abdruck im Original

DE

Konsolidierter TEXT

hergestellt mit dem System CONSLEG

des Amtes für amtliche Veröffentlichungen der Europäischen Gemeinschafte

---

CONSLEG: 1989L0552 — 30/07/199

Seitenanzahl:

Amt für amtliche Veröffentlichungen der Europäischen Gemeinschaften

►B

RICHTLINIE DES RATES

vom 3. Oktober 1989

zur Koordinierung bestimmter Rechts- und Verwaltungsvorschriften der Mitgliedstaaten über die Ausübung der Fernsehtätigkeit

(89/552/EWG)

(ABl. L 298 vom 17.10.1989, S. 23)

Geändert durch:

		Amtsblatt	
	Nr.	Seite	Datum
►M1 Richtlinie 97/36/EG des Europäischen Parlaments und des Rates vom 30. Juni 1997	L 202	60	30.7.1997

Berichtigt durch:

►C1 Berichtigung, ABl. L 331 vom 16.11.1989, S. 51 (89/552)

▼B

RICHTLINIE DES RATES

vom 3. Oktober 1989

zur Koordinierung bestimmter Rechts- und Verwaltungsvorschriften der Mitgliedstaaten über die Ausübung der Fernsehtätigkeit

(89/552/EWG)

DER RAT DER EUROPÄISCHEN GEMEINSCHAFTEN —

gestützt auf den Vertrag zur Gründung der Europäischen Wirtschaftsgemeinschaft, insbesondere auf Artikel 57 Absatz 2 und Artikel 66,

auf Vorschlag der Kommission (1),

in Zusammenarbeit mit dem Europäischen Parlament (2),

nach Stellungnahme des Wirtschafts- und Sozialausschusses (3),

in Erwägung nachstehender Gründe:

Die im Vertrag niedergelegten Ziele der Gemeinschaft umfassen einen immer engeren Zusammenschluß der europäischen Völker und engere Beziehungen zwischen den Staaten der Gemeinschaft, die Sicherung des wirtschaftlichen und sozialen Fortschritts der Länder durch gemeinsames Handeln, das auf die Beseitigung der Europa trennenden Schranken gerichtet ist, die stetige Besserung der Lebensbedingungen ihrer Völker sowie die Wahrung und Festigung von Frieden und Freiheit.

Der Vertrag schreibt die Errichtung eines Gemeinsamen Marktes vor; dazu gehören die Beseitigung der Hindernisse für den freien Dienstleistungsverkehr zwischen den Mitgliedstaaten und die Schaffung eines Systems, das den Wettbewerb vor Verzerrungen schützt.

Grenzüberschreitende Sendungen, die mit Hilfe unterschiedlicher Technologien realisiert werden, sind eines der Mittel zur Verfolgung der Ziele der Gemeinschaft. Es sind Maßnahmen zu treffen, die den Übergang von den nationalen Märkten zu einem gemeinsamen Markt für die Herstellung und Verbreitung von Programmen sichern und die unbeschadet der Funktion des Fernsehens, das Allgemeininteresse zu wahren, faire Wettbewerbsbedingungen gewährleisten.

Der Europarat hat das Europäische Übereinkommen über grenzüberschreitendes Fernsehen angenommen.

Der Vertrag sieht den Erlaß von Richtlinien zur Koordinierung der Rechtsvorschriften vor, die zu einer Erleichterung der Aufnahme und Ausübung selbstständiger Tätigkeiten führen.

Die Fernsehtätigkeit stellt unter normalen Umständen eine Dienstleistung im Sinne des Vertrages dar.

Der Vertrag sieht den freien Verkehr aller in der Regel gegen Entgelt erbrachten Dienstleistungen vor, und zwar unbeschadet ihres kulturellen oder sonstigen Inhalts und ohne Beschränkungen für Angehörige der Mitgliedstaaten, die in einem anderen Staat der Gemeinschaft als demjenigen des Leistungsempfängers ansässig sind.

Dieses Recht ist in seiner Anwendung auf die Ausstrahlung und Verbreitung von Fernsehsendungen auch eine spezifische gemeinschaftsrechtliche Ausprägung eines allgemeineren Prinzips, nämlich der Freiheit der Meinungsäußerung, wie sie in Artikel 10 Absatz 1 der von allen Mitgliedstaaten ratifizierten Konvention zum Schutz der Menschenrechte und Grundfreiheiten verankert ist. Daher muß durch den Erlaß von Richtlinien betreffend die Ausstrahlung und Verbreitung

---

(1) ABl. Nr. C 179 vom 17. 7. 1986, S. 4.
(2) ABl. Nr. C 49 vom 22. 2. 1988, S. 53, und ABl. Nr. C 158 vom 26. 6. 1989.
(3) ABl. Nr. C 232 vom 31. 8. 1987, S. 29.

▼B

von Fernsehprogrammen sichergestellt werden, daß diese Tätigkeit im Lichte dieses Artikels und nur mit den in Absatz 2 desselben Artikels und in Artikel 56 Absatz 1 des Vertrages vorgesehenen Beschränkungen ungehindert ausgeübt werden können.

Die Rechts- und Verwaltungsvorschriften der Mitgliedstaaten über die Ausübung der Tätigkeiten des Fernsehveranstalters und des Kabelbetreibers weisen Unterschiede auf, von denen einige den freien Verkehr von Sendungen innerhalb der Gemeinschaft behindern und den Wettbewerb innerhalb des Gemeinsamen Marktes verzerren könnten.

Alle diese Beschränkungen der Freiheit, innerhalb der Gemeinschaft Sendungen auszustrahlen, sind gemäß dem Vertrag aufzuheben.

Eine derartige Aufhebung muß mit einer Koordinierung der geltenden Rechtsvorschriften einhergehen. Zweck dieser Koordinierung muß es sein, die Ausübung der betreffenden Berufstätigkeiten und allgemein den freien Verkehr von Informationen und Ideen innerhalb der Gemeinschaft zu erleichtern.

Daher ist es notwendig und ausreichend, daß alle Fernsehsendungen dem Recht des Mitgliedstaats entsprechen, in dem sie ihren Ursprung haben.

Diese Richtlinie regelt das notwendige Mindestmaß, um den freien Sendeverkehr zu verwirklichen. Sie berührt daher nicht die Zuständigkeit der Mitgliedstaaten und ihrer Untergliederung für die Organisation — einschließlich der gesetzlichen oder behördlichen Zulassungen oder der Besteuerung — und die Finanzierung der Sendungen sowie die Programminhalte. Eigenständige kulturelle Entwicklungen in den Mitgliedstaaten und die Bewahrung der kulturellen Vielfalt in der Gemeinschaft bleiben deshalb wie bisher möglich.

Im Gemeinsamen Markt müssen alle Fernsehsendungen, die ihren Ursprung in der Gemeinschaft haben und für den Empfang in der Gemeinschaft bestimmt sind, speziell diejenigen, welche für den Empfang in einem anderen Mitgliedstaat bestimmt sind, dem auf die zum Empfang durch die Allgemeinheit im Ursprungsmitgliedstaat bestimmten Fernsehsendungen anwendbaren Recht dieses Mitgliedstaats ebenso wie dieser Richtlinie entsprechen.

Die Verpflichtung des Sendestaats, die Einhaltung des durch diese Richtlinie koordinierten nationalen Rechts sicherzustellen, reicht nach dem Gemeinschaftsrecht aus, um den freien Verkehr von Fernsehsendungen zu gewährleisten, ohne daß eine zweite Kontrolle aus den gleichen Gründen in jedem der Empfangsstaaten stattfinden muß. Der Empfangstaat kann jedoch ausnahmsweise und unter besonderen Bedingungen die Weiterverbreitung von Fernsehsendungen vorübergehend aussetzen.

Es ist unerläßlich, daß die Mitgliedstaaten dafür Sorge tragen, daß Handlungen unterbleiben, die den freien Fluß von Fernsehsendungen beeinträchtigen bzw. die Entstehung beherrschender Stellungen begünstigen könnten, welche zu Beschränkungen des Pluralismus und der Freiheit der Fernsehinformation sowie der Information in ihrer Gesamtheit führen würden.

Diese Richtlinie, die sich auf spezifisch für das Fernsehen geltende Regelungen beschränkt, läßt bestehende oder künftige Rechtsangleichungsmaßnahmen der Gemeinschaft unberührt, mit denen insbesondere zwingenden Erfordernissen zum Schutz der Verbraucher, der Lauterkeit des Handelsverkehrs und des Wettbewerbs entsprochen werden soll.

Eine Koordinierung ist hingegen erforderlich, um Personen und Industrien, die kulturelle Fernsehprogramme herstellen, die Aufnahme und Ausübung der Tätigkeit zu erleichtern.

Mindestanforderungen für alle öffentlichen oder privaten Fernsehprogramme in der Gemeinschaft im Hinblick auf europäische audiovisuelle Produktionen sind ein Mittel zur Förderung der Herstellung, der unabhängigen Hersteller und der Verbreitung in den vorgenannten Industrien und ergänzen andere Instrumente, die bereits vorgeschlagen wurden oder noch vorgeschlagen werden, um dasselbe Ziel zu fördern.

▼B

Es ist daher notwendig, die Bildung von Märkten für Fernsehproduktionen in den Mitgliedstaaten zu begünstigen, die groß genug sind, um die erforderlichen Investitionen zu amortisieren, indem nicht nur gemeinsame Regeln zur Öffnung der nationalen Märkte eingeführt werden, sondern auch im Rahmen des praktisch Durchführbaren und mit angemessenen Mitteln darauf geachtet wird, daß europäische Produktionen einen Hauptanteil der Sendezeit in den Fernsehprogrammen der Mitgliedstaaten haben. Um die Einhaltung dieser Regeln bzw. die Verfolgung dieser Ziele aufmerksam verfolgen zu können, unterbreiten die Mitgliedstaaten der Kommission einen Bericht über die Durchführung der in dieser Richtlinie enthaltenen Bestimmungen über die Anteile an der Sendezeit, die europäischen Werken und unabhängigen Produktionen vorbehalten sind. Bei der Berechnung dieses Anteils ist die besondere Lage der Griechischen Republik und der Portugiesischen Republik zu berücksichtigen. Die Kommission bringt diese Berichte den übrigen Mitgliedstaaten zur Kenntnis, gegebenenfalls zusammen mit einer Stellungnahme, in der insbesondere den gegenüber den Vorjahren erzielten Fortschritten, dem Anteil von Erstausstrahlungen bei der Programmgestaltung, den besonderen Gegebenheiten bei den Fernsehunternehmen sowie der besonderen Lage der Länder mit niedriger Produktionskapazität oder begrenztem Sprachraum Rechnung getragen wird.

Für die genannten Zwecke ist der Begriff „europäische Werke" zu definieren, unbeschadet der Möglichkeit der Mitgliedstaaten, diese Definition unter Einhaltung des Gemeinschaftsrechts und unter Berücksichtigung der Ziele dieser Richtlinie für Fernsehveranstalter, die nach Artikel 3 Absatz 1 ihrer Rechtshoheit unterworfen sind, zu präzisieren.

Es ist wichtig, zur Verwirklichung dieser Ziele nach angemessenen und in Einklang mit dem Gemeinschaftsrecht stehenden Instrumenten und Verfahren zu suchen, um geeignete Maßnahmen zur Förderung der Tätigkeit und der Entwicklung der Produktion europäischer audiovisueller Werke und insbesondere in den Mitgliedstaaten mit niedriger Produktionskapazität oder begrenztem Sprachraum zu ergreifen.

Einzelstaatliche Bestimmungen über die Unterstützung der Entwicklung der europäischen Produktion können angewandt werden, sofern sie dem Gemeinschaftsrecht entsprechen.

Durch die Zusage, im Rahmen des praktisch Durchführbaren einen bestimmten Anteil der Sendezeit für unabhängige, außerhalb der Fernsehveranstalter hergestellte Produktionen vorzusehen, wird die Entsendung neuer Quellen für Fernsehproduktionen gefördert, insbesondere von Klein- und Mittelbetrieben. Damit werden neue Gelegenheiten und Möglichkeiten für die Nutzung schöpferischer Begabungen sowie Beschäftigungsmöglichkeiten für die kulturschaffenden Berufe und die im Kulturbereich tätigen Arbeitnehmer eröffnet. In der von den Mitgliedstaaten festgelegten Begriffsbestimmung des unabhängigen Produzenten muß diesem Ziel dadurch Rechnung getragen werden, daß kleine und mittlere Produzenten gebührend berücksichtigt werden und die finanzielle Beteiligung von Koproduktionsfilialen von Fernsehveranstaltern zugelassen wird.

Es sind Maßnahmen erforderlich, damit die Mitgliedstaaten dafür sorgen, daß zwischen der ersten Kinovorführung eines Werks und der Erstausstrahlung im Fernsehen ein gewisser zeitlicher Abstand liegt.

Um eine aktive Politik zugunsten einer bestimmten Sprache zu ermöglichen, muß es den Mitgliedstaaten freistehen, ausführlichere oder strengere Bestimmungen festzulegen, die insbesondere an Sprachkriterien ausgerichtet sind, sofern diese Bestimmungen mit den Gemeinschaftsbestimmungen vereinbar sind und insbesondere nicht für die Weiterverbreitung von Sendungen aus anderen Mitgliedstaaten gelten.

Um sicherzustellen, daß die Interessen der Verbraucher als Zuschauer umfassend und angemessen geschützt werden, muß die Fernsehwerbung einer Reihe von Mindestnormen und Kriterien unterworfen werden; die Mitgliedstaaten müssen das Recht behalten, ausführlichere oder strengere Bestimmungen und in bestimmten Fällen unterschiedliche Bedingungen für die ihrer Rechtshoheit unterworfenen Fernsehveranstalter einzuführen.

▼B

Die Mitgliedstaaten können unter Einhaltung des Gemeinschaftsrechts in bezug auf Sendungen, die ausschließlich für ihr eigenes Hoheitsgebiet bestimmt sind und weder unmittelbar noch mittelbar in einem oder mehreren anderen Mitgliedstaaten empfangen werden können, andere Bedingungen für die Plazierung der Werbung und andere Grenzen für den Umfang der Werbung vorsehen, um diese Art von Sendungen zu erleichtern.

Fernsehwerbung für Zigaretten und Tabakwaren muß ganz verboten werden, einschließlich indirekter Formen der Werbung, die zwar nicht direkt das Tabakerzeugnis erwähnen, aber das Werbeverbot durch Benutzung von Markennamen, Symbolen oder anderen Kennzeichen von Tabakerzeugnissen oder von Unternehmen, die bekanntermaßen oder hauptsächlich solche Erzeugnisse herstellen bzw. verkaufen, zu umgehen suchen.

Ferner ist es erforderlich, jede Fernsehwerbung für Arzneimittel und ärztliche Behandlungen zu untersagen, die in dem Mitgliedstaat, dessen Rechtshoheit der Fernsehveranstalter unterworfen ist, nur auf ärztliche Verordnung erhältlich sind; die Fernsehwerbung für alkoholische Erzeugnisse muß strengen Kriterien unterworfen werden.

Angesichts der wachsenden Bedeutung des Sponsoring für die Finanzierung der Programme sollten geeignete diesbezügliche Regeln festgelegt werden.

Es ist ferner notwendig, Regeln zum Schutz der körperlichen, geistigen und sittlichen Entwicklung Minderjähriger für die Programme und die Fernsehwerbung vorzusehen.

Wenngleich die Fernsehveranstalter normalerweise darauf achten müssen, daß Tatsachen und Ereignisse in den Sendungen korrekt dargestellt werden, müssen ihnen dennoch klare Verpflichtungen in bezug auf das Recht auf Gegendarstellung oder gleichwertige Maßnahmen auferlegt werden, damit gewährleistet ist, daß jeder, der durch eine Tatsachenbehauptung im Rahmen einer Fernsehsendung in seinen berechtigten Interessen verletzt wurde, seine Rechte wirksam geltend machen kann —

HAT FOLGENDE RICHTLINIE ERLASSEN:

KAPITEL I

Begriffsbestimmungen

Artikel 1

Für die Zwecke dieser Richtlinie bedeutet:

a) „Fernsehsendung": die drahtlose oder drahtgebundene, erdgebundene oder durch Satelliten vermittelte, unverschlüsselte oder verschlüsselte Erstsendung von Fernsehprogrammen, die zum Empfang durch die Allgemeinheit bestimmt ist. Der Begriff schließt die Übermittlung an andere Veranstalter zur Weiterverbreitung an die Allgemeinheit ein. Nicht eingeschlossen sind Kommunikationsdienste, die auf individuellen Abruf Informationen oder andere Inhalte übermitteln, wie Fernkopierdienste, elektronische Datenbanken und andere ähnliche Dienste.

▼M1

b) „Fernsehveranstalter" die natürliche oder juristische Person, die die redaktionelle Verantwortung für die Zusammensetzung von Fernsehprogrammen im Sinne von Buchstabe a) trägt und die diese Fernsehprogramme sendet oder von Dritten senden läßt.

c) „Fernsehwerbung" jede Äußerung bei der Ausübung eines Handels, Gewerbes, Handwerks oder freien Berufs, die im Fernsehen von einem öffentlich-rechtlichen oder privaten Veranstalter entweder gegen Entgelt oder eine ähnliche Gegenleistung oder als Eigenwerbung gesendet wird mit dem Ziel,

▼M1

den Absatz von Waren oder die Erbringung von Dienstleistungen, einschließlich unbeweglicher Sachen, Rechte und Verpflichtungen, gegen Entgelt zu fördern.

▼B

►M1 d) ◄ „Schleichwerbung": die Erwähnung oder Darstellung von Waren, Dienstleistungen, Namen, ►C1 Marke ◄ oder Tätigkeiten eines Herstellers von Waren oder eines Erbringers von Dienstleistungen in Programmen, wenn sie vom Fernsehveranstalter absichtlich zu Werbezwecken vorgesehen ist und die Allgemeinheit hinsichtlich des eigentlichen Zwecks dieser Erwähnung oder Darstellung irreführen kann. Eine Erwähnung oder Darstellung gilt insbesondere dann als beabsichtigt, wenn sie gegen Entgelt oder eine ähnliche Gegenleistung erfolgt.

►M1 e) ◄ „Sponsoring": jeder Beitrag eines nicht im Bereich der Produktion von audiovisuellen Werken tätigen öffentlichen oder privaten Unternehmens zur Finanzierung von Fernsehprogrammen mit dem Ziel, seinen Namen, ►C1 seine Marke ◄, sein Erscheinungsbild, seine Tätigkeit oder seine Leistungen zu fördern.

▼M1

f) „Teleshopping" Sendungen direkter Angebote an die Öffentlichkeit für den Absatz von Waren oder die Erbringung von Dienstleistungen, einschließlich unbeweglicher Sachen, Rechte und Verpflichtungen, gegen Entgelt.

▼B

KAPITEL II

Allgemeine Bestimmungen

▼M1

Artikel 2

(1) Jeder Mitgliedstaat sorgt dafür, daß alle Fernsehsendungen, die von seiner Rechtshoheit unterworfenen Fernsehveranstaltern gesendet werden, den Vorschriften des Rechtssystems entsprechen, die auf für die Allgemeinheit bestimmte Sendungen in diesem Mitgliedstaat anwendbar sind.

(2) Im Sinne dieser Richtlinie unterliegen diejenigen Fernsehveranstalter der Rechtshoheit eines Mitgliedstaats,

— die gemäß Absatz 3 in diesem Mitgliedstaat niedergelassen sind;

— auf die Absatz 4 anwendbar ist.

(3) Im Sinne dieser Richtlinie gilt ein Fernsehveranstalter in folgenden Fällen als in einem Mitgliedstaat niedergelassen:

a) Der Fernsehveranstalter hat seine Hauptverwaltung in diesem Mitgliedstaat, und die redaktionellen Entscheidungen über das Programmangebot werden in diesem Mitgliedstaat getroffen;

b) wenn ein Fernsehveranstalter seine Hauptverwaltung in einem Mitgliedstaat hat, die Entscheidungen über das Programmangebot jedoch in einem anderen Mitgliedstaat getroffen werden, so gilt er als in dem Mitgliedstaat niedergelassen, in dem ein wesentlicher Teil des Sendepersonals tätig ist; ist ein wesentlicher Teil des Sendepersonals in jedem dieser Mitgliedstaaten tätig, so gilt der Fernsehveranstalter als in dem Mitgliedstaat niedergelassen, in dem er seine Hauptverwaltung hat; ist ein wesentlicher Teil des erforderlichen Sendepersonals in keinem dieser Mitgliedstaaten tätig, so gilt der Fernsehveranstalter als in dem Mitgliedstaat niedergelassen, in dem er zuerst mit der Sendetätigkeit gemäß dem Rechtssystem dieses Mitgliedstaats begonnen hat, sofern eine dauerhafte und tatsächliche Verbindung mit der Wirtschaft dieses Mitgliedstaats weiterbesteht;

c) wenn ein Fernsehveranstalter seine Hauptverwaltung in einem Mitgliedstaat hat, die Entscheidungen über das Programmangebot jedoch in einem Drittland getroffen werden, oder wenn der umge-

▼M1

kehrte Fall vorliegt, gilt er als in dem betreffenden Mitgliedstaat niedergelassen, sofern ein wesentlicher Teil des Sendepersonals in diesem Mitgliedstaat tätig ist.

(4) Fernsehveranstalter, auf die Absatz 3 nicht anwendbar ist, gelten in folgenden Fällen als Veranstalter, die der Rechtshoheit eines Mitgliedstaats unterliegen:

a) Sie nutzen eine von diesem Mitgliedstaat zugeteilte Frequenz;

b) sie nutzen, sofern keine von einem Mitgliedstaat der Gemeinschaft zugeteilte Frequenz genutzt wird, eine diesem Mitgliedstaat gehörende Übertragungskapazität eines Satelliten;

c) sie nutzen, sofern weder eine von einem Mitgliedstaat der Gemeinschaft zugeteilte Frequenz noch die einem Mitgliedstaat gehörende Übertragungskapazität eines Satelliten genutzt wird, eine Erd-Satelliten-Sendestation in diesem Mitgliedstaat.

(5) Kann die Frage, welcher Mitgliedstaat die Rechtshoheit ausübt, nicht nach den Absätzen 3 und 4 entschieden werden, so liegt die Zuständigkeit bei dem Mitgliedstaat, in dem der Fernsehveranstalter gemäß Artikel 52 ff. des Vertrags zur Gründung der Europäischen Gemeinschaft niedergelassen ist.

(6) Diese Richtlinie gilt nicht für Fernsehsendungen, die ausschließlich zum Empfang in Drittländern bestimmt sind und die nicht unmittelbar oder mittelbar von der Allgemeinheit in einem oder mehreren Mitgliedstaaten empfangen werden.

Artikel 2a

(1) Die Mitgliedstaaten gewährleisten den freien Empfang und behindern nicht die Weiterverbreitung von Fernsehsendungen aus anderen Mitgliedstaaten in ihrem Hoheitsgebiet aus Gründen, die Bereiche betreffen, die durch diese Richtlinie koordiniert sind.

(2) Die Mitgliedstaaten können vorübergehend von Absatz 1 abweichen, wenn die folgenden Bedingungen erfüllt sind:

a) Mit einer Fernsehsendung aus einem anderen Mitgliedstaat wird in offensichtlicher, ernster und schwerwiegender Weise gegen Artikel 22 Absatz 1 oder 2 und/oder Artikel 22a verstoßen;

b) der Fernsehveranstalter hat während der vorangegangen zwölf Monate bereits mindestens zweimal gegen die Vorschriften des Buchstabens a) verstoßen;

c) der betreffende Mitgliedstaat hat dem Fernsehveranstalter und der Kommission schriftlich die behaupteten Verstöße sowie die für den Fall erneuter Verstöße beabsichtigten Maßnahmen mitgeteilt;

d) die Konsultationen mit dem Mitgliedstaat, der die Sendung verbreitet, und der Kommission haben innerhalb von 15 Tagen ab der unter Buchstabe c) genannten Mitteilung zu keiner gütlichen Regelung geführt, und es kommt zu einem erneuten Verstoß.

Die Kommission trifft innerhalb einer Frist von zwei Monaten ab dem Zeitpunkt der Mitteilung der Maßnahmen durch den Mitgliedstaat eine Entscheidung über die Vereinbarkeit der Maßnahmen mit dem Gemeinschaftsrecht. Im Fall einer negativen Entscheidung muß der betreffende Mitgliedstaat die beanstandeten Maßnahmen unverzüglich beenden.

(3) Absatz 2 läßt die Anwendung entsprechender Verfahren, Rechtsmittel oder Sanktionen bezüglich der betreffenden Verstöße in dem Mitgliedstaat, dessen Rechtshoheit der Fernsehveranstalter unterworfen ist, unberührt.

Artikel 3

(1) Die Mitgliedstaaten können Fernsehveranstalter, die ihrer Rechtshoheit unterworfen sind, verpflichten, strengeren oder ausführlicheren Bestimmungen in den von dieser Richtlinie erfaßten Bereichen nachzukommen.

▼M1

(2) Die Mitgliedstaaten sorgen mit geeigneten Mitteln im Rahmen ihrer Rechtsvorschriften dafür, daß die jeweils ihrer Rechtshoheit unterworfenen Fernsehveranstalter die Bestimmungen dieser Richtlinie tatsächlich einhalten.

(3) Die Maßnahmen schließen geeignete Verfahren ein, damit sich direkt betroffene Dritte, einschließlich Staatsangehörige anderer Mitgliedstaaten, an die zuständigen Justizbehörden oder sonstigen Stellen wenden können, um die tatsächliche Einhaltung der Bestimmungen gemäß den einzelstaatlichen Vorschriften zu erwirken.

Artikel 3a

(1) Jeder Mitgliedstaat kann im Einklang mit dem Gemeinschaftsrecht Maßnahmen ergreifen, mit denen sichergestellt werden soll, daß Fernsehveranstalter, die seiner Rechtshoheit unterliegen, nicht Ereignisse, denen der betreffende Mitgliedstaat eine erhebliche gesellschaftliche Bedeutung beimißt, auf Ausschließlichkeitsbasis in der Weise übertragen, daß einem bedeutenden Teil der Öffentlichkeit in dem Mitgliedstaat die Möglichkeit vorenthalten wird, das Ereignis im Wege direkter oder zeitversetzter Berichterstattung in einer frei zugänglichen Fernsehsendung zu verfolgen. Falls ein Mitgliedstaat entsprechende Maßnahmen ergreift, so erstellt er dabei eine Liste der nationalen und nichtnationalen Ereignisse, denen er eine erhebliche gesellschaftliche Bedeutung beimißt. Er trägt dafür auf eindeutige und transparente Weise rechtzeitig und wirksam Sorge. Dabei legt der betreffende Mitgliedstaat auch fest, ob diese Ereignisse im Wege direkter Gesamt- oder Teilberichterstattung oder, sofern im öffentlichen Interesse aus objektiven Gründen erforderlich oder angemessen, im Wege zeitversetzter Gesamt- oder Teilberichterstattung verfügbar sein sollen.

(2) Die Mitgliedstaaten teilen der Kommission unverzüglich alle Maßnahmen mit, die sie gemäß Absatz 1 getroffen haben oder in Zukunft treffen werden. Die Kommission prüft binnen drei Monaten nach der Mitteilung, ob die Maßnahmen mit dem Gemeinschaftsrecht vereinbar sind, und teilt sie den anderen Mitgliedstaaten mit. Sie holt die Stellungnahme des gemäß Artikel 23a eingesetzten Ausschusses ein. Sie veröffentlicht die getroffenen Maßnahmen unverzüglich im *Amtsblatt der Europäischen Gemeinschaften*; mindestens einmal jährlich veröffentlicht sie eine konsolidierte Liste der von den Mitgliedstaaten getroffenen Maßnahmen.

(3) Die Mitgliedstaaten stellen im Rahmen des innerstaatlichen Rechts durch geeignete Maßnahmen sicher, daß die ihrer Rechtshoheit unterliegenden Fernsehveranstalter die von ihnen nach der Veröffentlichung dieser Richtlinie erworbenen ausschließlichen Rechte nicht in der Weise ausüben, daß einem bedeutenden Teil der Öffentlichkeit in einem anderen Mitgliedstaat die Möglichkeit vorenthalten wird, die von diesem anderen Mitgliedstaat gemäß den Absätzen 1 und 2 bezeichneten Ereignisse als direkte Gesamt- oder Teilberichterstattung oder, sofern im öffentlichen Interesse aus objektiven Gründen erforderlich oder angemessen, als zeitversetzte Gesamt- oder Teilberichterstattung in einer frei zugänglichen Fernsehsendung zu verfolgen, wie dies von dem anderen Mitgliedstaat gemäß Absatz 1 festgelegt worden ist.

▼B

KAPITEL III

Förderung der Verbreitung und Herstellung von Fernsehprogrammen

Artikel 4

(1) Die Mitgliedstaaten tragen im Rahmen des praktisch Durchführbaren und mit angemessenen Mitteln dafür Sorge, daß die Fernsehveranstalter den Hauptanteil ihrer Sendezeit, die nicht aus Nachrichten, Sportberichten, Spielshows oder Werbe- ►M1 , Videotextleistungen und Teleshopping ◄ besteht, der Sendung von europäischen Werken im Sinne des Artikels 6 vorbehalten. ►C1 Dieser Anteil soll ◄ unter Berücksichtigung der Verantwortung der Rundfunkveranstalter gegenüber ihrem Publikum in den Bereichen Information, Bildung, Kultur

▼B

und Unterhaltung schrittweise anhand geeigneter Kriterien ►C1 erreicht werden ◄.

(2) Kann der Anteil gemäß Absatz 1 nicht erreicht werden, so darf dieser nicht niedriger als der Anteil sein, der 1988 in dem betreffenden Mitgliedstaat im Durchschnitt festgestellt wurde.

Im Falle der Griechischen Republik und der Portugiesischen Republik wird das Jahr 1988 jedoch durch das Jahr 1990 ersetzt.

(3) Ab dem 3. Oktober 1991 übermitteln die Mitgliedstaaten der Kommission alle zwei Jahre einen Bericht über die Durchführung des vorliegenden Artikels und des Artikels 5.

Dieser Bericht enthält insbesondere eine statistische Übersicht, aus der hervorgeht, inwieweit jedes der Rechtshoheit des betreffenden Mitgliedstaats unterworfene Fernsehprogramm den im vorliegenden Artikel und in Artikel 5 genannten Anteil erreicht hat, aus welchen Gründen dieser Anteil in jedem einzelnen Fall nicht erzielt werden konnte und welche Maßnahmen zur Erreichung dieses Anteils getroffen oder vorgesehen sind.

Die Kommission bringt diese Berichte — gegebenenfalls zusammen mit einer Stellungnahme — den übrigen Mitgliedstaaten und dem Europäischen Parlament zur Kenntnis. Sie trägt dafür Sorge, daß der vorliegende Artikel und Artikel 5 gemäß den Bestimmungen des Vertrages durchgeführt werden. In ihrer Stellungnahme kann die Kommission insbesondere den gegenüber den Vorjahren erzielten Fortschritten, dem Anteil von Erstausstrahlungen bei der Programmgestaltung, den besonderen Gegebenheiten bei den neuen Fernsehveranstaltern sowie der besonderen Lage der Länder mit niedriger audiovisueller Produktionskapazität oder begrenztem Sprachraum Rechnung tragen.

(4) Der Rat überprüft spätestens am Ende des fünften Jahres nach Erlaß dieser Richtlinie anhand eines Berichts der Kommission, der gegebenenfalls angemessene Änderungsvorschläge enthält, die Durchführung des vorliegenden Artikels.

Zu diesem Zweck berücksichtigt die Kommission in ihrem Bericht unter Zugrundelegung der von den Mitgliedstaaten gemäß Absatz 3 übermittelten Informationen insbesondere die Entwicklung auf dem Gemeinschaftsmarkt sowie die internationale Situation.

Artikel 5

Die Mitgliedstaaten tragen im Rahmen des praktisch Durchführbaren und mit angemessenen Mitteln dafür Sorge, daß Fernsehveranstalter mindestens 10 v. H. ihrer Sendezeit, die nicht aus Nachrichten, Sportberichten, Spielshows oder Werbe- ►M1 , Videotextleistungen und Teleshopping ◄ besteht, oder alternativ nach Wahl des Mitgliedstaats mindestens 10 v.H. ihrer Haushaltsmittel für die Programmgestaltung der Sendung europäischer Werke von Herstellern vorbehalten, die von den Fernsehveranstaltern unabhängig sind. Dieser Anteil ist unter Berücksichtigung der Verantwortung der Fernsehveranstalter gegenüber ihrem Publikum in den Bereichen Information, Bildung, Kultur und Unterhaltung schrittweise anhand geeigneter Kriterien zu erreichen; dazu muß ein angemessener Anteil neueren Werken vorbehalten bleiben, d. h. Werken, die innerhalb eines Zeitraums von fünf Jahren nach ihrer Herstellung ausgestrahlt werden.

Artikel 6

(1) Unter „europäischen Werken" im Sinne dieses Kapitels sind zu verstehen:

▼M1

a) Werke aus den Mitgliedstaaten;

▼B

b) Werke aus europäischen Drittländern, die Vertragsparteien des Europäischen Übereinkommens über grenzüberschreitendes Fernsehen des Europarates sind, sofern diese Werke den Voraussetzungen von Absatz 2 genügen;

▼B

c) Werke aus anderen europäischen Drittländern, sofern diese Werke den Voraussetzungen von Absatz 3 genügen.

▼M1

Die Anwendung der Buchstaben b) und c) setzt voraus, daß in den betreffenden Drittstaaten keine diskriminierenden Maßnahmen gegen Werke aus den Mitgliedstaaten bestehen.

▼B

(2) Werke im Sinne des Absatzes 1 Buchstaben a) und b) sind Werke, die im wesentlichen in Zusammenarbeit mit in einem oder mehreren der in Absatz 1 Buchstaben a) und b) genannten Staaten ansässigen Autoren und Arbeitnehmern geschaffen wurden und eine der drei folgenden Voraussetzungen erfüllen:

a) Sie sind von einem oder mehreren in einem bzw. mehreren dieser Staaten ansässigen Hersteller(n) geschaffen worden;

b) ihre Herstellung wird von einem oder mehreren in einem bzw. mehreren dieser Staaten ansässigen Hersteller(n) überwacht und tatsächlich kontrolliert;

c) der Beitrag von Koproduzenten aus diesen Staaten zu den Gesamtproduktionskosten beträgt mehr als die Hälfte, und die Koproduktion wird nicht von einem bzw. mehreren außerhalb dieser Staaten ansässigen Hersteller/(n) kontrolliert.

▼M1

(3) Werke im Sinne des Absatzes 1 Buchstabe c) sind Werke, die entweder ausschließlich oder in Koproduktion mit in einem oder mehreren Mitgliedstaaten ansässigen Herstellern von Herstellern geschaffen wurden, welche in einem oder mehreren europäischen Drittländern ansässig sind, mit denen die Gemeinschaft Abkommen im audiovisuellen Bereich geschlossen hat, sofern diese Werke im wesentlichen unter Mitwirkung von in einem oder mehreren europäischen Staaten ansässigen Autoren und Arbeitnehmern geschaffen wurden.

(4) Werke, die keine europäischen Werke im Sinne von Absatz 1 sind, jedoch im Rahmen von bilateralen Koproduktionsverträgen zwischen Mitgliedstaaten und Drittländern hergestellt werden, werden als europäische Werke betrachtet, sofern die Koproduzenten aus der Gemeinschaft einen mehrheitlichen Anteil der Gesamtproduktionskosten tragen und die Herstellung nicht von einem oder mehreren außerhalb des Hoheitsgebiets der Mitgliedstaaten ansässigen Herstellern kontrolliert wird.

▼B

►M1 (5) ◄ Werke, die keine europäischen Werke im Sinne von ►M1 Absätzen 1 und 4 ◄ sind, jedoch im wesentlichen in Zusammenarbeit mit in einem bzw. mehreren Mitgliedstaaten ansässigen Autoren und Arbeitnehmern geschaffen wurden, gelten proportional zu dem Beitrag von Koproduzenten aus der Gemeinschaft zu den Gesamtproduktionskosten als europäische Werke.

▼M1

Artikel 7

Die Mitgliedstaaten sorgen dafür, daß die ihrer Rechtshoheit unterliegenden Fernsehveranstalter Kinospielfilme nicht zu anderen als den mit den Rechtsinhabern vereinbarten Zeiten ausstrahlen.

Artikel 9

Dieses Kapitel gilt nicht für Fernsehsendungen, die sich an ein lokales Publikum richten und die nicht an ein nationales Fernsehnetz angeschlossen sind.

▼B

KAPITEL IV

▼M1

Fernsehwerbung, Sponsoring und Teleshopping

Artikel 10

(1) Fernsehwerbung und Teleshopping müssen als solche klar erkennbar und durch optische und/oder akustische Mittel eindeutig von anderen Programmteilen getrennt sein.

(2) Einzeln gesendete Werbespots und Teleshopping-Spots müssen die Ausnahme bilden.

(3) In der Werbung und im Teleshopping dürfen keine subliminalen Techniken eingesetzt werden.

(4) Schleichwerbung und entsprechende Praktiken im Teleshopping sind verboten.

Artikel 11

(1) Fernsehwerbung und Teleshopping-Spots müssen zwischen den Sendungen eingefügt werden. Unter den in den Absätzen 2 bis 5 genannten Voraussetzungen können die Werbung und die Teleshopping-Spots auch in die laufenden Sendungen eingefügt werden, sofern sie den Zusammenhang und den Wert der Sendungen nicht beeinträchtigen — wobei die natürlichen Programmunterbrechungen und die Länge und Art des Programms zu berücksichtigen sind — und sofern nicht gegen die Rechte von Rechtsinhabern verstoßen wird.

(2) Bei Sendungen, die aus eigenständigen Teilen bestehen, oder bei Sportsendungen und Sendungen über ähnlich strukturierte Ereignisse und Darbietungen mit Pausen können Werbung und Teleshopping-Spots nur zwischen die eigenständigen Teile oder in die Pausen eingefügt werden.

(3) Die Übertragung audiovisueller Werke wie Kinospielfilme und Fernsehfilme (mit Ausnahme von Serien, Reihen, leichten Unterhaltungssendungen und Dokumentarfilmen) kann für jeden vollen Zeitraum von 45 Minuten einmal unterbrochen werden, sofern ihre programmierte Sendezeit mehr als 45 Minuten beträgt. Eine weitere Unterbrechung ist zulässig, wenn die programmierte Sendedauer um mindestens 20 Minuten über zwei oder mehrere volle 45-Minuten-Zeiträume hinausgeht.

(4) Werden andere als die unter Absatz 2 fallenden Sendungen durch Werbung oder Teleshopping-Spots unterbrochen, so sollte zwischen zwei aufeinanderfolgenden Unterbrechungen innerhalb der Sendung ein Abstand von mindestens 20 Minuten liegen.

(5) Die Übertragung von Gottesdiensten darf nicht durch Werbung oder Teleshopping unterbrochen werden. Des weiteren dürfen Nachrichten, Magazine über das aktuelle Zeitgeschehen, Dokumentarfilme, Sendungen religiösen Inhalts und Kindersendungen, die eine programmierte Sendezeit von weniger als 30 Minuten haben, nicht durch Werbung oder Teleshopping unterbrochen werden. Beträgt ihre programmierte Sendezeit mindestens 30 Minuten, so gelten die Bestimmungen der vorangegangenen Absätze.

▼B

Artikel 12

▼M1 Die Fernsehwerbung und Teleshopping dürfen nicht

▼B

a) die Menschenwürde verletzten;

b) Diskriminierungen nach Rasse, Geschlecht oder Nationalität enthalten;

▼B

c) religiöse oder politische Überzeugungen verletzen;

d) Verhaltensweisen fördern, die die Gesundheit oder Sicherheit gefährden;

e) Verhaltensweisen fördern, die den Schutz der Umwelt gefährden.

▼M1

Artikel 13

Jede Form der Fernsehwerbung und des Teleshoppings für Zigaretten und andere Tabakerzeugnisse ist untersagt.

▼B

Artikel 14

►M1 1. ◄ Fernsehwerbung ist untersagt für Arzneimittel und ►C1 medizinische Behandlungen ◄, die in dem Mitgliedstaat, dessen Rechtshoheit der Fernsehveranstalter unterworfen ist, nur auf ärztliche Verordnung erhältlich sind.

▼M1

(2) Teleshopping für Arzneimittel, die einer Genehmigung für das Inverkehrbringen im Sinne der Richtlinie 65/65/EWG des Rates vom 26. Januar 1965 zur Angleichung der Rechts- und Verwaltungsvorschriften über Arzneimittel ([1]) unterliegen, sowie Teleshopping für ärztliche Behandlungen ist untersagt.

▼B

Artikel 15

▼M1 Fernsehwerbung und Teleshopping für alkoholische Getränke müssen folgenden Kriterien entsprechen:

▼B

a) Sie darf nicht speziell an Minderjährige gerichtet sein und insbesondere nicht Minderjährige beim Alkoholgenuß darstellen.

b) Es darf keinerlei Verbindung zwischen einer Verbesserung der physischen Leistung und Alkoholgenuß oder dem Führen von Kraftfahrzeugen und Alkoholgenuß hergestellt werden.

c) Es darf nicht der Eindruck erweckt werden, Alkoholgenuß fördere sozialen oder sexuellen Erfolg.

d) Sie darf nicht eine therapeutische, stimulierende, beruhigende oder konfliktlösende Wirkung von Alkohol suggerieren.

e) Unmäßigkeit im Genuß alkoholischer Getränke darf nicht gefördert oder Enthaltsamkeit oder Mäßigung nicht negativ dargestellt werden.

f) Die Höhe des Alkoholgehalts von Getränken darf nicht als positive Eigenschaft hervorgehoben werden.

Artikel 16

►M1 1. ◄ Die Fernsehwerbung darf Minderjährigen weder körperlichen noch seelischen Schaden zufügen und unterliegt daher folgenden Kriterien zum Schutz Minderjähriger:

a) Sie soll keine direkten Kaufappelle an Minderjährige richten, die deren Unerfahrenheit und Leichtgläubigkeit ausnutzen.

b) Sie soll Minderjährige nicht unmittelbar dazu auffordern, ihre Eltern oder Dritte zum Kauf der beworbenen Ware oder Dienstleistung zu bewegen.

c) Sie soll nicht das besondere Vertrauen ausnutzen, das Minderjährige zu Eltern, Lehrern und anderen Vertrauenspersonen haben.

([1]) ABl. Nr. 22 vom 9. 2. 1965, S. 369. Richtlinie zuletzt geändert durch die Richtlinie 93/39/EWG (ABl. Nr. L 214 vom 24. 8. 1993, S. 22).

▼B

d) Sie soll Minderjährige nicht ohne berechtigten Grund in gefährlichen Situationen zeigen.

▼M1

(2) Teleshopping muß die in Absatz 1 genannten Anforderungen erfüllen und darf darüber hinaus Minderjährige nicht dazu anhalten, Kauf- oder Miet- bzw. Pachtverträge für Waren oder Dienstleistungen zu schließen.

▼B

Artikel 17

(1) Gesponserte Fernsehprogramme müssen folgenden Anforderungen genügen:

a) Inhalt und Programmplatz einer gesponserten Sendung dürfen vom Sponsor auf keinen Fall in der Weise beeinflußt werden, daß die Verantwortung und die redaktionelle Unabhängigkeit des Fernsehveranstalters in bezug auf die Sendungen angetastet werden.

b) Sie sind als Sponsorprogramme durch den Namen und/oder das Firmenemblem des Sponsors am Programmanfang und/oder Programmende eindeutig zu kennzeichnen.

c) Sie dürfen nicht zum Kauf oder zur ►C1 Miete bzw. Pach ◄ von Erzeugnissen oder zu Inanspruchnahme von Dienstleistungen des Sponsors oder eines Dritten, insbesondere durch spezifische verkaufsfördernde Hinweise auf diese Erzeugnisse oder Dienstleistungen, anregen.

▼M1

(2) Die Fernsehprogramme dürfen nicht von Unternehmen gesponsert werden, deren Haupttätigkeit die Herstellung von Zigaretten und anderen Tabakerzeugnissen ist.

(3) Beim Sponsoring von Fernsehprogrammen durch Unternehmen, deren Tätigkeit die Herstellung oder den Verkauf von Arzneimitteln und medizinischen Behandlungen umfaßt, darf für den Namen oder das Image des Unternehmens gesponsert werden, nicht jedoch für bestimmte Arzneimittel oder medizinische Behandlungen, die in dem Mitgliedstaat, dessen Rechtshoheit der Fernsehveranstalter unterworfen ist, nur auf ärztliche Verordnung erhältlich sind.

▼B

►M1 (4) ◄ Nachrichtensendungen und Sendungen zur politischen Information dürfen nicht gesponsert werden.

▼M1

Artikel 18

(1) Der Anteil an Sendezeit für Teleshopping-Spots, Werbespots und andere Formen der Werbung darf mit Ausnahme von Teleshopping-Fenstern im Sinne des Artikels 18a 20 v. H. der täglichen Sendezeit nicht überschreiten. Die Sendezeit für Werbespots darf 15 v. H. der täglichen Sendezeit nicht überschreiten.

(2) Der Anteil an Sendezeit für Werbespots und Teleshopping-Spots innerhalb einer Stunde, gerechnet ab einer vollen Stunde, darf 20 v. H. nicht überschreiten.

(3) Im Sinne dieses Artikels gilt folgendes nicht als Werbung:

— Hinweise des Fernsehveranstalters auf eigene Programme und auf Begleitmaterialien, die direkt von diesen Programmen abgeleitet sind;

— Beiträge im Dienst der Öffentlichkeit und kostenlose Spendenaufrufe zu Wohlfahrtszwecken.

▼M1

Artikel 18a

(1) Teleshopping-Fenster, die von einem Programm gesendet werden, das nicht ausschließlich für Teleshopping bestimmt ist, müssen eine Mindestdauer von 15 Minuten ohne Unterbrechung haben.

(2) Es sind höchstens acht solcher Fenster täglich zulässig. Ihre Gesamtsendedauer darf drei Stunden pro Tag nicht überschreiten. Die Fenster müssen optisch und akustisch klar als Teleshopping-Fenster gekennzeichnet sein.

Artikel 19

Die Kapitel I, II, IV, V, VI, VIa und VII gelten entsprechend für reine Teleshoppingsender. Bei diesen Sendern ist Werbung im Rahmen der täglichen Beschränkungen gemäß Artikel 18 Absatz 1 zulässig. Artikel 18 Absatz 2 findet keine Anwendung.

Artikel 19a

Die Kapitel I, II, IV, V, VI, VIa und VII gelten entsprechend für reine Eigenwerbekanäle. Bei diesen Kanälen sind andere Formen der Werbung im Rahmen der Beschränkungen gemäß Artikel 18 Absätze 1 und 2 zulässig. Insbesondere diese Bestimmung wird nach Artikel 26 überprüft.

Artikel 20

Unbeschadet des Artikels 3 können die Mitgliedstaaten für Sendungen, die ausschließlich für ihr eigenes Hoheitsgebiet bestimmt sind und weder unmittelbar noch mittelbar in einem oder mehreren anderen Mitgliedstaaten öffentlich empfangen werden können, unter Einhaltung des Gemeinschaftsrechts andere als die in Artikel 11 Absätze 2 bis 5 und in den Artikeln 18 und 18a festgelegten Bedingungen vorsehen.

▼B

KAPITEL V

▼M1

Schutz Minderjähriger und öffentliche Ordnung

Artikel 22

(1) Die Mitgliedstaaten ergreifen angemessene Maßnahmen, um zu gewährleisten, daß Sendungen von Fernsehveranstaltern, die ihrer Rechtshoheit unterworfen sind, keinerlei Programme enthalten, die die körperliche, geistige und sittliche Entwicklung von Minderjährigen ernsthaft beeinträchtigen können, insbesondere solche, die Pornographie oder grundlose Gewalttätigkeiten zeigen.

(2) Die Maßnahmen gemäß Absatz 1 gelten auch für andere Programme, die die körperliche, geistige und sittliche Entwicklung von Minderjährigen beeinträchtigen können, es sei denn, es wird durch die Wahl der Sendezeit oder durch sonstige technische Maßnahmen dafür gesorgt, daß diese Sendungen von Minderjährigen im Sendebereich üblicherweise nicht gesehen oder gehört werden.

(3) Werden derartige Programme in unverschlüsselter Form gesendet, so sorgen die Mitgliedstaaten dafür, daß ihre Ausstrahlung durch akustische Zeichen angekündigt oder durch optische Mittel während der gesamten Sendung kenntlich gemacht wird.

▼M1

Artikel 22a

Die Mitgliedstaaten tragen dafür Sorge, daß die Sendungen nicht zu Haß aufgrund von Rasse, Geschlecht, Religion oder Nationalität aufstacheln.

Artikel 22b

(1) Die Kommission mißt der Anwendung der Bestimmungen dieses Kapitels in dem in Artikel 26 vorgesehenen Bericht besondere Bedeutung bei.

(2) Die Kommission führt binnen eines Jahres nach Veröffentlichung dieser Richtlinie zusammen mit den zuständigen Behörden der Mitgliedstaaten eine Untersuchung der möglichen Vor- und Nachteile weiterer Maßnahmen durch, die den Eltern oder Aufsichtspersonen die Kontrolle der Programme, die von Minderjährigen gesehen werden können, erleichtern sollen. In dieser Untersuchung wird unter anderem die Zweckmäßigkeit folgender Punkte geprüft:

— die Vorschrift, daß neue Fernsehgeräte mit einer technischen Vorrichtung versehen sein müssen, damit Eltern oder Aufsichtspersonen bestimmte Programme herausfiltern können;
— Festlegung geeigneter Bewertungssysteme;
— Förderung einer Politik zugunsten des familienfreundlichen Fernsehens sowie weitere pädagogische und Aufklärungsmaßnahmen;
— Berücksichtigung der innerhalb und außerhalb Europas gewonnenen Erfahrungen auf diesem Gebiet sowie Einholung der Standpunkte von betroffenen Kreisen wie Fernsehveranstaltern, Produzenten, Pädagogen, Mediensachverständigen und einschlägigen Verbänden.

▼B

KAPITEL VI

Recht auf Gegendarstellung

Artikel 23

▼M1

(1) Unbeschadet der übrigen von den Mitgliedstaaten erlassenen zivil-, verwaltungs- oder strafrechtlichen Bestimmungen muß jede natürliche oder juristische Person, deren berechtigte Interessen — insbesondere Ehre und Ansehen — aufgrund der Behauptung falscher Tatsachen in einem Fernsehprogramm beeinträchtigt worden sind, unabhängig von ihrer Nationalität ein Recht auf Gegendarstellung oder gleichwertige Maßnahmen beanspruchen können. Die Mitgliedstaaten sorgen dafür, daß die tatsächliche Ausübung des Rechts auf Gegendarstellung oder gleichwertige Maßnahmen nicht durch Auferlegung unbilliger Bestimmungen oder Bedingungen behindert wird. Die Gegendarstellung muß innerhalb einer angemessenen Frist nach Eingang des begründeten Antrags zu einer Zeit und in einer Weise gesendet werden, die der Sendung, auf die sich der Antrag bezieht, angemessen sind.

▼B

(2) Das Recht auf Gegendarstellung oder gleichwertige Maßnahmen gelten in bezug auf alle Fernsehveranstalter, die der Rechtshoheit eines Mitgliedstaats unterworfen sind.

(3) Die Mitgliedstaaten treffen die erforderlichen Maßnahmen zur Ausgestaltung dieses Rechts oder dieser Maßnahmen und legen das Verfahren zu deren Wahrnehmung fest. Sie sorgen insbesondere dafür, daß die Frist für die Wahrnehmung des Rechts auf Gegendarstellung oder gleichwertiger Maßnahmen ausreicht und daß die Vorschriften so festgelegt werden, daß dieses Recht oder diese Maßnahmen von den natürlichen oder juristischen Personen, deren Wohnsitz oder Niederlassung sich in einem anderen Mitgliedstaat befindet, in angemessener Weise wahrgenommen werden können.

▼B

(4) Der Antrag auf Gegendarstellung oder gleichwertige Maßnahmen kann abgelehnt werden, wenn die in Absatz 1 genannten Voraussetzungen für eine solche Gegendarstellung nicht vorliegen, die Gegendarstellung eine strafbare Handlung beinhaltet, ihre Sendung den Fernsehveranstalter zivilrechtlich haftbar machen würde oder wenn sie gegen die guten Sitten verstößt.

(5) Bei Streitigkeiten über die Wahrnehmung des Rechts auf Gegendarstellung oder gleichwertiger Maßnahmen ist eine gerichtliche Nachprüfung zu ermöglichen.

▼M1

KAPITEL VIa

Kontaktausschuß

Artikel 23a

(1) Es wird ein Kontaktausschuß bei der Kommission eingesetzt. Dieser Ausschuß setzt sich aus Vertretern der zuständigen Behörden der Mitgliedstaaten zusammen. Den Vorsitz führt ein Vertreter der Kommission; der Ausschuß tagt auf Initiative des Vorsitzenden oder auf Antrag der Delegation eines Mitgliedstaats.

(2) Der Ausschuß hat folgende Aufgaben:

a) er erleichtert die tatsächliche Umsetzung dieser Richtlinie durch regelmäßige Konsultationen über praktische Probleme im Zusammenhang mit der Anwendung der Richtlinie, insbesondere von deren Artikel 2, sowie über alle anderen Fragen, die einen Gedankenaustausch zweckdienlich erscheinen lassen;

b) er gibt von sich aus oder auf Antrag der Kommission Stellungnahmen zur Anwendung dieser Richtlinie durch die Mitgliedstaaten ab;

c) er ist das Forum für einen Gedankenaustausch über die Themen, die in den von den Mitgliedstaaten gemäß Artikel 4 Absatz 3 vorzulegenden Berichten behandelt werden sollen, über die Methodologie dieser Berichte, über die Ziele der unabhängigen Studie gemäß Artikel 25a, über die Evaluierung der Angebote für diese Studie und über die Studie selbst;

d) er erörtert das Ergebnis der regelmäßigen Konsultationen, die zwischen der Kommission und Vertretern der Fernsehveranstalter, der Produzenten, der Verbraucher, der Hersteller, der Dienstanbieter, der Gewerkschaften und der Kunstschaffenden stattfinden;

e) er erleichtert den Informationsaustausch zwischen den Mitgliedstaaten und der Kommission über die Lage und die Entwicklung bei den Ordnungstätigkeiten in bezug auf die Fernsehdienste, wobei die Politik der Gemeinschaft im audiovisuellen Bereich sowie relevante Entwicklungen im technischen Bereich berücksichtigt werden;

f) er prüft die Entwicklungen auf dem betreffenden Sektor, die einen Gedankenaustausch zweckdienlich erscheinen lassen.

▼B

KAPITEL VII

Schlußbestimmungen

Artikel 24

In Bereichen, die nicht durch diese Richtlinie koordiniert werden, bleiben die Rechte und Verpflichtungen der Mitgliedstaaten, die sich aus den in den Bereichen Telekommunikation und Fernsehen bestehenden Übereinkommen ergeben, von dieser Richtlinie unberührt.

Artikel 25

(1) Die Mitgliedstaaten erlassen die erforderlichen Rechts- und Verwaltungsvorschriften, um dieser Richtlinie spätestens am 3. Oktober

▼B

1991 nachzukommen. Sie setzen die Kommission unverzüglich davon in Kenntnis.

(2) Die Mitgliedstaaten teilen der Kommission den Wortlaut der wichtigsten einzelstaatlichen Rechtsvorschriften mit, die sie auf dem unter diese Richtlinie fallenden Gebiet erlassen.

▼M1

Artikel 25a

Eine weitere Überprüfung findet gemäß Artikel 4 Absatz 4 vor dem 30. Juni 2002 statt. Dabei wird eine unabhängige Studie über die Auswirkungen der betreffenden Maßnahmen auf Gemeinschaftsebene und auf einzelstaatlicher Ebene berücksichtigt.

Artikel 26

Spätestens am 31. Dezember 2000 und anschließend alle zwei Jahre übermittelt die Kommission dem Europäischen Parlament, dem Rat und dem Wirtschafts- und Sozialausschuß einen Bericht über die Anwendung dieser Richtlinie in ihrer geänderten Fassung und macht erforderlichenfalls Vorschläge zu ihrer Anpassung an die Entwicklungen im Fernsehbereich, und zwar insbesondere im Lichte neuerer technologischer Entwicklungen.

▼B

Artikel 27

Diese Richtlinie ist an die Mitgliedstaaten gerichtet.

Index

Made in the USA
Las Vegas, NV
11 November 2024

11561218R00213